캡틴 클래스

세계에서 가장 위대한 팀을 만든
리더의 7가지 숨은 힘

캡틴 클래스

샘 워커 지음 | 배현 옮김

더봄

세계에서 가장 위대한 팀을 만든
리더의 7가지 숨은 힘

캡틴 클래스

제1판 1쇄 발행   2019년 7월 25일
제1판 2쇄 발행   2019년 10월 10일

지은이   샘 워커
옮긴이   배현
펴낸이   김덕문

기획   노만수
책임편집   손미정
디자인   블랙페퍼디자인
마케팅   이종률
제작   백상종

펴낸곳   더봄
등록번호   제399-2016-000012호(2015.04.20)
주소   경기도 남양주시 별내면 청학로중앙길 71, 502호(상록수오피스텔)
대표전화   031-848-8007   **팩스** 031-848-8006
전자우편   thebom21@naver.com
블로그   blog.naver.com/thebom21

ISBN 979-11-88522-57-6 03320

한국어 출판권 ⓒ 더봄, 2019

내 자존심에 필요한 것은
팀의 승리다.

-빌 러셀

차례

PART 3 캡틴의 명암

리더십의 부작용과 효과

프롤로그

프로스포츠 라커룸이라는 은밀하고 이상한 나라에 첫발을 들였을 때, 나는 갓 스물다섯 살이었다. 대학 때부터 입던 바지 뒷주머니에 수첩을 넣고, 목에는 기자증을 건 채 안절부절못하고 있었다. 운명의 장난이었는지, 그곳은 마이클 조던이 이끌던 시카고 불스의 라커룸이었다.

1995년 3월의 그날 저녁부터, 나는 톰 브래디의 패트리어츠 풋볼 팀이 슈퍼볼을 처음 들어 올리는 걸 목격했고, FC 바르셀로나가 유럽 챔피언스리그에서 우승할 때 선수들과 뒤엉켰다. 투르 드 프랑스 사이클 선수들이 몽방투 산을 휘몰아쳐 가는 걸 지켜보고, 뉴욕 양키스가 월드시리즈 3연패를 자축할 때 49달러짜리 샴페인 세례를 받기도 했다.

나로서는 이 모두가 환상적인 경험이었다. 모든 결승전 경기는 훌륭한 플레이와 기사거리를 보장했을 뿐 아니라 두고두고 그 현장에 있었다고 자랑할 기회도 주었다.

그러나 내 직업은 화려함 이면에 고질적 문제가 노사리고 있었다. 기쁨을 만끽하는 일단의 운동선수들이 트로피를 수집하는 걸 볼 때마다 스스로도 놀랄 만큼 질투심을 느낀 것이다.

초등학교 시절 매년 여름이면 나는 번스 파크 바머스라는 동네 야구팀에서 2루수를 맡았다. 특출난 점이 없는 팀이었다. 투구는 괜찮고 타격은 쓸 만했으며, 무뚝뚝한 코치^{coach}는 큼지막한 안경을 쓰고 입술에 담배를 문 채 연습을 진행했다. 우리는 대체로 50퍼센트의 승률을 가지고 간신히 포스트시즌에 올랐고 아이스크림 파티를 벌였다.

그러나 1981년 여름에, 뭔가 바뀌었다. 가랑이 사이로 공을 빠트리던 코흘리개들이 그럭저럭 괜찮게 플레이를 하기 시작한 것이다. 타자들은 안타가 필요할 때 안타를 쳤고, 투수들은 리드를 지킬 만큼 스트라이크를 던졌다. 우리 모두가 열한 살짜리 몸뚱이의 한계에서 벗어난 듯했다. 별것 아니었던 꼬마들이 무시무시한 팀으로 변모한 것에 스스로 놀라워하며, 우리는 다이아몬드 위를 휘젓고 날아다녔다. 우리는 그 시즌을 12승 무패로 마감했다.

몇 년 뒤 깨달은 것은 영광스러운 이 경험 때문에 내 기대치가 완전히 바뀌었다는 점이다. 바머스는 탁월한 팀에서 플레이하는 것이 어떤 맛인지 알려주었고, 동일한 감각을 여러 번에 걸쳐 경험하는 것이 나의 천부적인 권리라고 믿게끔 나의 뇌 회로를 바꾸어놓았다. 그러나 몇 년 지나지 않아 고통스럽게도 사실은 그렇지 않음이 분명해졌다. 1981년 바머스는 내가 속했던 유일한 우승팀이었다.

숱한 스포츠 종목에 대해 글을 쓰면서, 그리고 뜻하지 않게 세계 최고의 팀들을 취재하는 동안, 그 여름에 대한 기억이 자꾸 떠올랐다. 실망과 갈망이라는 감정이 내 뇌의 밑바닥 어딘가에 당연한 듯 단단히 자리잡았다. 평생의 집착이 유년기의 얼핏 보잘것없는 사건에서

캡틴 클래스

비롯된다면 다름 아닌 내 얘기이리라. 나는 간절하게 위대한 팀의 일원이 되고 싶었다.

　　이런 엘리트 선수들과 함께한 무대 뒤에서, 나는 언제나 열정적인 관심을 보냈다. 그들이 서로 어떻게 대화하는지 연구했고, 그들의 버릇과 보디랭귀지를 기록했고, 그들이 시합 전에 행하는 의식^{pregame ritual}을 관찰했다. 그들이 협업을 성공시킬 수 있었던 비결을 제시하면 황급히 공책에 적었다. 그러는 동안 종목과는 무관하게, 나는 언제나 똑같은 설명 몇 가지를 들었다. 우리는 열심히 연습하고 서로를 위해 플레이한다는 둥, 절대 포기하지 않고 훌륭한 코치가 있으며 클러치 상황에서 언제나 임무를 완수한다는 둥. 무엇보다 나는 이 집단들의 이야기가 굉장히 천편일률적이며 그 구성원들이 승리에 대해 얼마나 사무적이고 무심하게 말하는지를 보고 놀랄 수밖에 없었다. 그들은 마치 톱니바퀴들이 정확히 맞물려 작동하는 기계의 일부처럼 보였다. 톰 브래디는 "모든 주변 사람들이 자기 일을 할 수 있도록 내 일을 하는 것"이라고 말한 적이 있다. "비법 따위는 없습니다."

　　2004년, 나는 미국에서 가장 치열한 야구 판타지리그의 전문가 시합에 참여하는 것에 관한 책을 쓰려고 휴가를 냈다. 나의 전략은 진짜 메이저리그 팀들과 밤낮을 함께 하며 내부 정보를 모으는 것이었다. 내가 가장 밀착해서 취재한 클럽은 보스턴 레드삭스였다.

　　레드삭스의 길고도 영광스러운 실패와 좌절의 역사는 1918년 월드시리즈 우승까지 거슬러 올라간다. 아무튼 2004년 2월에 스프링캠프에서 그들을 만났을 때만 해도 나는 이번 시즌은 다를 기라는 증거를 거의 발견하지 못했다. 스타들이 드문드문 있긴 했지만, 로스터는 대체로 부적응자와 폐기 처분된 자들로 구성되어 있었다. 다른 팀들은 전통적으로 높이 사지 않는 기술을 가진, 희한하게 생긴 수염투성이 파티광들 말이다. 무대 뒤에서 내가 본 그들은 솔직하고 재미있었으며, 종잡을 수 없고 통제가 안 되었다. 심지어 '얼간이들'이라 불릴 만했다.

보스턴이 라이벌인 뉴욕 양키스 왕조와 9경기 반 뒤처졌을 때 나는 전혀 놀라지 않았다. 첫 인상이 정확했다고 믿었다. 레드삭스는 내가 알던 지배적인 팀들과 닮은 점이 아무것도 없었다. 우승 경쟁자가 아니었다.

그러나, 8월 초 레드삭스는 (나의 유소년 야구팀이 그랬듯) 마법에 걸린 것 같았다. '얼간이들'은 자신감에 차서 격렬하게 플레이했고, 압박 상황에서도 냉정함을 유지하기 시작했다. 스프링캠프 때는 보이지 않던 단결심과 목적의식을 보였다. 레드삭스는 아메리칸리그 챔피언십 시리즈에서 양키스를 만나 첫 세 경기에서 내리 패했다. 4차전에 앞서 베팅업체들은 레드삭스의 생존 확률을 120:1로 매겼다. 실제로도 시리즈 탈락까지 불과 아웃카운트 3개가 남아 있을 뿐이었다.

그러나 레드삭스는 굽히지 않았다. 4차전을 연장전에서 이겼을 뿐 아니라 연이어 세 번을 더 양키스에게 승리해, 야구 역사상 가장 극적인 포스트시즌 뒤집기를 성사시켰다. 이어진 월드시리즈에서는 세인트루이스 카디널스에게 4:0으로 완승을 거두었다.

스포츠 역사상 가장 극심한 우승 가뭄을 견뎠던 보스턴 팬들에게 이번 월드챔피언십 우승은 마치 구원과도 같았다. 300만 시민들이 거리로 쏟아져 나와 축하 퍼레이드를 벌였다. 스포츠계에서는 그때의 레드삭스가 역사상 가장 위대한 야구팀이라는 평가를 할 정도였다.

7월까지만 해도 산송장에 불과했던 팀이었다. 그 팀을 선수들이 단합하여 빛나고 탄력적인 팀으로 만들어놓았다. 나는 레드삭스를 왕조라고 부르지는 않을 것이다. 또 한 번의 타이틀 획득은 그로부터 3년이 더 걸렸으니까. 그러나 그들은 그해 난데없이 전염병에라도 걸린 것처럼, 내가 아는 최고의 팀들처럼 훌륭하게 플레이했다. 왜 이런 일이 생겼는지, 나는 알고 싶었지만 짐작조차 할 수 없었다. 무엇이 불꽃을 댕겼을까?

이듬해 봄 나는 〈월스트리트 저널〉에 연재할 기사를 쓰기 시작했고, 거기에 '엘리트 팀의 비밀스런 삶'이라는 제목을 붙이고 싶었다. 계획은 간단했다. 스포츠 역사상 가장 성공한 왕조 10개를 선별하는 객관적인 공식을 찾은 다음, 그들이 위대함을 향해 '턴'한 그 순간까지 그들의 성과를 역으로 추적하는 것이다. 그렇게 관찰함으로써 그들 사이에 어떤 유사성이 있는지 확인하려고 했다. 어쩌면 이 팀들은 모두 영감을 불러일으키는 코치를 고용했거나, 탁월한 선수를 선발했거나, 혁신적인 전략을 개발했을 것이라고 생각했다.

그 기사는 지면에 실리지 않았지만 내 관심이 사라진 것은 아니었다. 오히려 정반대의 문제가 생겼다. 그 주제는 깊이 파고들수록 더 복잡해졌고 나는 더욱 몰두하게 된 것이다.

'팀'을 정의하는 방법을 정하는 것부터가 몇 주씩이나 매달려야 하는 노역이었다.

이 문장을 타이핑하는 이 시섬까지, 나는 똑같은 질문에 11년 동안 매달렸다. 1880년대 이래 37개 주요 스포츠 분야의 전세계 1,200

개 팀의 성과를 검토하고 조사했다. 수백 권의 서적과 기사, 다큐멘터리, 과학 논문 및 통계 분석을 파헤쳤다. 오클랜드, FC 바르셀로나, 보스턴, 시카고, 아바나, 런던, 로스앤젤레스, 마드리드, 멜버른, 몬트리올, 모스크바, 뉴욕, 파리, 퍼스, 리우데자네이루, 그리고 조용한 작은 마을 수십 곳에서도 인터뷰 대상을 추적했다.

시작할 무렵에는 확실한 결론에 결코 이르지 못할 것 같았다. 이 엘리트 부대들의 지문에 비슷한 부분은 많겠지만 완벽히 일치하는 부분은 없을 거라고 추측하기도 했다. 그러나 세계에서 가장 특출한 스포츠팀들이 공통적으로 가진 추진력이 많지 않다는 데 충격을 받고 말았다. 그것까지는 예상하지 못했기 때문이다.

《캡틴 클래스》는 스포츠 관람 일생의 정점이며, 월드클래스 팀들을 맴돈 20여 년의 시간이며, 탁월한 집단적 노력의 원동력에 대한 나의 오랜 탐구이다. 한 팀의 승리가 아니라 많은 승리에 대한 이야기를 언급한다. 한 명의 초월적인 스타나 코치의 전기가 아니라 많은 전설적인 인물들을 거론한다. 스포츠를 원재료로 삼았지만, 이것은 궁극적으로 단 하나의 아이디어에 관한 책이다. 이 단순하고 강력한 아이디어는 비즈니스부터 정치, 과학, 예술에 이르기까지 다른 여러 분야에도 적용할 수 있다.

그것은 바로 역사적인 위대함을 달성하고 유지하는 팀에서 가장 중요한 요소는 그 팀을 리드하는 플레이어의 성격에 달려 있다는 점이다.

위대함과
그 기원

1953년 런던

크리스마스를 한 달 앞둔 어느 쌀쌀한 수요일 오후, 런던 북서부 웸블리 스타디움의 여러 입구로 뚜렷한 목적을 가진 축구팬들이 차분하게 입장하고 있었다. 여자들은 긴 양털코트를 입고 보통 높이의 힐을 신었다. 남자들은 넥타이를 매고 오버코트의 옷깃을 세운 채 납작한 모자나 중절모를 비스듬히 쓰고 있었다. 사무실에서 일찍 빠져나왔는지 서류가방을 든 사람도 보였다.

이 관중들은 자부심을 가져야 마땅했다. 이들이 응원하는 잉글랜드 축구 국가대표팀은 지난 30년간 19승 1무 2패라는 훌륭한 홈 성적을 기록했고, 평균 4:1의 점수로 원정 팀을 압도했다. 사실 잉글랜드는 영국제도 밖에서 팀들을 불러들인 이래 81년 동안, 단 한 번도 패한 적이 없었다.

이 시합 전 경기장 바깥의 광경을 담은 영상은 8mm 홈무비밖에 찾을 수 없었다. 오디오도 없고 초점도 맞지 않으며 분량은 불과 52초에 불과했다. 그러나 이 비디오 클립은 곧 뒤집힐 세계 질서의 마지막 순간을 놀랍도록 생생한 색감으로 보여준다.

그날 열릴 경기는 친선게임이어서, 그 결과는 4년마다 열리는 월드컵 예선에 직접적인 영향을 미치지는 않을 터였다. 잉글랜드의 상대팀은 기대 이상의 경기를 보여줄 예정이었다. 그해 하계올림픽에서 금메달을 따서 명성을 떨쳤으며 (상대적으로 약한 팀들을 상대하긴 했지만) 23경기 동안 패배한 적이 없었다. 절제를 모르는 런던 신문들은 이 경기를 '세기의 매치'라고 불렀다.

이 이야기의 핵심적인 결함은 원정팀의 기원에 있었다. 이 팀은 세계의 전통적인 축구 왕가에 속하지 않았다. 바로 피의 헝가리 출신이었던 것이다.

1953년 당시, 헝가리의 인구는 약 900만 명으로, 잉글랜드 인구의 약 4분의 1 정도였다. 경제적으로도 번영과는 거리가 멀었다. 총리 겸 당서기인 리코시 마차시를 비롯하여, 계획경제를 추구하는 공산주의자들이 민생을 속속들이 통제했다. 토지를 집단화하고 민중에게 육체노동을 강요했다. 개인소득은 제2차 세계대전 이전까지 유럽 평균보다 3분의 2가량 낮았는데, 이마저도 1950년에는 군비 지출과 '사회주의 건설'로 인해 20% 하락했다. 국가의 전체적인 상황은 원시적인 상태에 가까웠다. 욕실을 갖춘 가구는 10%에 불과했고, 상수도가 있는 가구는 20% 미만이었다. 난방 수단은 주로 석탄이나 목재를 태우는 난로였다.

헝가리 축구 국가대표팀은 대부분의 국민들보다는 훨씬 잘 살았으나, 정치의 폐해와 박탈에서 자유롭지 못했다. 최고의 선수들은 망명하지 못하도록 대부분 군대에 징집되었고, 비밀경찰이 그들의 활동을 감시하기 위해 원정 경기에 동행했다. 일부 선수들은 '위험한' 사상을 품고 있다는 혐의를 받고 있었다.

1952년 올림픽 우승 전까지 헝가리팀이 이룬 가장 훌륭한 업적은

캡틴 클래스

1938년의 월드컵 결승 진출이었다(그마저도 결승전에서 이탈리아에게 호되게 패하고 말았다). 그러나 세계 최고의 프로선수들 대부분이 올림픽에 참가하지 않았고, 세계 최고의 팀들도 1938년 월드컵에는 불참한 팀이 많았기 때문에, 영국 국민들은 헝가리의 업적을 전혀 진지하게 여기지 않았다. 오스트리아, 불가리아, 알바니아 같은 인근 국가의 대표팀들을 상대로 승수를 쌓은 헝가리가 적절한 라이벌로 보이지 않았던 것이다.

영국인들은 '대륙 축구'라는 브랜드가 보기에는 좋지만 힘과 강인함은 직접적인 관련성이 없다고 생각했다. 잉글랜드가 상대팀을 홈에서 맞으면 패배란 불가능하다고 믿고 있었다. 런던 신문들의 권고에도 아랑곳하지 않고, 베팅업체 윌리엄 힐의 전문가들은 헝가리를 약팀으로 보고 500:1이라는 놀라운 배당률을 설정했다.

"유럽 축구계에 갓 들어온 작은 나라가 2:0, 3:0, 4:0 어쩌면 5:1로 완패할 것(이라고들 생각했죠)." 당시 스물한 살의 팬으로 경기를 보았던 미래의 잉글랜드 감독^{manager} 보비 롭슨이 말했다. "당연히 우리가 이 팀을 완파할 거라고들 생각했죠. 웸블리의 잉글랜드. 우리가 주인이면, 그들은 학생들이니까요."

잉글랜드 선수들은 넉넉하고 칼라가 달린 전통적인 흰색 상의를 입었고, 소매를 팔꿈치까지 걷어붙였으며, 늠름하고 여유로워 보였다. 마치 아침에 관목 울타리라도 다듬고 온 듯했다. 1953년, 영국은 자신감이 넘쳤다. 전후 배급량 제한도 모두 끝났다. 6월에는 젊은 여왕이 즉위했다. 케임브리지의 연구원이 DNA 구조를 발견했고, 왕립지리학회가 파견한 탐험가들이 에베레스트를 정복했다.

라커룸에서 나와 터널을 통과하는 헝가리 선수들은 전혀 위협적으로 보이지 않았다. 체구부터가 영국 선수들보다 눈에 띄게 작았고, 상체에 착 달라붙은 체리색 유니폼 상의 때문에 전혀 듬직해 보이지 않았다. 반바지는 잉글랜드팀보다 훨씬 짧았고, 부다페스트의 어느 구두 수선공이 만든 스파이크는 축구화라기보다는 끈 없는 구두처럼 보였다. 등 번호도 우스웠다. 경기장에서 각자 맡은 포지션과 일치하지 않았기 때문이었다. 헝가리팀이 입장하는 모습을 보고 잉글랜드의 빌리 라이트는 상대팀이 "적절한 장비도 갖추지 못했다"며 동료에게 실소를 흘렸다.

헝가리의 유니폼이 잉글랜드 팬들에게 조크의 준비 단계였다면, 압권은 팀의 캡틴captain(주장)이자 최고 득점자인 26세 푸슈카시 페렌츠였다. 키가 172cm에 불과한 푸슈카시는 종아리가 뭉툭했다. 허벅지도 굵어서 걸을 때마다 서로 스치는 바람에 반바지가 사타구니까지 어색하게 올라갔다. 푸슈카시는 선수생활 내내 체중 때문에 고생했다. 90kg까지 나간 적도 있었다. 국내에서는 그를 '외시öcsi(남동생)로 불렀지만, 영국에서는 '땅딸보'라고 불렀다. 더 놀랍게도, 푸슈카시는 플레이에도 허점이 있었다. 헤딩을 싫어했고, 오른발로는 슈팅은커녕 드리블도 하지 않았다.

영국 텔레비전 방송의 오프닝 장면에서, 헝가리 선수들은 긴장한 기색이 역력했고 눈에 띄게 초조한 모습을 보였다. 심판의 휘슬을 기다리는 동안, 그들이 신은 작은 축구화를 금방이라도 벗어던질 것 같았다. 킥오프 직전에 푸슈카시는 이상한 행동을 했다. 양 팀 선수들이 지켜보는 와중에, 왼발로 공을 펴 올리고는 몇 초 동안 발과 무릎으로 저글링을 한 것이다. 볼 저글링은 헝가리 선수들이 경기 전에 마음을 진정시키려고 자주 하는 행동이었지만, 영국인들에게는 낯설었다. 그것은 앞으로 벌어질 상황을 슬쩍 선보인 것이기도 했다. "볼 컨트롤을 보여주는군요." 푸슈카시가 재주를 선보이는 동안, 영국 아나운서 케네스 월스텐홈이 말했다. "이런 광경을 여러 번 보게 된다면 우리가 무적의 헝가리팀을 수비하는 데 많은 어려움을 겪을 것 같습니다."

이 경기를 보려고 준비하면서 어느 축구 역사가가 내게 해준 말이 기억났다. 앞으로 목격하게 될 것을 제대로 감상하려면 스톱워치를 쥐고 있으라는 것이다. 그래서 심판이 휘슬을 부는 그 순간, 나는 시작 버튼을 눌렀다.

헝가리는 네 번의 정확한 패스를 엮어내며 공격을 개시했다. 그중 한 번은 멋진 힐 패스였다. 볼이 잉글랜드 오른쪽 진영을 파고들어 수비수가 라인 밖으로 걷어내야 했다. 나는 스톱워치를 흘깃 보았다. 12초가 경과했다. 두 번의 스로인 후, 헝가리는 소유권을 되찾아 다시 한 번 전진했다. 잉글랜드 수비수들이 두 번째로 볼을 걷어냈지만, 헝가리는 빠른 템포로 경기를 펼치며 미드필드 근처에서 소유권을 되찾았다. 34초가 경과했다.

헝가리 공격수 히데그쿠티 난도르가 볼을 받아 가장 가까운 잉글랜드 수비수 해리 존스턴에게 진격했다. 히데그쿠티는 걸음을 멈추지 않고, 마치 슈팅 준비를 하듯 한 발을 뒤로 뺐고, 존스턴은 충돌할까 봐 뻣뻣해진 채 점프를 했다. 히데그쿠티는 자기 발걸음을 교묘하게 되찾고는 존스턴을 스쳐 지나갔다.

그는 헝가리의 스트라이커가 아니었다. 때문에 정석대로라면 직접 득점을 시도하면 안 될 상황이었다. 만약 그가 잉글랜드가 선호하는 정석대로 플레이했다면, 경기장을 훑어보며 패스할 기회를 노렸을 것이다. 그러나 히데그쿠티는 자기가 스트라이커인 양 계속 치고 나 갔다.

내 스톱워치가 39초를 가리킬 무렵, 그 공격을 막을 최적의 잉글 랜드 선수는 지미 디킨슨이었다. 그러나 디킨슨은 대비할 생각이 있 는 사람처럼 보이지 않았다. 어리둥절해 보였다. 히데그쿠티에게서 공 을 뺏어야 할지 패스 라인에서 계속 오가야 할지 결정하지 못했고, 그 자리에 얼어붙고 말았다. 히데그쿠티는 여유 공간에서 움직이면서, 페 널티박스 꼭대기에서 골 기회를 분명히 포착했다. 순식간에 페널티박 스 좌측 상단에서 날카로운 슛을 날렸다.

잉글랜드 골키퍼 길 메릭이 어설프게 몸을 날렸지만 볼은 그물망 을 흔들었다. 히데그쿠티가 공중으로 뛰며 득점을 자축할 때, 나는 스 톱워치 버튼을 눌렀다. 헝가리는 무적의 잉글랜드팀을 상대로 43.2초 만에 득점했다.

대체로 침착한 해설자 월스텐홈도 놀라움을 감출 수 없었다. "골!" 그는 소리쳤다. 침묵은 2초에서 3초까지, 이윽고 5초까지 이어졌다. 경기장 위에서 잉글랜드 수비수들은 한심하다는 듯 서로를 노려보았 다. 월스텐홈이 마침내 입을 뗐다. "장담하건대 이게 오늘 오후 벌어질 일들의 전초전이라면 잉글랜드는 끔찍한 곤경에 빠질 겁니다."

그날 웸블리의 최종 점수는 헝가리 6, 잉글랜드 3이었다. 점수만 보면 그다지 참담하지 않다고 할 수도 있겠다. 홈팀 잉글랜드가 슈팅 수에서 35:5로 밀린 걸 감안한다면.

경기가 끝난 후 경이로움을 느낀 잉글랜드 팬들은 헝가리팀에게 박수를 보냈다. 심지어 빅토리아역까지 가서 그들이 기차에 탑승하 는 모습을 지켜보기까지 했다. 다음날 아침 〈더 타임스〉의 사설은 잉글랜드의 패배를 "거꾸로 당한 아쟁쿠르 전투"(백년전쟁에서 영국이 수적 열세를 딛고 프랑스에 대승을 거둔 전투-옮긴이)라고 묘사했다. 어떤 기준으로 보든, 그것은 한 시대의 종언이었다. 영국 베팅업체들에 따르면, 헝가리-잉글랜드 전의 500:1은 스포츠 베팅 역사상 가장 일방적인 배당률 중 하나였다고 한다.

잉글랜드 측에서 그 경기를 곱씹어본 결과, 그들이 헝가리팀에 대해 세웠던 모든 가정이 잘못되었다는 것이 분명해졌다. 선수들이 우스울 만큼 작게 보였다면, 그것은 팀을 구성한 이들이 스피드를 중시했기 때문이다. 낮은 신발은 측면 움직임을 원활하게 하는 디자인이었다. 혼란스러운 등 번호는 잉글랜드 선수들에게 어떤 포지션에서 누가 플레이하고 있는지를 모르게 하려는 고의적인 책략이었다. 세상에 없던 축구, 선진적인 전략이었다.

헝가리팀의 전술은 물론 현혹적이지만, 이야기의 일부에 불과하다. 흐렸던 그 수요일 오후, 그들 인생에서 가장 큰 경기 중 하나를 10만 명 앞에서 치르면서 헝가리 선수들은 큰 불안을 극복했다. 그들보다 덩치도 크고 힘도 좋고 경험도 많은, 막강한 잉글랜드팀에 맞서 놀랄 만큼 우아하게 플레이했다. 운동선수라면 모두 동감하겠지만, 긴장하면 미세한 움직임의 제어가 어려워진다. 혈류에 아드레날린이 솟구치면 터치 패스가 수백 배나 어려워진다. 그러나 헝가리 대표팀은 무너지지 않았다. 푸슈카시의 저글링부터 마지막 휘슬 때까지 경이로운 정확도로 경기를 펼쳤다. 헝가리 대표팀은 그 승리가 우연이 아님을 증명하기 위해 오래 기다릴 필요가 없었다. 몇 달 뒤 부다페스트에서 잉글랜드 대표팀은 패배를 만회할 기회를 얻었지만, 이번에도 헝가리가 잉글랜드를 7:1로 대파했다.

이듬해 여름, 1954년 스위스 월드컵에서 헝가리는 조별 리그에서 독일을 8:3이라는 굴욕적인 점수로 물리쳤고, 막강한 브라질에 4:2로 승리했다. 축구 분석가들은 브라질 전을 역사상 가장 치열한 경기로 묘사한다.

월드컵은 헝가리팀이 희망한 대로 끝나지는 않았다. 진흙투성이가 된 경기장에서 열린 결승전에서, 이른바 '골든팀'은 2:0의 리드를 지키지 못하고 2주 전에 대파했던 독일에게 패했다. 그러나 헝가리 대표팀은 바로 그 패배 이후 5년 반 동안 두 번째 무패 행진을 이어갔다. 1950년 6월부터 1956년 2월까지 이 팀은 국제 친선경기를 포함하여 총 53경기를 뛰면서 패한 적이 두 번밖에 없다.[1] 잉글랜드 대표팀 선수였던 스탠리 매튜스는 헝가리 대표팀에 대한 질문을 받자, 그들의 역사적인 입지는 의심할 여지가 없다고 했다. "보기에도 훌륭했고, 우리가 한 번도 본 적 없는 전술을 펼쳤다. 사상 최고의 팀이다."

스포츠계에서 이 같은 우위를 점한 팀이 그 우위를 유지하는 것은 매우 어려운 법이다. 혁신적인 신상품과 신기술을 비밀리에 개발할 수 있는 비즈니스 세계와는 달리, 스포츠계는 기술을 숨기는 것이 용납되지 않는다. 신기술을 남몰래 연습할 수는 있지만 시합할 때는 적들이 훤히 보는 앞에서 고스란히 선보여야 한다. 그들은 취약점을 찾을 때까지 계속 테이프를 되감을 수 있다.

더욱이, 스포츠 경기는 면적이 정해진 필드에서 진행되며 대개 시간이 제한된다. 이처럼 제약과 압력이 가해진 환경에서, 결과는 1초

---

1) 많은 역사가들이 소련에게 당한 1패는 무시한다. 정치적 이유 때문에 고의로 졌다는 의혹이 있기 때문이다.

캡틴 클래스

이내 또는 1cm 간격 미만으로 결정된다. 사소한 실수 하나가 1시간의 무결점 플레이를 무색하게 만든다.

그 간극이 너무나 좁기 때문에, 세계에서 가장 어려운 상대들과 대결하여 승리를 숱하게 거둔 팀이라면 특출한 성과를 내고 있다고 해도 무방하다. 그러나 6년 연속으로 거의 모든 경기에서 승리하는 팀은 어떻게 해석해야 할까?

1906년 대학풋볼의 포워드 패스 도입이든, 1970년대 초 어떤 웨일스인이 개척한 럭비의 공격 스타일이든, 1982년 NFC 챔피언십 게임에서 조 몬태나가 드와이트 클락에게 던진 터치다운 패스든 상관없다. 그것은 한 경기, 한 시즌, 한 팀, 심지어 하나의 플레이가 어떤 종목을 영원히 바꾸어놓는 기폭제라는 진부한 표현이 되었다. 그러나 축구 국가대항전과 관련해서는 이런 변화를 일으킨 불똥이 실제로 존재한다. 스포츠의 탈무드, 스포츠의 경전은 1953년 웸블리 스타디움의 흐릿한 영상 기록이다. 공간을 열어 잉글랜드팀의 수비진을 공략했던 헝가리의 능력은 이후의 모든 축구 왕조에 영향을 미쳤다. 1958년부터 1970년까지의 브라질, 1960년대 스코틀랜드 클럽팀 셀틱, 1970년대 네덜란드 왕조, 2000년대의 눈부신 FC 바르셀로나 팀 등이 그 예다.

헝가리의 등장 이전에는 축구팀이 개별적인 임무를 수행해야 하는 특정한 임무를 맡은 개인들의 집합으로 여겨졌다. 이를테면 레프트 윙어는 왼쪽 터치라인을 오르내리고, 스트라이커는 언제나 골을 노리고 전신 플레이를 수행하는 임무를 맡으면 된다고 생각했다. 그 이상도 그 이하도 아니었다. 헝가리의 '골든팀'은 이 관념을 무너뜨렸다. 그들은 고정된 자리에 머무르지 않았고 상황에 따라 선수들은 그들의 포지션과 배치를 변환시켰다.

그들의 위대함은 헝가리 선수들의 신체적 능력이나 가난하고 억압적인 모국과는 아무런 관계가 없다. 그들 이전이나 이후의 어떤 팀들보다 뛰어났다고 주장할 수도 있다. 헝가리 골든팀을 돋보이게 하는 것은 플레이 스타일이다. 그 스타일이 분업화를 지워버리고, 선수들의 자존심을 억누르고, 가능성이 없어 보이는 선수들로부터 탁월한 활약을 끌어냈다. 웸블리 경기에서 잉글랜드의 세 골 중 한 골을 기록한 재키 수웰이 말했다. "당신이 본 최고의 팀을 상상해 보십시오. 헝가리를 떠올리는 것이 무리는 아닐 겁니다. 혼자서는 눈에 띄지 않지만 함께할 때 위력적이고 마력적인 개인들의 집단이었습니다. 그들을 만나고 당황한 사람이 우리만은 아닐 겁니다. 모두들 그랬죠."

당시에는 헝가리의 탁월함에 대해 두 가지 낭만적인 설명이 존재했다. 헝가리 공산당 지도부는 개인을 중시하지 않는 중앙집권적 명령통제 체제가 세계를 정복할 수 있다는 증거가 축구대표팀이라고 보았다. 맑시즘 선전전이었다는 것이다. 공산당 당원이었던 대표팀 코치 세베시 구스타브는 그것을 '사회주의 축구'라고 불렀다. 반면 정권 반대자들은 억압의 장막을 뚫고 나온 헝가리 인민의 억누를 수 없는 저항정신으로 보았다.

공산주의자라거나 헝가리인이라는 점 때문에 전술적으로 아름다운 축구를 수행할 수 있었다면, 왜 그것이 이후로는 나타나지 않았을까? 공산주의 국가는 1960년 이래 월드컵에서 단 한 번도 우승하지 못했고, 헝가리는 1960년 이래 피파^{FIFA}(국제축구연맹) 랭킹 50위를 간신히 유지하고 있다. 월드컵 본선 진출은 1970년 이래 세 번밖에 없었다. 진실은 두 가지 설명 모두 맞지 않다는 것이다. 1956년 바로 그 선수단이 해산한 순간 위대함은 사라졌다.

축구 역사상 수십 개의 축구팀이 왕조로 묘사되었다. 그러나 내가 헝가리의 6년간 우승 행진 기록을 조사해보니, 헝가리는 동료 집단 중에서도 특이치outlier로서, 자체적인 범주를 이룰 만큼 독보적인 괴물팀이었다.

경제학자들은 일반적 행보를 따르지 않고 쉽게 설명할 수 없는 어떤 실체를 보면 '블랙 스완'Black Swan으로 묘사하곤 한다. 무한한 가능성의 땅인 실리콘밸리에서는 창업자의 지하실에서 출발하여 수십억 달러의 가치를 창출하는 첨단기술 회사를 '유니콘unicorn'이라고 부른다. 이 같은 사고방식이 과학계 전반을 지배한다. 학자들이 실험 대상 샘플을 수집할 때 첫 번째 단계 중 하나가 특이치를 제거하는 것이다. 그러한 예외와 과장된 결과는 보편적이고 실질적인 진리를 드러내기에 신뢰할 수 없다는 논리다. 과학에서는 아무리 엄청난 탁월함이라해도, 그것의 반복이 가능하지 않다면 이해하려는 노력이 무의미하다.

그렇듯 헝가리에도 유니콘이라는 꼬리표를 붙여 폐기하기는 쉽다. 이 팀의 업적을 어떤 사건들이 수렴한 결과일 뿐이고, 그 지배력은 단지 우연이라고 말할 수도 있다.

골든팀이 특이점일 수도 있지만, 국제 축구는 세계에서 행해지는 수십 가지 팀 스포츠 중 하나일 뿐이다. 그 모든 종목에서 수십 년 동안 일정 시점에 최소한 한 팀은 다른 모든 팀들을 압도하는 성적을 거두었다. 나는 궁금했다. 당신이 각 팀의 역사를, 19세기의 어설픈 첫 번째 프로협회들부터 검토하여 그 성적을 분산형 차트에 찍고 비교 불가한 성적을 낸 팀들 위에 원을 그려본다면? 헝가리처럼 탁월한 팀이 5개, 아니 10개나 30개 존재한다면 그 공통점을 파악하는 것이 흥미롭지 않겠는가?

이 책은 세 파트로 나뉜다. 제1부에서는 역사상 상위 1% 팀 중 상위 10%를 선별하는 기준과 그들의 유사성을 추출하는 프로세스를 내가 어떻게 개발했는지 설명한다. 제2부에서는 괴물팀들의 내력, 그리고 과학적인 조사 방법들을 검토하여 그들이 공유하는 하나의 요소, 그리고 그 요소가 왜 위대함을 향해 전진할 수 있게 하는가를 탐색한다. 제3부에서는 수많은 팀들이 승자 문화를 창출하고 유지하는 능력을 저해하는, 형편없는 결정을 내리는 이유와 그런 실책을 피할 수 있는 방법을 살펴본다.

제1장

우두머리 사자들

세계에서 가장 위대한 팀 선별하기

세계에서 가장 위대한 팀의 리스트를 추리려면 술집에서 스포츠 팬들과 한바탕 논쟁하는 것만큼 훌륭하고 빠른 방법은 없으리라. 일단 이 길에 접어들면 일사천리다. 밤새 논쟁이 이어진다. 이런 논쟁의 유일한 단점을 꼽자면, 끝날 무렵 그 목록을 기억하지 못할 정도로 취할 수도 있다는 것뿐이다.

나는 내 설익은 견해를 기록한 적이 전혀 없었지만, 그런 사람들이 있다는 사실은 알고 있었다. 그래서 세계 어디서든 그런 리스트가 발표되었다면 몽땅 모으는 것부터 연구를 시작했다. 명망 있는 신문부터 아주 평범한 웹사이트까지, 어떤 공감대가 형성되어 있는지 확인해 보았다. 찾아낸 리스트는 90개 정도였다.

식탁에 리스트를 늘어놓고 노란색 형광펜 공격을 퍼붓고 나니 분명해졌다. 어떤 리스트들은 아예 방법론을 제시하지 않고 사무실에 있는 사람들의 집단적 의견을 근거로 결론을 내린 데 불과했다. 수치를 사용한 리스트도 통계적으로 모호하기 일쑤였다.

가장 일반적인 절차상 오류인 '선택 편향'은 온갖 종류의 여론 조사, 설문 조사, 과학적 실험을 오랫동안 괴롭힌 결과물이다. 학자들이 전체의 대표적인 단면을 제공할 만큼 충분히 크지 않거나 무작위로 뽑은 샘플을 근거로 할 때 발생한다. 이런 리스트 대부분이 미심쩍은 지역 취향을 띤다는 데서 선택 편향이 훤히 드러났다. 이를테면 잉글랜드 쪽 랭킹은 리버풀이나 맨체스터 유나이티드 같은 축구클럽 이름으로, 호주 쪽 랭킹은 럭비, 크리켓, 호주식 축구팀 이름으로 점철했다.

이는 리스트 작성자들이 충분히 넓은 그물을 던지지 못했다는 점을 보여주었다. 자국의 국경 바깥에 있는 팀들은 고려조차 하지 않은 리스트도 많았다.

똑같은 대기 명단이 자꾸 나타난다는 점도 문제였다. 예컨대 미국에서는 1927년 뉴욕 양키스, 1972년 마이애미 돌핀스, 1990년대 시카고 불스, 2000년대 뉴잉글랜드 패트리어츠가 거의 모든 리스트에 올랐다. 유일한 차이는 그 팀들의 순위였다. 리스트를 작성한 분석가들이 남들이 이미 신성시하는 후보군 때문에 편견을 가졌을 가능성이 높다.

적절한 리스트를 작성하려면 다른 모든 이들을 무시하고, 나 자신의 추측까지 철저히 차단하여 새롭게 시작해야 했다. 역사를 통틀어 세계 전역에서 행한 모든 주요 종목의 팀을 고려해야 했다.

첫 단계는 호주에서 우루과이까지 프로든 국제스포츠든, 모든 스포츠리그, 협회, 연맹, 연례 토너먼트에 대한 신뢰할 만한 누적 기록을 찾아내는 것이었다. 그리고 주요 타이틀이나 트로피를 획득하거나 극히 예외적인 우승가도를 달린 모든 팀을 뽑아내야 했다. 몇 달에 걸친 이 과정에서 수천 팀의 후보군을 선별했다.

이 연구에 일정한 매개변수를 설정하여 이 집단을 더 관리하기 쉬운 개수로 걸러내기 위해 세 가지 근본적인 질문에 답하기 시작했다.

질문 1 : 팀의 자격은 무엇인가?

내 식당 테이블에 놓여 있던 랭킹 리스트 대부분이 하나의 중요한 이슈를 소홀히 다루었다. 무엇보다도 "무엇이 팀을 구성하는가?"라는 것이다. 아이스댄스 같은 스포츠는 선수 2명이 심판진 앞에서 함께 공연하지만, 두 집단이 15명씩 정면 대결하는 럭비 유니언과 같은 비중이 주어진 경우가 많았다. 올림픽 복싱팀 선수들은 혼자 링에 오르는데도 나란히 경기를 펼치는 배구선수들과 같은 취급을 받았다.

'팀'에 대한 사전적 정의는 대단히 빈약하다. 팀을 하나의 과업을 함께 수행하는 집단으로 정의한 것이다. 기본적으로 팀은 2명부터 시작하지만 얼마나 많은 인원이 필요한지에 대해서는 일반적인 견해가 없다. 두 명의 집단은 한 팀인가, 파트너십인가? 세 명은 팀인가, 트리오인가?

나는 이 문제를 해결하기 위해 다음과 같은 세 가지 기준을 완벽히 충족하는 경우에만 하나의 선수 집단을 팀으로 간주하기로 결정했다.

A. 팀원이 다섯 명 이상이다.

확실히 말할 수 있는 것 하나는 팀은 규모가 작을수록 개인의 성적이 그 성과를 좌우한다는 것이다. 예를 들어 한 팀에 두 명의 구성원이 있다면, 각자의 성과 기여도는 50%에 가까워야 한다. 한 선수가 탁월하게 플레이하든 형편없이 플레이하든 경기 결과를 혼자서 결정할 공산이 크다.

그룹의 집단적 성과가 언제나 한 구성원의 기여도보다 중요하게끔 제한하기 위해, 나는 2명으로 구성된 모든 팀을 제외하기로 결정했다. 그 종목은 복식 테니스, 2인승 루지, 올림픽 비치발리볼, 페어 스케이팅, 아이스댄싱이다. 4명의 팀으로 구성되는 컬링도 제외했다. 폴로는 4명의 팀으로 구성되는 종목이지만 다른 이유로 제외했다(질문 2, 섹션 A 참조). 최종적으로 포함시킨 가장 작은 단위는 5명이 뛰는 농구팀이었다. 농구는 각 포지션 선수들의 평균 기여도가 이론적으로 팀 전체의 20%를 차지한다.

B. 팀원들이 상대편과 상호작용한다.

불가사의한 팀의 연금술에 큰 비중을 차지하는 것은 팀원들이 자신을 이기려 드는 상대편 선수들에게 실시간으로 얼마나 잘 대처하느냐다. 이 같은 동시성은 명백히 아메리칸 풋볼, 축구, 수구, 아이스하키에서 큰 비중을 차지한다. 해당 종목의 선수들은 경기 내내 공수에 관여하며 상대팀과 대결한다. 그러나 팀이 상대편과 상호작용하지 않는 종목이 있다. 그런 이유로 제외된 종목으로는 조정과 단체 사이클, 싱크로나이즈드 스위밍 같은 판정 경기, 달리기나 계영(릴레이 수영) 같은 타임 레이스 등이 있다.

캡틴 클래스

C. 팀원들이 협동한다.

올림픽 레슬링, 복싱, 체조, 스키처럼 팀 스포츠로 불리는 일부 종목에서 선수들은 같은 유니폼을 입고 등장하지만 개별적으로 경쟁한다. 골프의 라이더컵이나 테니스의 데이비스컵 단식 종목에서 선수들은 총점에 기여하지만 개인별로 경쟁한다. 선수들이 팀원들과 신체적인 상호작용을 전혀 하지 않으므로 해당 종목들은 제외했다.

이 규칙 때문에 야구와 크리켓이라는 두 주요 스포츠 종목은 제외 후보 자리에 놓인다. 야구에서는 투수와 포수가 경기 내내 상호작용하고 수구에서는 필더들이 자주 협동하여 플레이하지만, 그것뿐이다. 크리켓에서는 직접적인 교전이 더욱 적다. 한 팀원이 바운더리를 지키면서 다른 팀원에게 공을 전달할 수도 있고, 런아웃run-out은 대개 한 선수가 스텀프stump에 있는 다른 선수에게 공을 던져서 이루어지지만, 선수들이 하는 가장 결정적인 플레이는 (배팅, 필딩, 피칭, 볼링을 막론하고) 대체로 팀원들의 아무런 직접적 도움 없이 단독으로 이루어진다. 선수들 간의 직접적이고 신체적인 상호작용이 성공의 열쇠라고는 도저히 보기 어렵다.

그래도 야구와 크리켓을 상호작용이 적은 다른 종목들과 구별하는 측면 하나는 팀원끼리 협조하는 양이다. 예컨대 크리켓에서는 선수들이 서로를 긴밀하게 지켜보며 위켓 사이를 뛴다. 필더들의 위치와 파트너를 이루는 배츠맨들이 취하는 접근 방식은 모두 더 큰 협력 계획에 의해 결정된다. 크리켓 볼러와 위켓 키퍼는 정확히 야구의 투수와 포수처럼은 아니지만, 때때로 특정 배츠맨(타자)에 맞는 투구를 전략적으로 결정한다. 두 종목 모두에서, 협조와 순식간의 멘털 조정이 신체적 상호작용이 자주 이루어지지 않는다는 사실보다 중요하다. 그래서 두 종목은 그냥 두기로 결정했다.

질문 2 : 알곡과 쭉정이를 어떻게 골라내나?

1번 질문을 통해 후보 팀들이 대략 3분의 1로 줄었지만 아직 분석해야 할 팀이 수천 개는 남았다. 다음 과제는 팀의 업적이 최고 단계에 속하느냐 아니냐를 결정할 일정한 기준을 궁리하는 것이었다.

스포츠에 위대함을 정하는 문턱이 단순히 오랜 기간 동안 많은 게임에서 승리하는 것이라면, 올림픽 금메달을 여러 번 딴 팀과 동네 비어리그(북미 지역에서 아마추어들이 맥주를 마시며 각종 경기를 벌이는 레크리에이션 리그-옮긴이) 프리스비 팀을 구별할 도리가 없다. 가장 자격 있는 팀들만 추려내기 위해 다음 세 가지 원칙을 적용했다.

A. 팀이 '주요' 스포츠 종목에 출전했다.

팬층이 얇고 인력풀도 비교적 제한되며 잘 알려져 있지 않은 지역 스포츠에서는 그 어떤 팀도 괴물 자격을 주장할 수 없다. 이 원칙을 적용하여 브라질의 풋발리footvolley, 스코틀랜드의 줄다리기, 핀란드의 페사팔로pesäpallo, 일본의 보타오시(장대 눕히기), 미국의 프로 라크로스 등 대개 비올림픽 종목인 팀 스포츠를 쉽게 제외할 수 있었다.

비교적 소규모의 비올림픽 종목 중에서도 판단하기 어려운 그룹들이 있었다. 오스트레일리안 풋볼, 아일랜드의 헐링과 게일릭풋볼, 아르헨티나의 폴로, 영국연방의 네트볼 등은 세계적으로 인기가 없지만, 특정 지역에서는 관중들의 관심사로 보나 참여도로 보나 엄청난 인기를 끌고 있다. 문제는 해당 종목들을 즐기는 국가들이 그다지 많지 않다는 점이다. 종목 선별을 위해 나는 TV 시청률을 참고하기로 했다. 해당 종목의 최고 경기가 수백만 명의 시청자를 끌어들이지 않는 한 그 종목은 제외했다. 이 원칙을 통과한 유일한 스포츠는 오스트레일리안 풋볼이었다.

최종 후보로 오른 여섯 종목은 아주 까다로웠다. 핸드볼, 여자축구, 배구, 필드하키, 수구, 럭비 등의 국가대표팀(올림픽이나 월드컵에서 보는 인기 있고 권위 있는 팀들)은 연구 대상에 포함시켰다. 동일 종목의 프로팀은 제외했다. 여러 나라의 비교적 덜 알려진 국내 리그에서 경쟁하고, 대체로 팬층이 얇고 인재 풀도 적기 때문이다.

B. 팀이 세계 최고의 경쟁자들과 대결했다.

스포츠계에서는 최고가 되려면 최고를 꺾어야 한다는 격언이 있다. 내 리스트에 오른 많은 팀들이 해당 종목의 최강자들과 정기적으로 대결하지만, 다른 곳의 더 풍족하고 더 권위 있는 리그에서 뛰는 팀들과 비교하면 그 경쟁 수준이 무색해지는 팀들이 수천 개가 넘었다.

이렇게 작은 리그들을 추려내 캐나디안 풋볼, 러시아와 스웨덴의 프로아이스하키, 유럽의 모든 남녀 국내 프로농구를 제외했다. 같은 원칙을 적용하여 미국의 대학 팀 스포츠도 제외했다. 선수 풀이 재학생으로 제한되고 프로리그나 올림픽보다 플레이 수준이 낮기 때문이다.

C. 팀의 패권이 수년간 이어졌다.

1986년 월드컵 8강전 아르헨티나의 '신의 손' 골을 목격한 사람이라면, 또는 2008년 슈퍼볼에서 뉴욕 자이언츠가 우승할 수 있게 한 데이비드 타이리의 아슬아슬한 '헬멧 캐치'를 본 사람이라면, 스포츠에서 행운이 중요한 역할을 한다는 것을 알고 있을 것이다. 그 어떤 팀도 약간의 행운도 없이 우승하기란 힘들다. 그러나 약간의 운이 필수적이긴 하지만, 운이 너무 많으면 팀의 실체를 위장할 수 있다. 실제로는 그렇지 않은데 그 팀을 예외적으로 보이게 만든다.

통계학자들은 행운의 역할을 인정하고, 그것을 설명할 공식을 개발하고자 오랫동안 매달렸다. 한 팀의 점수 득실 대비 승률이 높은지 낮은지 판단할 수 있도록 누적 평균을 계산했다. 이 같은 통계로는 한 팀의 성과가 이례적이라는 것을 설득력 있게 주장할 수는 있지만, 그 원인이 요행이었는지 다른 유형의 이상 현상인지는 명확하게 알 수가 없다.

행운에 관해 첫 번째로 추정할 수 있는 것은 일부 팀들의 성과가 특히 운에 빚지고 있을 공산이 크다는 것이다. 더불어 몇몇 팀들은 오히려 불운에 시달렸음에도 다관왕이 되었다고 추측할 수 있다. 일부 팀들은 약간의 운이 오래가는 진취적인 입지를 차지하여 운명을 스스로 통제할 가능성 또한 있다.

평균 회귀 법칙을 적용하면 알 수 있지만, 충분히 오래 기다리면 좋은 식으로든 나쁜 식으로든 과열된 수준의 성과는 무의미해질 것이다. 예를 들어 한 NBA 팀이 연속 10회 득점에 성공한다 해도, 확률 법칙에 따라 200회의 슈팅 시도 후에는 그 성공률이 리그 평균 수준인 약 45%까지 떨어진다. 가장 안전하게 가정한다면, 운은 무작위로 분포하며 그 영향은 시간이 지날수록 균등해진다.

물론 잉여분의 행운으로 한 번, 아니 두 번쯤의 우승은 차지할 수 있을 것이다. 그러나 그 즈음부터는 확률이 작용하기 시작한다. 예컨대 동전 뒤집기를 할 때 세 번 연속으로 앞면이 나올 확률은 12.5%이다. 네 번 연속으로 앞면이 나올 확률은 6.25%에 불과하다.

행운이 미치는 영향력을 수정하고, 주로 자체적인 재능과 팀워크를 통해 승리를 유지하는 팀의 능력에 연구의 초점을 맞추기 위해, 나는 동전 던지기의 확률에 근거를 두기로 했다. 최소한 4시즌 동안 엘리트 레벨에서 플레이하지 않았다면 그 어떤 팀도 표본에 넣지 않았다.

이 테스트에서 떨어진 숱한 팀들 중에는 2003~2004 프리미어리그 시즌을 무패로 마감한 '무적' 아스널, 그리고 NFL 슈퍼볼 우승컵을 단 한 번만 들어올린 1985년 시카고 베어스가 있다. 1946~1948년까지 무패를 기록한 돈 브래드먼의 호주 크리켓팀, 2001~2003년 월드컵에서 우승한 잉글랜드 럭비팀, NHL 3연패를 기록한 토론토 메이플리프스(1961~1964), NBA의 로스앤젤레스 레이커스(1999~2002), EFL의 맨체스터 유나이티드(2006~2009) 등도 4시즌까지 패권을 연장하는 데 실패했다. 이렇게 해서 3천 개 이상의 팀이 리스트에서 탈락했다.

질문 3 : 괴물팀의 자격은 어떤 것인가?

질문 1과 2를 적용하고 나니 122개 팀만 남았는데, 이 그룹을 앞으로 '최종 후보'[2]라고 부르겠다. 모든 후보팀은 엘리트 자리를 주장할 자격이 충분하다. 다음 과제는 괴물팀을 흔해빠진 왕조들과 구별하는 것이었다.

---

2) '최종 후보' 팀들의 완전한 목록은 부록에서 찾을 수 있다.

세계의 여러 리그, 협회, 컵, 컨페더레이션스컵을 통틀어 팀을 판정하려고 할 때 가장 중요한 문제는 각각의 포맷과 득점 메커니즘이 크게 다를 수 있다는 것이다. 어떤 팀은 매년 얼마 안 되는 대회에 참가한다. 그러나 다른 팀은 끝이 없어 보이는 정규시즌에 참가하며, 그 후로도 긴 포스트시즌 토너먼트가 뒤따른다. 따라서 공정한 비교 포인트가 될 통계를 찾기가 어렵다.

내가 처음으로 고려한 통계는 승률이었다. 1950년대 헝가리 축구 대표팀을 비롯한 많은 유명한 팀들이 이 기준에 부합했다. 그러나 승률에는 몇 가지 골칫거리가 있다. 우선 상대팀의 실력을 고려하지 않는다는 점이다. 또한 적은 경기를 소화하는 팀에 유리하다. 예를 들어 시즌당 162경기를 펼치는 메이저리그에서는 최고 팀의 승률이 60퍼센트를 약간 넘는 좁은 범위로 안정될 것이며, 매년 수십 번의 경기를 벌이는 올림픽 배구에서 최고 팀의 승률은 85%에 가까워질 것이다.

승률이 언제나 유의미하지는 않다는 데 또 다른 문제가 있다. NFL 같은 리그에서 뛰는 팀들의 경우 대부분의 경기에서 이기거나 디비전 타이틀을 차지하는 것을 목표로 삼지 않는다. 포스트시즌 플레이오프와 챔피언십 진출 자격을 얻기에 충분할 정도의 경기만 이기면 되는 것이다. 예를 들어, 슈퍼볼에서 우승한 NFL 팀이 정규시즌을 8승 8패로 마감했다 해도 아무도 신경 쓰지 않는다.

평균과의 표준 편차를 사용하면 더 공정하게 팀의 승률을 판단할 수 있다. 표준 편차는 경쟁 팀의 기록과 비교하여 그 팀의 기록이 얼마나 우수한지 측정한다. 단순한 승률보다 훨씬 유의미하지만 상대팀들의 수준을 고려하지 않는다는 단점도 있다. 이 척도에 따르면 약체 팀들을 손쉽게 이기고 중요한 경기에서 모두 진 팀에게 이로운 결과

캡틴 클래스

가 나온다.

그래서 팀의 성적을 전혀 고려하지 않는 통계치들을 살펴보았다. 한 팀의 성공을 성적이라는 근본적인 척도로, 즉 상대팀과 비교하여 얼마나 많은 포인트, 골, 점수를 올렸는지 등으로 측정하는 방식이다. 일부 통계학자들은 이런 측정 기준 몇 가지를 '파워 레이팅'power rating으로 포괄한다. 파워 레이팅은 성적과는 무관하게 전반적으로 효율성이 높은 팀의 순위를 높이 매긴다. 이 개념에는 두 가지 문제가 있다. 첫째, 중요 경기에서 플레이를 잘하는 것과 약팀을 상대로 득점을 쌓아올리는 것의 차이를 설명하지 못한다. 둘째, 만약 한 팀이 시즌 내내 통계적으로 모든 팀들을 지배했지만 우승에 실패했다면 그 팀의 파워 레이팅을 누가 신경이나 쓰겠는가?

더 큰 문제는 온갖 종류의 평균, 비율rates(등급), 백분율, 계수係數 따위가 모든 팀이 거둔 성취의 전모를 알려주지는 못한다는 데 있다. 사실 어떤 팀이 통계적으로는 전혀 탁월하지 않더라도, 트로피를 많이 들어 올릴수록 그 성공이 인상적이라는 주장도 있을 수 있다.

궁극적으로 괴물팀을 구별하는 것은 그 팀이 얼마나 인상적으로 승리했느냐가 아니라, 승리했다는 사실뿐이다.

한 팀의 (특히 중요 경기에서의) 승리 능력을 구분하는 최적의 통계는 엘로 평점 시스템Elo rating system이다. 캘리포니아의 소프트웨어 엔지니어 밥 런얀이 스포츠 분야에 최초로 적용했다. 평생 월드컵 축구의 팬이었던 런얀은, 시대를 통틀어 그 성적을 어떻게든 공정하게 비교할 수 있다면 어떤 역사적인 팀에 가장 높은 점수를 매겨야 할까 늘 궁금히 여겼다. 피파FIFA의 공식 팀 랭킹 시스템에는 자주 염증을 느꼈다. 이 시스템은 그 중요도와는 무관하게 피파가 인정한 경기에서 승리하면 3점, 비기면 1점을 해당 팀에 부여한다. 런얀에게는 이런 방식이 형편없이 부정확해 보였다.

체스 애호가인 런얀은 아르파드 엘로라는 마케트대학교 물리학 교수가 1960년에 설계한 평점 시스템에 익숙했다. 이 공식은 모든 대국의 결과, 상대방의 수준 가중치, 대국의 중요도 가중치에 기초한 점수 집계표를 엘리트 체스 마스터들에게 부여함으로써 순위를 매긴다. 예컨대 메이저 토너먼트에서 등급이 높은 마스터를 상대로 승리를 거두면 많은 점수를 집계하고, 비중이 낮은 시범 대국에서 약한 상대에게 승리를 거두면 적은 점수를 집계한다. 런얀은 내게 말했다. "피파 랭킹을 보니 얼마나 형편없는지 알게 되었고 체스 평점 시스템이 정말 좋다고 생각했던 게 기억납니다."

런얀은 찾을 수 있는 경기 기록을 모두 수집하고, 엘로 방식에 따라 각 팀을 평가하는 프로그램을 작성했다. 가중치를 적용하여 최종 결과를 점검했더니, 그의 의구심이 사실로 드러났다. 리스트가 잉글랜드, 스페인, 브라질, 독일 등의 유명한 팀들로 채워진 것이다. 그러나 넉넉한 차이로 가장 높은 평점을 받은 팀은 1954년 헝가리였다.

런얀이 자신의 연구를 공개한 뒤로, 엘로 방식은 진취적인 스포츠 통계학자들 대부분에게 사랑을 받았다. 그들은 이 시스템을 NFL에서 크리켓까지 수십 개 스포츠 종목에서 팀 순위를 매기는 데 적용했다. 완벽하다고 볼 수는 없지만(작성자가 경기의 중요도에 대해 어느 정도 주관적 판단을 내려야 한다), 나는 판단하기 애매한 몇 개의 경우에 이 척도를 적용하기로 결정했다.

하지만 결국에는 이 통계를 참고용으로만 쓰기로 했다. 엘로 평점 시스템 같은 방법들이 유용할 때도 있었지만, 하나의 척도에 전적으로 의존할 수는 없었다. 122개의 최종 후보 중에서 진정한 괴물을 골라내려면 더 전체론적인 방식을 취해야 했다.

최종 리스트를 결정하기 위해, 어떤 팀이든 실제로 사상 최고의 팀이라면 충족해야 할 두 가지 간단한 조건을 정했다.

조건 1 : 자신을 증명할 충분한 기회가 있었다.

모든 최종 후보 팀은 그 종목을 막론하고 예외적인 왕조였다. 하지만 한 팀의 경쟁 이력에는 자체적으로 통제할 수 없는 측면이 있다. 경기를 펼친 시대, 리그의 포맷, 심지어 가끔씩 벌어지는 정치 개입 등, 이 모두가 한 팀의 패권을 증명할 기회를 제약하여 그 팀의 성과를 무색하게 할 수 있다.

다수의 최종 후보들이 조직화된 팀 스포츠의 초창기에 경기를 펼친 까닭에 공식적인 국제대회에 출전할 기회가 거의 없었다. 수구나 필드하키 같은 종목은 올림픽 종목에 들지 않았던 시기가 더 길다. 세계 정상급 팀들이 주요 대회에 참가하지 않은 경우도 있다. 예를 들어 이탈리아 축구 국가대표팀이 1930년대 월드컵을 2연패했을 당시, 세계 정상급의 많은 팀들이 출전하지 않았다. 그 때문에 다른 최종 후보군처럼 해당 이탈리아 대표팀은 그 진정한 능력에 의문이 제기되므로 제외시켜야 했다.

또 다른 문제의 전형이 1930년부터 1935년까지 자기 나라의 프로 축구 리그를 지배한 잉글랜드의 아스널과 이딜리아의 유벤투스였다. 유러피언컵 같은 국제 클럽대회가 시작되기 전이어서 두 팀은 경기장에서 만난 적이 없다. 따라서 둘 중 어느 팀도 위대한 팀들의 성전에 오를 자격이 있다고 단언할 수 없다.

연구를 진행하면서 가장 애석했던 결과는 팀의 우승 행진이 정치 때문에 방해받거나 종료되거나 축소되는 것이었다. 니그로 내셔널리그(미국의 흑인 야구리그)의 홈스테드 그레이스는 1937년부터 1945년까지 9시즌 동안 8번 우승하면서 승률 68%를 기록했다. 그러나 당시의 엄격한 차별 정책 때문에 (백인으로만 구성된) 메이저리그의 선두 팀과 대결할 기회가 허락되지 않았다. 냉전 때문에 유명세를 떨치던 팀도 희생당했다. 1977년부터 1983년까지 소련 남자배구팀은 월드컵 2연패, 유럽선수권대회 4연패, 세계선수권대회 2회 우승을 달성했다. 그러나 소련 배구 사상 유일한 금메달을 딴 1980년 모스크바올림픽에서는 많은 국가들이 보이콧을 선언했다. 그 사실 때문에 소련 남자배구팀은 괴물팀 지위를 얻을 수 없게 되었다.

이 시험에서 122개의 최종 후보 중 28개가 탈락했다.

조건 2 : 팀의 기록이 독보적이어야 한다.

역사상 가장 위대한 팀들 중 하나라면, 그 성공을 특별히 오래 지속시켰거나 집중적으로 폭발시켰어야 한다. 성공은 누적 승수나 타이틀 개수로 정의할 수 있으며, 동일 종목의 다른 모든 팀이 이룬 성취를 넘어선 것이어야 한다. 달리 말해 독보적인 성취를 이루었어야 한다.

국제 아이스하키나 여자배구 같은 종목에서는 경쟁이랄 것이 없었다. 최고 기록을 거둔 팀이 압도적이었다. 동일 종목의 두 팀이 독보적인 성과를 다른 방식으로 이룬 사례도 있어서, 어쩔 수 없이 두 팀 모두를 리스트에 포함시켰다(가령 국제 남자축구에는 헝가리도 있지만, 세계 최고의 팀들을 모두 꺾고 월드컵 2연패를 달성한 팀도 있었다). 크리켓과 럭비 같은 소수의 종목에서는 가장 빼어난 우승팀들 간의 격차가 너무 작아서 사상 최고의 팀을 확실히 꼽기가 불가능했다.

1927년 '살인 타선'Murderers' Row 뉴욕 양키스 왕조(루 게릭과 베이브 루스가 107개의 홈런을 합작했다 – 옮긴이)도 아깝게 이 조건을 충족하지 못했다. 이렇게 해서 탈락한 팀들은 다음과 같다. 마이클 조던의 1990년대 시카고 불스, 여러 번 반복된 뉴욕 양키스 왕조, AC 밀란, 리버풀, 레알 마드리드를 비롯한 수많은 프로축구팀들, 독일 축구, 브라질 배구, 네덜란드 여자 필드하키처럼 역사적인 몇몇 국제적 왕조 등이다. 가장 까다롭고 논란의 여지가 많은 탈락자 중에는 호주와 서인도제도의 뛰어난 크리켓 팀들, 그리고 NFL의 유명한 팀인 1981~1995년 샌프란시스코 포티나이너스, 톰 브래디의 2001~2017년 뉴잉글랜드 패트리어츠가 있다(이들을 제외한 이유는 부록에 자세히 설명했다).

이 분석 방법을 적용하여 남은 최종 후보 94개 중 66개를 제외했다.

프로축구에 대해 짧게 짚고 넘어가자면

최종 후보에 오른 축구클럽 36개 중에서 세계 최고의 팀을 뽑다 보니 머리가 하얗게 셀 뻔했다. 모든 축구 국가에 국내 프로리그가 있고, 그 프로리그에서 매년 우승팀을 가리기 때문에, 프로축구 종목은 대단히 파편화되어 있다. 잉글랜드, 독일, 스페인, 이탈리아의 상위 리그 팀들이 가장 관심을 끌지만 포르투갈, 스코틀랜드, 우루과이처럼 작은 국가에도 비슷한 수의 클럽이 있다. 몇몇 리그(특히 아르헨티나의 프리메라 디비시온^{Primera División})의 포맷은 워낙 역사적으로 혼란을 거듭해서, 어떤 시즌에도 논란의 여지없이 우승팀이 결정된 적이 거의 없다. 최악인 것은 각국 클럽팀들이 정기적으로 대결을 하지 않는다는 사실이다. 그 때문에 한 유닛이 진정 예외적인 괴물팀이었는지, 우물 안 개구리에 불과했는지 판단하기가 어렵다.

수년에 걸쳐 유럽의 챔피언스리그, 남미의 코파 리베르타도레스^{Copa Libertadores}, 그리고 인터컨티넨탈컵^{Intercontinental Cup} 등의 다국적 대회가 국가 간 경쟁의 기회를 증가시키기는 했다. 그러나 아무리 세월이 흘러도 잉글랜드 프리미어리그, 스페인 라리가, 이탈리아 세리에 A, 아니면 독일 분데스리가에서 최고의 경기 표준을 찾을 수 있을지는 여전히 알기 어렵다.

위에 언급한 두 가지 이유로 최종 후보에 오른 36개의 프로축구팀 중 대다수를 최고 등급에서 제외했다. 자기를 증명할 기회가 충분하지 않았거나 그 성취가 독보적이지 않았던 것이다. 그러나 이런 여과 장치를 적용하고 승률, 우승 행진, 우승 횟수, 엘로 평점 등을 고려하고 나서도 프로축구 클럽 13개가 살아남았다. 이 팀들은 모두 홈리그에서의 우위(지배력)와 국제무대에서의 성공 사이에서 균형을 맞추었고, 그 중 다수가 한 국가가 배출한 최고의 프로팀이라고 자랑할 만했다.

리스트를 줄이기 위해 면밀히 살펴본 것은 이 13개 팀이 출전한 국내 리그의 전반적 수준, 그리고 왕조 시기 내내 주요 경기에서 패하지 않고 '연전연승'을 했는지의 여부였다. 또한 몇 안 되는 경우지만

캡틴 클래스

이 13개 팀들이 실제로 대결한 경기 결과까지 고려했다.

이렇게 해서 마침내, 최종 후보로 남았던 13개 프로축구팀들 중에서 12개를 제외했다. 탈락 팀을 연대순으로 나열하겠다. 레알 마드리드(스페인) 1956~1960, 페냐롤(우루과이) 1958~1962, 벤피카(포르투갈) 1960~1965, 산투스(브라질) 1961~1965, 인테르나치오날레(이탈리아) 1962~1967, 셀틱(스코틀랜드) 1965~1974, 아약스(네덜란드) 1969~1973, 바이에른 뮌헨(독일) 1971~1976, 리버풀(영국) 1975~1984, AC 밀란(이탈리아) 1987~1996, 올랭피크 드 마르세유(프랑스) 1988~1993, 맨체스터 유나이티드(잉글랜드) 1995~2001.

이 커트라인을 통과한 프로축구팀은 단 하나다.

세계 최고의 엘리트 팀들

내가 스포츠 역사의 모든 팀을 평가한 후, 총 여덟 개의 질문과 테스트, 하위 테스트, 원칙, 통과 조건을 모두 충족한 팀은 16개뿐이다. 이 팀들은 최고 중의 최고를 대표한다. 그들이 속한 그룹을 나는 '1등급'Tier One이라고 부르겠다. 위 기준 중 하나 이상을 충족시키지 못한 106개의 다른 최종 후보는 '2등급'Tier two으로 분류했다.[3]

2등급에 들었다고 수치스러운 것은 아니다. 근소한 차이로 1등급 문턱에서 멈춘 팀이 많다. 틀림없이 그들도 1등급 팀만큼 인상적이었

---

3) 2등급 팀들의 전체 목록은 부록에 수록했다.

을 것이며, 나중에 밝히겠지만, 1등급 팀의 특징을 모두는 아닐지라도 대부분 갖고 있었다. 다시 한 번 분명히 하고 싶은 것은, 이런 등급 지정이 세상에서 가장 뜨거운 스포츠 논쟁에 불을 지피고 싶어서가 아니라는 점이다. 나의 추정 결과가 이 주제의 최종 결론이라고 주장하는 것도 아니다. 나의 유일한 목표는 가능한 한 가장 순수한 실험 표본을 만드는 것이었다. 실제로 온갖 결점들이 가장 적었던 괴물팀들을 골라내어, 나의 진정한 연구 주제를 탐구하는 데 편하게 이용하려는 것이었다. 그 주제는 바로 "역사상 가장 압도적이었던 팀들이 가진 공통점은 무엇인가?"이다.

아래 리스트에 열거한 16개의 1등급 팀들은 명백히 탁월했다. 그들이 이룬 폭발적인 성공은 어떤 식으로든 역사적으로 유일했으며, 그들은 자격 검증을 받을 필요도 없었다. 그들 모두가 스포츠계에서 탁월함의 꼭대기에 올라 있다. 가장 크게 포효하는 우두머리 사자들이다.

여기에 그 리스트가 있다.

콜링우드 맥파이스, 오스트레일리안 풋볼(1927~1930) '머신'으로 잘 알려진, 멜버른의 호주식 풋볼팀은 오스트레일리안 풋볼리그의 전신인 빅토리안 풋볼리그에서 4년 연속 그랜드 파이널 우승을 기록했다. 무시무시한 수비로 유명한 맥파이스는 88%의 승률을 올렸고, 상대팀보다 경기당 평균 33점을 더 득점했으며, 1929년에는 18승 무패를 기록했다.
뉴욕 양키스, 메이저리그 야구(1949~1953) 다른 양키스 팀들(1920년대, 1930년대 후반, 1990년대 후반)은 유명한 스타 선수들이 훨씬 많았지만, 이 그룹은 야구 역사상 5년 연속 월드시리즈 우승을 차지한 유일한 팀이다.

헝가리, 국제 남자축구(1950~1955) '막강한 마자르인들'^{Mighty Magyars}로도 알려진 헝가리의 '골든팀'은 1950년 5월부터 53경기를 치르며 단 두 번만 패배했다. 이 기간 내내 헝가리는 상대를 압도했다. 경기당 평균 4.2골로 222승 59패를 기록했다. 이 팀의 1954년 엘로 평점은 독일이 2014년에 역전시킬 때까지 60년간 최고의 기록으로 남아 있었다.

몬트리올 캐나디언스, NHL(1955~1960) NHL 역사상 유일하게 스탠리컵 5연패를 달성한 캐나디언스는 74%의 경기에서 승리 또는 무승부를 기록했고, 리그 평균보다 무려 400골 넘게 득점했다.

보스턴 셀틱스, NBA(1956~1969) 셀틱스는 13시즌 동안 8연속 우승을 포함하여 총 11회 우승이라는 불세출의 기록을 세움으로써, 다른 모든 NBA 왕조들이 세운 업적을 초라하게 만들었다.

브라질, 국제 남자축구(1958~1962) 2회 연속 월드컵 우승팀인 브라질은 다섯 시즌 중 두 시즌에서 무패 기록을 세웠고, 56경기를 치르면서 상대팀을 거의 3:1의 점수로 제압함으로써, 국제 축구 역사상 3위에 해당하는 엘로 평점을 올렸다. 6패 중 5패는 비중이 낮은 대회에 후보 선수들을 출전시켰을 때 기록한 것이다.

피츠버그 스틸러스, NFL(1974~1980) 6회 연속 플레이오프에 진출하여 6시즌 동안 4개의 슈퍼볼을 획득했다. 1980년 슈퍼볼 우승까지 80승 1무 22패를 기록함으로써 NFL 역사상 두 번째로 높은 엘로 평점을 달성했다.

소련, 국제 남자 아이스하키(1980~1984) 1980년 동계올림픽에서 미국에게 굴욕적인 역전패를 당한 뒤로 '붉은군대' 소련팀은 더욱 막강해져서, 4년 동안 최고의 국가대표팀들을 맞아 94승 9무 4패의 성적을 올렸다. 세계선수권대회를 3연패하고 1984년 올림픽에서 금메달을 땄는데, 올림픽 기간 동안 58득점과 6실점을 기록했다.

뉴질랜드 올 블랙스, 국제 럭비 유니언 (1986~1990) 1등급에 포함된 올 블랙스 중 첫 번째 팀은 3년간 국제 럭비 유니언 경기에서 49회 연속 무패를 기록했다. 그 기간 중 평균 27득점을 올리며 국제경기 23연승을 거두었다. 올 블랙스는 1987년 럭비월드컵에서 보란 듯 298점을 수확하고 내준 점수는 고작 52점이었다.

쿠바, 국제 여자배구(1991~2000) '카리브해의 멋진 흑인 여자들'Espectaculares Morenas del Caribe은 모든 주요 여자 배구 토너먼트에서 10년 연속 우승했다. 올림픽 3회 우승과 월드컵 4회 우승을 기록하고, 세계선수권대회에서 2연패를 달성했다. 올림픽에서는 총 18승 3패, 월드컵에서는 총 31승 1패의 성적을 올렸고, 세계선수권대회에서는 단 한 번도 패한 적이 없다.

호주, 국제 여자 필드하키(1993~2000) '하키루'Hockeyroos는 올림픽 2회 우승, 챔피언스 트로피대회 4연패, 월드컵 2연패를 달성했다. 이 기간 동안 승률은 89%였고, 785점을 얻고 220점만 내주었다.

미국, 국제 여자축구(1996~1999) '나인티나이너스'99ers는 역사상 전례 없는 수준으로 여자축구를 지배했다. 도합 84승 6무 6패로 올림픽과 월드컵에서 우승하면서 31경기 무패 행진을 기록했고, 약 5:1의 점수로 상대를 압도하면서 주요 경기에서 1번밖에 패하지 않았다.

샌안토니오 스퍼스, NBA(1997~2016) 이 팀의 NBA 타이틀 다섯 개(다섯 시즌 중 세 개 포함)는 역사상 가장 많은 개수는 아니다. 그러나 19시즌 연속 플레이오프 진출, NBA 최장기간 승률(71%), 디비전 최소 2위 수성 등 지속성 측면에서 놀라운 기록을 세웠다.

FC 바르셀로나, 프로축구(2008~2013) FC 바르셀로나는 다섯 시즌 동안

캡틴 클래스

도합 15개의 우승 트로피를 들어올렸다. 프리메라리가 4회, 챔피언스리그 2회(5시즌 연속 준결승 진출 포함), 피파 클럽월드컵 2회, UEFA 슈퍼컵 2회, 코파델레이 2회, 페르코파 데 에스파냐 3회. 92%의 리그 경기를 이기거나 비겼고(역사상 최고 기록이다), 평균 점수 3.5:1을 기록했다. 2011년 엘로 평점은 역사상 최고의 클럽팀 기록이다.

프랑스, 국제 남자핸드볼(2008~2015) '전문가들'Les Experts은 네 번의 세계 선수권대회에서 3회, 유럽선수권대회에서 2회 우승했고, 올림픽 2연패를 달성한 최초의 핸드볼팀이 되었다. 최고 전성기인 2008년부터 2011년까지 프랑스는 엘리트 팀들과 42번 대결하여 1패만을 기록했으며, 핸드볼 종목의 최고 타이틀 3개를 동시에 석권한 최초의 팀이 되었다.

뉴질랜드 올 블랙스, 국제 럭비 유니언(2011~2015) 두 번째 올 블랙스 유닛은 월드컵에서 연속으로 우승한 최초의 럭비팀이 되었다. 2011년부터 2015년 월드컵이 끝날 때까지 상대팀보다 평균 19점을 더 올리면서 55승 2무 3패를 기록했고, 20경기·22경기 무패 행진을 벌였다. 이는 1986~1990년 유닛의 23경기 무패에 버금가는 기록이다. 블레디슬로컵(뉴질랜드와 호주 간의 럭비 국가대항전-옮긴이)에서 호주를 상대로 8승 1무 1패를 기록했으며, 네 번의 럭비선수권대회(트라이내이션스로도 알려져 있다) 중 세 번을 우승했다.

16개의 괴물팀 리스트를 확정하고 나서, 나는 이 책의 궁극적인 질문으로 돌아갔다. 이 엘리트 팀들에 공통점이 있다면, 그것은 무엇일까? 그것으로 위내함의 DNA에 숨겨진 비밀을 밝힐 수 있을까?

캡틴 가설

'아교 선수'의 중요성

1957년 보스턴

1957년 NBA 결승 7차전. 보스턴 셀틱스에 1점 차로 뒤진 채 종료까지 약 40초 남은 상황에서, 세인트루이스 호크스의 잭 콜먼은 코트 중앙에서 아웃렛 패스를 받았다. 농구에서는 공짜 선물 같은 패스였다.

콜먼이 보스턴 골대 쪽으로 몸을 돌리자 길이 훤히 뚫려 있었다. 근처에 셀틱스 선수는 아무도 없었다. 이런 무방비 상태에서 콜먼이 결승점을 넣지 못하는 시나리오는 경기장 내의 그 누구도 상상할 수 없었다.

지난 47분 20초 동안 경기는 과열되었다가 냉각되었다가, 일진일퇴를 거듭하면서 예측 불허의 시소게임으로 전개되었다. 초조한 홈 관중이-일부는 입장권 때문에 밤새 야영까지 했다-워낙 담배를 많이 피워서, 유서 깊은 보스턴가든 경기장에 베이지색 연기가 자욱해져 천장이 보이지 않았다.

콜먼이 자유투 라인을 성큼 넘어서서 레이업슛을 하려고 팔을 뻗자, 셀틱스 선수들 대부분이 우두커니 서서 숨을 죽였다. 골이 들어가고 나면 필사적으로 달려들어 만회골을 넣으려는 참이었다.

그러나 콜먼의 손끝에서 볼이 떠나자마자, 하얀 셔츠를 입은 거대한 그림자가 그를 뒤에서 덮쳤다. 그 그림자는 콜먼의 손에서 갓 벗어난 공을 깨끗하게 쳐냈고, 공은 백보드를 맞고 코트로 튕겨 나가 어느 보스턴 선수의 손아귀로 빨려 들어갔다. 콜먼의 득점 확률이 압도적으로 높았음에도, 신의 섭리 같은 어떤 힘이 개입하여 셀틱스를 살려놓았다.

이 플레이에 대한 동영상은 남아 있지 않다. 당시 TV 네트워크는 스포츠 생중계를 녹화할 필요성을 느끼지 않았던 탓이다. 그러나 라디오 중계는 남아 있다. 개구리 같은 목청으로 유명한 보스턴의 아나운서 조니 모스트는 흥분을 감추지 못했다. "러셀이 블로킹했습니다! 러셀 블로킹!" 모스트는 소리 질렀다. "도대체 어디서 나타난 걸까요?"

보스턴의 스물세 살 루키 센터 빌 러셀^{Bill Russel}은 206cm의 키로, NBA 빅맨치고는 크다고 할 수 없었다. 체격도 깡마른 편이어서 두 팔과 다리에 얼마나 힘이 있을까 싶을 정도였다. 러셀은 대학에서 두 개의 NCAA 타이틀을 땄고, 1956년 올림픽에서 미국 대표팀이 금메달을 따는 데 일조했지만, 보스턴 팬들은 이제야 그를 슬슬 알아가는 참이었다. 그때까지는 그가 무엇을 할 수 있는지 신성 알지 못했나.

50여 년이 지났지만 콜먼에 대한 러셀의 블록은 NBA 역사상 가장 뛰어난 수비 플레이 중 하나로 여겨지고 있다. 상황의 중압감(결승 7차전의 종료 몇 초 전) 때문만은 아니다. 순전히 그 플레이의 불가능성 때문에 그렇다. 콜먼은 보스턴 골대에서 약 17미터 떨어진 곳에서 공을 잡았다. 달리면서 공을 잡았기 때문에 골대까지 3초면 갈 수 있었다. 러셀이 (상대편 골대 밑에서) 추격을 시작한 지점은 (보스턴 골대에서) 적어도 28미터 넘게 떨어져 있었을 것이다. 나의 계산에 따르면 러셀이 콜먼을 따라잡기 위해서는, 정지 상태에서 출발하여 평균 초속 9.45미터 또는 시속 34킬로미터까지 속력을 올려야 했다. 균형감을 잡기 위해 전년도 올림픽 남자 100미터 달리기 기록을 조사했다. 우승 기록이 10.62초였다. 러셀이 100미터 내내 같은 속력을 유지했다면 10.58초라는 간발의 차이로 올림픽 금메달을 차지했을 것이다. 당시 셀틱스의 스타이자 캡틴이던 밥 쿠지는 그것이 "내가 농구장에서 목격한 가장 놀라운 신체 활동"이라고 했다.

러셀의 열정에 힘을 얻은 보스턴은 두 차례의 연장전 끝에 124:123으로 승리하여 팀의 첫 NBA 타이틀을 차지했다.

이어진 12시즌 동안 보스턴은 이 같은 불굴의 에너지로 NBA 8연패를 포함하여, 10개의 타이틀을 더 획득하게 된다. 그렇게 우승 가도를 달리는 동안, 셀틱스는 여러 단계의 플레이오프 7차전을 아홉 번 더 치렀고, 그 경기에서 모두 승리했다.

스포츠 역사상 최고의 팀을 선별하려고 나섰을 때, 최종 후보들 간의 차이가 면도날처럼 얇아서 판단하기 어려운 점이 많을 것임은 예상하고 있었다. 생각할 필요조차 없는 팀은 없을 거라는 점도 알고 있었다. 그중에서 가장 쉽게 포함시킨 팀이 바로 1956~1969년 보스턴 셀틱스였다.

셀틱스가 1등급 내의 다른 어떤 팀보다 더 오랜 기간 동안 더 많은 우승을 차지했기 때문에, 우선적으로 탁월한 팀의 본보기로 삼기에 적당했다. 이 모든 뛰어난 팀들이 공유한 특징이 한 가지라도 있다면, 셀틱스는 그것을 엄청나게 보유하고 있었음에 틀림없다.

나는 셀틱스가 농구의 어떤 측면에서 우월했는지 알아보기 위해 경기 통계를 조사하기 시작했다. 셀틱스가 양적으로 뛰어난 성적을 올렸다는 것은 금방 알 수 있었지만, 기대했던 방식대로는 아니었다. 셀틱스는 경기당 득점 측면에서 NBA 선두권에 들지 않았고, 경기당 실점이나 득실차 측면에서도 탁월하다고 볼 수 없었다. 13시즌 동안의 정규시즌 승률(0.705)과 플레이오프 승률(0.649)은 우수했지만 다른 NBA 왕조들보다는 낮았다. 통계 사이트 파이브써티에이트 FiveThirtyEight에서 작성한 정규시즌 엘로 평점에 따르면, 셀틱스의 11개 챔피언십 유닛 중에서 NBA 역사상 50위 내에 든 유닛은 하나에 불과했다.

더 의아한 점은, 개별 선수들의 기여도를 측정하기 위해 통계학자들이 사용하는 고급 통계에 따르면 셀틱스에는 역사상 최고 등급의 활약을 펼친 선수가 단 한 명도 없었다는 사실이다. 셀틱스가 우승 행진을 벌이는 동안 팀 내에 NBA 최고 득점자가 아무도 없었다. 11번 중 7번의 우승 시즌 동안, 팀 내에 톱텐TOP 10에 드는 득점자가 단 한 명도 없었던 것이다. 나는 다른 설명을 찾기 위해 이 통계들을 빠르게 제쳐놓았다.

우선, 레드 아워백 코치가 셀틱스의 성공에 어느 정도 기여한 것은 분명하다. 팀을 구성한 아워백 코치는 성격이 불같으면서도 사교적이었고, 시가를 연신 피워대는 사람이었다. 셀틱스를 맡기 전까지는 프로팀 두 곳에서 63%의 승률을 올렸으며, 예민하게 동기 부여를 할 줄 아는 코치로 여겨졌다. 그러나 보스턴의 우승 행진이 시작된 1957년 이전에는 우승 경력이 한 번도 없었고, 그가 맡았던 셀틱스팀은 플레이오프에서 번번이 탈락했었다. 아워백이 갑자기 전술의 천재가 되었다는 증거는 존재하지 않는다. 1등급 시기의 셀틱스는 기본적인 공격 전술을 펼쳤고, 아워백은 선수들에게 즉흥적으로 플레이할 자유를 주었을 뿐이다. 아워백의 영향력이 크지 않았다는 사실은 그가 코치 자리에서 물러나 단장이 되었던 1966년부터 확연히 드러난다. 셀틱스가 아워백 없이 우승 타이틀을 두 번 더 차지한 것이다.

팀의 존경받는 아버지이자 진취적인 오너였던 월터 브라운은 아워백을 고용했고 아워백의 선수 영입 계획을 승인했지만, 열세 시즌의 절정기 내내 팀에 거의 관여하지 않았다. 월터 브라운은 1964년 사망했다.

이 모두가 혼란스러웠다. 셀틱스의 위대한 절정기가 통계적 우위, 슈퍼스타의 재능, 특이한 능력을 가진 선수들의 집합 또는 지속적이고 탁월한 코치와 관리^{management}의 산물이 아니라면, 도대체 어떻게 이루어진 것일까?

셀틱스가 그저 운이 좋았을 가능성은 전무하다. 그러기에는 괴물급의 행보가 너무 길었다. 내게 일리 있게 느껴진 유일한 설명은 셀틱스가 1950년대 헝가리 축구팀처럼 부분의 총합보다 나은 존재였다는 것이다. 엉성한 결론이라고 실망할지 모르지만, 다른 곳에서라면 달성하지 못했을 탁월한 활약을 이끌어낸, 흔치 않은 유대감이 선수들 사이에 분명히 존재했다고 본다.

캡틴 클래스

'팀 케미스트리'team chemistry라는 문구는 워낙 흔해서, '스포츠계의 진부한 표현'을 뽑는 명예의 전당에 당당히 올라 있다. 그런데 나는 이 문구가 정확하게 무슨 의미인지 도저히 알 수 없었다. 한 무리의 선수들이 일정 기간 함께 뛰면 팀 동료들의 다음 움직임을 예측할 수 있는 비율이 점점 증가하게 된다는 함수 같은 것인가? 자신들의 강점으로 약점을 상쇄하는지 가늠하는 척도인가? 아니면 모든 팀원들이 서로 얼마나 좋아하고 얼마나 훌륭하게 어울렸는지에 대한 반영인가?

팀 케미스트리를 중시하는 태도는 한 팀의 대인 역학관계가 팀의 퍼포먼스(성과)에 영향을 미친다는 생각을 바탕으로 한다. 즉 팀 케미스트리가 좋은 팀에서는 팀원들이 스스로를 가족이라고 여기고 그렇게 해서 고양된 팀에 대한 충성심을 즐기는데, 덕분에 경쟁에서 유리해진다는 것이다. 1960년대 그린베이 패커스에 5개의 NFL 우승 트로피를 안겨준 전설적인 아메리칸 풋볼 코치 빈스 롬바르디는 이런 생각을 지지했다. 그는 "집단적 노력에 대한 개인적 헌신, 그것이 팀을 움직이고 회사를 움직이고 사회를 움직이고 문명을 움직이게 한다"고 말한 바 있다.

분명히 여기에 뭔가가 있다. 내가 직접 목격한 많은 위대한 팀들은 필드 위에 있을 때든, 속옷 차림으로 둘러앉아 포커를 할 때든, 높은 수준의 단결심esprit de corps을 보여주었다. 과학자들이 기업이나 군대처럼 다른 상황의 팀들을 조사했을 때, 스스로 더 응집력 있고 긍정적이라고 인식할수록 그 집단은 여러 측면에서(매출 목표 달성, 정보 공유, 개인의 용맹한 행동 함양 등) 더 좋은 성과를 낸다는 것을 알아냈다. 그런데 이러한 응집력은 어디서 오는 것일까? 그보나노, 응집력은 셀틱스 같은 팀을 성공하게 만든 비결일까, 아니면 성공의 부산물에 불과한 것일까?

대부분의 1등급 팀은 우승 행진 기간 동안 핵심 선수들이 이탈하지 않고 함께하면서 대단히 뛰어난 협력 플레이를 했다. 이러나 이 같은 인력의 일관성은 1등급 팀들에 국한된 것이 아니었다. 그만큼 안정적인 로스터를 보유했지만 그렇게 높은 성과를 달성하지 못한 팀도 많다. 더욱이 배경이 비슷한 선수들이 모여 평생 우정을 나눌 것처럼 보였던, 그래서 끈끈하게 구성된 것 같았던 모든 1등급 팀에서도 내부의 불화와 분열로 찢어지는 때가 있었다. 거기서는 일정한 패턴을 찾을 수 없었다.

셀틱스의 경우에는 그들의 성공이 케미스트리에서 비롯했다는 생각에 또 다른 문제점이 있다. 셀틱스의 지배는 워낙 오랫동안 이어졌기 때문에, 초기와 후반기의 선수 명단이 거의 완전히 뒤집어진 것이다. 이는 팀의 내부적 역학관계 또한 바뀌었다는 뜻이다.

그렇지만 셀틱스 선수 두 명의 커리어는 우승 행진 기간과 완전히 겹친다. 그리고 그 둘 중 하나가 빌 러셀이다.

러셀이 합류한 1956년 전까지 보스턴은 NBA 우승을 한 번도 차지한 적이 없다. 러셀이 데뷔한 바로 그해, 즉 그가 결승 7차전에서 잭 콜먼의 레이업슛을 블록한 그해부터 사정이 바뀌었다. 그로부터 12년 후 우승 트로피를 열한 개 들어 올리고 나서, 러셀은 농구계를 떠났고 팀은 스스로 버텨야 했다. 셀틱스는 즉시 붕괴되어 12년 만에 처음으로 승리보다 패전이 많아졌다. 이런 사건들의 타이밍이 너무나 절묘했으므로 나는 과격한 아이디어를 떠올리기 시작했다. 러셀 그 자신이 기폭제가 아니었나 하는 의심이 든 것이다.

'콜먼 플레이'Coleman Play에 대한 언급은 다양하고 엇갈리지만, 그것이 놀라운 신체 활동이라는 점에는 이견이 없다. 그러나 그 순간 또 다른 점이 두드러진다. 바로 그것이 욕망의 절대적 표현이라는 것이다. 러셀은 그의 인생에서 가장 큰 경기에 나선 스물세 살 청년이었다. 콜먼을 향한 질주를 결심하기 몇 초 전, 러셀은 팀에게 3점 리드를 안겨줄 뻔했던 덩크슛을 실패했다. 그 자리에는 콜먼을 막을 확률이 더 높은 팀원들이 있었다. 러셀이 행동에 나선 것은 누군가가 그렇게 기대해서가 아니었다. 그 자신이 팀의 패배를 견딜 수 없어서였다.

러셀을 연구하면 할수록, 그가 팀에서 차지하는 위치가 얼마나 중요했는지 알게 되었다. 밥 쿠지가 은퇴한 1963년에 러셀은 캡틴으로 뽑혔다. 그로부터 3년 후, 아워백이 코치를 그만 두자 셀틱스는 러셀 개성의 확장판이 된 것처럼 그를 플레잉코치로 임명했다. 러셀은 팀의 폭발적인 우승 행진에 불꽃을 댕겼을 뿐만 아니라 팀이 지명한 리더였다.

나는 충동적으로, 이들 16개 팀의 주축이 되는 선수-리더^{player-leader} 명단을 조사하여 그들의 커리어 또한 팀의 1등급 성적을 뒷받침했는지 확인하기로 했다. 그 명단은 다음과 같다.

시드 코번트리, 콜링우드 맥파이스

요기 베라, 뉴욕 양키스[4]

푸슈카시 페렌츠, 헝가리

모리스 리샤르, 몬트리올 캐나디언스[5]

---

[4] 양키스는 베라의 임기 중에 공식 캡틴을 지명하지 않았다.
[5] 리샤르는 팀의 5연패 기간 동안 두 번째 시즌에 캡틴을 맡았다.

빌 러셀, 보스턴 셀틱스[6]

일데랄도 벨리니, 브라질[7]

잭 램버트, 피츠버그 스틸러스[8]

발레리 바실리예프, 소련[9]

웨인 셸퍼드, 뉴질랜드 올 블랙스[10]

미레야 루이스, 쿠바

리첼 호크스, 호주[11]

칼라 오버벡, 미국[12]

팀 던컨, 샌안토니오 스퍼스[13]

카를레스 푸욜, FC 바르셀로나

제롬 페르난데즈, 프랑스[14]

리치 맥코, 뉴질랜드 올 블랙스[15]

이 결과에 나는 얼어붙고 말았다. 특정 선수 한 명이 들어오고 나
감에 따라 성과가 달라지는 1등급 팀은 셀틱스만이 아니었던 것이다.

---

6) 러셀은 오랫동안 셀틱스의 캡틴이었던 밥 쿠지가 은퇴한 1963년에 캡틴 자리를 물려받았다.

7) 브라질은 1962년 월드컵 직전에 캡틴을 마우로 라모스에서 벨리니로 교체했다.

8) 램버트는 1977년 스틸러스의 수비팀 캡틴이 되었다. 샘 데이비스는 공격팀 캡틴이었다(아메리칸 풋볼은 공격팀, 수비팀, 스페셜팀이 한 팀으로 구성된다-옮긴이).

9) 바실리예프는 1983년에 소련팀에서 은퇴했고 슬라바 페티소프가 캡틴 자리를 물려받았다.

10) 셸퍼드는 1887 월드컵 이후에 데이비드 커크의 뒤를 이었다.

11) 호크스는 1993년에 캡틴, 1995년에 공동 캡틴이 되었고, 이후에는 순환제 캡틴의 일원이 되었다.

12) 팀이 우승 가도를 달리는 기간에 오버벡은 줄리 파우디와 캡틴 자리를 공유했다.

13) 팀 던컨은 데이비드 로빈슨이 은퇴한 2003년에 스퍼스의 캡틴이 되었고, 나중에는 공동 캡틴을 몇 번 역임했다.

14) 페르난데즈는 올리비에 지로가 2008 올림픽 이후 은퇴하면서 프랑스의 캡틴이 되었다.

15) 키런 리드는 맥코가 부상당한 동안 임시 캡틴을 맡았다.

캡틴 클래스

그 팀들 모두가 그랬다. 소름끼칠 만큼 규칙적으로, 그 선수는 캡틴이었거나 결국 캡틴이 되었던 것이다.

예컨대 콜링우드의 우승 가도는 시드 코번트리가 캡틴을 맡은 바로 그해부터 시작되었고, 소련 아이스하키팀이 누린 영광의 나날은 발레리 바실리예프가 캡틴이 되면서 시작되었다. 또한 호주 여자필드하키의 리첼 호크스와 쿠바 여자배구의 미레야 루이스가 캡틴을 맡은 기간은 해당 팀의 1등급 시기와 정확히 겹친다. 몬트리올 캐나디언스부터 1987~1990년 올 블랙스, 1990년대 후반 미국 여자축구팀까지, 해당 팀의 가장 화려한 업적은 오랫동안 캡틴을 맡던 선수가 나가는 순간 끊기고 말았다.

팀과 종목에 따라, 완장을 착용하거나 'C'자를 유니폼에 새길 선수는 때로는 팀 동료들이, 때로는 코치들이 선정한다. 드문 경우지만 연공서열에 따라 결정되기에 한다. 일부 아메리칸 풋볼팀은 모든 경기에 다른 캡틴을 선출하지만 일부 팀은 캡틴을 아예 지정하지 않는다. 크리켓에서는 전통적으로 캡틴이 경기를 지휘한다. 이를테면 볼러를 선택하고, 타격 순서를 정하고, 야수 위치를 결정한다. 일부 종목에서 캡틴은 약간의 연봉 인상 같은 혜택을 받지만, 대개의 경우 책임을 추가적으로 짊어지는 명예직이다.

캡틴 업무에 있어 가장 중요한 요소는 대인관계이다. 캡틴은 라커룸을 지배하는 인물이다. 팀원들에게 동료로서 이야기하고, 경기장 안팎에서 상담에 응해주며, 동기를 부여하고 도전의식을 고취시킨다. 팀원들을 보호하고 분쟁을 해결하며, 기준을 강제한다. 필요에 따라 공포를 조장하기도 하고, 무엇보다 말과 행동으로 분위기를 정한다. 1986~1990년 올 블랙스의 션 피츠패트릭이 캡틴인 웨인 '벅' 셸퍼드에 대해 말한 것처럼 말이다. "그는 깨진 유리 위를 걸을 수 있는 사람이었다. 단지 그의 매너가 그랬기 때문이다."

야구 코치들은 팀 결속의 비결이 뭐냐는 질문을 받으면, '아교'glue라는 말을 쓰곤 한다. 이런 특정 용법은 사전에 등재되어 있지 않지만, 팀을 하나로 녹여내는 무형의 특질을 설명하기 위한 것이다. 야구는 1년에 8개월 동안, 스프링캠프와 포스트시즌까지 200경기 가까이 치르는 종목이므로, 단합이 매우 중요하다. 아마도 팀이 파벌로 분열되거나 자존심 싸움으로 찢어지는 것을 방지하는 것이 아교일 것이다. 그런데 그것과 함께 머릿속에 떠오른 것은 이 단어의 또 다른 용법이었다. 팀을 통합하기 위해 헌신하는 선수들이 있을 때, 야구 코치들은 그들을 '아교 선수'glue guy라고 부른다.

잉글랜드 맨체스터 유나이티드의 전설적인 감독이었던 알렉스 퍼거슨은 리더십에 대한 2015년 저서에서, 영향력 있는 선수 한 명이 팀 전체를 통합할 수 있다는 생각을 피력했다. "경기가 시작되면 감독은 그 결과에 더 이상 영향을 미치지 않는다. 경기장에서 열한 명의 선수들을 한 팀으로 행동하게 만들 책임이 있는 선수는 클럽 캡틴이었다." 퍼거슨은 이렇게 썼다. "캡틴이 형식적인 포지션이라고 생각하는 사람도 있겠지만, 그것은 전혀 사실이 아니다." 기업 측면에서 보자면, 팀에 감독의 의도를 전달하기 위해 선출한 캡틴은 한 부서를 운영하는 매니저와 동등하다는 것이다. "캡틴이란 조직이 추구하는 아젠다agenda를 확실히 책임지는 사람이다."

이런 주장을 펼친 유명한 감독은 퍼거슨뿐만이 아니었다. 듀크대학의 마이크 슈셉스키 코치는 NCAA 디비전 1 역사상 가장 많은 승수를 올렸다. 그는 위대함에 이르려면 재능과 코칭도 필수적이지만,

또 다른 비결이 있다고 쓴 적이 있다. "재능 있는 선수들을 영입하고 난 후 가장 중요한 요소는 내부의 리더십이다. 팀이 으레 설정하는 것보다 더 높은 기준을 설정하는 것은 코치보다 한 명 또는 그 이상의 선수들이다."

빌 러셀이 높은 기준을 정해놓고 있었다는 것은 의심할 여지가 없다. 코트에서는 지치지 않고 절박한 플레이를 펼쳤고, 경기 전에는 라커룸에서 구토를 할 정도로 긴장했다는 사실에서 볼 수 있듯, 러셀은 결코 해이해지지 않았다. 그야말로 야구 감독들이 말하는 '아교 선수'라 할 만하다. 그러나 러셀 같은 단 한 명의 선수가 팀이 원래 갖춘 능력을 넘어서는 플레이를 할 수 있도록 신비한 힘을 전염시킨다는 것이 가능할까?

이 모든 것이 내가 결코 진지하게 여기지 않았던 아이디어를 가리키고 있었다. 즉 한 팀을 역사상 상위 0.001%의 팀으로 끌어올리는 하나의 요소가 선수들의 리더라는 말인가?

이 생각은 연구 과정에서 너무 초기에 떠올랐었고 감칠날 만큼 단순해서 오히려 불편하게 느껴졌다. 겨우 연구를 시작했을 뿐이어서 세계에서 가장 위대한 스포츠팀들의 비밀 요소를 이토록 쉽게 발견했다는 것이 믿기지 않았다. 그것보다도, 나는 단 한 명의 선수가 팀을 그토록 높이 끌어올리고 그토록 오래 그 자리를 지킬 수 있도록 한다는 것이 어떻게 가능한지 이해할 수 없었다. 나는 H. L. 맹켄이 언젠가 썼던 대목을 생각했다. "모든 인간 문제에는 늘 잘 알려진 해결책이 있다. 깔끔하고, 그럴 듯하지만 잘못된 해결책이."

캡틴의 영향력을 경험적으로 측정할 방법이 없다는 것도 알고 있었다. 이들 1등급 팀의 성공을 '캡틴 가설'로 설명하려면, 종목을 막론하고 그 캡틴들이 공통적으로 갖는 특성을 분류하고 확인해야 했다. 이 이론은 그들의 기질, 별난 성격, 작업 방식이 식별 가능한 일정한 패턴을 따르는 경우에만 유효할 터였다.

그러나 가설 검증에 나서기 전부터, 캡틴 가설을 더 직접적으로 가로막는 또 다른 장애물을 만나게 되었다. 윌리엄 펠튼 러셀(빌 러셀의 본명)의 개성을 알아갈수록, 그는 내가 생각하던 위대한 리더와는 점점 더 거리가 멀어졌던 것이다.

솔직히 러셀은 캡틴이 될 만한 재목으로 보이지 않았다.

러셀의 문제는 코트에서 시작되었다. 물론 그는 어느 누구보다 NBA 우승을 많이 했고, 철벽 수비를 했으며, 통산 21,620개의 리바운드를 잡아냈고, 자격을 갖춘 첫 해에 명예의 전당에 헌액되었다. 그러나 득점을 많이 올리지는 않았다. 통산 경기당 평균 15.1점의 득점으로, 이 부문에서 팀 내 선두였던 적이 한 번도 없다. 대부분의 팀이 센터 포지션을 통해 공격을 운용하던 시대였기 때문에 러셀은 매우 이례적이었다. 득점을 더 많이 책임지기보다는 팀원들에게 그 역할을 양도했다.

러셀은 보기 드문 스피드, 체력, 점프력을 타고 났지만 일급 유망주는 아니었다. 고등학교 시절에는 몸놀림이 둔하고 기초가 다져지지 않았기에, 그에게 장학금을 제안한 곳은 샌프란시스코대학이 유일했다. 거기에는 자체 체육관도 없었다. 러셀이 팀의 55연승을 이끌었고, 불가능해 보였던 대학 대항전 우승을 두 번이나 견인했지만, 일부 NBA 스카우트들은 드리블에 서투르고 슈팅 능력을 타고나지 않은 센터를 드래프트하기를 꺼렸다.

코트에서 러셀을 돋보이게 한 것은 공을 갖기보다 플레이하는 데 전념했다는 점이다. 1950년대에는 농구 수비수들은 절대 발을 떼지 말라고 배웠다. 러셀은 슛을 블로킹하기 위해 점프했을 뿐 아니라, 대부분의 사람들이 블로킹이 불가능하다고 생각한 슈팅을 따라잡았다. 리바운드를 예측하고, 공격 진로를 방해하고, 패스를 가로채고, 스크린을 치거나 스크린을 피하는 데 집중했다. 현대의 수비 지표에 따르면, 러셀의 통산 '수비 승리 기여도'는 NBA 역사상 최고로서, 2위와 무려 23% 포인트 차이가 난다.

러셀의 수비적인 마음가짐은 코트에만 머물지 않았다. 대중과의 소통 방식에도 스며든 때문에 인터뷰에서 때로는 무뚝뚝하고 때로는 도발적인 발언으로 몇 번이고 논란을 불러일으켰다. 팬들에 대해서는 "그들에게 빚진 게 없다"고 말한 적도 있다. 러셀은 고향에서 인종 차별을 끔찍하게 겪었으며 "나는 셀틱스를 위해 뛰는 것이지, 보스턴을 위해 뛰는 게 아니다"라고 말했다. 은퇴 후 셀틱스가 영구결번 행사를 계획하자, 그는 팀 동료들만 참석하여 비공개로 진행하지 않는다면 행사에 가지 않겠다고 했다. 러셀은 "나는 결코 팬들을 위해 플레이한 적이 없다"고 말했다. "나는 나 자신과 나의 팀을 위해 뛰었다."

대중이 머리를 짧게 깎고 비정치적인 운동선수를 좋아하던 시절에, 러셀은 리그에서 수염을 기른 유일한 선수였다. 1959년 그 때문에 NBA에서 제정한 수염 금지 규칙을 명백히 어긴 것이다. 나중에는 케이프(소매 없는 외투-옮긴이), 네루 재킷, 러브비즈(히피족이 사랑과 평화의 상징으로 걸고 다닌 염주식 목걸이-옮긴이), 카프탄(터키나 아랍국가의 긴 남자 상의-옮긴이), 샌들 등을 착용하고 그리니치빌리지의 커피하우스 주변에서 저항음악을 듣곤 했다. 그는 지칠 줄 모르고 거침없는 시민권 옹

호론자가 되었다.

러셀의 저항적인 성격은 1975년 명예의 전당 헌액이 결정되었을 때 가장 잘 드러났다. 러셀은 간결한 성명을 통해 행사 불참 의사를 밝히면서 자신을 명예의 전당 입회자로 생각하지 않는다고 말했다. 그는 "밝히고 싶지 않은 개인적인 이유 때문에 명예의 전당의 일원이 되고 싶지 않다"고 했다.

명예의 전당 입회를 거절하는 개인적인 이유가 무엇인지는 아무도 생각할 수 없었다. 러셀 자신은 말하지 않았지만, 그것이 명예의 전당에 헌액되지 않은 모든 재능 있는 흑인 선수들을 위한 항의의 표현이라고 보는 이들이 많았다. 어떻든 간에 보스턴 지역 스포츠 기자들은 신경 쓰지 않았다. 러셀이 특별한 농구 선수임을 인정하면서도, 그가 이기적이고 거만하며 배은망덕한 소인배라고 비난했다.

러셀에 관해 내가 알아낸 것을 요약해보겠다. 그의 슈팅과 볼 핸들링은 수준 이하였다. 득점도 많이 올리지 못했다. 팬들에게 무례했고, NBA의 관례를 혐오했으며, 언론 홍보에 전혀 신경을 쓰지 않았다. 경쟁팀 선수였던 엘빈 헤이즈는 이렇게 말했다. "그는 그다지 친절하지 않았습니다. 그를 잘 모른다면 틀림없이 '이런, 저 사람은 세상에서 제일 험악한 남자야'라고 생각할 겁니다."

이 중 아무것도 러셀이 리더였다는 것을 보여주지 않는다. 그가 프로농구, 아니 모든 스포츠 역사상 가장 많은 우승을 차지한 캡틴이었다는 것도 보여주지 않는다. 그러나 러셀이 슈팅가드 샘 존스와 더불어 이 괴물팀이 우승 가도를 달리는 내내 남아 있던 단 두 명의 선수였다는 사실은 여전하다.

나는 이 부조화를 어떻게 해결해야 할지 전혀 알 수 없었다.

　　　　　　　　　　* * *

　빌 러셀의 미스터리를 처음 접할 때까지 나는 대단히 근본적인 인간사의 의문을 40년 넘게 생각해본 적이 없었다. 즉 인생에서 가장 어려운 싸움을 향해 가고 있다면, 누구를 리더로 삼을 것인가?

　우리들 대부분은 머릿속에 위대한 캡틴의 모습에 대한 구태의연한 그림을 담고 있다. 대체로 그것은 실력과 기량, 지혜와 카리스마, 사교 능력과 냉정한 침착성을 가진 매력적인 사람이다. 그런 사람들은 어렵지 않게 발견할 수 있다. 우리의 상상 속에서 그들은 말이 많고 생각을 잘 표현하고, 카리스마가 있고 확고하며, 근성이 있으되 우아하고, 권위를 존중한다. 우리는 리더, 특히 스포츠계의 리더는 목표를 열정적으로 추구하면서도 스포츠맨십과 페어플레이 원칙을 결코 벗어나지 않기를 기대한다. 스탠퍼드대학 사회심리학 교수 데보라 그루엔펠드가 말했듯이, 그런 힘은 "다른 이들은 갖지 못한 탁월한 매력과 무자비한 야망의 조합을 보유한" 사람에게 제한된 것이다.

　얼핏 보기에 1등급 팀의 캡틴을 맡았던 선수들은 이런 기준에 부합하지 않았다. 그들의 재능과 명성은 매우 다양한 차원에 걸쳐 있다. 일부는 일가를 이루었지만, 일부는 전혀 아니었다. 사실, 그들에 관해 알아 가면 알아갈수록 그들의 프로필은 내가 기대했던 것에서 크게 벗어났다.

1986년 프랑스 낭트

맑고 싸늘한 어느 11월 오후, 뉴질랜드 올 블랙스는 프랑스 국가대표 럭비팀과 시합하기 위해 낭트의 스타드 드 라 보주아르 Stade de la Beaujoire에 도착했다. '아름다운 플레이의 경기장'이라는 뜻이지만 사위어가는 가을 햇살 아래 경기장의 백색 콘크리트 지지대들은 빛바랜 백골처럼 보였다.

킥오프 훨씬 전에 도착한 군중은 증오심에 가득 찬 채, 깃발을 흔들며 '라 마르세예즈'의 가사를 외치고 있었다. 양 팀은 1987 럭비월드컵 예선을 통과했고, 1주일 전에 예정된 두 경기 중 첫 번째 시합을 툴루즈에서 펼쳤다. 툴루즈에서는 프랑스가 뉴질랜드에게 압도당해 19:7로 패했다. 프랑스 팬들은 자기 팀에게 경기장을 떠나라고 야유를 보냈었다.

시합에 앞서 프랑스 선수들은 출입 통로로 쏟아져 나오면서 복수심을 숨기지 않았다. 그들 중 두 명은 박치기를 주고받았고 또 한 명은 콘크리트 벽에 피가 묻을 때까지 이마를 찧었다. 그들의 눈에는 광기가 어려 있었다. 탁구공처럼 커 보였다는 이들도 있다. 뉴질랜드의 벅 셸퍼드는 "눈알들이 무슨 주스에 떠 있는 것 같았습니다. 물론 망할 오렌지주스는 아니었죠"라고 말했다.

셸퍼드는 이미 28세였고 뉴질랜드 국내 리그에서 붙박이로 활동하고 있었지만, 더 큰 럭비 세계에서는 잘 알려져 있지 않았다. 온천과 간헐천으로 유명한 로토루아의 시골에서 태어난 셸퍼드는 뉴질랜드 원주민인 마오리족이다. 검은 머리와 가는 눈, 튀어나온 광대뼈, 강한 턱선만 보아도 타고난 럭비팀 캡틴처럼 보였다. 가만히 있기만 해도 그의 얼굴은 강인함과 목적의식, 통솔력을 드러냈다. 마오리족 말로 '마나'mana(신비함)가 깃들어 있었다.

캡틴 클래스

셸퍼드를 높이 사지 않는 럭비 담당 기자들도 많았다. 8번 포지션 치고는 체구가 작고 발이 너무 느렸기 때문이다. 그러나 전년도에 셸퍼드는 실력으로 국가대표 자격을 얻었다. 자신의 올 블랙스 데뷔전인 툴루즈 전에서 그는 기회를 최대한 살렸다. 거침없이 태클을 하고, 과감하게 돌진하면서 프랑스 선수들을 실력으로 제쳤다. 후반전에는 라인 너머로 다이빙하여 결정적인 트라이를 기록하기까지 했다.

셸퍼드뿐 아니라 그날 경기장에 있던 모든 사람들은 프랑스 선수들이 그에게 달려들 것을 알고 있었다. 역사상 이 시점에서 럭비 유니언의 룰과 관습은 세련된 관중의 입맛에 맞게 다듬어지지 않은 상태였다. 그 결과 시합은 생중계로 보기에 끔찍할 만큼 폭력적이었다. 게다가 손가락 부러뜨리기, 눈 찌르기, 고환 돌리기 같은 어둠의 기술에 있어서 프랑스는 타의 추종을 불허했다. 셸퍼드는 프랑스를 "세계에서 제일 더러운 나라"라고 말했다.

경기 시작 후 15분 경, 셸퍼드는 프랑스가 꾸민 음모를 처음 맛보았다. 태클 도중에 얼굴을 걷어차여 넘어진 것이다. 셸퍼드는 입에 피가 고인 것을 느끼고 충격이 어느 정도인지 살피려고 혀를 굴렸다. 치아 세 개가 부러져 있었다. 그는 뼛조각을 뱉고 고개를 저었다. '시도는 좋았어.' 셸퍼드는 생각했다. 그러나 그는 물러서지 않았다.

5분 후에는 또 다른 프랑스 선수 에릭 상이 그의 관자놀이에 일격을 가해 싸움을 걸었다. 셸퍼드는 "럭^{ruck}(땅에 떨어진 공 주변으로 양팀 선수들이 몸을 밀착시켜 밀집한 상태-옮긴이)을 할 때마다 프랑스는 우리에게 주먹질과 발길질을 해댔다"고 기억했다. 하프타임 즈음 점수는 3:3이었지만, 올 블랙스 선수 몇 명은 심한 부상을 당한 상태였다. 후커(럭비 스크럼에서 공을 쳐내는 역할-옮긴이)를 맡은 션 피츠패트릭의 부상이 가장 심했는데, 눈 위로 8cm가 긁혀 깊은 상처가 났다. 피츠패트릭은 프랑스 선수들이 "내가 아직 제 정신인지 확인했다"고 말했다.

전반전 종료 전 디펜시브 럭 도중에 셸퍼드는 프랑스 선수에게서 공을 낚아채서 주인 없는 상태로 만들었다. 바로 그때 장-피에르 가뤼에-랑피루라는 프랑스의 프롭prop(스크럼을 짤 때 전면에 서는 선수-옮긴이)이 수평으로 날아올라 그에게 헤드퍼스트 다이빙을 했다. 그의 머리가 셸퍼드의 이마를 정통으로 가격했다. 셸퍼드는 "그가 날 기절시켰고, 나는 2분 정도 의식을 잃었다"고 기억했다. 셸퍼드가 의식을 되찾았을 때 팀 동료 조크 홉스는 벤치에 교체 선수가 한 명도 없어서 셸퍼드가 경기장에서 나올 수가 없다고 말했다. 나머지 선수들도 부상을 당한 것이다.

셸퍼드는 그만 둘 의사가 없었다.

하프타임 후 셸퍼드가 경기장에 복귀하자 프랑스 선수들은 격분했다. 이번에는 '나쁜 짓'을 곱절로 하기로 결심했다. 약 10분 후 프랑스 캡틴 다니엘 뒤브로카는 공을 잡고 넘어졌다. 셸퍼드가 그에게 달려들어 공을 낚아챘다. 프랑스에서 가장 터프한 선수로 정평이 난 뒤브로카는 이번이 셸퍼드를 끝장낼 기회라고 생각했다.

셸퍼드는 "그가 내 불알을 걸어찼다"고 했다.

셸퍼드는 잔디 위를 몇 분 동안 구르다가, 숨을 고르기 위해 바로 앉았다. 마침내 그는 물병을 쥐면서 고통을 덜려고 "속바지를 약간 내렸다"고 한다. "무진장 아프더군요."

이번에도, 그는 시합에 복귀했다.

이 시점까지 셸퍼드는 치아 세 개를 잃었고, 이마를 정통으로 가

캡틴 클래스

격 당하여 기절했고, 고환을 걷어차여 극심한 고통을 느껴야 했다. 프랑스는 이미 페널티골(3점) 두 개를 넣은 상태에서 몇 분 후에는 연속 트라이(각 5점)에 성공하여 16:3으로 앞서 나갔다. 올 블랙스는 절뚝거렸고, 관중은 아우성쳤으며, 심판은 늘어만 가는 폭력을 중단시키지 못했다. 그러나 상황이 악화될수록 셸퍼드는 더 격렬하게 시합에 임했다. 마치 혼자 힘으로 경기를 뒤집어 이길 수 있을 것처럼 뛰고 패스하고 태클하고 럭을 지켰다. 그에게 쏟아진 대학살 사태가 그로 하여금 더욱 미친 듯이 플레이하도록 만든 것이다.

종료 몇 분 전에 셸퍼드는 또다시 이마를 가격 당했다. 이번에는 프랑스 선수의 팔뚝에 맞았다. 지난번 가격 때는 일어날 수 있었지만 이번에는 그러지 못했다. 같은 팀 동료가 심판에게 손을 흔들어 셸퍼드가 경기장을 떠나야 한다고 알렸다. "내가 어디에 있는지 도무지 알 수 없었다"고 셸퍼드는 말했다. "뇌진탕을 입은 것은 알고 있었습니다. 내가 어디로 뛰고 있는지 정말 모르고 있었어요." 피로 물든 이 잔혹한 경기는 프랑스의 16:3 승리로 끝났고, 후세에 '낭트 전투'라는 이름으로 알려졌지만, 럭비 역사에서 어정쩡한 위치를 차지하고 있다. 그 다음 날 〈선데이 타임스〉는 그 경기를 '대학살'이라는 말로 요약했다.

경기 후 뉴질랜드 라커룸은 병실처럼 조용했다. 올 블랙스는 패배한 적이 별로 많지 않았고, 그렇게 신체적으로 압도당한 경험도 거의 없었다. 뇌진탕으로 여전히 몽롱했던 셸퍼드는 유니폼을 벗기 위해 의자에서 일어났다. 그가 팬티 또는 '바지'를 벗자 라커룸의 고요함이 깨졌다. 같은 팀 동료가 셸퍼드의 사타구니를 가리켰던 것이다. "저런! 저것 좀 봐!"

셸퍼드의 고환은 프랑스 캡틴에게 발길질만 당한 게 아니었다. 스파이크에 찍혔던 것이다. 셸퍼드의 발까지 피가 흘러 내렸고, 허벅지는 피투성이에다 약간의 지방 조직이 뒤범벅되어 있었다. 설상가상으로, 찢어진 음낭 틈새로 고환 하나가 삐져나와 있었다. 그것은 셸퍼드의 무릎 사이에 매달려 있었다.

팀 닥터가 허둥지둥 달려왔다. 그는 셸퍼드에게 팬티를 올리고 위층에 있는 수술실에서 만나자고 했다. 팀 닥터는 그의 상처를 봉합하기 위해 열여섯 바늘을 꿰매야 했다. 나중에 셸퍼드는 그때를 회상하며 말했다. "의료진이 세심하게 챙겨 넣어준 덕분에 그 녀석은 아직까지 잘 작동합니다. 불알이 그렇게 큰지 그때 처음 알았어요."

이 일화 덕분에 벅 셸퍼드는 하룻밤 사이에 국가적 영웅이 되었다. 그 시점부터 가장 터프한 럭비선수 리스트에 그가 빠질 일은 없었다. 셸퍼드는 탁월한 운동선수는 아니었지만, 타협을 모르는 플레이 스타일 덕분에 팀에 없어서는 안 될 존재가 되었다. 또한 이듬해에는 그 대단한 동기 부여 능력 덕분에 캡틴으로 선임되었다.

낭트에서 셸퍼드가 보인 비범한 퍼포먼스는 러셀이 콜먼 플레이에서 보여준 끈기의 극단적 버전처럼 보였다. 남자라면 99.9퍼센트가 낑낑대며 응급차로 기어갔을 부상을 당하고도, 셸퍼드는 경기에 집중한 나머지 고환이 찢어진 줄도 몰랐다. 분명히 러셀과 셸퍼드는 남들이 넘보기 힘든 승부욕을 갖고 있었다.

그러나 그날 셸퍼드의 행동은 물론 용감했지만, 딱히 필요했던 것 같지는 않다. 올 블랙스는 이미 프랑스에서 해야 할 일을 다 했다. 올 블랙스는 세계 2위 팀을 상대로 원정을 와서 툴루즈에서 혼쭐을 낸 터였다. 그렇게 적대적인 상황에서 무승부 시리즈는 승리나 다름없었다. 더구나 승리할 가능성이 희박해졌는데도 그렇게 열심히 경기를

캡틴 클래스

이어갈 이유가 없었다. 셸퍼드로서는 월드컵 맞대결을 대비하는 것이 훨씬 합리적이었을 것이다. 큰 그림으로 보자면 셸퍼드의 행동은 전술적으로 맞지 않았다.

셸퍼드의 찢어진 음낭 이야기는 1등급 팀 캡틴들의 놀랄 만큼 무모한 행동을 보여주는 극단적인 사례의 하나일 뿐이다. 콜링우드의 시드 코번트리는 두개골 골절을 겪은 지 2주 만에 경기를 뛴 적이 있고, 뉴질랜드의 리치 맥코는 골절상으로 퉁퉁 부은 발 때문에 엄청난 고통에 시달리면서도 2011년 럭비월드컵에 출전했다. 나중에 쿠바 여자배구팀의 캡틴이 되는 미레야 루이스는 딸을 출산한 지 나흘 만에 훈련장에 나왔고, 2주 후 세계선수권대회에 나섰다. 빌 러셀은 술집에서 싸움을 말리려다 왼쪽 팔을 칼에 찔리고 나서도 NBA 결승 7차전에서 뛰었다(그리고 승리했다)고 한다. 고통을 참고 시합에 나서려는 1등급 팀 캡틴들의 의지는 그들의 우선순위가 심각하게 왜곡되어 있었음을 보여주는 것처럼 보였다. 심하게 말해 그들은 제정신이 아닌 것 같았다.

1등급 팀 캡틴 16명의 전기를 간략히 훑어보니 (그림이) 더 혼란스러워졌다. 나는 작성해둔 노트를 읽으면서, 이 캡틴들이 모범적 리더의 프로필에 들어맞지 않는 온갖 이유와 그들이 위대한 팀의 비밀 요소라고는 도무지 보이지 않는 이유를 정리했다. 그 이유는 여덟 가지다.

1. 슈퍼스타로서의 재능이 부족했다.

1등급 팀 캡틴들 대다수는 팀에서 가장 뛰어난 선수가 아니었다. 대개는 기량이 부족한 채로 데뷔했고 코치들에게 평범한 선수라는 말을 들었다. 그들 중 일부는 단지 엘리트 수준에 도달하기 위해서도 열심히 노력해야만 했고, 한때는 무시당하거나 벤치 신세가 되거나 방출자 명단에 올랐다. 마이클 조던처럼 매력적이고 카리스마 넘치며 대단한 재능을 갖춘 리더십 아이콘에 비하면 들러리처럼 보일 지경이었다.

2. 스포트라이트를 좋아하지 않았다.

유명세의 함정에 빠지지 않았고 주목 받기 좋아하는 경우가 드물었다. 주목을 받게 되면 불편해하는 것 같았다. 경기장 밖에서는 대체로 조용하고 심지어 내성적이었다. 그중 두 명은 어눌하기로 유명했다. 하나같이 인터뷰를 싫어했고, 무미건조하게 말했으며, 기자들을 함부로 대했다. 시상식과 미디어 행사에 불참했고, 후원 계약을 번번이 거절했다.

3. 전통적 의미에서 '리드'하지 않았다.

나는 팀에서 리더의 지표는 결정적 순간의 게임 장악 능력이라고 믿고 있었다. 그러나 대부분의 1등급 팀 캡틴들은 팀에서 보조적 역할을 수행했고, 스타플레이어들에게 양보했으며, 주변 선수들에게 크게 의지하여 득점 부담을 지웠다. 이들이 결정적 기회를 차지하는 유형이 아니라면 어떻게 리드를 했고, 어떻게 엘리트 리더 자격을 갖출 수 있었는지 나는 이해할 수 없었다.

4. 천사가 아니었다.

그들은 룰의 경계선을 침범하거나, 스포츠맨답지 않게 플레이하거나, 대개 팀이 승리할 기회를 위협할 수 있는 행동을 거듭했다. 여기에

캡틴 클래스

는 명백한 이유 없이 상대 선수들을 쓰러뜨리거나, 심판이나 감독 또는 코치를 비난한 경우도 포함된다(심판 폭행 두 건 포함). 그들은 상대 선수들에게도 거칠게 굴었다. 경기장 바닥에 넘어뜨리거나 내동댕이치고, 구타하거나 입에 담지 못할 욕설을 퍼부었다.

5. 분열을 조장하기도 했다.

팀 리더가 팀에 해를 입히는 행위를 한다고 상상해 보라. 다름 아닌 1등급 팀 캡틴들이 그런 시도를 했다. 많은 경우 그들은 코치의 지시를 묵살하고 팀의 규칙과 전략을 무시했으며, 솔직한 인터뷰를 통해 팬부터 팀원, 코치와 해당 종목의 권력자까지 많은 이들에게 맞섰다.

6. 유력한 캡틴 재목이 아니었다.

1등급 팀 캡틴 목록을 작성하면서 가장 충격적이었던 것은 이 명단에서 빠진 선수들이었다. 그들의 면면은 화려하다. 2등급 시기 시카고 불스의 마이클 조던은 역사상 가장 위대한 농구선수로 인정받는다. 마찬가지로 2등급 팀에 든 맨체스터 유나이티드의 캡틴 로이 킨은 1998년부터 2001년까지 잉글랜드 축구 역사에서 가장 인상적인 세 시즌 연속 우승을 이끌었다. 데릭 지터는 2003년부터 2014년까지 12년간 뉴욕 양키스 캡틴을 맡아 팀의 플레이오프 9회 진출과 한 번의 월드시리즈 우승을 견인했다.

7. 어느 누구도 이런 가설을 언급하지 않았다.

나는 스포츠 기자로서 취재 여행을 하면서, 팀을 성공적으로 이끌었던 유명한 선수·코치·경영자들을 들들 봤았다. 디트로이트 피스

톤스의 아이제이아 토마스, 뉴욕 양키스의 레지 잭슨, 그린베이 패커스의 론 울프 단장, 대학 풋볼 코치 바비 바우든, 지코^{Zico}로 잘 알려진 브라질 축구의 레전드 아르투르 안토네스 코인브라 중 그 누구도 팀의 원동력을 캡틴이라고 꼽는 사람은 없었다.

8. 캡틴은 주요 리더가 아니다.

대부분의 팀에서 가장 서열이 높은 자리는 코치 또는 감독이다. 캡틴을 선임하는 것도 대개 코치가 아닌가? 코치 위에는 구단주와 프런트라는 강력한 관리자층이 있다. 그들의 기여와 자금 투입 의사가 중요한 역할을 하는 것은 분명하다.

이 16개의 1등급 팀을 이끌었던 선수들은 나의 예상과는 달랐다. 그들의 커리어는 팀의 우승 행진 기간과 깔끔하게 맞아떨어지지만, 많은 증거가 내가 또 다른 사실을 발견했음을 가리키고 있었다. 역사상 가장 지배적이었던 팀 대부분이 전통적 의미의 리더 없이 성공했던 것이다. 비록 '캡틴 가설'을 반박하는 증거를 찾지는 못했지만, 내 연구는 상당한 의구심을 불러일으켰다. 그래서 일단 다른 대체 가설들을 살펴보기로 했다.

제2장 요약

- 모든 우승 행진은 시작 지점과 종료 지점, 두 가지 변환의 순간으로 경계가 지어진다. 스포츠 역사상 가장 지배적인 팀들에게, 이 순간은 한 명

의 선수가 들어오거나 나가는 것, 또는 둘 모두와 상당한 연관이 있었다. 그 선수는 승리에 광적으로 몰두했을 뿐 아니라, 공교롭게도 그 팀의 캡틴이었다.

- 우리들 대부분은 탁월한 팀의 리더란 이러저러해야 한다는 전형을 세워두고 있다. 리더가 보편적으로 우월하다고 간주되는 일정한 기량과 개성의 조합을 갖추어야 한다고 보는 것이다. 리더를 군중 속에서 포착하기 어려운 사람이라고 생각하지는 않는다. 그들의 리더십 능력이 명백할 거라고 기대한다. 그러나 16개 1등급 팀의 리더들은 그 전형에 들어맞지 않는다.

인재, 돈, 문화

대체 가설들

'규율'이나 '근면성'처럼, 팀의 위대함에 대해 내가 오랫동안 찾아 보았던 대부분의 이론들이 근본적으로 동일한 문제를 안고 있었다. 하나같이 심오해서 그것을 정량화할 방법을 도저히 생각할 수 없었 던 것이다.

그러나 내 노트에 숨어 있던, 탁월한 팀에 대해 자주 언급되는 다 섯 가지 특성은 그럴듯하면서도 연구 가능한 것으로 보였다. 환상적 인 슈퍼스타의 존재, 전반적으로 높은 수준의 선수층, 풍부한 재정, 효율적인 관리에 의해 유지되는 승자 문화('이기는 문화'), 그리고 가장 널리 채택되는 설명인 탁월한 코치 등이다. 나는 각각의 설명을 점검 하기 시작했다.

가설 1 : GOAT가 필요하다.

엘리트 스포츠팀들에 대해 널리 퍼져 있는 믿음이 하나 있다. 그 팀의 성공이 신체적 재능·플레이메이킹 본능·클러치 능력 등이 하나의 카테고리를 이룬(일가를 이룬) 선수의 기여 덕분이라는 것이다. 스포츠 용어로 이런 선수들을 GOAT라 부른다. '역사상 가장 위대한 선수'the greatest of all time 의 줄임말이다.

1등급 팀들의 선수 명단만 봐도 믿음이 가는 가설이다. 그 명단에는 득점 기록을 세웠거나, 권위 있는 MVP 상을 받았거나, 소속 스포츠연맹에 의해 가장 위대한 선수 중 하나로 지명된 소수의 선수들만 포함된 것이 아니었다. 그런 선수들로 넘쳐났다. 16개의 1등급 팀 중에서 도합 12개 팀에서 GOAT 후보자가 뛰었던 것이다. 그 명단은 다음과 같다. 콜링우드의 고든 코번트리(시드의 동생), 양키스의 조 디마지오, 헝가리의 푸슈카시 페렌츠, 몬트리올 캐나디언스의 모리스 리샤르, 브라질의 펠레, 소련 아이스하키의 뱌체슬라프 페티소프·세르게이 마카로프·블라디슬라프 트레티야크, 쿠바의 레글라 토레스, 호주 필드하키의 앨리슨 아난, 미국 여자축구의 미셸 에이커스, FC 바르셀로나의 리오넬 메시, 프랑스 핸드볼의 니콜라 카라바치, 2011~2015년 뉴질랜드 올 블랙스의 댄 카터.

GOAT 가설은 2등급 팀 내에서도 설득력이 있다. 그 선수 명단에는 농구의 마이클 조던, 야구의 베이브 루스, 축구의 알프레드 디 스테파노와 요한 크루이프, 아이스하키의 웨인 그레츠키, 럭비 리그의 엘러리 핸리, 필드하키의 디얀 찬드, 수구의 저르머티 데죄 같은 전설들이 포함되어 있다.

이 슈퍼스타들이 소속 팀을 더 빛나게 한 것은 틀림없다. 그러나 GOAT의 재능 그 자체가 팀을 1등급으로 이끈 기폭제인지는 확인하기 어렵다. 몇몇의 경우, 주로 유럽 축구에서 1등급 팀에 속한 GOAT 후보가 다른 팀에서도 그와 대등한 활약을 한 적이 있다. 디 스테파노, 크루이프, 메시는 모두 1등급 또는 2등급 팀뿐만 아니라 국가대표로도 출전했다. 그러나 2017년까지, 이 슈퍼스타들 중에서 월드컵 우승컵을 들어 올린 사람은 없다.

팀 차원에서 GOAT의 존재가 성공을 보장하지 않는다는 점도 분명하다. 수십 명의 GOAT 후보들이 엘리트 수준의 성적을 내는 팀에서 뛰었다. 예컨대 카치 키랄리는 국제배구연맹이 선정한 20세기 최고의 선수이며, 그가 속한 미국 대표팀은 1984년과 1988년 올림픽에서 우승했다. 그러나 다른 토너먼트대회를 지배하지 못했기 때문에 1등급에 진입하지 못했다. 아르헨티나 필드하키 미드필더 루시아나 아이마르는 국제하키연맹이 주는 올해의 선수상을 여덟 번이나 수상했다. 그러나 네 번의 올림픽(2000~2012)에서 아르헨티나 대표팀은 한번도 금메달을 따지 못했다.

GOAT 후보의 존재가 가장 큰 차이를 만드는 스포츠가 있다면 바로 농구이다. 나의 연구 대상 중 팀 단위가 가장 작은 다섯 명이기 때문에, 개별 선수의 기여도가 가장 중요하게 작용할 것으로 예상되었다. 농구 전문가들 사이에서도 슈퍼스타가 매우 큰 역할을 한다는 데에 거의 의견이 일치한다. 노스캐롤라이나대학 시절 마이클 조던의 코치였던 딘 스미스는 "농구는 팀 경기이다. 그러나 다섯 선수 모두 같은 횟수로 슈팅을 해서는 안 된다"고 말했다. GOAT 효과가 괴물팀의 일차적 요인이라면 해당 선수의 영향력이 가장 부각되는 것이 당연했다.

1956~1969년 보스턴 셀틱스에 환상적인 스타 공격수가 없었다는 점을 감안하면, GOAT 가설은 이미 삐걱댔다. 그러나 셀틱스는 이 원칙의 예외로, 선수 명단에 GOAT가 없는 유일한 엘리트 농구팀일지도 몰랐다.

나는 스포츠 칼럼니스트 존 홀링거가 개발한 통계지표인 선수 효율성 지수^{player efficiency rating·PER}를 바탕으로 NBA 역사에서 개별 선수들이 보인 최고의 통산 성적 목록을 작성했다. PER은 공격과 수비 모두 고려한다. 한 선수가 코트에서 보인 긍정적 기여(득점, 블로킹, 리바운드 등)에서 부정적 플레이 요소(슛 실패, 실책 등)를 뺀 점수를 총합한다. 그것을 출전 시간으로 나누어 개별 선수의 분당 생산성을 보여주는 지수이다.

2016년까지 NBA 최고의 시즌 성적을 거둔 선수 10명은 다음과 같다.

1. 윌트 체임벌린   31.82   1962~1963 샌프란시스코 워리어스

2. 윌트 체임벌린   31.74   1961~1962 필라델피아 워리어스

3. 마이클 조던   31.71   1987~1988 시카고 불스

4. 르브론 제임스   31.67   2008~2009 클리블랜드 캐벌리어스

5. 마이클 조던   31.63   1990~1991 시카고 불스

6. 윌트 체임벌린   31.63   1963~1964 샌프란시스코 워리어스

7. 르브론 제임스   31.59   2012~2013 마이애미 히트

8. 스테판 커리   31.46   2015~2016 골든스테이트 워리어스

9. 마이클 조던   31.18   1989~1990 시카고 불스

10. 마이클 조던　　31.14　　　1988~1989 시카고 불스

basketball-reference.com에서 뽑은, 커리어 통산 PER가 가장 높은 선수 다섯 명은 다음과 같다.

1. 마이클 조던　　27.91
2. 르브론 제임스　　27.65
3. 샤킬 오닐　　26.43
4. 데이비드 로빈슨　26.18
5. 윌트 체임벌린　26.13

GOAT 효과가 농구에서 유효하다면, 이 목록에 따라 1960년대 초에는 윌트 체임벌린의 워리어스팀이 우승컵을 쓸어 담았어야 했다. 커리어 PER에 의한 NBA 역대 최고 선수 마이클 조던 또한 르브론 제임스와 더불어 1등급 팀에 속했어야 한다.

두 등급 내에 든 NBA 팀은 7개가 있다.

1등급

1. 1956~1969　보스턴 셀틱스
2. 1998~2016　샌안토니오 스퍼스

2등급

3. 1990~1998　시카고 불스(8시즌 동안 우승 6회)
4. 1948~1954　미니애폴리스 레이커스(6시즌 동안 우승 5회)

5. 1979~1988 로스앤젤레스 레이커스(9시즌 동안 우승 5회)

6. 1983~1987 보스턴 셀틱스(결승 진출 4회, 우승 2회)

7. 2010~2014 마이애미 히트(결승 진출 4회, 우승 2회)

이 도표를 나란히 놓고 보니 고무적인 징후 몇 가지가 보였다. 르브론 제임스는 2010~2014 마이애미 히트를 2등급에 진입시켰고, 스퍼스의 데이비드 로빈슨(통산 PER 4위)은 팀이 1등급 성적을 기록한 19시즌 중 5시즌 동안 소속돼 있었다. 마이클 조던의 불스는 여덟 시즌 동안 NBA 우승을 6번 했지만 간발의 차이로 1등급 입성에 실패했다. 셀틱스의 우승 횟수와 스퍼스의 놀라운 꾸준함에는 미치지 못했기 때문이다.[16] 어쨌든 불스는 2등급 내에서 단연 돋보이는 톱클래스이다.

그렇지만 리스트의 나머지는 GOAT 가설을 전혀 뒷받침하지 않았다. 체임벌린이나 오닐이 속했던 팀 중 어떤 곳도 2등급에 진입하지 못했다. 스테판 커리는 2016년 기준으로 한 번밖에 우승하지 못했다 (2019년 5월 기준으로는 3회 우승을 기록하고 있다 – 옮긴이). 하지만 이 PER 리스트에 보스턴 셀틱스 선수가 단 한 명도 없다는 것이 GOAT 가설의 가장 큰 걸림돌이었다. 위대했던 보스턴 팀에서 커리어 PER가 가장 높은 선수는 포인트가드 밥 쿠지로, 78위에 올라 있다. 단일 시즌 PER를 보아도, 셀틱스 선수 중 250위 내에 든 선수는 한 명도 없다. 농구 역사상 가장 압도적인 팀에는 GOAT도 없었고, 단 한 명의 엘리

---

16) 일부 분석가들의 주장에 따르면 당시는 NBA에 27~29개 팀이 있던 시기였으므로 우승 확률이 낮았으며, 셀틱스처럼 8~14개 팀이 있던 시대에 활동했다면 셀틱스만큼 지배적이었을 것이다. 반면 NBA 초창기에는 우수한 선수들이 집중되어 있었고 한 팀에서 더 오래 함께 뛰었으므로, 보통 수준의 팀을 이기기가 오히려 힘들었다고 주장하는 사람들도 있다.

트 선수도 없었던 것이다.

이 모든 증거가 GOAT는 내가 찾고 있던 정답이 아님을 가리키고 있었다. 뒤집어 보면 그 덕분에 내가 캡틴 가설에 대해 가졌던 걱정 또한 지워졌다.

놀랍게도, 16개 1등급 팀의 GOAT 후보들 중 두 명만이 그 팀의 캡틴이었다. 그 밖의 모든 경우, 역사상 가장 지배적인 팀들은 슈퍼스타가 아닌 선수에게 리더 역할을 맡겼다. 따라서 GOAT를 보유한 팀이라 해도 그 선수를 리더로 뽑지 않은 것이다. 이것이 시사하는 바는 엘리트 팀이 되려면, 생색 내지 않고 묵묵히 리드하는 캡틴이 있어야 한다는 것이었다.

가설 2 : 전반적 선수층의 문제다.

2010년 텍사스 소재 대학 두 곳의 교육학자 네 명은 개인의 재능이 팀 성적에 미치는 영향을 측정하기 위해 실험을 실시했다. 실험 대상자는 대형 강의실에서 설문 조사 수업을 듣는 101명의 학부생들이었다.

한 학기 내내 학생들은 독서 과제를 바탕으로 출제한 퀴즈 15개를 풀어야 했다. 문제에 개별적으로 답한 후에는, 18개의 5~7인 팀으로 나뉘어 함께 문제를 토론하고 그룹 단위로 답을 제출해야 했다. 그룹 내에서 학생들은 자기가 어떤 문제를 틀렸는지 파악하여 고칠 기회가 주어졌다.

캡틴 클래스

연구자들은 개인 점수에 비해 그룹으로서 가장 발전이 적은 팀들을 조사했다. 성적이 저조한 팀들은 한 가지 공통점을 안고 있었다. 바로 심한 능력 격차였다. 그 팀들은 대개 학업 성적이 높은 '슈퍼스타' 한 명과 성적이 보통이거나 낮은 학생들 다수로 구성되어 있었다. 연구진에 따르면, "나머지 그룹 구성원들에 비해 슈퍼스타의 위상이 커질수록 전반적 팀의 성취는 떨어진다." 대부분의 팀은 우등생이 합류하기를 원하느냐는 질문에 주저 없이 그렇다고 답할 것이다. 그러나 퀴즈를 풀 때에는 유일한 스타의 존재가 부정적으로 작용했다.

그렇다면 어떤 종류의 팀이 가장 성적이 좋았을까?

연구 대상 중 가장 성적이 좋았던 학생 그룹에는 (반드시 스타인 것은 아니지만) 학업 능력이 꽤 좋은, 능숙한 학생들이 있었다. 달리 말하면 최고의 팀은 평균 이상의 성적을 내는 인재 '클러스터'를 보유했다.

연구진은 그 이유를 파악하기 위해 그룹의 토론을 녹음해서 분석했다. 능력 격차가 큰 팀에서는 "슈퍼스타, 즉 성적이 최고인 팀원이 토론을 좌지우지했다." 슈퍼스타 팀원이 주도권을 잡고 있으면 다른 학생들은 자신이 맞고 그 팀원이 틀렸을 때조차도 한 발 물러서는 경향을 보였다. 이 때문에 그런 그룹은 점수가 낮아졌다.

스포츠에 있어서도 뛰어난 선수 한 명이 있는 팀에서 위와 똑같은 상황이 발생하는 경우를 보아왔다. 이런 팀에서는 주변적인 선수들이 스타 선수에게 기회를 양보했고, 스타 선수는 그 대부분을 차지하려 들었다. 심지어 실력이 더 딸리는 선수가 더 좋은 위치에 있을 때에도 말이다.

반면, '클러스터' 팀에서는 퀴즈 정답 토론이 더 민주적으로 이루어졌다고 한다. 많은 그룹 구성원들이 참여하고 모두가 하고 싶은 말

을 하는 분위기에서 토론이 더 오래도록 철저하게 이루어지는 경향
이 있었다. 연구자들은 이러한 유형의 집단이 "올바른 해답 선택에 대
한 합의에 도달할 수 있었다"고 기록했다. 달리 말해, 이 연구는 농구
팀의 규모, 집단적 재능 수준, 민주적 협업 능력 등이 최고 성취자 한
명의 기량보다 훨씬 가치 있다는 것을 보여주었다. 연구진에 따르면
"나머지 팀원들도 비교적 고득점을 올릴 경우에 한해서만 슈퍼스타
를 보유하는 것이 유익하다."

동일 원칙, 즉 재능 클러스터의 힘은 여러 분야의 유명한 팀에게
도 적용되는 것 같다. 비즈니스 분야에서는 월트 디즈니 애니메이션
스튜디오를 건설한 아홉 명의 애니메이터들과 구글의 검색 알고리즘
을 개발한 프로그래머들이 있다. 역사학자들은 미국 헌법 입안자들
이 전반적으로 명석했다는 사실을 자주 언급한다. 과학자들은 최초
의 핵무기를 개발한 3개국 연합 맨해튼 프로젝트, 그리고 페니실린을
개발한 옥스퍼드 연구진, 스푸트니크 인공위성을 설계한 소련의 소규
모 엔지니어 집단을 지적한다. 이들 집단을 이끈 것은 한 명의 선지자
가 아니라, 범상치 않게 집중된 여러 명의 지적 능력이었다.

스포츠계에는 인재 클러스터가 꽤 많다. 가장 유명한 사례로는
1992년 올림픽 미국 농구 '드림팀'(마이클 조던, 래리 버드, 어빈 '매직' 존
슨), NFL의 1981~1990년 샌프란시스코 포티나이너스(조 몬태나, 제리
라이스, 로니 로트, 전설적인 코치인 빌 월시), 1950년대 후반 레알 마드리드
(알프레도 디 스테파노, 푸슈카시 페렌츠, 프란시스코 젠토, 레이몽 코파)가 있
다. 그러나 이 팀들은 모두 2등급에서 멈췄다.

'클러스터 가설'이 1등급 팀의 성공까지 설명하는지 확인하기 위
해 야구로 눈길을 돌려보았다. 앞서 언급했듯이 야구는 팀플레이의

역할이 제한적이고 개별 선수의 성적이 더 큰 영향을 미치는 종목이다. 여러 연구에 따르면, 인재를 계속 추가하는 야구팀은 수익체감 지점에 도달하지 않는다. 스타를 많이 보유할수록 팀 성적이 더 좋아진다는 뜻이다. 인재 클러스터와 탁월한 성적이 상관관계를 갖는다면, 야구야말로 그 가설을 입증할 수 있는 종목일 것이다.

야구 역사상 인재를 가장 많이 보유했던 팀을 파악하기 위해, 대체선수 대비 승리기여도(WAR)를 살펴보았다. WAR는 한 선수가 통계적으로 평균적인 선수보다 승리에 얼마나 기여하는지 측정하는 게임 통계 공식이다. 2015년 시즌까지 야구 역사상 소속 선수들의 (타격과 투구를 모두 포함한) WAR 총합이 가장 큰 상위 10개 팀은 다음과 같다 (팬그래프 제공).

1. 1927 뉴욕 양키스   66.3

2. 1969 볼티모어 오리올스   65.1

3. 1998 애틀랜타 브레이브스   64.6

4. 2001 시애틀 매리너스   63.3

5. 1905 뉴욕 자이언츠   61.4

6. 1976 신시내티 레즈   60.5

7. 1997 애틀랜타 브레이브스   60.3

8. 1944 세인트루이스 카디널스 59.4

9. 1939 뉴욕 양키스   59.3

9. 1931 뉴욕 양키스   59.3

이 리스트에 따르면, 1920년대 후반과 1930년대 초 뉴욕 양키스

(1927년 베이브 루스와 루 게릭을 비롯한 '살인 타선'이 리그 평균의 3배인 158홈런을 때림)는 1등급에 들어야 마땅한 재능 클러스터를 보유하고 있었다. 이 리스트에 2년 연속 등재된 1990년대 후반 애틀랜타 브레이브스 또한 대단한 성적을 기록했어야 했다. 그렇지만 그토록 인재가 넘쳤던 양키스는 세 시즌 중 두 번 우승하여 2등급에도 들지 못했다. 브레이브스는 1991년부터 2005년까지 14회 연속 디비전 우승을 차지하여 2등급에 진입했으나 단 한 번도 월드시리즈 우승을 차지하지 못했다.

슈퍼스타가 많을수록 좋은 야구같은 경기에서조차, 스타 선수층이 가장 두터운 팀임에도 불구하고 정상에 오르지 못했다.

그러나 이 리스트에서 가장 눈에 띄는 것은 1등급에 진입한 유일한 야구팀인 1949~1953년 양키스의 부재이다. 월드시리즈 5연패 기간 동안, 이 팀에는 명예의 전당 헌액자인 요기 베라와 필 리주토처럼 뛰어난 선수들이 있었다. 조 디마지오는 이 기간 중 첫 세 시즌에 출전했지만 그의 커리어는 내리막길이었다. 미키 맨틀은 1951년 신인으로 합류했지만 그때는 아직 전성기가 아니었다.

그러나 통계적으로 볼 때 그 시기의 양키스 선수들은 그리 대단하지 않았다. 그 다섯 시즌 동안, 양키스 내에서 최고의 단일 시즌 WAR 기록은 1950년 필 리주토의 7위였다. 케이시 스텐젤 감독이 상대 선발투수의 성향에 맞추어 '플래툰' 시스템을 가동한 것은 사실이지만 (그 때문에 선수 개인의 출장 시간이 제한되고 통계 총점이 낮아졌다), 그 즈음의 양키스가 야구 역사상 가장 재능이 넘친 팀은 결코 아니었다. 홈런·타율·타점 등의 단순한 수치부터 복잡한 지표까지, 양키스는 나의 기대를 밑돌았다. WAR 총합으로 계산한 팀의 인재 랭킹은 메이저리그 통산 순위 150위권 바깥에 머물렀다. 그리고 1953년 양키스가 99경기를 뛰었을 때-우승 행진 중 가장 많은 시즌-양키스의 총체적인 WAR는 양키스 역사상 상위 10위권에도 못 미쳤다.

클러스터 가설에 한 번 더 기회를 주기 위해, 스페인 축구 명가 레알 마드리드가 실행했던 실험의 결과를 살펴보기로 했다. 플로렌티노 페레즈 회장이 2000년부터 실시한 정책은 이후 갈락티코 정책으로 알려진다. 시즌이 바뀌는 여름만 되면 레알 마드리드는 금고를 열어 루이스 피구, 지네딘 지단, 호나우두, 데이비드 베컴 같은 스포츠계의 톱스타들과 계약을 맺었다. 그 결과 현대 축구 역사상 가장 화려한 인재 클러스터가 등장했다.

당장의 효과는 대단했다. 첫 세 시즌 동안 레알 마드리드는 두 번의 스페인리그 우승과 한 번의 챔피언스리그 우승을 차지했다. 그러나 점차 시간이 지나면서 슈퍼스타들은 더 많아졌지만 서로 손발이 맞지 않았고, 다음 세 시즌 동안 그 어떤 트로피도 들어 올리지 못했다. 인재는 넘쳐났지만 레알 마드리드의 성적은 떨어졌다. 2007년 갈락티코 정책은 폐기되었다.

텍사스 연구진이 뭔가를 알아냈다는 사실은 틀림없다. 모든 엘리트 팀에는 능숙한 선수들이 많이 필요하며, 그들의 능력이 균형을 이루면 더 좋을 것이다. 그렇다면 괴물급 성공을 성취하고 유지하기 위해서는 인재 클러스터가 팀에 반드시 필요한 것일까? 야구 전반, 특히 양키스에 대한 나의 분석과 레알 마드리드의 실험은 그 가설을 뒷받침하지 않았다.

가설 3 : 바보야, 문제는 돈이야!

해마다 자유계약 또는 이적 시장의 상황에 따라, 전세계 팬들은 로스앤젤레스 다저스나 파리 생제르망 같은 프로팀들의 선수 쓸어담기가 불공정하다며 성토하곤 한다. 이런 팀들이 자금을 동원하여 우승을 구매한다는 불만이 매번 터져 나온다.

물론 선수들에게 대부분의 자금을 쏟아 붓는다고 해서 우승이 보장되지는 않는다. 예를 들어 양키스는 2002년부터 2012년까지 메이저리그팀 평균보다 12억 달러 넘게 돈을 썼지만 월드시리즈 우승은 한 번밖에 달성하지 못했다. 레알 마드리드가 지갑을 열었을 때 어떤 일이 벌어졌는지는 위에서 확인했다.

프로 스포츠에서 넉넉한 지출로 경쟁력을 올릴 수 있다는 것은 명백하다. 2014년 〈이코노미스트〉는 잉글리시 프리미어리그^{EPL}에서 팀의 급여 총액이 가장 중요한 성적 변수임을 확인했다. 매 시즌의 최종 리그 순위가 팀이 선수들에게 지출한 금액과 밀접한 연관을 보인 것이다. 마찬가지로, 야구 선수의 연봉에 대한 여러 연구 결과에 따르면, 메이저리그 평균을 훨씬 상회하는 금액을 지출한 팀들은 50% 이상의 경기에서 승리하는 경향이 있었다. 막대한 지출이 우승을 보장하지는 않을지라도, 승수를 더 챙겨주는 것은 사실이다.

1등급 내에서 '두둑한 지갑 가설'을 가장 강하게 뒷받침하는 증거는 FC 바르셀로나였다. 2008년부터 2013년까지 우승 행진을 하는 동안 이 팀은 기록적인 방송·스폰서십·라이선스 계약을 통해 달콤한 결실을 맛보았다. 2013년에 올린 6억 달러(인플레이션 조정)의 수익은 10년 전보다 세 배 많은 금액이다. 덕분에 FC 바르셀로나는 세계 2위

캡틴 클래스

의 부자 구단이 되었고, 그 자금으로 리오넬 메시 같은 슈퍼스타를 계속 보유하면서도 고액 선수들을 영입할 수 있었다. FC 바르셀로나는 리그 5연패를 달성하는 동안 선수단 연봉을 제외하고 이적료로만 4억 달러 이상을 지출했다.

축구와 돈이 전혀 무관하다고 주장할 사람은 없을 것이다. 대부분의 팬들은 최고의 우승 공식은 고액 지출과 인재 발굴을 적절히 조율하는 것이라고 생각한다. 바로 FC 바르셀로나가 보여준 모델 말이다. 그러나 16개 1등급 팀들의 재무 기록을 살펴보니 한 가지 분명한 점이 있었다. 오히려 FC 바르셀로나가 특이한 사례였다는 것이다.

사실, 1등급 팀들은 비교적 빈곤한 시기에 우승 행진을 기록한 경우가 더 많았다. 오스트레일리안 풋볼의 콜링우드 팀은 워낙 현금이 부족하여 다른 클럽에 스타플레이어를 뺏기기 일쑤였고, 샌안토니오 스퍼스는 19시즌 연속으로 선수단 연봉이 NBA 평균을 넘지 않는 경우가 많았다. 경쟁 팀들보다 수익이 많은 팀들조차도 인재 영입에 돈을 아꼈다. 1945~1953년 양키스와 1974~1980년 피츠버그 스틸러스를 운영한 인색한 경영진은 연봉을 낮추기 위해 선수들과 협상에 열을 올리기로 유명했다.

자금 사정에 있어서는, 같은 1등급이라 해도 프로팀과 국가대표팀은 확연한 차이를 보인다. FC 바르셀로나는 시장 상황에 맞추어 높은 연봉을 지급해야 하지만, 쿠바·헝가리·호주 등 국제경기에서 경쟁하는 국가대표팀은 그럴 필요가 없다. 국가대표팀은 자국 선수들을 사실상 독점하고 있으므로 선수들을 두고 거의 경쟁하지 않는다. 자국 대표팀이 부를 때 응하지 않는 선수들은 팀을 탈퇴하거나 시민권을 포기해야 한다.

1등급 내에서도 자금 부족에 시달린 국가대표팀들이 꽤 있다. 쿠바 여자배구 대표선수들은 워낙 봉급을 적게 받았기 때문에, 국제 토너먼트 경기 동안 이를 안쓰럽게 여긴 라이벌 팀에서 의류 쇼핑에 데리러 가기도 했다. 미국 축구 당국자들은 1996년 올림픽 전에 여자대표팀 선수들에게 연습장 출입을 금지한 적이 있는데, 이는 선수들이 부모님의 용돈에 의존하거나 부업을 하지 않아도 될 만큼 봉급을 인상해달라고 요구했기 때문이었다.

그렇지만 선수 급여가 대단히 중요했던 1등급 국가대표팀이 있는데, 바로 2011~2015년 뉴질랜드 올 블랙스다. 다른 국가의 프로럭비 클럽에 소속된 선수는 국가대표로 출전하지 못한다는 규정 때문에, 올 블랙스를 관할하는 뉴질랜드 럭비 유니언^{NZRU}으로서는 최고 선수들을 대표팀에 묶어두려면 시장 경쟁력 있는 급여를 지급해야 했다. 이를 위해 NZRU는 스폰서십과 중계권을 판매하기 시작하여, 2015년에는 미화 9천 3백만 달러의 수익을 올렸다.

이 같은 자금 확보 노력은 올 블랙스의 경쟁력을 유지시키는 데 분명히 일조했지만, 결국 돈만이 그 유일한 기폭제는 아닌 것 같다. NZRU의 수익은 같은 해 영국의 럭비풋볼 유니언이 벌어들인 3억 달러에 육박하는 수익에 비하면 새 발의 피에 불과했기 때문이다.

괴물급 팀의 성공에 있어 아낌없는 지출은 그다지 연관성이 없어 보였다.

가설 4 : 경영이 문제다.

내 목록의 네 번째 가설은 괴물팀은 우수한 제도의 오랜 전통, 즉 승리 문화의 산물이라는 개념이다. 여기서도 검토할 자료가 많았다. 16개 1등급 팀들 중 11개가 세계에서 가장 존경받는 역사적 스포츠 왕조를 대표하기 때문이다.

몬트리올 캐나디언스는 다른 NHL 팀보다 많은 스탠리컵을 수집하여 프랑스계 캐나다인에게 커다란 문화적 자존심의 원천이 되었다. '셀레상'Seleção(선택 받은 자들)으로 불리는 브라질 축구대표팀은 세계에서 가장 월드컵을 많이 들어 올렸을 뿐 아니라, 브라질의 세속 종교가 되었다. 유럽 축구 역사상 세 번째로 우승 횟수가 많은 FC 바르셀로나는 독립정신이 투철한 카탈루냐 지방의 정치적 정체성과 깊게 얽혀 있어, 경기장 좌석에 '클럽, 그 이상'Més que un Club이라는 슬로건을 칠해놓았을 정도이다. 스틸러스, 양키스, 셀틱스, 콜링우드 맥파이스의 팬들 사이에서는 정도의 차이는 있더라도, 역사적인 성공과 부족적인 열광이 뒤섞인 모습을 볼 수 있다. 네 곳 모두 해당 종목에서 가장 많은 우승을 차지한 팀들이다.

이 같은 제도의 무게는 수백 가지 형태로 나타난다. 이들 스포츠 왕조에서 뛰고 싶다는 아이들의 일생의 꿈부터, 팀의 내부적 역학 관계, 선수들이 경기에 임하는 방식까지 영향을 미친다. 대부분의 사람들은 문화에 대해 생각할 때, 한 팀의 전통과 습관에 대해 이야기한다. 그런데 문화는 중요한 것 같지만, 계량화하기 까다롭다. 과거의 유령이 한 팀을 위대한 수준으로 올라서게 한 일차적 원인이라고 생각한다면, 실은 이것이 불가사의한 현상이라고 인정하는 셈이다.

이렇게 상징적인 팀의 팬들은 목소리가 더 크고 기대치도 더 높으며, 팀이 지고 있을 때 큰 압력을 행사한다. 하지만 더 작은 팀의 팬들의 목소리 또한 그들 못지않다. 선수 커리어가 짧고 코치의 이동도 잦은 스포츠계에서, 한 팀의 문화적 영향력과 트로피 개수는 경기장에서 설 자리가 없다. 사실, 탁월성의 전통을 유지하는 팀의 능력은 다소 평범한 어떤 것에 달려 있다. 그것은 고위 경영진의 자질이다.

16개 1등급 팀을 꾸렸던 경영자들 중 일부는 노련한 관리 능력으로 존경을 받았다. 월드컵 2연패 기간 동안 브라질 축구협회 회장을 역임한 거물 사업가 파울루 마샤두 드 카르발류, 양키스의 댄 토핑과 델 웹 구단주와 조지 와이스 단장, 피츠버그를 여러 세대를 걸쳐 운영한 루니 가문, 2008~2013년 FC 바르셀로나 왕조를 건설한 성급하고 논쟁적인 호안 라포르타 등이다. 그렇지만 그 밖의 경영자들은 그다지 탁월하지 않아 보였다. 헝가리와 쿠바의 공산 정권은 선수들을 감시했고, 그들의 해외 활동을 금지했다. 콜링우드와 미국 여자축구의 당국자들은 급료 문제로 선수들과 충돌하여 팀의 우승 행진을 끝장낼 뻔했다. 이 팀들이 훌륭한 경영의 덕을 보았다는 것은 무리한 주장이다.

현명한 경영이 팀 문화를 유지하는 열쇠이며 팀 문화가 특별한 성공의 비결이라고 한다면, 그 모범이 되어야 할 팀이 하나 있다. 바로 뉴질랜드 럭비팀 올 블랙스다. 이 팀은 1등급에 두 번 등재되었을 뿐 아니라, 1961~1968년 유닛은 2등급에 올라 있다.

올 블랙스는 그 어떤 기준을 적용하더라도 세계 최고의 스포츠 왕조이다. 1903년부터 올 블랙스는 국제 테스트 매치에서 거의 80%를 승리하거나 무승부를 기록했다. 2013년 뉴질랜드의 인구는 불과 440만 명으로, 디트로이트 대도시권 지역의 규모와 비슷하다. 주요 라이벌 국가인 잉글랜드, 프랑스, 호주, 아르헨티나, 남아프리카는 인구 규모가 최대 15배는 더 크다.

뉴질랜드 럭비 유니언^{NZRU}이 훌륭하게 처리해온 측면도 일부분 있는데, 특히 선수 선발에 뛰어났다. 앞서 언급했듯이 최근 몇 년간, 더 크고 부유한 국가들의 럭비 머신들과 보조를 맞추기 위해 수익 창출 작업도 잘 해냈다. 그러나 NZRU의 모든 결정이 팀의 승률을 높인 것은 아니다.

NZRU의 가장 그릇된 움직임은 1990년, 캡틴이 된 이래 한 경기도 패배하지 않았던 벅 셸퍼드가 더 이상 캡틴에 어울리지 않는다고 결정한 것이다. 셸퍼드의 캡틴 자리 박탈은 큰 혼란을 일으켜 저녁 뉴스에까지 소개되었고, 뉴질랜드 역사상 가장 큰 시위를 촉발시켰다. 200건의 시위에 총 15만 명이 참여한 것이다. 당연히 한 달도 안 되어 팀은 호주에 패배했다. 셸퍼드의 팀 동료 션 피츠패트릭은 올 블랙스가 특별히 경기를 잘한 것은 아니지만 "벅한테 잘못을 돌리는 건 공정하지 않았다"고 말했다.

그때부터 NZRU의 결정은 더 나빠졌다. 1년 후, 1991년 월드컵에서 한 명이 아니라 두 명의 코치를 선임하기로 한 것이다. 팀은 준결승에서 좌절하고 말았다. 이어진 4번의 월드컵 동안 팀 고위직은 영문 모를 결정을 내렸다. 전임 캡틴인 스타플레이어 셸퍼드를 출전시키지 않아 준결승전에서 패한 적이 있고, 모든 선수에게 출전 기회를 주는 최신식 컨디션 조절 프로그램인 '로테이션' 시스템을 가동했(고 결국 패했)다. 선수들을 오랫동안 소집하지 않아 복귀 시점까지 기량이 녹슬게 내버려둔 적도 있다. 그로 인해 뉴질랜드는 1991년부터 2007년까지 치러진 다섯 번의 월드컵에서 우승하지 못했다. 즉 1987년 이후 그 다음 우승까지는 24년이 걸렸다.

뉴질랜드 럭비 경영진에게 절대 그릇된 결정을 내리지 않기를 바라는 것 역시 불공정할 것이다. 뉴질랜드의 토착 럭비 문화는 경기에 혼을 불어넣을 수 있으므로, 그 추진력을 무시하는 것도 어리석을 것이다. 하지만 역사적 기준에서 한 팀이 아무리 의욕적이라 할지라도, 경영진이 자꾸 걸림돌이 된다면 그 팀은 잠재력을 충분히 발휘하지 못할 것이다. 바로 올 블랙스의 경우에는 팀 당국자들이 번번이 걸림돌이 되었다. 이 팀이 거둔 성공이 당국자들의 현명한 운영 덕분이라고 주장하는 것은 어불성설일 것이다. 올 블랙스를 높이 끌어올린 것이 경영진이 아니라면, 승자 문화에는 분명히 다른 원천이 있을 것이다.

무엇보다, NZRU의 서툰 운영은 캡틴의 중요성에 또 다른 논거를 제공한다. 결국 1990년부터 시작된 팀의 좌절은 무패 리더였던 셸퍼드의 캡틴 자리 박탈을 결정하면서부터 시작되었기 때문이다.

가설 5 : 코치가 중요하다.

네 가지 설명과 모순되는 합리적 증거를 찾았으니, 대체 가설은 하나밖에 남지 않았다. 그러나 그것은 한 챕터를 할애해야 할 정도로 증명하기 어려웠다. 그 가설은 팀의 성과에 가장 결정적인 영향을 미치는 유일한 힘이 코치coach나 감독manager이라는 것이다.

이 가설을 시험하기 위해, 나는 미국 역사상 가장 널리 존경받는 코치부터 차근차근 검토하기로 했다.

제3장 요약

• 팀의 성공이 소속 선수들에게 달렸다고 한다면 가장 논란의 소지가 없을 것이다. 그러나 이 논리에 따르면 역사상 가장 위대한 팀 중 하나가 되려면 역사상 가장 위대한 선수 한 명을 보유하거나 다른 팀들보다 기량이 출중한 선수들로 로스터를 빼곡히 채워야 할 것이다. 16개의 1등급 팀들 중 일부는 많은 스타와 우수한 운동선수를 보유했다. 그러나 전혀 그러지 못한 팀들도 있었다.

• 조직이 놀라운 성과를 달성하면 그것을 해낸 당사자들 너머를 보려는 유혹이 생긴다. 우리는 팀의 성과가 선수들이 밟고 선 발판 덕분이라고 믿기 십상이다. 선견지명이 있는 경영진 또는 다른 팀들보다 풍부한 재정이 문제라고 말이다. 그러나 스포츠 역사상 가장 오래 지속한 왕조들은 그런 이점을 항상 누리지는 않았다.

코치는 중요한가?

반스 롬바르디 효과

1967년 로스앤젤레스

윌리 데이비스는 턱을 내리고 고개를 숙인 채 복잡한 마음을 다 잡으며 그늘진 경기장 출입 통로로 달려 들어갔다. 소속팀 그린베이 패커스는 전반전까지 캔자스시티 치프스에 14:10이라는 근소한 차이로 이기고 있었다. 그러나 라커룸에 들어서서 동료들의 얼굴을 훑어보니 가슴이 답답한 사람이 그뿐만은 아니었다는 것을 알 수 있었다. 그는 "그들의 얼굴에 두려운 기색이 역력했다"고 말했다.

정확한 송구를 자랑하는 캔자스시티의 과감한 쿼터백 렌 도슨은 그린베이가 자랑스러워하는 수비진의 틈새를 공략하여 153패싱야드를 기록했다. 하프타임 직전 도슨은 50야드를 전진시켜 전반전 종료 몇 초 전에 필드골 기회를 만들었고, 패커스와 동료들은 캔자스시티

쪽으로 승운이 기우는 것을 느낄 수 있었다.

1967년 1월 15일, 당시 그린베이 패커스는 내셔널 풋볼리그[NFL]의 디펜딩 챔피언이자, 누구나 인정하는 풋볼의 제왕이었다. 그린베이가 속한 NFL은, 신흥 리그이자 치프스로 대표되는 아메리칸 풋볼리그 [AFL]보다 월등하다고 간주되었다. 향후 최초의 슈퍼볼로 기억되는 이 경기는 20만 명의 TV 시청자를 끌어 모았으며, 두 라이벌 리그의 챔피언이 맞붙은 첫 번째 순간이었다. 모두들 치프스가 패커스의 적수가 아니라고 생각했다. 그러나 14점이나 뒤진 상황에서도 치프스는 끄떡하지 않는 것 같았다. 그들은 페이스를 조절하며 분위기를 잡았다. 종료 30분 전에는 우열을 가늠할 수 없게 되었다.

윌리 데이비스는 이미 우승 트로피를 세 번 들어 올렸고 리그 최고의 수비수 중 한 명이라는 찬사를 받고 있었지만, 늘 자신이 커트라인 바로 위에 간신히 걸쳐져 있는 것처럼 시합에 임했다. 데이비스는 클리블랜드 브라운스의 한 코치가 그의 대학 동료가 뛰는 모습을 보러 온 덕분에 겨우 NFL에 입성했고, 드래프트에서 15라운드까지 지명을 받지 못했었다. 그는 클리블랜드에서 2년간 밋밋한 활약을 펼치고 1960년 그린베이에 트레이드되었는데, 그린베이는 지난 열두 시즌 동안 5할 이상의 승률을 올린 적이 한 번뿐인 팀이었다. 그는 "제 커리어에서 찬밥 신세였던 시절"이었다고 내게 말했다.

풋볼계의 무관심에서 데이비스를 구출한 사람은 빈스 롬바르디[Vince Lombardi]였다. 1년 전과 마찬가지로 무관심 속에 그린베이의 헤드 코치로 부임한 롬바르디는 선수(인재)에 대해 새로운 이론을 세우고 있었다. 반전은 빠르게 이루어졌다. 데이비스의 첫 번째 시즌에 패커스는 NFL 챔피언 결정전에서 아깝게 패했지만 이듬해부터는 연거푸 우승을 차지했다. 입지를 굳힌 1964년, 롬바르디는 저평가된 흑인 선수들로 팀을 리빌딩함으로써 당대의 인종차별에 저항했다. 1965년에는 그 전략을 더 밀고나가 데이비스를 수비팀 캡틴으로 선임했다. 이로써 데이비스는 NFL 최초의 흑인 캡틴이 되었고, 데이비스가 캡틴을 맡자마자 패커스는 또 한 번의 우승을 차지했다. 1967년의 이 타이틀 게임에서 치프스를 만날 당시 데이비스는 흑인 선발선수 중 한 명이었고, 그중 네 명은 프로풋볼 명예의 전당에 올랐다.

데이비스에게서 롬바르디가 지켜본 것은 체격과 스피드, 민첩함과 지능의 보기 드문 조합이었다. 그러나 다른 것 또한 눈여겨보았는데, 그것은 제외당하는 경험에서 비롯한 일종의 굶주림이었다. 롬바르디 스스로도 뼛속 깊이 느껴온 자질이었다. 1954년부터 1958년까지 뉴욕 자이언츠에서 공격 코디네이터로서 높은 평가를 받았기에, 분명히 헤드코치로 선임될 것 같았지만 여간해서는 기회가 오지 않았다. 롬바르디는 자신의 이탈리아 성씨가 걸림돌이 아닐까 생각했다. 중요한 대학 프로그램이 걸린 포지션에 대해서는 더욱 그랬을 거라고 말이다. 자신이 그린베이 같은 팀에 갈 수밖에 없었던 유일한 원인은 다른 곳에서는 부르지 않았기 때문이었다. "롬바르디 코치는 자신이 거부당했다고, 간과되었다고, 무시당했다고 생각했습니다." 데이비스가 말했다. "그린베이에 왔을 때는 이걸 기회로 삼겠다고 결심한 거죠. 자신이 거부할 수 없는 사람이란 걸 보여줄 수 있는 마지막 기회였습니다."

당신이 살고 있는 지역과 좋아하는 스포츠에 따라, 역사상 가장 위대한 감독은 배구의 다이마쓰 히로부미가 될 수도 있고, 축구의 알렉스 퍼거슨, 농구의 필 잭슨, 아이스하키의 아나톨리 타라소프가 될

캡틴 클래스

수도 있다. 그러나 대부분의 미국인들은 빈스 롬바르디야말로 역사상 가장 위대한 풋볼 코치라는 데 이견이 없다.

턱은 네모지고, 치아 사이가 벌어졌고, 반프레임 안경을 쓰고, 머리를 짧게 자른 롬바르디는 말끔하지도 우아하지도 않았다. 사이드라인에서는 정장에 하얀 셔츠, 가는 넥타이와 갈색 이탈리아 모자를 착용하곤 했다. 마치 취업 면접을 보려고 차려 입은 소방관 같았다. 그린베이에서 감독을 맡으면서 롬바르디는 팀을 NFL 밑바닥에서 꼭대기로 끌어올려, 일곱 시즌 동안 다섯 번의 우승을 차지했다. 패커스가 1등급에 들지 못한 유일한 이유는 롬바르디의 우승 타이틀 중 세 번이 NFL 챔피언이 AFL 챔피언과 대결하기 전에 이루어졌다는 것이다.

롬바르디가 다른 코치들과 가장 다른 점은 그의 웅변술이었다. 그의 연설은 간단하고 강렬하며 절박했다. 감정을 함축시킨 전쟁 비유를 풍부하게 구사했다. 스포츠 기자들은 보도를 독점했지만 비유에는 약했던 시절이어서, "이기는 것은 전부가 아니라, 유일한 것이다"라거나 "완벽함은 획득할 수 없는 것이다. 그러나 완벽함을 추구하다 보면 탁월함에 이를 수 있다" 또는 "넉다운되느냐 마느냐가 아니라 일어서느냐 마느냐" 같은 발언을 자기 칼럼에 인용했다. 덕분에 롬바르디의 어록이 만들어질 정도였다.

하프타임이 끝나갈 무렵, 패커스 선수들은 로스앤젤레스 메모리얼 콜로시엄의 비좁은 라커룸에 조용히 앉아 있었다. 다들 긴장한 채 의심에 차 있었다. 상상조차 하기 싫은 역전 가능성을 앞두고, 코치의 전통적인 하프타임 연설이 있었다.

롬바르디는 일어나서, 재킷을 의자에 걸쳐두고 룸 앞쪽으로 천천히 걸어갔다. "제군들에게 말하고 싶다." 그가 연설을 시작했다. "내가 말하고 싶은 건……."

롬바르디가 연설을 시작할 때, 그의 발이 데이비스의 발에 스쳤다. 그때 데이비스는 뭔가 이례적인 것을 느꼈다. 롬바르디가 떨고 있었던 것이다. "처음에는 그걸 어떻게 이해해야 할지 몰랐어요." 데이비스가 말했다. "코치님의 감정이 무엇 때문에 그렇게 격해졌는지 모르겠더 군요." 결국 데이비스는 알아차렸다. 롬바르디의 떨리는 다리는 그의 감정을 드러낸 것이었다. 그는 패배할까봐 두려워하고 있었다.

데이비스의 기억에 따르면, 롬바르디 코치는 짧게 말을 끝냈다. "제군들은 캔자스시티에 적응하는 데 30분을 썼으니, 그들이 할 만한 모든 플레이를 경험한 셈이다. 제군들은 버텨냈어, 그렇지? 지금부터 30분 동안은 그린베이의 풋볼을 보여주기 바란다. 이제는 캔자스시 티가 자네들에게 적응할 수 있는지 보자고."

롬바르디는 연설을 마무리하며 질문을 던졌다. "제군들은 세계 챔 피언 그린베이 패커스인가? 필드에 나가서 내게 답해주게!"

팀 전체가 라커룸이 떠나갈 만큼 함성을 지르는 동안, 데이비스는 동료들의 얼굴을 바라보다 롬바르디의 연설이 어떤 영향을 미쳤는지 알아차렸다. "아주 이상했어요. 그 말이 반향을 일으킨 방식 말이에 요." 데이비스가 말했다. "필드로 나가면서 우리는 '코치가 한 말을 기 억하자. 당장 우리가 할 수 있는 걸 그들에게 보여주자'는 식으로 서 로 쳐다보았으니까요."

후반전 네 번째 플레이에서, 치프스의 쿼터백 도슨은 써드 다운 패스를 던지려고 뒤로 물러섰다. 끝 쪽에 서 있던 데이비스는 놀라운 점프로 상대편 블로커를 피해 코너를 돌았다. 도슨은 데이비스가 자 신을 향해 돌진하는 것을 감지하고, 공을 너무 일찍 놓았다. 공은 의도한 리시버 바로 뒤쪽을 향했다. 패커스의 디펜시브 백인 윌리 우드가 그 패스를 가로챘다. 우드가 엔드존 쪽으로 내달리자, 데이비스는 길을 열어주려고 다운필드(공격 측이 달려가는 방향)로 몸을 돌렸다. 도슨은 공을 잡은 선수(볼 캐리어)에게 시선을 고정한 채 데이비스 앞쪽으로 달려갔다. 데이비스는 무시무시한 힘으로 도슨을 잔디밭에 내리꽂았다.

우드는 계속 달려 50야드까지 전진했고, 패커스는 필드골을 성공하여 21:10으로 앞서갔다.

단 하나의 플레이를 전체 경기 결과를 예고하는 사건으로 꼽는 것은 위험한 법이다. 그러나 데이비스가 도슨에게 가한 압박이 가로채기를 촉발시켰고, 그 가로채기가 결정타였다는 데는 의심의 여지가 없다. 팀의 수비팀 캡틴 데이비스는 코치의 내면에서 들끓던 열정을 온몸으로 흡수했고, 그 열정을 필드로 가져와 풀어놓았다. 그때부터 그린베이는 터치다운을 두 번 더 기록했으며, 당황한 치프스가 엔드존 근처에도 못 가게 만들었다. 경기 결과는 그린베이 35, 캔자스시티 10이었다.

"제 풋볼 인생에서 두 번 다시 그런 경험은 하지 못했던 것 같습니다." 데이비스가 말했다. "공이 스냅될 때마다 저의 모든 플레이는 전반전보다 나아져야만 했죠. 그 연설에 뭔가가 있어 제가 더 잘 플레이하게 만든 겁니다. 그 모든 걸 만들어낸 게 롬바르디 코치라고 생각합니다. 후반전 저희의 퍼포먼스는 기대 이상이었어요. 우리가 기대 이상을 해낸 건 코치님이 저희와 나눈 대화 덕분이었고요."

내가 로스앤젤레스로 가서 윌리 데이비스와 인터뷰를 한 것은, 그

야말로 세계에서 가장 뛰어난 스포츠팀 배후의 주역이 코치인지 아닌지를 알아낼 수 있게 도와줄 몇 안 되는 사람이라고 생각했기 때문이다. 내가 데이비스의 자서전을 읽고 알아낸 바로는, 그는 그린베이의 성공이 전적으로 빈스 롬바르디의 동기부여 능력 덕분이라고 믿고있었다.

여든 살인 데이비스는 로스앤젤레스 번화가 플라야 델 레이의 산허리에서 태평양의 풍광을 굽어보는, 밝고 현대적인 집에 살고 있었다. 선수생활을 마치고 MBA 학위를 받고, 여러 개의 라디오 방송국을 소유하고, 여러 주요 회사의 이사를 맡았다. 그는 자기 세대의 NFL 선수 출신 중에서 사업 수완이 가장 뛰어난 편이다.

그럼에도 불구하고 데이비스는 한결같이 겸손하고 남들에게 공을 돌렸다. 나는 그가 자신의 공로를 축소시키는 방편으로 롬바르디를 추켜세우지 않았나 의심스러웠다. 데이비스에게 롬바르디의 하프타임 연설 이야기를 전해들은 나는 고작 코치의 몇 마디가 팀 전체를 열심히 뛰게 만든 원동력이 되었다는 주장에 의구심을 나타냈다. "정말입니까?" 나는 물었다. "롬바르디가 그저 팀원들에게 몇 마디 말하는 것만으로 그렇게 할 수 있었다고요?"

데이비스는 나를 흘낏 보더니 미소 지었다. "롬바르디 코치는 훌륭한 목사가 되었을 거요. 목사 같은 목소리로 말을 했으니까요. 그 목소리가 소름 돋도록 감동적일 때가 있었습니다." 데이비스는 고개를 돌리고 한동안 창문 밖의 잔잔한 파도를 쳐다보았다. 그의 눈을 들여다보니 마치 과거의 머나먼 풋볼 경기장으로 되돌아가 있는 것 같았다.

오랜 침묵이 흐른 뒤, 데이비스는 우렁차게 소리를 질렀다.

캡틴 클래스

"젠장, 젠장, 젠장! 대체 뭐가 잘못된 거야?"

그 목소리는 데이비스의 쉰 바리톤 음성이 아니었다. 날카롭고 힘차고 긴박한 목소리였다. 나는 데이비스가 뭘 하고 있는지 금세 알 수 있었다. 빈스 롬바르디의 영혼을 불러낸 것이다. 그는 말했다. "그분이 하는 말은 사람을 휘어잡고 어떤 영향이라도 미칠 수 있을 것 같았어요. 그분은 선수들을 스스로도 미처 몰랐던 수준까지 끌어 올렸습니다."

무제한적인 자유계약선수 제도가 출현하기 전이었다는 점을 감안할 때, 롬바르디는 현대 코치들은 꿈도 못 꿀 정도의 권위를 갖고 있었다. 우승한 후에도 선수들이 이탈할 걱정을 할 필요가 없었으니, 패커스를 무자비하게 운영할 수 있었던 것이다. 선수 이동이 훨씬 자유로운 시대에 코치 직을 맡았더라면, 그의 무리한 요구 때문에 팀을 옮기는 선수들이 많았을 것이다. 그러나 패커스 선수들이 팀에 묶여 있었기 때문에, 롬바르디는 그들의 개성에 자신의 개성을 녹여낼 수 있었던 것이다.

데이비스는 롬바르다라는 캐릭터의 중심에는 자신의 가치를 증명하려는 엄청난 절박함이 있었다고 믿었다. 그런 간절함을 전염시키기 위해, 자신의 말에 개성적이고 직설적인 힘을 실었다. "그분은 거기에 전력을 다했다"고 데이비스는 말했다. "모든 선수들이 완전히 같은 방식으로 느낄 때까지 말이죠." 패커스가 호시절을 누릴 때도, 그들은 인정을 갈구하는 팀처럼 뛰었다.

롬바르디가 자신이 무엇을 하는지 정확히 알았고, 자신의 재능이 지닌 힘을 이해하고 있었다는 데는 의심의 여지가 없다. 그는 "부하들의 마음을 얻어야만 싸움에서 이길 수 있다는 것을 반드시 이해해야 한다"고 말한 적이 있다. "부하들은 대단히 놀라운 방식으로 리더십에 반응하므로, 일단 마음을 얻고 나면 당신이 어디로 가든 따라올 겁니다." 롬바르디는 리더십이란 "영적 자질에 기반하며, 영감을 불러일으키는 힘, 타인이 자신을 따르게 하는 힘"이라고 덧붙였다. 이런 말을 한 적도 있다. "칠판에 플레이의 윤곽을 그릴 줄 아는 코치는 흔해 빠졌습니다. 이길 줄 아는 코치는 선수들 마음속에 들어가서 동기를 부여합니다."

롬바르디 코치에 대한 윌리 데이비스의 믿음이 워낙 굳건해서, 나는 비행기를 타고 돌아오는 길에 이렇게 기대했다. 이 같은 영향력, 이런 롬바르디 효과는 16개 1등급 팀의 코치들에게도 공통적으로 적용되는 주제가 될 거라고.

나는 이 코치들이 역사적인 우승 행진을 시작하기 전의 경력이 얼마나 성공적이었는지부터 검토하며 연구를 시작했다. 만약 탁월한 코치가 승리의 열쇠라면, 1등급 팀 코치들 대부분이 취임 전부터 훌륭한 성적을 이어왔을 거라고 가정했다.

그중에서도 1927~1930년 콜링우드 맥파이스의 조크 맥혜일의 이력이 가장 돋보였다. 맥파이스에서 4연패 달성을 이루기 전에, 맥혜일은 그가 맡은 팀들을 오스트레일리안 풋볼 그랜드 파이널에 여덟 번 진출시켜 두 번 우승시켰다. 그렇지만 이 리스트 아래쪽을 훑어가다 보니, 놀랍게도 맥혜일에 대적할 만한 코치가 아무도 없었다.

1등급 팀의 다른 코치들은 다음 세 가지 열등한 범주 중 하나에 속했다. 첫 번째 범주는 보스턴 셀틱스의 레드 아워백, 브라질 축구의 비센치 페올라, 쿠바 여자배구의 에우헤니오 헤오르헤 라피타, 피츠버그 스틸러스의 척 놀, 소련 아이스하키의 빅토르 티호노프, 1980년 대 뉴질랜드 올 블랙스의 알렉스 '그리즈' 와일리, 프랑스 핸드볼의 클로드 오네스타였다. 이들은 1등급에 합류하기 전에도 유망한 인상을 남겼다. 헤드코치로서 메이저 타이틀 1회 우승이나 높은 승률을 기록한 경우도 있지만, 해당 종목의 하위 리그에서 지휘봉을 잡은 경우도 있다. 나머지는 보조 코치로서 우승한 전력이 있다. 이들 모두 확고한 중간 클래스에 해당한다.

두 번째 그룹은 뉴욕 양키스의 케이시 스텐젤, 몬트리올 캐나디언스의 토 블레이크, 브라질 축구의 아미모레 모레이라(펠올라가 투병한 1962년부터 부임했음), 1등급 시기 올 블랙스의 최근 유닛을 지휘한 스티브 핸슨이다. 그들의 이전 경력은 보잘것없다. 중요한 우승 경력이 전무하며, 메이저에서 해고당했거나 전체 승률이 50% 미만이었다.

가장 놀라운 범주는 세 번째인데, 여기에는 헝가리 축구의 세베시 구스타브, 오스트레일리안 하키의 릭 찰스워스, 샌안토니오 스퍼스의 그렉 포포비치, 미국 여자축구의 토니 디치코, FC 바르셀로나의 펩 과르디올라가 속했다. 이 다섯 명의 감독들은 코치 경험이 전무한 상태로 부임했다.

원래 예상한 것과 비교하면 이 명단의 순서는 완전히 뒤집혀 있었다. 노련한 우승 경력자들보다는 풋내기와 재탕 코치들이 더 많았다. 더구나, 16개 1등급 팀 중 5개 팀은 코치가 사임하거나 은퇴하거나 병에 걸리거나 퇴출된 후에도 우승 행진을 계속했다.

1등급 수준의 우승 행진을 진두지휘하는 데는 전문 지식을 잔뜩 쌓거나 우승 트로피를 수집하는 것이 필수가 아니었다. 심지어 팀이 기간 내내 같은 코치를 고용하는 것도 중요하지 않아 보였다.

과거의 훌륭한 실적이 중요하지 않다면, 월리 데이비스가 빈스 롬바르디에 대해 언급한 것이 핵심 요소인지 궁금해졌다. 즉 영감을 불러일으키는 능력 말이다.

1등급 팀 코치들 중 일부는 맹렬한 성격, 그리고 선수들을 거세게 몰아치는 것으로 알려져 있다. 샌안토니오의 포포비치와 뉴질랜드의 와일리가 그런 점에서 두드러진다. 반면 FC 바르셀로나의 과르디올라 같은 유형도 있다. 과르디올라는 선수들과 늘 일정한 거리를 두었고 필요할 때만 차분히 대화했으며, 라커룸에는 거의 들르지 않았다. 브라질의 페올라는—눈이 반쯤은 감겨 있었고 뚱뚱했던—때로는 너무 무심해서 벤치에서 조는 듯한 모습도 보였다. 이런 코치들은 감동적인 연설로 기억된 적이 전혀 없다.

아무도 그들의 명언을 코르크판에 꽂아두지 않는다. 사실 1등급 팀 코치들 중에는 고무적이라기보다 혐오의 대상이었던 이들도 있다. 스텐젤 감독 휘하의 양키스 선수들 대부분이 그를 성가신 광대처럼 여겼고, 때로는 그의 지시를 완전히 묵살했다. 소련 붉은군대 아이스하키 팀의 빅토르 티호노프는 워낙 냉정하고 규율만 앞세운 나머지, 선수들은 대놓고 그를 경멸했다.

동기부여inspiration는 어떤 코치에게는 중요한 자질일 수 있겠지만, 모든 코치에게 공통적인 것은 아닌 듯하다.

다음으로 살펴본 코칭 기술은 전략이었다. 즉 1등급 팀 코치들은 정교한 전략을 고안하여 팀을 한 발 앞서나가게 했다는 가설을 검토해보았다.

몇몇 1등급 팀 코치들은 실제로 팀의 전술을 상당히 발전시켰다.

예컨대 FC 바르셀로나는 펩 과르디올라 감독의 지휘 아래 '티키타카tiki-taka'를 완성시켰다. 점유율 위주의, 최면을 거는 듯한 플레이 스타일이다. 이 전략에 충실하려면 선수들이 자신의 위치에 따라 공을 어디로 움직이고 누구에게 보낼지에 대한 직관을 키워야 한다. 릭 찰스워스 코치는 오스트레일리안 필드하키를 개혁시킨 공을 널리 인정받았다. 선수들의 체력을 비축하게 하기 위해 아이스하키 스타일의 선수 교체 시스템을 선보였다.

그렇지만 이런 패턴도 유효하지 않았다. 역시 비슷한 수의 1등급 팀 코치들이 일류 전략가가 아니었던 것이다. 피츠버그의 척 놀과 보스턴의 레드 와워벡은 기본적인 공격 레퍼토리를 벗어나는 법이 없었으며, 이렇다 할 혁신을 남기지도 않았다. 프랑스 핸드볼 코치 클로드 오네스타는 전술을 보조 코치들에게 위임했고, 브라질의 에우헤니오 헤오르헤 라피타는 선수들끼리 연습을 하며 자체적인 경기 전략을 만들도록 내버려두었다. 브라질의 페올라는 태평스럽게도 베테랑 선수들에게 팀 관리를 맡기기 일쑤였다.

나는 코치 한 명의 전술적 접근을 자세히 살펴보기로 했다. 1953년 웸블리 스타디움에서 잉글랜드 축구대표팀을 6:3으로 압도했던 헝가리의 세베시 구스타브 감독 말이다.

세베시는 헝가리의 벨라 구트만(나중에 브라질의 영향력 있는 감독이 되었다)을 비롯한, 수많은 혁신적 감독들과 더불어 자신의 축구 철학을 발전시켰다. 그는 이 철학을 바탕으로 유연한 축구 스타일을 만들었고, 브라질은 1등급 왕조 기간 동안 그 스타일을 4-2-4 포메이션으로 완성시켰다. 그 아이디어는 완전히 새로운 것은 아니었지만, 잉글랜드처럼 몇십 년간 똑같은 방법을 쓰던 팀들에게는 기념비적인 도약이었다.

대부분의 유럽 축구팬들이 보기에, 위대한 팀을 지속시키는 두 가지 중요한 요인은 팀의 전술적 접근과 코치의 자질이다. 재정 능력, 선수들의 전반적 자질, GOAT의 존재, 팀의 캡틴, 전반적인 팀 문화 따위는 그 순위가 한참 떨어진다고 여긴다. 그리고 세베시는 축구 역사에서 위대한 전략가들 중에서도 두드러지는 입지를 누리고 있다.

세베시는 전술 회의로 유명하다. 선수들을 모아놓고 칠판에 갖가지 플레이를 갈겨쓰면서 네 시간을 떠들기도 했다. 2008년에 쓴 저서 《피라미드 뒤집기: 축구 전술의 역사》에서 조나단 윌슨은 세베시가 디테일을 보는 안목이 예리하고 "고무적이며 섬세한" 감독이라고 묘사했다. 그러나 윌슨이 지적했듯, 축구 시합은 칠판 위에서 펼쳐지는 것이 아니다. 아무리 훌륭한 전략도 선수들이 제대로 수행해야만 그라운드 위에서 성공할 수 있다. 더욱이 선수들의 생각이 다를 수도 있다.

헝가리팀의 캡틴 푸슈카시 페렌츠는 제어하기 어려운 인물이었다. 체격은 땅딸막했지만 그라운드에서는 거칠고 끈질겼으며, 본능적으로 권위를 경멸했고, 그 누구에게도 굴복하지 않았다. 커리어 초기에는 코치, 심판, 축구 당국자들과 자주 충돌했다. 1997년 푸슈카시의 자서전을 출간한 로건 테일러와 클라라 쟴리히에 따르면, 푸슈카시가 열여섯 살에 프로무대에 데뷔했을 당시 다른 선수들은 그의 태도에 충격을 받았다고 한다. "경기장에서 목소리가 제일 컸어요. 연달아 지시를 내렸고 몇 년 위 선배들까지 질책할 정도였습니다." 국가대표팀에서도 그는 거침없이 발언하고 워낙 독립적이었다. 헝가리 사람들 일부는 대표팀에서 푸슈카시가 세베시만큼 통제권이 있다고 여기게 되었다.

캡틴 클래스

세베시는 경기장 밖에서 푸슈카시와 팀 문제를 논의했다고 인정했지만, 푸슈카시가 그의 판단을 의심하거나 그에게 이래라저래라 한 적은 결코 없다고 했다. 푸슈카시에 따르면, 그는 그라운드에서 팀플레이를 조율하려 한 적이 없었다. 대체로 선수들이 서로를 잘 알고 있었기 때문에 그럴 필요가 없었다는 것이다. "하지만 패스가 어긋하면 소리를 좀 지르긴 했죠." 푸슈카시는 세베시에 대한 깊은 애정을 나타내기도 했다. 그가 아는 한 세베시는 가장 진정성 있고 정직한 사람이며 "골든팀의 진정한 심장이자 머리"라고 묘사했다.

그러나 세베시의 지시를 따르는 데 있어서, 푸슈카시는 자기 나름의 생각이 있었음을 분명히 했다. 헝가리 출신 축구 저널리스트 레시 무러이는 "푸슈카시는 어린 시절부터 거리에서 축구를 배운 사람"이라고 말한다. "그는 코칭이나 코치진을 그다지 좋아하지 않았습니다. 제게 이렇게 말한 적이 있어요. 세베시가 으레 그러듯이 드레싱 룸 칠판에 온갖 도형을 그리고 나면, 팀원들을 이끌고 나와 출입 통로에서 방금 들은 허튼소리는 죄다 잊으라고 말했다더군요. 그는 '우린 평소하던 대로 시합할 것'이라고 했고, 그들은 늘 승리했죠."

캡틴의 행동 때문에 세베시는 심기가 불편했겠지만, 그런 마음을 겉으로 드러낸 적은 없다. 오히려 푸슈카시에 대한 칭찬 일색이었다. "푸슈카시는 전술적 요구 사항을 탁월하게 이해했고, 어떤 문제를 해결하는 데 뭐가 필요한지 순식간에 알아차리는 능력이 있었습니다. 그 탁월한 능력에도 불구하고 전혀 이기적인 선수가 아니었습니다. 더 나은 위치에 있는 선수에게 주저하지 않고 공을 건넸죠. 그는 그라운드에서 팀의 진정한 리더였으며, 다른 선수들에게 의욕을 불러일으켰습니다."

푸슈카시가 헝가리를 떠나 망명한 1956년, 대부분의 팀원과 세베시는 남아 있었지만 우승 행진은 멈추고 말았다. 난도르 히데그쿠티는 "국가대표팀은 예전 같지 않았다"고 말했다. "저는 푸슈카시의 포지션에서 자주 뛰었지만 그의 빈자리를 채울 수 없었습니다. 그는 위대한 선수이자 캡틴이었을 뿐 아니라 '플레잉코치'였어요. 모든 것을 보았고 팀 전체의 기강을 훌륭히 세웠으며, 경기 도중에도 축구적인 상황을 분석해냈습니다. 그가 그라운드에서 몇 마디 지시를 하면 만사가 해결되었죠."

이런 정보 중 어느 것도 세베시 구스타브가 헝가리 왕조의 기틀을 잡았다는 사실을 깎아내리지는 않는다. 그것은 분명한 사실이다. 그러나 이 팀의 탁월함을 빚어낸 일차적 요인이 세베시와 그의 전술임이 증명되지는 않는다. 오히려 헝가리 대표팀의 최고 자산은 팀의 캡틴이라는 것이 더 설득력이 있다. 푸슈카시는 코치의 지시 사항이 팀에 적합하면 따르고, 부적합하면 무시할 자신감을 갖고 있었다.

결국 나는 한 코치의 전술이 모든 것을 아우르는 원리라는 그 어떤 증거도 찾을 수 없었다.

1등급 팀 코치들의 공통점을 찾을 수 없었고, 내가 찾던 비밀의 열쇠가 코치라는 증거도 찾을 수 없었다. 그래서 나는 스포츠계의 신성모독에 해당하는 질문을 고려하기 시작했다. 과연 코치가 중요하긴 한 걸까?

푸슈카시 페렌츠는 이렇게 말한 적이 있다. 큰 경기에서 "실제로 부담을 지는 건 코치가 아니라 선수들입니다. 코치는 분위기를 정하고 경기 내내 말하고, 격려하고 설명하려고 노력할 수 있지만, 결국 경

캡틴 클래스

기장에서 진짜 문제를 풀어가야 하는 건 선수들이니까요."

코치의 가치를 이렇게 낮게 매기는 발언은 예전에도 들은 적이 있다. 보스턴 셀틱스 시절 빌 러셀은, 드물게 가벼운 분위기의 인터뷰를 통해 코치(레드 아워벅)에게 한 방 먹였다. "레드는 자기가 선수들을 만들어냈다고 말할 수는 있겠지만, 직접 골대에 공을 넣지는 못하죠." 2009년 명예의 전당 입성 입회식 연설에서 마이클 조던 역시 우승팀에 대해 유사한 캡틴론을 펼쳤다. 조던은 "물론 조직도 우승에 관여하긴 한다. 그러나 조직을 선수들 위에 두려고 애쓰지는 말라"고 했다.

심지어 일부 유명한 코치들도 유사한 관점을 표명했다. 알렉스 퍼거슨 경은 맨체스터 유나이티드(맨유)의 전설적인 코치이다. 26시즌 동안 팀을 이끌며 프리미어리그 타이틀 13회, FA컵 우승 5회, UEFA 챔피언스리그 우승 2회를 기록했다. 미국에 롬바르디가 있다면 나머지 세계에서 그와 같은 위상을 누리는 코치이다. 그 또한 코치가 모든 것을 통제할 수는 없다고 생각했다. 퍼거슨 경은 "내가 리더십 기법에 아무리 공을 들여도, 그라운드 위에서 맨유가 승리할 수 있도록 모든 방면에 영향을 주려고 아무리 노력해도, 경기 당일 킥오프 시점부터 모든 게 내 통제권을 벗어난다"고 썼다.

코치의 영향력에 대한 과학적 연구는 얼마 되지 않는다. 그러나 몇몇 학자들과 노련한 통계학자들이 엘리트 수준의 스포츠에서 코치의 상대적 중요성을 측정하려고 노력해왔다. 이런 연구들은 세 가지 기본적 결론을 뒷받침한다.

1. 코치들은 많은 승수를 따내지 못한다.

메이저리그에서는 모든 번트, 도루, 희생번트나 플라이, 투수 교체,

선수 교체 등이 코치의 승인 하에 이루어진다. 따라서 이런 작은 결정들이 모여 전체를 결정짓는다는 믿음이 퍼져 있다. 그러나 통계학자 닐 페인의 연구에 따르면, 95%의 메이저리그 코치들에 있어서, 그들이 경기 중에 내린 결정이 승패를 좌우한 것은 162경기 중 기껏해야 2경기였다고 한다. 또한 그 결과조차 이 연구는 선수들의 영향력이 훨씬 컸다고 밝혔다. 실제로는 소수 톱스타들의 활약이 리그 내 모든 코치들이 내린 결정보다 시즌 최종 순위에 더 큰 영향을 미쳤다는 것이다.

2. 코치는 선수들의 성적에 큰 영향을 미치지 않는다.

〈인터내셔널 저널 오브 스포츠 파이낸스〉에 실린 2009년 연구 보고서에서, 4개 대학 연합 연구진은 30년 간의 데이터를 통해, NBA에서 신임 코치 영입 전후의 개별 선수 성적이 어떻게 변하는지 분석했다. 조사 대상이 된 코치 62명 중 14명은 선수들의 성적을 약간 끌어올렸지만, 나머지 77%는 영향을 미치지 못했거나 부정적인 영향을 미쳤다. 연구자들은 이렇게 썼다. "우리가 발견한 가장 놀라운 결과는, 데이터에 포함된 대부분의 코치들이 보통 코치들에 비해 선수 성적에 통계적으로 유의미한 영향을 미치지 않았다는 것이다." 심지어 시카고의 필 잭슨이나 샌안토니오의 포포비치처럼 가장 성적이 좋은 코치들마저 그 영향력이 무시해도 좋은 수준이었다.

3. 코치 교체는 만병통치약이 아니다.

2011년 네덜란드의 경제학자 바스 테르 베일은 에레디비지에(네덜란드 프로축구리그) 팀들이 슬럼프를 겪는 동안 코치를 해고했을 때 어떤 상황이 벌어졌는지 조사했다. 놀랍게도 코치를 교체한 성적 부진

팀과 코치를 유임시킨 성적 부진 팀이 대동소이한 결과를 보인 것으로 나타났다. 말하자면 코치를 해고하든 유임시키든 큰 변화가 없었던 것이다. NHL 팀에 대한 2006년 연구에서는 코치 교체의 효과가 나타났지만, 단기적으로는 코치를 교체한 팀이 그러지 않은 팀보다 성적이 저조했다.

코치가 팀의 원동력이 아니라는 것, 또는 코치들이 아무리 노력해도 별 영향이 없고 심지어 서로 맞바꾸더라도 마찬가지라는 것은 일반적으로 납득하기 어려운 결과이다. 나처럼 어릴 때 스포츠를 해본 10억 명 남짓한 사람들은 대개 코치의 중요성에 의문을 품지 않던 시절에 의견이 굳어진 이들이다. 우리는 코치들을 우러러보았었다. 그들은 의심의 여지없이 권위적인 인물이었다. 코치의 권위를 되짚어볼 기회를 갖기도 전에 우리들의 선수 시절은 흐지부지 끝났다.

역사를 검토해도 우리가 마음을 바꿀 이유는 많지 않다. 필 잭슨, 빌 파셀스, 돈 슐라, 허버트 채프먼, 주제 무리뉴, 파비오 카펠로, 펩 과르디올라 등 유명한 코치들은 어느 팀을 맡더라도 비슷한 성공을 거듭했다. 현대 스포츠에서는 이적 시장이 활발하고 스타 선수들의 자아도취가 심해졌기 때문에 코치들이 더욱 필수불가결한 존재가 되었다는 의견이 지배적이다.

과거의 레전드 코치 중에서도 빈스 롬바르디는 동기 부여와 연설 능력이 탁월했고, 사람들의 심리를 예리하게 읽었으며, 천부적인 전술가였다. 우리는 본능적으로 롬바르디야말로 그 팀에서 가장 중요한 인물이라고 믿는다. 그렇다. 그렇게 믿지 않을 이유가 있을까? 역사적인 엘리트 팀에 역사적인 엘리트 코치가 있었다면, 더 많은 분석 단계가 필요해 보이지 않았다.

나는 1등급 팀 코치 중에서 빈스 롬바르디 같은 자질을 갖춘 것으로 보이는 유일한 코치를 검토해보기로 했다. 그는 콜링우드 맥파이스의 조크 맥헤일로, 오스트레일리안 풋볼 세계에서 '코치의 군주'로 불린다. 맥헤일은 '머신 팀' 맥파이스 소속 선수였고, 1912년부터는 코치로서 팀의 황금기를 이어나갔다. 그 후로도 팀을 이끌며 그랜드 파이널 5회 진출, 2회 우승이라는 기록을 세웠다. 37시즌 동안 66%의 승률을 기록하고 은퇴했다.

맥헤일도 롬바르디처럼 동기부여의 달인으로 여겨졌다. 그 팀을 하나로 뛰게 하는 방법에 대해 비범하면서도 극단적이기까지 한 생각을 갖고 있었다. 첫째, 개인적인 영웅을 경멸했다. 그는 이렇게 말한 적이 있다. "스타 선수 서너 명을 중심으로 팀을 짜기는 싫습니다. 준수한 능력을 갖춘 선수들을 적당히 뽑아 주십시오." 맥헤일은 롬바르디가 그랬던 것처럼, 이런 사고방식을 관철시켰다. 오늘날에는 불가능해 보이는 수준의 통제권을 행사한 것이다. 아무리 재능이 뛰어난 선수가 있어도 다른 팀원들과 똑같은 급여를 받게 했다. 그 자신의 급료 또한 낮게 책정해달라고 요구했다. 그 급료가 너무 낮은 나머지, 멜버른 양조장에서 일하며 생계를 유지해야 할 정도였다. 대공황 시기에 두 차례 선수 급료를 삭감했을 때 맥헤일은 자신에게도 동일한 삭감율을 적용해달라고 했다. 같은 리그의 다른 팀들은 그가 이적하면 큰돈을 안겨주었겠지만, 맥헤일의 콜링우드에 대한 충성심은 너무나 깊었다.

또한 맥헤일은 혁신적이었다. 럭 로버라는 포지션을 창안했고, 선수들이 더 빠른 템포로 움직이며 즉흥적인 플레이를 펼치게 한 공로를 인정받고 있다. "풋볼 머신을 만들고 싶지는 않습니다. 그런 용어

캡틴 클래스

는 좋아하지 않아요. 팀이 경직된 플랜에 따라 움직이고 생각하지 못하는 조합이라는 인상을 주니까요. 우리 콜링우드가 선수들에게 요구하는 한 가지 자질이 있다면, 그것은 약간의 상상력과 빠른 두뇌 회전입니다."

명석할 뿐 아니라 변함없이 팀에 헌신한 맥헤일은 선수들에게 엄청난 존경을 받았으며, 호주의 레전드가 되었다. NFL 슈퍼볼 트로피에 롬바르디의 이름이 올랐듯이, 그랜드 파이널 우승팀 코치에게 주어지는 메달에 맥헤일의 이름이 새겨져 있다.

분명히 맥헤일은 특별한, 롬바르디 수준의 코치였다. 이런 경우 상관관계를 곧장 인과관계로 받아들여 팀의 성공을 모두 맥헤일의 공로로 돌리고 싶어진다. 그러나 중대한 사항 하나를 짚고 넘어가야 한다. 1927년부터 1930년까지 네 시즌 동안의 위업이 시작된 시점 말이다. 그것은 맥헤일이 팀의 캡틴을 시드 코번트리라는 선수로 교체한 때였다.

콜링우드에서 보낸 12년간의 선수 커리어 내내 코번트리는 맥헤일 정신의 축소판이었다. 럭맨 포지션을 맡았기에 득점은 거의 없었던 대신, 그리 매력적이지 않은 과업에 집중했다. 롱킥으로 자기 진영에서 공을 걷어내고, 상대편 선수들에게 강한 타격을 가하고, 즉석에서 전술을 고치곤 했다. 오스트레일리안 풋볼 기준으로 보면 작은 체격(178cm/86kg)이었다. 흐릿한 미소와 벗겨진 머리 탓에 팀의 수호자다운 인상을 주지도 않았다. 근육질의 팔뚝과 멍든 긴 코만이 그가 필드에서 어떤 일을 하는지 보여주었다.

딤 역사 기록에 따르면, 코번트리의 플레이가 보여준 특징은 "맥파이스가 곤경에 처했을 때 팀의 분위기를 끌어올리는 능력"이었다.

예컨대 라이벌 팀인 칼튼과의 시합 도중, 코번트리는 전속력으로 상대편 선수들에게 달려가 "쓸데없이" 그들을 쓰러뜨려 심판에게 경고를 받은 적이 있다. 나중에 한 팀원이 코번트리에게 경고를 받을 수 있는 행동을 한 이유를 묻자, 그는 "팀에게 활력을 되찾아주려 했다"고 대답했다.

맥헤일이 '하나를 위한 모두'라는 팀 분위기를 창출했다면, 코번트리는 그 분위기를 실현시켰다. 콜링우드가 선수들의 급여를 삭감하여 팀원들이 시위를 벌이기 일보직전까지 갔던 적이 두 번 있었는데, 그때마다 코번트리는 팀원들을 설득하여 시위를 막았다. 코번트리가 없었다면 이 팀은 결코 1등급에 진입하지 못했을 것이다.

코치에 대한 진실은, 그들이 중요하다는 것이다. 달리 생각할 이유는 없다. 위의 연구들이 보여주듯 코치들 중 일부는 괄목할 만한 성과를 거두었다. 설령 그 영향력이 생각보다 인상적이지는 않더라도 말이다. 통계 지표로는 잡아내지 못하지만 분명히 팀을 조직화하는 무형의 자질은 존재한다.

그러나 이 책의 목적은 그저 승률이 좋은 팀을 다루는 것이 아니다. 어떻게 하면 팀들이 지속적이고, 괴물급의 위업을 이룰 수 있는지 알아내는 것이다. 역사상 가장 큰 성공을 거둔 팀들의 코치들은 신이 아니었다. 꼭 유명인인 것도 아니었다. 그들 중 대부분이 해당 팀을 맡기 전에는 특별한 성공을 거둔 적이 없고, 그런 성공을 또다시 거두지도 못했다. 그들의 성격과 철학 또한 넓은 스펙트럼에 걸쳐 있다.

프로선수들은 운동을 익혀가던 유소년 시절의 우리와는 다르다. 그들이 엘리트 수준에 올랐을 때는 훈련에 쏟은 시간이 수천 시간에 이르고, 나름대로 동기의 원천을 갖게 된다. 발놀림이 흐트러지거나 컨디션이 떨어지면 스스로 알고, 전술을 확실히 파악하게 된다. 팀을 정상에 올리려면, 코칭은 이 단계까지만 오면 된다. 팀의 운명은 선수들의 활약에 달려 있다.

빈스 롬바르디가 우리 마음속에 워낙 크게 자리 잡고 있는 탓에, 우리가 보지 못한 것이 있다. 패커스는 윌리 데이비스가 등장하기 전까지는 패커스가 되지 못했다. 데이비스는 롬바르디의 승부욕을 나눠 가졌으며, 그 절실함을 1967년 슈퍼볼 후반전에서 실천으로 옮겼다. 헝가리와 콜링우드를 비롯한 많은 1등급 팀에도 동일한 원리가 적용된다. 해당 팀의 코치들(아워백, 블레이크, 과르디올라, 오네스타, 포포비치, 스텐젤) 모두가 팀의 캡틴과 긴밀한 관계를 가지며 때로는 다투기도 했다.

이런 관점에서, 2등급 중에서도 최고의 팀 중 상당수는 매력적인 파트너십을 가지고 있다고 보인다. 뉴잉글랜드 패트리어츠의 긴 우승 행진은 빌 벨리칙 코치와 쿼터백이자 공격팀 캡틴 톰 브래디가 함께한 기간과 정확히 일치한다. 시카고 불스의 필 잭슨과 마이클 조던, 샌프란시스코 포티나이너스의 조 몬태나와 빌 월시, 잉글랜드 맨체스터 유나이티드의 알렉스 퍼거슨과 미드필더 로이 킨의 관계도 마찬가지였다.

우리가 간과한 사실이 또 하나 있다. 블레이크, 과르디올라, 맥헤일, 와일리뿐 아니라 2등급 팀 코치들(특히 축구의 프란츠 베켄바우어와 요한 크루이프) 다수가 코치가 되기 전 그들 자신이 매우 훌륭한 캡틴이었다는 것이다. 이는 이 코치들이 선수 시절에 캡틴 역할의 위력을 익혔고, 그 교훈에 따라 자신이 코치를 맡은 팀을 구축했을 수도 있음을 시사한다.

대중은 코치를 단 하나의 원동력으로 보는 경향이 있다. 내가 연구한 바에 따르면 사실, 가장 존경 받는 코치들도 한 쌍의 세트 중 일부였다. 1등급 팀 코치가 되는 유일한 길은 선수들을 리드할 완벽한 인물을 찾아내는 것이었다.

이것으로 나는 다섯 가지 중에서 마지막 가설을 제거했다. 그 과정에서 내가 처음부터 제시한 가설이 오히려 보강되었다. 즉 엘리트 팀의 탄생에 가장 크게 기여하는 사람은 바로 캡틴이라는 것이다.

제4장 요약

• 우리가 유년기에 배우는 첫 번째 교훈 중 하나는 권위를 존중하는 것이다. 우리는 부모님과 선생님들을 특별한 힘을 가진 존재로 여긴다. 그들이 우리를 빚어낸다고 믿는 것이다. 스포츠팬들은 이런 생각을 코치들에게 투사한다. 한 팀의 성공에는 그 배후에 일차적인 원동력이 선수가 아니라 코치가 있을 거라는 것이 일반적인 통념이다. 따라서 엘리트 팀의 코치는 특별한 종류의 천재여야 한다. 16개의 1등급 팀들에게 이는 전혀 사실이 아니다.

• 말인즉슨, 마법 같은 능력을 가진 코치들이 있다는 것이다. 그들의 능력이 전술적 혁신으로 게임의 프레임을 바꾸고, 그 어떤 개인보다 강력한 문화를 구축하고, 말이나 자신의 의지력으로 사람들이 훌륭한 일을 하도록 움직인다고 한다. 그러나 스포츠에서 그 코치들은 경기장에서 대리인 역할을 하는 선수들이 있을 때에만 위대한 성공을 거둘 수 있었다. 이 파트너십의 다른 절반이 바로 캡틴이었다.

엘리트
캡틴들의
일곱 가지
리더십
특징

2010년 가을 무렵 빌 러셀은 농구화 끈을 묶지 않은 지 41년째였다. 그동안은 NBA 코치, 방송해설가, 작가, 동기부여 강연자로 일했다. 유명세를 꺼리는 유명 인사로 유명했던 그도 경계심을 약간 늦추었다. 리본 커팅 행사에 참여하고 사인도 해주고 시상자로 나서기도 했다. 이 모두가 선수 시절에는 멸시하던 일들이었다. 바야흐로 농구계의 막후 실세가 된 것이다.

그러나 내게 러셀은 여전히 1960년대에 멈춰 있었다. 풀리지 않는 미스터리의 중심에 선 인물로. 나는 캡틴이 가장 중요하다는 논거를 세워두었지만, 자기 종목의 인습을 적극적으로 거부하고 대중에게 그토록 경멸감을 드러냈던 사람이 어떻게 훌륭한 리더일 수 있었는지 이해하지 못하고 있었다.

연구 시작 지점부터 내가 러셀을 비롯한 1등급 팀 캡틴들에 관해 알게 된 것이 하나 있다. 그들의 커리어가 끝날 때 사람들이 늘 똑같은 말을 했다는 것이었다. 앞으로 그런 사람은 절대 없을 거라고. 그들은 리더십에 대한 우리의 관념적 모델에 따르지 않았으므로, 그들의 성취는 결코 반복되지 않는 실험실의 우연한 사고처럼 여겨졌다.

나는 궁금했다. 그것이 사실이라면 그들을 연구해서 대체 뭘 배울 수 있을까?

그해 가을에 러셀은 〈뉴욕타임스〉와 인터뷰를 했다. 그 인터뷰는 버락 오바마 대통령이 러셀이 운동선수로서 이룬 성취와 더불어 평생 동안 인권을 옹호한 공로를 인정하여, 미국 정부가 민간인에게 주는 최고의 영예인 대통령 자유훈장을 수여한 것을 계기로 이루어졌다. 그 기사는 러셀의 가장 당혹스러웠던 사건이었던, 1975년 명예의 전당 입회식 참석 거부를 넌지시 언급했다. 러셀은 명예의 전당이 개인을 기념하는 기관이기 때문이라고 설명했다. 자신의 농구 커리어는 팀플레이의 상징으로 기억되어야 한다고 생각했기 때문이라는 것이다.

내가 아는 한 러셀은 이런 말을 한 적이 없다. 엘리트 선수들이 그런 말을 하는 것을 들은 적이 없다. 미국에서는 특히 그렇다. 할리우드의 탄생지이자 단호한 개인주의의 나라이며, 사람들이 아직도 마이클 조던 운동화를 사려고 차디찬 길바닥에서 밤을 새는 곳이 미국이다. 여기서 대부분의 슈퍼스타들은 돋보이려고 노력한다.

그 인터뷰 덕분에 러셀의 혼란스러운 성격이라는 퍼즐 조각들이 착착 맞아 떨어졌다. 그는 팀에서 그럴 필요가 없었기 때문에 득점을 많이 올리지 않았다. 통계나 개인의 영예에 관심이 없었고 팀 동료가 공로를 차지해도 무심했다. 그는 이렇게 말했다. "계약이나 돈은 중요하지 않았습니다. MVP 상에도, 내가 얼마나 많은 지지를 받는 것에도 전혀 신경 쓰지 않았어요. 오직 우리가 얼마나 많이 우승했는지가 중요했죠." 대신에 러셀이 전념한 것은 수비였고, 남들이 거들떠보지 않는 온갖 궂은일들이었다.

러셀의 과격한 수비, 농구에 대한 팀 중심의 접근방식, 코트 밖에서 공을 동료에게 돌리는 까다로운 태도는 동전의 양면이었다는 생각이 들었다. 그가 농구와 관련된 상에 저항한 것은 개인을 집단에서 분리하려는 보편적인 본능을 거부한 것이었다. 러셀의 리더십 브랜드는 바깥세상과도, 그에 대한 사람들의 인식과도 무관했다. 그의 리더십은 오로지 팀의 내부적 역학 관계에만 초점을 맞추었다. 셀틱스가 우승하는 한, 아무도 그 자신의 공로를 알지 못해도 신경 쓰지 않았다.

러셀의 팀 동료들은 그가 까다롭거나 쌀쌀맞다고 생각하지 않았다. 그들에게 러셀은 액션 히어로에 가까웠다. 단순하고 한결같고 순수한 사람이었다. 팀 동료였던 톰 하인슨은 말했다. "러셀은 제가 함께해본 사람들 중에서 가장 우승 커리어가 많았어요. 그는 우리를 대단히 많이 도와주었고, 우리는 그를 완전히 믿었죠. 우리는 영혼과 믿음을 주고받았습니다."

못 믿는 이들도 있겠지만, 러셀은 결함 있는 사람이 아니었다. 아무도 그걸 깨닫지 못한 이유를 나는 알게 되었다. 그의 캡틴 스타일이 너무나 이례적이었던 탓이다. 대중은 비전형적인 그의 리더십을 셀틱스의 비전형적인 성공과 연결시키지 않았다. 전혀 무관한 별개의 것으로 본 것이다.

1등급 팀 캡틴들은 다양한 해당 종목의 맥락에서 보면 일회적 사건으로 보이는 것이 사실이다. 그들은 우리가 상상하는 무결점 리더와는 거리가 멀었다. 그러나 나는 그들의 전기를 수집하면서 전혀 다른 것을 깨달았다. 그들은 서로 너무나도 닮았던 것이다. 소름끼칠 만큼 그들의 행동과 신념, 일에 대한 접근 방식이 비슷했다. 충동적이고 무모한 데다 얼핏 자멸처럼 보였던 행동은, 사실은 팀을 강하게 만들기 위해 의도된 것이었다. 그들의 이상하고 겉보기에는 낙제감인 개인적 특성이 실은 팀원들에게 피해를 주기는커녕 그들이 경기장에서 더 효과적으로 뛰게 해주었다. 결국 1등급 팀 캡틴들은 일탈적인 존재가 아니었던 것이다. 그들은 잊혀진 부족의 일원이었다.

그들 모두가 공유한 일곱 가지 자질이 있다.

엘리트 캡틴들의 일곱 가지 리더십 특징

1. 극도의 근성 및 시합에 대한 몰두
2. 룰의 경계를 건드리는 공격적 플레이
3. 생색 내지 않고 기꺼이 허드렛일을 하는 태도
4. 저자세의 실질적이고 민주적인 소통 스타일
5. 열정적인 비언어적 소통을 통한 동기 부여
6. 강한 신념과 자기 목소리를 낼 줄 아는 용기
7. 철저한 감정 통제

이 책의 제2부에서는 구체적 사례를 통해 이 캡틴 클래스들의 경기 접근 방식을 살펴보면서 일곱 가지 리더십 특징을 분석하려 한다. 그들이 어떻게 팀원들에게 자극과 영감을 주며 소통했는지, 어떻게 자기감정을 통제했는지 등을 따져본다. 그 과정에서, 이런 자질들이 1등급 수준의 성과를 어떻게 끌어냈는지 설명하는 몇 가지 과학적 연구도 검토한다.

그들은 계속 돌진한다

근성과 그에 따른 이득

2000년 바르셀로나

킥오프 몇 분 전, 폭동 진압 경찰들이 위협적인 검정색 헬멧을 쓰고 곤봉을 든 채 경기장 코너 네 곳에 자리를 잡았다. 터치라인 밖에는 흰 유니폼을 입은 루이스 피구가 목에 맨 가죽끈을 만지며 서 있었다. 그 끈에는 '사악한 눈'으로부터 저주를 물리쳐준다는 부적인 뿔 모양의 코르니첼로가 달려 있었다. 피구는 킥오프에 앞서 경기장으로 뛰어가면서 고개 숙여 코르니첼로에 입을 맞췄다.

10월 하순 습한 저녁, 유럽 최대의 축구장인 바르셀로나의 캄프누 경기장에는 10만 관중이 들어차 있었다. 대부분의 관중이 최대한 사악하게 그를 노려보고 있었다고 해도 틀린 말이 아니었다. 피구가 눈에 띄자마자 홈팬들은 목청껏, 어마어마하게 큰 소리를 질러댔다. 휘파람을 불고 "창녀"라고 외쳤다. 침대보에 '배신자'나 '거짓말쟁이'나 '유다'라고 갈겨써서 만든 깃발을 휘둘렀다.

피구는 미드필드에 있는 동료들과 합류하면서 씁쓸한 미소를 지으며 장난스럽게 귀를 손가락으로 막았다. 이쯤에서 그에 대한 야유가 그치기를 바라면서 머리 위로 두 손을 흔들었다. 야유는 그치지 않았다. 소란은 더 심해졌고, 진압 경찰들 머리 위로 동전, 병, 휴대폰, 심지어 자전거 체인 따위가 빗발쳤다. 피구의 입가가 처졌다. 관중석을 바라볼 때마다 팬들이 그에게 가운뎃손가락을 날렸다. 피구는 자기가 얼마나 엄청난 일을 저질렀는지 모르고 있었다. 이제는 걱정이 되기 시작했다.

피구는 검은 머리에 키가 크고 상당히 미남이며, 세계 최고의 축구선수로 평가받는 윙어였다. 그런 그가 석 달 전인 2000년 여름, 비통한 결정을 내렸다. 난관을 겪고 있던 FC 바르셀로나는 코치진을 교체하기로 결정했고, 캄프누에서 다섯 시즌을 뛴 피구는 마음이 떠나기 시작했다. 그리고 담당 에이전트에게 이적 시장을 알아보게 했다.

국제적 축구 슈퍼스타의 용병 시대, 즉 갈락티코^{Galáctico}가 아직 개막되지 않은 때였다. 피구 정도 되는 수준의 선수들은 팀에 충성을 맹세하고 계속 남아 있는 것이 관례였다. 그들이 이리저리 이적하는 것은 상상하기 힘든 일이었다. 몇 년 뒤부터는 바로셀로나 역시 폭발적인 축구 비즈니스의 성장으로 막대한 이익을 얻게 되지만, FC 바르셀로나의 자랑스러운 팬들은 여전히 축구를 일종의 종족 의식으로 생각했다. 한 선수가 바로셀로나 클럽에 들어오면 그 유대는 평생 가는 것이었다. 피구는 포르투갈 출신으로 리스본에서 커리어를 시작했지만, 이곳에 와서부터는 동포로 여겨졌다. 팬들은 바르셀로나가 피구의 영혼을 사로잡았다고 믿고 있었다.

피구의 이적 발표부터가 치명타였다. 그러나 이적이 진행되면서 세부 사항이 알려지자 상상 이상의 충격을 주었다. 피구가 한몫 잡으러 떠난 리그는 잉글랜드나 이탈리아가 아니었다. 레알 마드리드에 합류하기 위해 6천만 달러 이적 계약을 맺은 것이다.

1939년 스페인의 파시스트 독재자 프란시스코 프랑코의 통치가 시작되자, 독립적이며 정치적으로 급진적인 카탈루냐 지역에서는 레알 마드리드를 도덕적으로 파산한 지배층 마드리드 사람들의 클럽으로 보기 시작했다. 반면 바르셀로나는 정권에 저항하는 정의로운 팀이었다. 이 정치적 분열이라는 프리즘이 스페인에서 온갖 것을 왜곡하여 스페인 분리독립 전쟁의 빌미가 되었다. 이 두 개의 영향권 아래에서 태어난 이들은 결코 다른 쪽과 거래하지 않았다. 이러한 적개심은 외부인들에게는 이해가 안 될 수 있다. 아직도 진행되는 엘클라시코^{El Clásico}, 즉 두 클럽 간의 빈번한 시합은 그때도 스포츠계에서 가장 뜨거운 라이벌전이었다. 두 팀 모두에 몸담았던 선수들도 몇 명 있지만, 그 누구도 슈퍼스타는 아니었다. 하물며 발롱도르^{Ballon d'or}(올해의 유럽 남자축구 선수상)를 수상할 재목은 아니었다. 피구는 앞으로 발롱도르를 수상하게 될 슈퍼스타였다. 안개 낀 10월 저녁, 그는 적(라이벌) 팀 유니폼을 입은 이래 처음으로 친정 팀을 만나게 되었다.

이런 전례는 없었기 때문에 앞으로 벌어질 일을 아무도 몰랐다. 경기 1주일 전부터 스페인 언론이 불을 지폈다. 〈스포르트〉는 수표 위에 피구의 얼굴을 겹쳐놓고 그 위에 'pesetero'(돈독 오른 사람·수전노)라고 갈겨쓴 포스터를 발행했다. 경기장만 가득 찬 게 아니라, 전체 인구의 약 1/4인 1천만 스페인 국민이 방송을 보고 있었다. FC 바르셀로나가 진다면 홈팬들이 경기장에 불을 지를지도 몰랐다.

피구는 보통 상황에서도 대처하기 어려운 상대였다. 크고 강하며 대단히 빠른 데다 공에 대한 집중력을 타고난 덕분에, 그가 작정하고 골을 넣으려 들면 상대는 거의 막을 수 없었다. FC 바르셀로나의 신임 감독 로렌조 세라 페레르는 분명히 피구에게 득점 기회가 생길 거라고 생각했다. 그러나 경기 결과와는 상관없이, 그에게 골을 허용하는 것은 재앙과도 같았다.

시합 며칠 전부터 페레르는 피구에게 전담 '마크맨'을 붙이기로 결정했다. 이는 축구에서 보기 드문 전술이다. 마크맨의 임무는 피구에 대한 밀착 방어였다. 원래 포지션을 벗어나게 되더라도, 피구의 진로를 방해하고, 태클을 걸고, 틈만 나면 가로채기를 시도해야 했다. 그러나 페레르에게는 문제가 있었다. 이렇게 엄청난 압박 아래 그 임무를 수행할 수비수를 도저히 떠올릴 수 없었던 것이다. 페레르를 비롯한 코칭스태프는 며칠 동안 고심했다. 언론에서는 페레르가 네덜란드 출신 라이트백 미카엘 라이지거를 선택할 것이라고 조심스레 추측했다. 팀 내에서 가장 빠르고 가장 노련한 우측 수비수였기 때문이다. 그러나 페레르가 시합 당일 아침에 부른 이름은 라이지거가 아니었다. 카를레스 푸욜이라는 검증 되지 않은 스물세 살짜리 선수였다.

FC 바르셀로나 팬들은 푸욜을 잘 알지 못했다. 스타도 아니었고 자리 잡은 수비수도 아닌 데다, 이번이 1군에서 맞은 두 번째 시즌이었다. 그의 가장 눈에 띄는 특징은 플레이가 아니라 머리카락이었다. 경기장에서 뛸 때마다 갈기 같은 머리카락이 나풀거리며 어깨를 건드렸다. 곱슬머리, 기울어진 이마, 넙데데한 얼굴 때문에 푸욜은 머리도 단정하고 잘 생긴 팀 동료들 사이에서 확연히 눈에 띄었다. 선사시

캡틴 클래스

대의 사냥꾼처럼 보였기 때문이다.

1년 전 푸욜이 선발 라인업에 들지 못하게 되자, 당시 FC 바르셀로나 코치 루이스 판 할은 그를 리그 하위팀인 말라가로 이적시킨다는 계약을 맺었다. 푸욜이 이적하지 않은 유일한 이유는 스스로 떠나기를 거부했기 때문이다. FC 바르셀로나는 그를 잔류시켰지만 그에 대한 활용법은 여전히 모르고 있었다. 주로 좌측 수비를 맡겼다가 센터백 포지션으로 옮겼는데, 푸욜이 넓은 공간을 수비할 스피드를 갖추었다고 생각하지 않았던 것이 그 주된 이유였다. 그렇다 해도 그는 센터백이 되기에는 키가 작고 공을 그다지 잘 다루지 못했다. 이 카탈루냐 산골 출신 선수가 피구를 봉쇄하려면 수비 진영을 우측으로 옮겨야 했다. 모든 것을 반대 방향으로 해야 한다는 뜻이었다.

푸욜이 FC 바르셀로나에서 장래가 촉망받든 않든, 페레르는 그의 반사 신경이 빠르다는 것은 알고 있었다. 지난 시즌 연습 경기에서 푸욜이 피구를 수비한 적이 있었는데, 한 수 위에 있는 상대에게 그다지 압도당하지는 않았던 것이다. 게다가 푸욜에게는 엄청난 장점 하나가 있었으니, 바로 절박함이었다. 푸욜은 라 포블라 데 세구르라는 소도시에서 자랐는데, 지역 스포츠팀을 우상시했고, FC 바르셀로나 축구팀이 질 때면 울음을 터뜨리곤 했다. 아마도 클럽 내에서 푸욜만큼 피구의 배신에 악감정을 가진 사람은 없었을 것이다. 적어도 FC 바르셀로나의 명예를 지키는 임무는 애국자에게 맡기는 것이 좋았다.

선수들이 필드에 자리를 잡으면서 캄프누에는 극도의 긴장감이 감돌았다. 푸욜과 팀 동료들뿐 아니라 경기장의 모든 사람들은 이것이 미래를 만들거나 망치는 순간이 될 것임을 알고 있었다.

시작 휘슬이 울렸을 때부터 카를레스 푸욜은 루이스 피구를 앞뒤로, 오른쪽 윙부터 왼쪽 윙까지 쫓아다니며 꽁꽁 묶어놓았다. 푸욜은 "어디든 쫓아다녔죠. 그가 가는 곳이 어디든 따라갔습니다"라고 말했다.

레알 마드리드의 첫 공격 때부터, 푸욜은 심판의 인내심을 시험하기 시작했다. 순간적으로 피구의 어깨에 손을 올리거나 피구의 팔 밑으로 손을 넣어 균형을 잃게 만들었다. 매번 피구는 화가 나서 푸욜의 손을 밀쳐냈고, 둘은 서로 반칙을 했다고 주장했다. 경기 초반 피구가 공을 받자, 푸욜이 뒤로 가서 피구의 허리를 잡고 180도로 돌려놓아 기회를 무산시켰다. 심판은 그냥 넘어갔다. 전반 26분, FC 바르셀로나의 득점으로 1:0이 되었다. 페레르의 '푸욜 작전'이 통하기 시작한 것이다.

전반 종료 10분 전, 피구는 FC 바르셀로나 진영에서 패스를 받았지만 푸욜이 완벽한 태클로 공을 걷어냈다. 피구가 공을 다시 잡을 수 있겠다고 생각되자, 진로를 막기 위해 푸욜은 다시 일어나서는 피구의 축구화 바로 앞으로 몸을 던졌다. 한 번 더 피구 쪽으로 날아온 공을 푸욜이 헤딩으로 걷어내자, 피구는 슬슬 짜증이 나기 시작했다.

전반 40분 직전, 전투는 결정적 순간을 맞았다. FC 바르셀로나의 코너킥 후, 레알 마드리드 수비진이 미드필드 왼쪽 윙 공간으로 공을 걷어낸 것이다. 바로 그곳에 피구가 기다리고 있었다. 드디어 기회가 왔음을 감지한 피구는 전속력으로 공을 향해 달렸고, 푸욜은 몇 걸음 뒤처져 있었다. 피구의 스피드를 감안하면 그가 먼저 공을 잡을 것이고, 헐거워진 FC 바르셀로나 골대 쪽으로 돌진할 수 있었다. 이것은 피구가 백번은 해본 플레이였다.

캡틴 클래스

땀에 젖은 긴 머리가 얼굴에 들러붙은 채 가쁜 숨을 쉬던 푸욜은 열린 공간에서는 결코 피구를 따라잡지 못할 것임을 알았다. 피구가 먼저 출발했기 때문에 공을 향해 깨끗하게 태클할 수도 없었다. 유일한 희망은 피구가 공을 잡으려고 잠시 멈추는 순간에 급습을 가하는 것이었다. 잘하면 옐로카드를 받을지도 모르고, 계속 경기를 뛸 수 있을 터였다. 최악의 경우 피구를 스파이크로 건드리거나 너무 심한 태클로 레드카드를 받고 퇴장할 수도 있었다. 피구가 공을 잡자 푸욜은 몸을 날렸다. 팬들은 숨을 참았다.

피구의 계획은 공을 앞으로 찬 다음 푸욜의 태클을 피해 점프하는 것이었다. 그러나 푸욜의 목표는 확실했다. 그는 피구의 오른쪽 축구화를 정확하게 차서, 오른발을 휘청거리게 만들었다. 피구는 슬라이딩하는 푸욜 위로 쓰러지며 왼쪽 어깨를 잔디에 찧었고, 속수무책으로 터치라인 너머까지 미끄러졌다. 팬들은 환호성을 지르면서 경기장으로 오물을 던져댔다. 맥없이 일어나는 피구의 머리 위로 관중석에서 쏟아지는 야유가 그치지 않았다.

푸욜은 판정을 기다리지 않았다. 벌떡 일어나서 무표정하게, 동료들에게 손짓하며 공을 스로우인 하라고 했다. 심판이 수첩에서 꺼내려는 카드의 색깔에 FC 바르셀로나의, 어쩌면 푸욜의 명운이 달려 있었는데도 말이다. 노란색은 구원, 빨간색은 파멸을 뜻했다. 카드는 노란색이었다.

1분 후 레알 마드리드가 FC 바르셀로나 진영에서 프리킥을 얻자 피구가 키커로 나섰다. 피구는 날카로운 슈팅을 날렸지만 FC 바르셀로나 선수들의 벽에 막혔다. 뛰어올라 머리로 그 공을 걷어낸 선수는 푸욜이었다. 오트밀 한 그릇을 데우지도 못할 시간 동안, 포블라 데

세구르에서 온 숱 많은 원시인은 FC 바르셀로나의 유명인이 되었다.

후반전 내내 피구는 불만에 차 있었다. 65분, 푸욜이 피구의 가랑이 사이로 공을 차는 와중에 피구가 넘어졌다. 피구는 푸욜의 뒤통수를 팔꿈치로 가격했다. 이 때문에 피구가 받은 것은 옐로카드뿐 아니라, 그날 저녁에 터져 나온 가장 우레 같은 박수갈채 중 하나였다. 79분, FC 바르셀로나가 두 번째 골을 넣자마자 비가 쏟아졌다. 젖은 경기장을 감안하면 경기는 끝난 것과 마찬가지였다. 종료 휘슬 몇 분 전, 비와 땀에 젖은 풀죽은 피구가 코너 쪽으로 공을 쫓아갈 때였다. 팬들은 한 몸처럼 일어나 손가락질하며 경기장으로 오물을 던졌다. 물풍선 두 개가 발 근처에 떨어지자 피구는 걸음을 멈추고 뒤로 물러섰다. 패배가 확정되는 순간이었다.

최종 점수는 FC 바르셀로나 2, 레알 마드리드 0이었다. 그러나 이 결과의 의미까지 점수판에 표기된 것은 아니다. 유다를 무력하게 만든 것 말이다.

페레르는 경기 후 기자들에게 푸욜이 '뛰어난 수준으로' 경기했다고 말했다. 바르셀로나 지역신문 한 곳은 푸욜이 "대체할 수 없고 흠잡을 데 없었다"고 썼고, 〈마르카〉는 "피구의 영원한 그림자가 되어 그를 단역으로 만들어놓았다"며 푸욜의 공을 인정했다.

팬들이 그를 더 좋아하게 된 계기는 푸욜이 자기 역할이 별것 아니었다고 말한 경기 후 인터뷰였다. 임무를 받고 그걸 해냈을 뿐이니 상 같은 걸 받을 이유가 없다는 것이었다. "제겐 오직 하나의 목표가 있었는데, 바로 피구를 막는 것이었습니다."

돌이켜보면 피구를 마크했던 그날부터 FC 바르셀로나에서 인정받게 되었다고 푸욜은 인정했다. 그러나 그에게 중요한 것은 그것이 아니었다. "우리가 이겼고, 그게 제일 중요한 겁니다."

영광스러운 2000년의 그날, FC 바르셀로나 팬들은 앞으로 어떤 일이 벌어질지 몰랐다. 이 팀이 앞으로 어떤 업적을 성취할지, 카를로스 푸욜이 어떤 존재가 될지 결코 상상하지 못했다.

코치가 선수에게 할 수 있는 가장 큰 칭찬 중 하나는 그 선수가 계속 돌진한다는 것, 즉 근성이 있다는 말이다. 모든 스타가 이런 자질을 가진 것은 아니다. 일부는 경기를 질질 끄는 경향이 있고, 일부는 결정적 상황에서 움츠러들기도 한다. 그러나 1등급 팀 캡틴들 중에서는 이런 자질이 공통적으로 나타난다.

빌 러셀의 콜먼 플레이, 벅 셸퍼드가 낭트에서 펼친 활약, 피구에 대한 푸욜의 철벽방어 등이 눈에 띄지만, 이는 일부 사례에 불과하다. 예를 들어, 몬트리올 캐나디언스의 모리스 리샤르는 1952년 플레이오프 경기 도중 뇌진탕에 걸리고 이마에 깊은 상처가 나서 링크 밖으로 나갔지만, 3피리어드에는 피가 나는 상처를 붕대로 동여매고 되돌아와 세 명의 보스턴 수비수를 제치고 결승 득점을 올렸다.

경기 준비와 컨디션 조절로 유명한 1등급 팀 캡틴들도 있다. 미국 여자축구 팀에서 가장 준비가 철저했던 칼라 오버벡은 63경기 연속으로 경기장을 벗어나지 않았고 뛴 시간이 총 3,547분이었다. 쿠바 여자 배구의 미레야 루이스는 점프 연습에 워낙 많은 시간을 보내어 결국 슬개골이 탈구되었는데, 의사들이 측정한 바로는 분리된 각도가 30도였다고 한다. 피츠버그 스틸러스가 NFL 드래프트에서 잭 램버트를 선택하자마자, 그는 곧장 영상 분석을 시작했고 연습 시설로 출근하다시피 했다. 코치진은 그런 루키를 한 번도 본 적이 없었다. 램버트가 수비에 관한 복잡한 지식을 익히자 코치진은 그에게 미들 라인 배커를 맡겼다. 수비 지시를 내리면서 자기보다 훨씬 큰 안쪽 라인맨들과 경합해야 하는 포지션이었다. 시즌이 끝날 즈음, 동료 라인배커 잭 햄은 그가 "루키라는 사실을 잊어버렸다"고 말했다.

근성의 미덕을 가장 잘 구현한 1등급 팀 리더는 바로 뉴욕 양키스의 포수였던 로렌스 피터 베라다.

1941년, '요기'^{Yogi}로 더 잘 알려진 10대 소년 베라는 세인트루이스 카디널스 단장 브랜치 리키가 개최한 트라이아웃에 참가했다. 열띤 트라이아웃 끝에, 같은 고향 출신 소년 조 가라지올라는 500달러 사이닝 보너스가 포함된 계약금을 제시받았지만, 베라는 보너스 없이 그 절반의 계약금을 제시받았다. 리키는 "네가 빅리그 선수가 될 거라는 생각은 전혀 들지 않는다"고 말했다.

거기서 끝났을 수도 있었지만, 베라는 매일 해가 뜰 때부터 질 때까지 집 근처 모래밭에서 쉬지 않고 연습했다. 그렇게 몇 개월이 지난 후 양키스가 계약을 제안하자, 베라는 가라지올라가 받은 것과 같은 500달러 보너스를 끝까지 고집했다.

1946년 메이저리그에 입성했을 때도 그의 미래는 불확실했다. 키가 170cm에 불과했지만 가슴이 떡 벌어졌고 워낙 뚱뚱해서 몸무게가 86kg에 육박했고 17사이즈(105) 셔츠를 입었다. 귀는 주전자 모양이고 얼굴 여기저기가 툭 튀어나온 데다 이마까지 넓었다. 양키스는 베이브 루스 덕분에 미국 스포츠 세계에서 가장 화려한 브랜드가 되었고, 루 게릭, 토미 헨리치, 찰리 켈러, 조 디마지오처럼 여성들에게 인기 있는 우상들이 소속되어 있었다. 베라는 한심할 정도로 그런 팀에 어울리지 않아 보였다. 관중석에서도, 신문에서도, 심지어 자기 팀

덕아웃에서도 그를 맞은 것은 혐오의 눈길, 상스러운 농담, 원숭이 흉내였다. 스포츠 기자 지미 캐넌이 그를 '황소 펭귄'으로 비유한 적도 있다. 양키스 프론트는 베라가 이렇게 시달리다가 야구를 그만둘 것을 우려하여, 선수들에게 그를 괴롭히지 말라고 지시했다.

베라는 확실히 타격에 소질이 있었다. 데뷔전에서 홈런을 때렸고, 일곱 경기 동안 여덟 개의 안타를 쳤다. 그러나 능숙한 타격 기술에도 불구하고 배팅 스타일 때문에 광대 이미지가 더해졌다. 대부분의 양키스 타자들은 참을성 있게 타격하려 했다. 투구가 자신의 파워존(스트라이크존 중 타자의 허리 아래쪽을 말한다 – 옮긴이) 안에 들어올 때까지 기다렸다. 그러나 베라는 기차 시간에 늦은 사람처럼 배트를 휘둘렀다. 볼카운트가 불리할 때는 스트라이크존에서 벗어난 투구에도 배트를 휘둘렀다. 팀 동료들은 그가 타격하려고 발을 들거나 원 바운드로 들어오는 공을 보고 스윙할 때 웃어대곤 했다.

사람들은 모든 투구를 타격하는 자세를 조롱했지만, 베라는 첫 풀타임 시즌에서 0.280의 타율과 거의 엘리트 수준인 0.464의 장타율을 기록했고 삼진은 열두 번밖에 당하지 않았다. 사실 커리어를 통틀어 베라는 타석당 4.9%만 삼진을 당했는데, 이는 당대 평균의 절반 정도이며, 2015년 메이저리그 평균보다 79% 적은 기록이다. 결과적으로 베라는 야구 역사상 한 시즌에 30개 이상의 홈런을 치고 30개 미만의 삼진을 당한 선수 10명 안에 들게 되었다.

하지만 베라의 미래를 위협하는 한 가지 요인이 있었으니, 그가 좋은 포수가 아니었던 것이다. 데뷔 시즌 동안 홈 플레이트 뒤에서 베라가 선보인 구종 선택과 포수 기술은 매우 엉성했다. 한 기자는 "포수로서의 베라는 투수에게 방해가 된다"고 기사를 썼다.

두 번째 시즌에는 전체 경기의 절반 정도만 출전했는데, 그나마 외야에서 뛸 때가 많았다. 양키스 투수들은 다른 포수와 호흡을 맞추고 싶어 했고, 베라가 출전하더라도 구종 사인을 보내지 못하게 했다. 양키스는 1947년 월드시리즈에 진출했지만, 브루클린 다저스 주자들은 단 세 경기 동안 기회가 날 때마다 뛰어 5개의 도루를 성공시킴으로써 베라에게 굴욕감을 주었다.

양키스 코치 케이시 스텐젤은 1949년 스프링캠프 동안 베라를 교육시키기로 했다. 명예의 전당에 오른 전설적인 포수 빌 디키를 초빙하여 베라에게 포수의 플레이 방법을 가르치게 한 것이다. 디키는 시간을 들여 베라의 포지셔닝부터 구종 결정과 송구 메커니즘까지 모든 것을 조정했다. 디키는 가까운 거리에서 베라에게 끊임없이 공을 던졌고, 베라는 흙과 땀이 뒤범벅될 때까지 공을 잡았다.

양키스의 베테랑 투수 세 명(에디 로팻, 빅 라스키, 앨리 레이놀즈)도 승리를 위해서는 베라가 더 나은 포수가 되도록 도와주어야 한다고 생각했다. 이미 경기장 밖에서 친한 사이가 된 이 투수들은 이 멘토링에 '더 프로젝트'라는 별명을 붙이기까지 했다. 로팻과 라스키, 레이놀즈는 오랜 선수생활을 통해 배운 모든 것을 베라와 공유했다. 베라가 얼마나 열심히 배웠던지, 그의 아내 카르멘은 뉴저지에 있는 그들의 이웃집으로 이사를 했다. 저녁 식사를 하는 동안에도 대화를 이어갈 수 있게 한 것이다.

1950년 즈음 워낙 극적으로 발전한 베라는 괜찮은 정도가 아니라 뛰어난 포수로 인정받았다. 신속하고 민첩하고 블로킹에 능한 포수가 된 것이다. 그 시즌 베라의 도루 저지율은 56%였고(리그 평균은 49%였다), 1958년에는 실책 없이 88경기를 소화했다. 또한 가장 견고한 포수 중 한 명이 되어, 총 117번의 더블헤더에서 두 경기 모두 포수로 출전하여 이 부문에서 아메리칸리그 최고 기록을 여덟 번 차지했다(요즘 포수라면 엄두도 내지 않을 위업이다). 1962년 양키스가 디트로이트 타이거스와 마라톤 게임을 펼칠 때 (당시 37세였던) 베라는 22이닝 내내 홈 플레이트를 지켰다.

불안했던 초창기부터 베라는 양키스에서 19시즌을 뛰며 14회의 리그 우승과 10회 월드시리즈 우승을 차지했다. 메이저리그 역사상 가장 많은 우승 반지를 낀 선수다. 포수 포지션 홈런 기록을 세웠고, MVP로 세 번 선정되었다. 1972년에는 명예의 전당에 입성했다.

당연하겠지만, 베라를 비롯하여 종목 최고 수준에 오르는 데 성공하는 선수들은 모두 이례적으로 결연했다. 그러나 베라와 셸퍼드, 푸욜을 비롯한 1등급 팀 캡틴들이 보여준 유형의 끈기는 엘리트 중에서도 압권이다.

가장 큰 차이점은 그들의 타고난 능력이 그들이 거둔 성취의 크기와 상관없어 보인다는 것이다. 무언가가 그들에게 자신의 한계뿐 아니라 자신에 대한 회의적인 시선을 무시하게 했다. 하지만 그것이 무엇일까? 그들을 자극시키는 것은 무엇일까?

* * *

지난 40여 년 동안, 심리학자 캐롤 드웩Carol Dweck은 사람들이 (특히 아이들이) 도전과 곤경에 대처하는 마인드세트mindset(사고방식)와 관련하여 세계에서 가장 탁월한 전문가가 되었다. 사람들이 도전에 대처하는 마인트세트와 그것을 개선하는 방법을 연구하는 데 전념했다.

연구 초창기인 1970년대, 일리노이대학에서 드웩 연구진은 열 살 가량의 아이들 60명에게 시험을 치르게 했다. 처음에는 비교적 쉬운 패턴 인식 문제 8개를 주었다. 아이들이 문제를 푸는 동안, 드웩은 아이들에게 느끼는 것을 말해보라고 했다. 아이들이 문제를 다 풀고 나면, 그 연령대에게는 너무 어려운 '실패용' 문제 4개를 주었다. 아이들이 세우는 전략을 모니터하면서, 또다시 드웩은 아이들에게 문제를 풀면서 드는 생각을 말해보라고 했다.

쉬운 문제를 푸는 동안 대부분의 아이들은 시험과 자기 성적에 대해 긍정적으로 말했다. 하나같이 만족했고 자신감이 있었다. 그러나 더 어려운 '실패용' 문제를 접하자 아이들 대부분은 기분이 언짢아졌다. 시험이 싫다거나, 지루하다거나 불안하다고 말했다. 왜 잘 못하고 있다고 생각하느냐는 질문에는, 시험이 어려워서가 아니라 자기 능력이 부족한 탓이라고 답했다. 역경에 처하자 아이들의 문제해결 기술 또한 나빠진 것이다. 그 아이들은 더 이상 노력하지 않았다.

그렇지만 다른 반응을 보인 소규모 집단도 있었다. 실패용 문제를 접하고도 계속 노력했다. 그 아이들은 자신이 멍청하다고 생각하지 않았다. 아직 올바른 전략을 발견하지 못했을 뿐이라고 생각했다. 놀랍도록 긍정적으로 반응한 아이들도 몇 명 있었다. 한 남자아이는 의자를 끌어당기고 두 손을 비비면서 "전 도전을 좋아해요"라고 말했다. 이렇게 끈기 있는 아이들이 쉬운 문제 해결을 더 잘한 것도 아니었다. 사실 그 아이들의 전략을 보면 평균적으로 약간 더 미숙했다. 그러나 문제가 어려워질 때 그 아이들은 자책하지 않았다. 풀리지 않은 문제들은 노력을 통해 터득할 수 있는 퍼즐로 생각했다.

그 결과는 극명했다. 이 '숙달지향형' 아이들 중 80%가 어려운 문제에 대해서도 쉬운 문제와 동일한 수준 또는 그 이상의 문제 해결 능력을 유지했다. 그리고 약 25%는 실제로 자신의 전략 수준을 향상시켰다. 이 아이들은 더 똑똑한 것은 아니지만, 무력감을 느낀 아이들보다 더 나은 성적을 보여주었다. 드웩은 두 유형의 아이들이 추구하는 목표가 서로 다르다는 것을 보여주었다. 무력한 아이들은 성적에 집착했다. 어려운 문제를 회피하면서까지 똑똑해 보이고 싶어 했다. 숙달지향형 아이들은 배우려는 욕구에 의해 동기를 부여 받았다. 그리고 실패는 자기 기량을 향상시킬 기회로 보았다.

2011년 미시건주립대학의 학자 다섯 명이 드웩의 결론을 검증했다. 대학생들이 문제를 틀렸다는 것을 알았을 때의 뇌 활동을 모니터링한 것이다. 드웩의 연구가 시사한 것처럼, 무력한 고정형 마인드세트를 가진 학생들이 실패에 직면했을 때 그들 뇌의 전기적 활동은 사실상 정지했다. 더 새롭고 더 나은 전략 모색을 회피한 것이다. 반대로 숙달지향형 학생들의 뇌는 새로운 접근 방법을 고민하면서 활동이 격렬해졌다.

드웩이 궁극적으로 발견한 사실은 그 아이들이 능력의 본질에 대해 서로 생각이 달랐다는 것이다. 무기력한 아이들은 자신의 기량이 태어날 때부터 고정된 것으로 보았다. 그 아이들은 자신이 뭔가를 할 수 있을 정도로 똑똑하지 않으며, 그 판정을 내리는 것은 다른 사람들의 몫이라고 믿었다. 숙달지향형 아이들은 자기 지능에 대해 한결 탄력적인 견해를 갖고 있었다. 지능은 노력을 통해 높일 수 있다고 믿은 것이다. 드웩은 "그 아이들은 모든 사람들이 똑같다거나 누구나 아인슈타인이 될 수 있다고 생각하지는 않지만, 모든 사람들이 노력한다면 더 똑똑해질 수 있다고 믿는다"고 말했다.

상식적으로는 타고난 능력이 자신감을 불러일으킨다. 그러나 드웩의 연구에 따르면 대부분의 경우, 능력과 자신감은 거의 관련이 없다. 실패에 대한 반응이 가장 중요하다.

드웩의 연구를 스포츠에 적용하면, 1등급 팀 캡틴들이―대부분이 타고난 운동선수는 아니었음에도―자신의 약점을 극복하고 재능을 타고난 이들보다 더 큰 성취를 이룰 수 있었던 이유를 설명할 수 있다. 나는 그들이 '숙달지향형' 인간이었을 뿐 아니라, 곤경에 처할수록 타고난 기량과 전략을 향상시킨 25%에 해당한다고 본다. 그들은 자신의 능력이 가변적이라고 보았고, 능력 있어 보이려 하기보다는 배우고 개선하는 데서 해결책을 찾았다. 그래서 결코 스스로에 대한 믿음을 버리지 않았다. 하위팀 말라가로의 이적 제의, 세인트루이스에서의 실망스러운 트라이아웃, 월드시리즈에서의 저조한 성적 같은 상황에 처한다고 하자. 어떤 선수들은 자기 실력이 부족하다고 결론 내렸겠지만, 1등급 팀 캡틴들은 오히려 더 결연해졌다.

그러나 드웩의 연구는 한 가지 의문을 남겼다. '숙달지향형' 마인드세트를 가진 사람이 개인적으로 탁월한 성과를 성취하는 것이 사실이라고 하자. 만약 그 사람이 한 팀의 리더라면, 그가 가진 속성이 다른 선수들에게도 옮아가야만 차이를 만들어낼 수 있을 것이다. 그렇다면 다음 질문을 던져야 한다. 어떻게 해서 한 캡틴의 근성이 팀 전체가 더 잘 플레이하도록 만들 수 있는가?

여러 해 동안, 벅 셸퍼드는 그 '이야기'를 반복하느라 이골이 났다. 인터뷰를 할 때, 낭트에서 입은 끔찍한 부상을 우회적으로 표현한 질문을 받으면 대답을 회피했다. "꽤 거친 경기였습니다. 그 경기에서 부

캡틴 클래스

상을 몇 개 당했죠"라고 그는 답한 적이 있다. "럭비는 사내들의 스포츠입니다. 럭비를 하려면 거칠어야 하죠. 거칠지 않으면 다른 일을 해야죠."

'낭트 전투'에서 자주 간과되는 것은 경기 직후 어떤 상황이 벌어졌느냐이다. 프랑스에 패하고 여섯 달이 지난 1987년 월드컵에서 뉴질랜드는 조별 예선에서 도합 156점이라는 어마어마한 점수 차이로 이탈리아·피지·아르헨티나를 대파했다. 8강전에서는 스코틀랜드에게 3점만 내주고 준결승에서 웨일스를 49:6으로 격파시킨 후, 결승에서 오랜 적수인 프랑스와 다시 맞붙게 되었다. 이번에는 뉴질랜드가 22:9로 프랑스를 물리쳤다.

월드컵이 끝난 후 뉴질랜드 코치진은 셸퍼드를 캡틴으로 임명했다. 그 순간부터 그가 이해하기 힘든 결정으로 대표팀을 떠나게 되는 1990년까지, 올 블랙스는 단 한 번도 패배를 경험한 적이 없다. 단 한 번도. 낭트에서 셸퍼드가 보여준 숙달지향형 마인드세트가 팀 전체를 무적의 팀으로 만드는 스위치를 올린 것 같았다. 그러나 이것이 어떻게 가능했을까?

필드 위에서 셸퍼드의 집중력은 결코 약해지지 않았다. 라커룸에서는 동료들에게 더 열심히 하라고 다그치지 않았지만, 필드 위에서는 지쳐 쓰러질 때까지 동료들을 몰아붙였다. 1989년 프랑스와의 테스트 매치 도중, 뉴질랜드의 머레이 피어스는 봉합이 필요할 정도로 뺨에 상처가 났다. 피어스가 벤치로 걸어갈 때, 중계방송 마이크에는 뒤에 있던 셸퍼드가 피어스에게 필드로 돌아오라고 명령하는 목소리가 잡혔다. "이 사내들에게 치료란 건 없다"고 해설자가 말했다. "올 블랙스와 함께한다면 고통을 감수해야 합니다." 경기 후 피어스를 비롯한 부상 선수들에 대한 질문을 받자 셸퍼드는 "하룻밤 지나면 괜찮아질 거라고 생각합니다"라고 답했다.

올 블랙스가 웨일스를 50점 차로 이긴 후 셸퍼드는 한 기자에게 "우리가 점수를 더 낼 수도 있었다고 생각한다"고 말했다. 올 블랙스가 10번의 트라이를 성공했다고 그 기자가 상기시키자, 셸퍼드는 어깨를 으쓱했다. "그것도 좋은 점수긴 하죠. 하지만 트라이 성공이 열세 번이나 열네 번이었을 수도 있으니까요."

이처럼 끈질긴 투지는 러셀과 푸욜, 베라와 리샤르를 비롯한 1등급 팀의 모든 캡틴들이 보여준 자질이다. 초창기의 노력이 결정적 순간을 맞이하여, 어떤 희생을 치르더라도 이기고자 하는 욕망을 명백히 보여준 계기가 된 것이다. 그리고 그 모든 경우에, 이런 사실을 확실히 하고 나서부터 그들의 팀은 전환점을 맞았다. 이 패턴은 매우 일관되므로 그들의 근성이 실제로 전염성이 있음을 수긍하게 된다.

집단적 노력의 역학을 최초로 연구한 과학자들 중에 막시밀리앙 링겔만이라는 농업공학자가 있었다. 1913년 링겔만은 자신의 학생들에게 밧줄 당기기 실험을 실시했다. 한 번은 개인별로, 한 번은 집단 내에서 밧줄을 당기게 하고 그들이 얼마나 힘을 주었는지 측정한 것이다. 기존 상식대로라면 집단에 속한 사람들이 혼자 있는 사람보다 전체적으로 더 많은 힘을 내야 했다. 즉 밧줄 당기기 집단에 사람들을 추가하면 힘이 증대되는 효과가 나타나야 했다.

그러나 실험 결과는 자못 놀라웠다. 새로운 사람이 추가될 때마다 적용된 힘이 커지긴 했지만, 각자가 적용하는 평균적인 힘은 줄어든 것이다. 팀으로 줄을 당길 때 개개인의 힘이 증대되기는커녕 혼자 줄을 당길 때보다 힘을 덜 쓰는 결과가 초래된 것이다. 나중에 학자들은 이 현상에 '사회적 태만'이라는 이름을 붙였다.

나중에 이 실험은 재조명되어 심리학자들이 재현을 시도했다. 1979년 오하이오주립대학의 한 과학자 그룹은 각 피험자들에게 가능한 한 크게 고함을 치게 하고 그 소리의 데시벨을 기록했다. 그런 다음에 피험자들은 집단 내에서 고함을 지르게 했다. 실험 결과는 링겔만의 실험과 판박이였다. 그 후로도 여러 학자들이 링겔만의 밧줄 당기기를 변형한 실험을 실시했지만 동일한 결과를 얻었다. 사회적 태만은 실제로 인간의 본성이었던 것이다.

개인의 노력이 식별되기 어려울수록 각자 투입하는 노력은 적어진다.

포드햄대학 연구진은 사회적 태만이 극복될 수 있는 현상인지 아닌지를 확인하기 위해, 오하이오주립대학 실험을 약간 변형했다. 연구진은 최대의 노력을 투여하는 한 사람이 다른 사람들에게 성과를 향상시키도록 자극할 수 있는지 알아내려 했다. 피험자들을 쌍으로 묶고 나서, 각자에게 자신의 파트너가 실험에 노력을 다하는 사람이라고 말했다. 이런 상황에서는 흥미로운 현상이 벌어졌다. 쌍을 이룬 피험자들이 혼자 했을 때만큼 크게 고함을 지른 것이다. 한 팀원이 최선을 다하고 있음을 아는 것만으로도 사람들이 더 노력하게 만들 수 있었던 것이다.

이 실험은 강한 노력 또는 강한 노력에 대한 인식이 이전될 수 있다는 사실을 보여주었다. 즉 링겔만 효과는 상쇄할 수 있는 것이다. 사회적 태만의 해독제는 집단 내의 다른 누군가가 아낌없이 노력하고 있다는 사실을 아는 것이다.

포드햄대학의 연구는 1등급 팀 캡틴들에 대한 나의 짐작을 확인시켜주는 것 같았다. 말하자면, 그들이 보여준 끈기가 그들 팀의 성과 달성 방식에 긍정적 영향을 미쳤을 수 있다.

2015년 2월의 화창한 아침, 카를레스 푸욜은 바르셀로나 도심에 위치한 수수한 호텔의 현관을 빠져 나갔다. 홍보 담당자도 없고 측근도 없었다. 디자이너 청바지를 입고 휴대폰과 자동차 키를 든 남자 한 명뿐이었다. 곧 서른일곱 살이 되는 푸욜은 최근 축구계에서 은퇴했다. 푸욜은 선수 시절에는 매일 일고여덟 잔씩 마시던 커피를 줄였다고 내게 말했지만, 건강한 다리는 여전해 보였다. "자, 이제 시작합시다." 푸욜은 나의 녹음기를 가리키며 말했다.

카탈루냐 산골의 작은 고향 마을에는 유소년 축구 프로그램이 없었다. 때문에 어린 시절 푸욜은 풋살이라는 실내 축구를 했다. 더 나이 많은 아이들은 푸욜을 골키퍼로만 뛰게 했다. 그 시절부터 온몸을 땅바닥에 던지며 골키퍼 역할을 하는 바람에 푸욜은 허리 통증에 시달렸다. 그러나 열다섯 살이 될 때까지도 진짜 축구팀에 합류하지 못했다. 부모님은 아들이 챔피언이 될 거라고 보지 않았고, 축구 말고 공부에나 집중하라고 다그쳤다. 그러나 푸욜에게 2년간 정식 축구 교육을 시키며 깊은 인상을 받은 코치들이 비교적 늦은 나이인 열일곱 살의 푸욜에게 FC 바르셀로나 유소년팀 입단 테스트를 받도록 주선했다. 그로부터 4년 후 푸욜은 시니어클럽에서 데뷔하게 된다.

푸욜의 커리어는 '피구 게임' 후로 절정에 달했다. 선수로서뿐 아니라 리더로서의 커리어가 시작되었다. 빠르게 FC 바르셀로나 수비의 중심으로 자리 잡았고, 불과 4년 뒤 캡틴으로 선출되었다. 또한 2000년에는 스페인 국가대표로 선발되고 나중에는 부캡틴 자리를 꿰찼다. FC

바르셀로나가 프로축구를 지배하고 있을 무렵, FC 바르셀로나 선수들로 채워진 스페인 대표팀 또한 세계를 지배했다. 유럽 타이틀 두 개를 획득하고 2010년 월드컵에서 우승하면서 2등급에 진입한 것이다.

이 모든 과정 내내, 푸욜의 플레이에는 피땀 흘리는 노력이 있었다. 팀 동료들이 상대편에게 최면을 거는 아름답고 리드미컬하며 섬세한 축구를 선보이는 동안, 푸욜은 경기장 여기저기에 몸을 내던지며 동료들 뒤치다꺼리를 했다. 날카로운 슈팅을 온몸으로 가로막곤 해서, 광대뼈가 부서져 안면 보호대를 착용하고 경기를 뛴 적도 있다. 푸욜은 철저한 컨디션 관리로도 유명해졌다. 훈련장에서 가장 늦게까지 남았고, 훈련을 마치면 필라테스나 요가를 하러 갔다. 커리어 초반 세 시즌 동안에는 골키퍼를 제외한 어떤 선수보다 많은 시간을 출전했다.

시합 도중, 푸욜의 무모함을 상징적으로 보여준 것이 바로 의료용 스테이플러였다. 리그 우승을 향해 빡빡한 레이스를 달리던 2012년 3월의 어느 경기에서, 상대편 코치가 심판을 불렀다. 다른 선수와 충돌하면서 푸욜의 이마가 찢어졌기 때문이다.

푸욜은 만화에 나올 법한 다급한 표정으로 트레이너에게 달려갔다. FC 바르셀로나가 푸욜을 교체하고 싶지 않다면(실제로도 교체하지 않았다), 그 상처를 사이드라인에서 봉합하는 수밖에 없었다. 푸욜은 그렇게 해도 좋았다. 그의 유일한 관심사는 그 과정이 빨리 끝나는 것이었다. 트레이너가 상처를 살펴볼 때, 푸욜은 스스로 응급처치를 하겠다는 듯 의료용 스테이플러를 성급하게 움켜쥐었다. 트레이너가 스테이플을 상처 부위에 박을 때 푸욜은 꿈쩍도 하지 않았다. 바로 터치라인으로 달려가 미친 듯이 손을 흔들어 심판을 불렀다. 푸욜이 제자리로 돌아가고 몇 분 후, FC 바르셀로나의 리오넬 메시가 결승골을 넣었다. 한 인터뷰에서 푸욜은 그 사건이 "아무것도 아니었다"고 말했다.

내가 그 스테이플러 사건 영상을 보여주자 푸욜은 의사들한테 사과했으면 좋았겠다고 말했다. 그는 "내가 너무 의사들을 재촉하기 때문에 그들에겐 재앙 같은 존재"라고 말했다. 하지만 푸욜은 그다지 수비적이지 않은 팀에서 수비를 맡았기 때문에 몇 초라도 놓치기 싫어했다. "상대 팀이 골을 넣었다면 끔찍한 기분이 들었을 겁니다."

선수 시절에 심각한 부상을 그토록 많이 당한 이유를 물어보자 푸욜은 자신의 플레이 스타일과 겁 없음을 탓했다. 재활을 마치고 나서도 "예전과 똑같은 방식으로, 똑같이 맹렬하게 시합에 임했습니다. 저는 늘 모든 걸 다 바쳐야 한다고 생각했어요. 저는 늘 그랬죠. 그것이 제가 축구를 존중하고 팀 동료들을 존중하는 방식입니다."

팀 동료들이 푸욜에 관한 질문을 받을 때 하는 대답은 사실상 똑같은 이야기다. 낙승이 점쳐지는 약팀과의 시합에서, 동료들이 최선을 다하는 시늉을 하는 동안에도 푸욜은 마치 그 경기가 챔피언스리그 결승전인 것처럼 뛰어다녔다. 8:0으로 이기고 있는 시합이 몇 분 남지 않을 때도 푸욜은 스로우인을 하기 위해 공까지 전력 질주했다. 네 골 차이로 앞서 있고 시합 종료까지는 몇 분 남지도 않았는데 푸욜은 팀 동료들에게 집중하라고 소리를 질렀다. 약팀인 라요 바예카노의 시합 중에 팀 동료 두 명이 골 세리머니를 하며 춤추는 것을 보고 푸욜이 달려가 말렸던 일화도 유명하다. FC 바르셀로나가 방금 다섯 번째 골을 성공시킨 참이었다. 푸욜은 그것이 무례할 뿐 아니라 상대팀에게 동기를 주는 빌미가 될 수도 있다고 여겼다. 자신이 더 오래 시합에 나서고 FC 바르셀로나가 더 많이 승리할수록, 푸욜은 팀이 집중력을 유지하고 계속 긴장하게 만들 필요성을 절실히 느꼈다. "이기는 건 어렵죠. 하지만 또 이기는 건 훨씬 더 어렵습니다. 자만심이 드러나기 때문이죠. 한번 이겨본 사람들은 원한 것을 얻었으니 더 큰 포부를 갖지 않기 십상입니다."

푸욜이 캡틴을 맡고 나서 네 시즌 만에 FC 바르셀로나는 세계에서 가장 압도적인 팀이 되어 라리가$^{La Liga}$ 우승 2회, 챔피언스리그 우승 1회를 기록했다. 그러나 절정기는 2008년부터 2013년까지 다섯 시즌 동안이었다. 리그 경기의 92%에서 승리 또는 무승부를 기록했고, 라리가 우승 4회와 챔피언스리그 우승 2회를 비롯하여 숱한 우승 컵을 들어 올리면서 클럽팀 사상 최고의 엘로 평점을 기록했다. 푸욜의 은퇴식에서 행한 연설에서, 조셉 마리아 바르토메우 회장은 푸욜을 FC 바르셀로나 역사상 가장 뛰어난 캡틴이라고 불렀다.

푸욜이 경기장에서 보여준 뚜렷한 집중력과 결단력은 팀 동료들에게, 포드햄대학 실험실에서 크게 고함을 치던 피험자와 똑같은 영향을 미쳤을 것이다. 인터뷰가 끝난 후, 나는 그의 노력이 전염성이 있다고 생각하느냐고 물었다. 그는 "팀의 동료가 최선을 다하고 혼신을 다할 때—제가 그렇다는 게 아니라, 누구든 그렇게 한다면—우두커니 서서 다른 팀 선수가 지나가게 내버려둘 수는 없는 법"이라고 대답했다. "모두가 100퍼센트를 발휘하고 있는데 당신만 80퍼센트를 발휘하고 있으면 누구나 알 수 있어요. 그것이 모두가 100퍼센트를 쏟아내게 만든다고 봐요."

카를레스 푸욜의 비범한 근성은 기꺼이 모든 것을 쏟아 부으려는 태도와 더불어 러셀·셸퍼드·베라로 대표되는 1등급 팀 캡틴들의 특징이었다. 그러나 그들이 시합에 임한 방식에서 돋보이는 것은 그뿐만

이 아니다. 다음 장에서 확인하겠지만, 플레이를 한계까지 밀어붙이려는 욕망이 때로는 통제불능 상태가 되기도 했다.

제5장 요약

• 인간 본성의 법칙 중 가장 혼란스러운 것 중 하나는 어떤 과업이 주어질 때 협동해서 일할 때보다 혼자 일할 때 더 열심히 한다는 것이다. '사회적 태만'이라고 알려진 현상이다. 그렇지만 해독제는 있다. 의심의 여지를 남기지 않고 자신이 가진 모든 것을 주는 한 사람의 존재이다.

• 스포츠 역사상 가장 위대한 팀의 캡틴들은 지치지 않고 최대한의 역량을 발휘하는 데 전념했다. 그들은 탁월한 운동선수인 경우는 드물지만, 시합에서나 컨디션 조절이나 시합 준비 과정에서 극도의 근성을 보여주었다. 또한 승리가 기정사실일 때도 동료들에게 계속 싸우도록 압박을 가했다.

지능적 반칙

룰의 한계선까지 밀어붙이기

1996년 애틀랜타

7월 어느 날 새벽, 모두가 잠들어 있을 때 미레야 루이스는 애틀랜타 올림픽선수촌의 기숙사 방을 몰래 빠져나와 공중전화 부스로 향했다. 팀 동료들은 결코 알지 못할 어떤 일을 하려던 것이다.

거기서 1,400km 떨어진 쿠바 카마구에이 시 외곽에 있는 작은 농가에서, 카탈리나라는 나이든 여인이 수화기를 들었다. "여보세요?"

처음에는 침묵이 흘렀다.

그 다음에는 훌쩍거림이, 그러고는 흐느낌이 들려왔다.

미레야는 카탈리나의 아홉 자녀 중 막내였다. 키가 크고 날씬하며 아몬드 모양의 큰 눈을 가졌고, 벌어진 앞니가 고스란히 보이게 활짝 웃곤 하던 미레야는 타고난 온정으로 사람들을 끌어당기곤 했다. 그러나 속은 야무졌다. 카탈리나는 미레야가 어릴 적에 마당에서 몇 시간이고 뜀뛰기 연습을 하며 망고 열매를 따는 것을 지켜보았다. 카탈리나는 딸이 열여섯 살 때 국가대표 배구팀에 합류하기 위해 집을 떠나 아바나로 가는 것을 마지못해 허락했고, 공격수로는 키가 너무 작다며 코치들이 말렸을 때도 잔류하겠다는 그녀의 결정을 응원했다. 이제 스물아홉이 된, 수화기 너머에서 흐느끼는 딸은 국가적인 유명 인사였다. 미레야가 캡틴을 맡은 쿠바 대표팀은 1992년 세계선수권 우승, 바르셀로나올림픽 금메달, 월드컵 3연패를 달성했다.

쿠바 대표팀은 키가 가장 크지도, 신체 능력이 가장 탁월하지도, 기술적으로 가장 능숙한 팀도 아니었다. 그러나 엄청난 장점 하나가 있었는데, 그것은 공을 때리는 방법이었다. 훈련 시 쿠바팀은 남자 경기에 맞도록 네트를 20cm 더 높이 매달았다. 또한 역기를 들고 높은 상자 위로 수백 번 뛰어오르면서 다리를 단련했다. 쿠바팀의 훈련을 목격한 전직 미국 배구 코치 마이크 허버트는 "그들은 몇몇 남자팀들보다 더 세게 공을 때렸습니다. 마치 모든 스파이크에 자기 명성이 달린 것처럼 했습니다"라고 말했다.

175cm인 루이스는 전형적인 공격수보다 작았고 쿠바팀에서 다재다능한 최고 선수로 간주되지도 않았다. 그러나 타고난 운동 능력 덕분에 확실한 스타 배구선수가 되었다. 팀 동료 마를레니스 코스타는 루이스가 점프를 워낙 높이 하는 바람에 발가락이 네트 밑에 닿은 적도 있다고 말했다. "내려오면서 발이 꼬일까봐 무서웠다"고 코스타는 기억했다. "그녀의 도약은 초자연적이었어요."

상대팀에게 쿠바의 자신있는 태도는 당혹스럽고도 대단히 위협적이었다. 경기 전 워밍업 때, 쿠바 선수들은 전속력으로 공을 때려서

캡틴 클래스

네트 건너편의 상대팀 선수들이 공을 이리저리 피해 다니게 했다. 에우헤니오 헤오르헤 라피타 코치는 "우리는 존경받습니다. 하지만 늘 사랑 받지는 않았죠"라고 말한 적이 있다. 그러나 쿠바 내에서는 사랑 받았다. 선수들 모두 피부가 검었기 때문에, 그들의 성공은 모든 아프리카계 쿠바인들에게, 그중에서도 여성들의 긍지가 되었다. 늘 미소 짓고 친밀하며 침착한 그녀들은 '카리브해의 멋진 흑인 여자들'Las Espectaculares Morenas del Caribe로 알려지게 되었다.

그러나 애틀랜타에서 루이스가 어머니에게 전화를 건 7월의 어느 새벽, 쿠바팀은 향수병에 시달리고 사기가 꺾여 있었다. 쿠바 선수들은 몇 달 동안 일본에서 최고의 프로팀들을 상대로 지독한 전지훈련을 치렀다. 게다가 카스트로 정권은 몇몇 남자 선수들과는 달리, 여자 선수들에게는 올림픽 이후 해외 프로팀 진출을 불허하기로 결정했다.

애틀랜타 올림픽선수촌 미용실에 흑인 여성 모발을 전문으로 하는 미용사가 있다는 것을 알고부터 선수들은 경기 준비보다는 모발 관리를 받는 데 더 큰 노력과 열정을 쏟았다. 그룹별 예선에서는 러시아와 브라질에게 일방적 패배를 당해 가까스로 토너먼트 라운드에 진출했다. 루이스는 선수들이 의지력을 잃는 날이 닥친 게 아닐까 걱정했다. 팀이 위태로운 상황에 빠졌다는 것과 캡틴으로서 어떻게든 이 상황을 타개해야 한다는 것을 알고 있었다.

그러나 루이스는 한 가지 비밀을 동료들에게 숨겨왔다. 몇 년 전 수술했던 무릎이 심하게 부어오른 것이다. 코트에서 자신이 얼마나 뛸 수 있을지 확신할 수 없었다. 올림픽이 끝나면 은퇴하는 것까지 고려하고 있었다.

루이스는 수화기에 답답한 마음을 다 털어놓았지만, 응답이 없었다. 잠깐 동안, 어머니가 누가 전화를 걸었는지 모를 수도 있겠다고 생각했다.

"엄마, 나야."

"내가 누군데?" 카탈리나는 냉담하게 대답했다.

뭔가 의아했다. "엄마, 무슨 일 있어?"

"쿠바 국민들은 아주 못 지내고 있다!"

"네, 알아요. 하지만……."

"내 말 들어봐라." 카탈리나가 말했다. "나는 적을 앞에 두고 울어버리는 딸을 낳지 않았다. 미용사한테는 이제 가지 마라. 보아 하니 너도 머리 모양을 바꿨구나. 넌 애틀랜타에 배구를 하러 갔지, 머리 다듬으러 간 게 아니잖니!" 카탈리나는 딸에게 다음 경기를 위한 전술적 조언을 하고는 전화를 끊었다.

루이스는 눈가를 훔치며 애써 마음을 가라앉혔다. 동료들에게 속상한 모습을 보이고 싶지 않았다. 어머니의 메시지는 더할 나위 없이 분명했다. 어머니는 중도에 포기하는 자식을 키우지 않았다. 루이스는 자기보다 더 큰 어떤 것의 일부이며 자기감정을 조절할 책임이 있었다. 팀을 곤경에서 끌어낼 방법을 찾는 것 말고는 선택의 여지가 없었다.

다음 번 경기에서 쿠바는 리듬을 되찾아, 한 수 아래인 미국을 밀어내고 준결승에 진출했다. 하지만 마냥 기뻐할 수만은 없었다. 준결승 상대는 끈질긴 베테랑 선수 아나 모제르와 강력한 공격수 마르시아 푸 쿠냐가 이끄는 브라질이었고, 쿠바가 진정으로 두려워하는 유일한 팀이었다.

브라질 선수들은 쿠바 선수들보다 키가 크고 힘도 셌으며, 자신감도 쿠바 못지않았다. 두 팀은 기질도 비슷했다. 사실 국제 토너먼트 기간 동안 그들은 친하게 지냈고, 숙소에서 몰래 나와 나이트클럽에서 파티를 즐긴 적도 있다. 2년 전, 1994년 상파울루 세계선수권대회에 앞서 브라질 선수들은 더 이상 2위에 만족하지 않겠다고 선포했다. 승리를 보장한다는 그들의 발언이 신문에 실렸다. 쿠바팀이 도착했을 때 브라질 선수들은 대단히 쌀쌀맞았다. 쿠바 선수들은 브라질 코치가 교제를 금지했다고 의심했다. 그런 무시와 결승전 관람을 위해 야외 축구 경기장을 가득 메운 브라질 관중의 소란에도 불구하고, 쿠바는 오랜 친구에게 한 세트도 내주지 않고 굴욕감만을 주었다. 경기 후 브라질 선수들은 눈조차 마주치지 않으려 했다.

애틀랜타에서 열린 조별 리그에서 복수에 굶주린 브라질은 사기가 꺾인 쿠바를 완전히 농락하여 셧아웃 경기로 앙갚음을 했다. 루이스는 쿠바가 아무리 최선을 다하더라도, 토너먼트 경기에서 지금껏 한 세트밖에 내주지 않은 브라질에게 패배할 거라고 생각했다. 쿠바가 승리하기 위해서는 브라질이 자멸하게 만들 방안을 찾아야 했다. 극단적 조치를 취할 시간이었다. 루이스는 내게 말했다. "애틀랜타에서 저희는 전략 면에서 뒤처져 있었어요. 기본적인 전략이었죠. 저희는 무슨 수를 써서라도 승리해야 했어요."

쿠바팀은 적대적인 상황을 언제나 잘 헤쳐 왔다. 관중이 적대적일수록 시합을 더 잘 치렀다. 루이스는 브라질 선수들도 그렇게 정신력이 강하다고 보지 않았다. 루이스는 말했다. "저희는 그들을 괴롭힐 수 있다는 걸 알았어요. 브라질 선수들은 매우 열정적으로 배구를 하고, 성격도 강하죠. 하지만 동시에 매우 약하기도 해요. 아니, 잠깐만요……, 약한 게 아니에요. 예민하죠."

준결승 전날 루이스는 선수들만 모아서 자기 계획을 알렸다. 팀원들에게 시합 도중 브라질 선수들의 심기를 건드리라고 했다. 욕설을 퍼부으라는 말이었다.

상대를 마주보고 시합하는 배구의 특성상, 심리를 건드리는 기 싸움이 오랫동안 사용되어 왔다. 쏘아보거나, 고함을 지르거나, 비웃거나, 삿대질을 하기도 한다. 루이스는 이 전략을 새로운 차원으로 끌어올릴 때라고 보았다.

동료들은 혼란스러웠다. "그들을 '모욕'하라니, 무슨 말이야?"

"뭐든 우리가 원하는 대로 말하는 거지." 루이스가 답했다.

"예를 들면?" 동료들이 물었다.

"여자가 여자한테 말할 수 있는 최악의 것들 말이야."

상대방에게 비속어를 외치는 것은 배구의 행동 수칙에 명시적으로 금지되어 있지 않지만, 분명히 스포츠 정신을 위반하는 것이었다. 심판으로 하여금 선수들을 퇴장시키게 자극할 수도 있는 짓이었다. 그러나 쿠바팀이 어느 때보다 긴박한 상황에 처한 지금, 스포츠의 드높은 이상은 접어두어야 한다고 루이스는 생각했다. 그래서 룰의 경계를 건드린다는, 냉정하고 합리적인 계획을 짠 것이다.

점잖은 현대 사회에서 승리를 추구하는 와중에 타인에게 해를 입혀도 허용되는 두 가지 활동이 있다. 첫 번째가 전쟁이다. 두 번째가 스포츠이다. 하지만 일정한 선은 넘지 말아야 한다는 타협점이 존재한다.

전쟁에서는 화학무기 사용·민간인 공격·포로 대우 등이 국제협약으로 규정되며 전범재판소의 기소 대상이 된다. 스포츠에서는 선수 행위 규정이 명문화되어 스포츠맨십을 강조하는 심판과 관리 기구가 규제한다. 그 지침은 팀이 승리를 위해 열심히 뛰는 것보다는 영예롭게 경기를 하는 것이 중요하다는 것이다.

이런 규범은 영국에서 시작되었다고 할 수 있다. 영국에서는 상류 계급이 즐기는 운동 오락에 예의 준수를 강조했다. 이 같은 사고방식은 로드 크리켓 구장에서 열리는 경기에도, 선수들이 흰색 유니폼을 착용해야 하는 윔블던 테니스의 전통과 매너 규칙에도 남아 있다. 스포츠는 반듯한 신사숙녀들의 영역이어야 했던 것이다. 상대방에게 욕설을 해서 신경을 건드려서는 안 된다는 말이다.

이런 빅토리아 시대적 이상은 스포츠팬들이 무례하거나 잔인한 플레이를 점차 받아들이게 되면서 사그라들었다. 그러나 그런 행동이 모든 사람에게 허용되지는 않았다. 팀 캡틴들이 팀의 성적과 무관한 규범 위반 때문에 캡틴 직을 박탈당한 사례가 세계적으로 많다. 다른 선수들이 그랬더라면 별일 없었을 텐데도 말이다. 만약 캡틴이 훈련에 불참하거나, 체포되거나, 경영진을 비난하거나, 야유하는 팬을 쫓아가거나, 계약 문제로 다투면 다른 기준의 판단을 받는 경우가 많다.

가령 데이비드 베컴은 잉글랜드 국가대표팀의 캡틴을 맡은 6년 동안 헤어스타일이 '우스꽝스럽다'느니, '전투 의지'가 부족하다느니, 월드컵 8강전 패배 후 사이드라인에서 울었다느니, 사사건건 트집을 잡히고 비난받아야 했다. 기가 꺾인 베컴은 2006년, 결국 캡틴 직을 내려놓았다. 그 뒤를 이은 존 테리는 자신의 거친 플레이가 아니라 도덕성이 문제시되었다. 테리가 캡틴 완장을 벗은 것은 두 차례다. 첫 번째는 유부남인 그가 팀 동료의 전 여자친구와 불륜을 저질렀다는 혐의, 두 번째는 상대편 선수에게 인종차별적 발언을 했다는 혐의 때문이었다. 잉글랜드 당국자들은 인종차별 사건에 대한 청문회 전에 테리의 캡틴 직을 박탈했는데, 이는 "잉글랜드팀 캡틴은 그라운드 안팎에서 세간의 이목이 집중되는 고상한 직책"이기 때문이라고 했다.

내가 만나본 캡틴들 중에서 사람들이 현대적 리더의 전형으로 꼽는 이가 있다. 바로 뉴욕 양키스의 데릭 지터이다.

2003년 양키스가 지터를 캡틴으로 임명했을 때 환호가 쏟아졌다. 침착하고 진지하며 금욕적인 미남 선수 지터는 언제나 열심히 경기에 임했으며 클러치 히터로 명성을 떨쳤다. 뉴욕 출신으로 단골 올스타 유격수인 지터는 소속팀이 네 번의 월드시리즈와 다섯 번의 아메리칸 리그 타이틀을 차지하는 데 일조했다. 더 중요한 점이 있다. 천박한 고액 연봉 선수들이 성적 향상을 위해 약물을 쓰거나, 경기장 밖에서 말썽을 부리거나, 자기밖에 모르고 남들을 무시하는 행동을 하면서 헤드라인을 장식할 즈음, 지터는 전혀 그러지 않았다는 것이다.

지터는 경기장에 등장해 사인을 해준 다음, 고개를 숙이고 경기에 임했다. 마음속에 뭔가 용암처럼 끓고 있는 게 있다 해도 결코 겉으로 드러내는 법이 없었다. 경기장에서 싸움을 건 적도 없고, 벤치 클리어링이 일어나도 끼어들지 않았다. 약물이나 속임수를 쓰지도 않았다. 안정적인 가정에서 자라면서 말썽에 휘말리지 않았고 자선 활동을 했다. 아이들에게는 긍정적인 롤 모델이면서 유능한 리더로서 매력을 발산한 보기 드문 사례였다.

그러나 나를 당혹시킨 것은 지터가 캡틴 임기 동안 들어 올린 트로피 개수였다. 그가 캡틴을 맡은 열두 시즌에 양키스는 월드시리즈 우승을 한 번밖에 하지 못했다. 양키스는 단골 우승 후보였지만 과거의 왕조 시기에 비해 뒷심이 부족했던 것이다.

지터를 사랑하는, 다른 팀의 팬들까지 포함한 대중에게 부족한 트로피 개수는 중요하지 않았다. 지터의 스타파워 덕분에 양키스는 번창했다. 그의 캡틴 임기 동안 15억 달러 규모의 신축 구장이 개장됐고, 2010년 연간 입장권 판매 수익이 4억 달러를 넘어섰다. 양키스의 구단 가치는 지터가 데뷔한 해에 비해 두 배 넘게 올랐다. 지터의 지도력에 대한 거의 보편적인 칭찬은 그의 이미지와 행동과 관련이 있었다. 지터가 위대한 캡틴으로 여겨진 것은 어두운 유혹에 빠지지 않았고 스포츠맨십의 이상을 깍듯이 지켰기 때문이다.

데릭 지터는 야구와 사업에 도움이 되는 존재였다. 그럼에도 불구하고 금세 깨닫게 된 사실이 있다. 지터의 성격과 경기에 임하는 자세, 소속팀의 성적 등이 1등급 팀 캡틴들과는 매우 달랐다는 것이다.

* * *

논란의 소지가 있는 행동을 단행하는 엘리트 캡틴은 미레야 루이스뿐만이 아니었다.

2015년, 뉴질랜드 올 블랙스는 럭비월드컵 출전을 위해 영국에 도착했다. 세계 랭킹 1위였던 올 블랙스는 다른 팀들의 기피 대상이었다. 그러나 아르헨티나를 상대한 개막전 초반에는 압박감에 시달리는 것 같았다. 평소와 달리 리듬을 타지 못하고 볼을 놓치고 패스를 연결하지 못했다. 공격은 아르헨티나의 공세적인 압박 수비에 가로막혔다.

전반전 후반, 심판이 뉴질랜드에 반칙을 선언한 후 아르헨티나는 기회를 잡았다. 중앙선 근처에 모여 있던 올 블랙스 선수들에게서 낚아챈 공이 팀의 캡틴에게 연결되었다. 후안 마르틴 페르난데즈 로베였다. 올 블랙스 진영은 무주공산이었다. 로베의 득점을 막을 선수가 없었다.

그러나 그 결정적 순간, 텅 빈 적진을 향해 치닫던 로베가 넘어졌다. 덕분에 올 블랙스는 전열을 가다듬을 시간이 충분히 생겼다. 화면을 보던 비디오 판독 심판은 로베의 발놀림에 문제가 없었음을 발견했다. 로베가 그라운드에 쓰러져 있던 한 무리의 선수들을 지나칠 때 뉴질랜드의 플랭커 리치 맥코가 다리를 뻗어 발가락으로 교활하게 로베를 건드려 넘어뜨린 것이었다. 맥코는 10분간 임시 퇴장을 당했다. 관중은 그에게 심한 야유를 보냈다.

후반전에 뉴질랜드는 역전에 성공했다. 마지막 25분에 두 번의 트라이로 16:12로 앞섰고 결국 10점 차로 아르헨티나를 눌렀다. 그러나 맥코의 스포츠맨답지 않은 행동은 결코 자랑스럽지 않았다. 맥코는 기자들에게 "무의식적으로 저지르자마자 후회하게 된 행동"이라고 말했다. "무조건 반사와도 같은 행동이었지만…… 올바르지 않은 짓인 걸 곧바로 알았고, 그 때문에 괴로웠습니다."

맥코의 해명은 사람들의 분노를 누그러뜨리지 못했다. 다른 나라의 럭비 팬들은 올 블랙스가 평소에도 반칙을 일삼는다고 생각해왔다. 그중에서도 맥코는 기회 있을 때마다 오프사이드를 하고, 상대 선수의 얼굴을 팔꿈치로 치고, 상대방에게 뒤늦게 태클을 가하고, (이번 경우에는) 다리를 뻗어 넘어뜨리는 식이었다. 영국 기자들은 맥코의 행동이 '비열'하고 '교활'했다고 비난했고, 호주 신문들은 그의 얼굴을 애벌레 몸통에 합성하기까지 했다. 뉴질랜드의 칼럼니스트는 맥코가 홈에서는 반칙을 더 빈번하게 저지른다면서 그의 행동이 "고의적"이고 "무분별"했으며 "룰의 절대적인 한계까지 밀어붙이는 선수라는 악명을 공고히 했다"고 썼다. 그가 "뉴질랜드의 페어플레이 감각"을 위반했다는 이유로 비난하는 이들도 있었다. 즉각 반칙을 인정하지 않고 걸릴 때까지 기다렸던 데다 로베에게 사과하지도 않았다는 것이다.

맥코의 플레이는 명백히 한 선수가 이득을 위해 룰을 깬 사례다. 스포츠맨십에도 어긋나고 지능적이지도 않았다. 그러나 사람들이 더 지긋지긋하게 느낀 점은 그것이 어떤 패턴의 일부처럼 보였다는 것이다. 맥코에게는 룰의 경계를 건드리는 것이 일종의 전략이었다. 커리어 내내 그는 시합 전에 심판들을 찾아 대화를 나누었다. 룰을 얼마나 엄격하게 적용하고 어떤 사항을 중점적으로 볼 예정인지 알아내기 위함이었다. 그런 정보로 무장한 채 맥코는 심판이 그어둔 관용의 경계까지 나아갔다. 한 아일랜드 신문은 맥코가 심판의 속내를 읽는 '예술 형식'을 만들었다고 했다.

맥코는 아르헨티나전에서 룰의 경계를 공격적으로 건드렸고, 그것이 결국 자기 팀에 해가 되었다는 점에서 후회를 했다. 그가 캡틴이라는 사실 때문에 대중의 시선은 더 악화되었다.

맥코는 그 행동 패턴과 경쟁심 때문에 세계적인 존경을 받지 못했다. 오히려 아르헨티나전에서의 반칙으로, 데릭 지터 같은 선수는 평생 한 번도 들어본 적이 없는 비난을 들었다. 그러나 소속팀의 성적은 더할 나위 없이 훌륭했다. 2015년 시즌에 접어들어, 10년차 캡틴 맥코는 올 블랙스를 이끌면서 116경기에서 95승을 올렸다. 그리고 월드컵 트로피를 2회 연속 들어 올린 최초이자 유일한 캡틴이 되었다.

의외로 1등급 팀 캡틴들은 압박이 심한 상황에서 룰의 경계를 자주 밀어붙였고, 때로는 나쁜 결과를 초래했다. 여기까지는 이해가 갔다. 그러나 그런 행위들이 시합 중에 충동적으로 벌어진 것이 아니라는 사실은 납득하기 어려웠다. 실제로 몇몇 경우는 사전에 계획된 작전이었다.

옴니 콜리시엄은 여자배구 준결승 관중 수에 비하면 대단히 넓지만, 소리만 듣고 있으면 빈자리가 전혀 느껴지지 않았다. 관중석 아래쪽을 가득 채운 브라질 팬 수백 명이 브라질 대표팀의 쿠바전 승리를 열렬히 응원하고 있었다. 모두 카나리아 색깔 옷을 입고 국기를 흔들며 제자리에서 춤을 추었다. 그중 한 남자는 경비 몰래 트럼펫을 갖고 입장했다. 스네어 드럼과 콩가를 들여온 이들도 있었다. 선수 소개 시간에 브라질 관중은 쿠바 선수들, 특히 미레야 루이스에게 야유와 휘파람을 쏟아 부었다. 루이스가 결심한 일을 아무도 모르고 있었다.

쿠바 선수들은 흰색 상의와 연청색 하의를 입고 있었다. 헤어스타일은 예전으로 되돌아갔다. 땋은 머리에 머리띠를 둘렀다. 긴장을 풀기 위해 대화도 하지 않고 벤치 주변을 서성였지만, 얼굴에는 긴장감이 역력했다. 국가 제창 후 양 팀이 경기 전 인사를 하려고 네트에 모였을 때였다. 초췌한 얼굴을 한 선수들은 서로 화난 눈길로 쏘아보거나 시선을 피하고 냉랭하게 악수를 주고받았다.

브라질이 1세트부터 맹공을 개시했다. 아나 모제르가 강력한 스파이크로 서브권을 빼앗고는 무표정하게 백코트로 걸어가서는 완벽한 서브를 올렸다. "브라질의 에이스!" 브라질의 TV 해설자가 외쳤다. 팬들은 광분했다. 쿠바는 무방비 상태로 보였다. 수비를 하다가 서로 부딪혔고 때로는 네트 너머로 공을 넘기기에 급급했다. 브라질이 10:3으로 앞서가자, 루이스는 네트 너머로 첫 번째 욕설을 외쳤다. "쌍년들."

브라질 선수들은 차분하게 대처했다. 그들은 페트루스 칼롤루스

캡틴 클래스

세퍼 주심에게 그 말을 전달했다. 주심은 아무 조치도 취하지 않았다. 루이스가 스파이크로 득점하여 12:4로 따라붙은 후 외설적인 말을 또 외치자, 주심은 루이스를 불러 옐로카드를 주었다. 공식적으로 경고를 준 것이다. 관중은 손가락질과 야유를 보냈다. 루이스는 서브를 너무 길게 보냈다. 욕설은 아무 효과가 없었다. 브라질이 1세트를 15:5로 마감했다.

2세트에서 쿠바가 리듬을 되찾아 8:6으로 앞서갈 때, 쿠바의 마갈리 카르바할이 블로킹에 성공하면서 캡틴의 작전에 가담했다. 브라질 선수들에게 욕설을 한 것이다. 카르바할도 옐로카드를 받았다.

쿠바가 2세트를 15:8로 이긴 후, 카르바할은 주로 브라질의 스타 마르시아 푸 쿠나를 겨냥해 욕설 세례를 퍼부었다. 그러나 우월한 체격을 앞세운 브라질은 3세트를 15:1로 압도하여, 승리까지 한 세트만 남겨두었다.

루이스는 휴식 시간이 끝날 즈음 코치진이 자리에 없을 때, 선수들을 불러 모았다. 상황이 이렇게 돌아가면 패배하고 말 거라고 선수들에게 말했다. 루이스와 카르바할은 브라질 선수들을 자극하고 욕했다. 이제는 나머지 선수들이 나설 차례였다.

4세트. 양 팀이 7:7로 동점을 이루자 관중들은 모두 일어섰다. 이때부터 쿠바 선수들이 욕설을 내뱉기 시작했다. 득점하고 나면 네트에 모여 눈을 부릅뜨고 목 힘줄이 보일 때까지, 브라질 선수들에게 욕설을 외쳤다. 창녀. 개새끼. 못생긴 암소. "우리는 그들을 레즈비언이라고 불렀어요!" 루이스가 회상했다. 카르바할은 네트에 서로 근접한 상태에서 "그들에게 침을 뱉기까지 했다"고 말했다. 브라질 선수들 중 가장 다혈질인 푸 쿠나가 집중 포화를 맞았다. 쿠바 선수들이 푸 쿠나를 "개새끼"라고 부르자 푸 쿠냐는 "너희들이 개새끼야!"라며 도로 외쳤다.

브라질 선수들은 또다시 주심에게 불만을 표시했지만, 이번에는 훨씬 화가 난 상태였다. 루이스의 작전을 전혀 몰랐던 에우헤니오 헤오르헤 라피타 코치는 손나팔을 만들어 외쳤다. "경기에 집중해!"

브라질은 13:13으로 승리까지 2점을 남긴 상황이었지만, 루이스가 바라던 대로 욕설에 반응하기 시작했다. 스파이크를 남발했고, 잡을 수 없는 공을 향해 몸을 날렸으며, 실수할 때마다 안타까움에 손바닥으로 코트를 쳐댔다. 푸 쿠냐는 거의 통제불능 상태가 되어, 팔을 휘두르며 동료들을 훈계했다. 브라질이 블로킹을 시도했지만 아웃되면서 쿠바는 세트 포인트를 얻어냈다. 그 후 카르바할이 브라질의 스파이크를 블로킹하며 4세트를 따냈다. 경기는 5세트에서 판가름나게 되었다.

이 시점까지, 통계적으로 승패 확률은 반반이었다. 쿠바는 공격 85회와 블로킹 17회, 브라질은 공격 75회와 블로킹 16회를 성공했다. 브라질은 서브권 득점에서 6점이 앞서 있었다. 그러나 벤치 풍경을 보면 상황이 달랐다. 4세트에서 겪은 감정과 쿠바 선수들에게 받은 모욕 때문에 브라질 선수들은 큰 타격을 입은 상태였다. 푸 쿠냐는 허공을 우두커니 쳐다보며 휴식 시간 대부분을 보냈다.

쿠바 쪽 벤치에서는 루이스가 무릎 통증에도 아랑곳하지 않고 토끼처럼 뛰어다녔다. 힘에 넘쳐 동료들과 하이파이브를 나눴다. 라피타는 더 이상 팀을 통제하려 하지 않았다. 배 위로 손깍지를 끼고 벤치 끄트머리에 앉아 있었다.

5세트에서 쿠바 선수들이 욕설을 퍼붓는 동안에도 브라질은 꿋

캡틴 클래스

꿋하게 버텼다. 2:2 동점 상황에서 브라질의 페르난다 벤투리니가 동료들에게 작전 신호를 보내는 순간, 한 쿠바 선수가 외쳤다.

"페르난다, 그 플레이 따위 엿 먹으라 그래!"

이 시점에, 쿠바의 전략은 가장 위험한 단계에 접어들었다. 셰퍼 주심은 양 팀 캡틴을 불렀고, 루이스에게 쿠바가 브라질을 모욕하는 이유를 물었다. "저는 주심에게 '걱정 마세요. 다신 안 그럴 겁니다'라고 했어요." 루이스가 그렇게 말하고 동료들에게 돌아가 취한 동작은 얼핏 "진정하자"는 뜻으로 보였다. 그러나 루이스는 작전을 포기하기는커녕 더 끈질기게 수행하기로 결심했다. 그녀는 동료들에게 심판이 듣지 못하는 거리에서 "계속해야 해!"라고 말했다.

쿠바는 예전처럼 자신감 있게 행동했지만, 브라질의 보디랭귀지는 위축되었다. 득점 때마다 이마를 문질렀고 초조하게 머리를 매만졌다. 브라질 팬들은 팀의 위태로운 상태를 감지하고는 쿠바팀에게 욕설을 퍼부었다. "후레자식이니 쌍년이니 온갖 욕을 퍼붓더군요." 루이스는 회상했다. "하지만 우리 팀은 차분했어요."

그때까지 루이스는 무릎 부상 때문에 비교적 작은 역할을 맡았다. 그러나 쿠바가 12:10으로 앞서나가자, 루이스는 드높이 솟아올라 스파이크를 시도했다. 공은 블로킹하는 브라질 선수들 바로 너머로 내리꽂혔다. 루이스가 코트 위로 내려서며 뒤로 물러서자, 동료들이 모여들었고 루이스는 기쁨의 비명을 내질렀다. 브라질 선수들은 죽을 맛이었다. 브라질은 블로킹을 강화하기 위해 연달아 선수 교체를 했지만 아무 소용이 없었다. 이내 점수는 14:12, 쿠바의 매치 포인트가 되었다.

짧은 랠리 끝에 쿠바 진영으로 공이 넘어오자, 마를레니스 코스타가 루이스 쪽으로 공을 높이 올렸다. 루이스는 올라가는 공을 지켜보며 풋워크를 가다듬었다. 한 걸음, 뜀뛰기, 잰 걸음, 뜀뛰기. 공이 하강하기 시작하자 루이스는 똬리를 틀었다가 공중으로 솟아올랐다. 최상단 점프 지점에 다다르자, 브라질 블로커들의 머리가 그녀의 배꼽 근처에 있었다. 그때 루이스의 오른손이 공을 매섭게 내리쳤다.

픽!

공은 브라질 블로커들의 손끝을 30cm 차이로 벗어나 푸 쿠나를 향해 날아들었다. 공은 푸 쿠나의 가슴팍을 강타하고 바닥에 떨어졌다. 낙심한 브라질 해설자는 각 음절을 강조하며 "테르미노^{Termino}(끝입니다)"라고 말했다. "테르-미-노."

경기가 끝났다. 쿠바의 전략이 통했다. 그들은 다행히 퇴장 당하지 않고 어려운 작전을 성공시켰지만, 자신들의 언어폭력으로 분출된 아드레날린은 여전히 몸속에 흐르고 있었다. 화가 치민 브라질 선수 세 명이 코앞에서 지켜보는 와중에, 루이스는 소리를 지르며 네트를 위아래로 흔들었다. 브라질 선수들은 분개했다. 아나 모제르는 루이스에게 다가가 그물망 사이로 손가락을 찔러 넣으며 외쳤다. "헤스페이투^{Respeito}!" '존중'이라는 뜻이었다.

선수들 모두가 자기 팀 캡틴 뒤에 모였다. 쿠바 선수들은 더 많은 욕설을 해댔다. 푸 쿠나는 네트 아래로 넘어가 쿠바 선수들에게 다가갔지만, 카르바할은 팔을 뻗어 푸 쿠나의 목을 잡고 그녀의 머리를 거칠게 떠밀었다. 난투 직전이었다. 적대감이 끓어오르는 것을 감지한 라피타 코치가 카르바할을 떼어놓았다. "물러서!" 라피타가 소리쳤다. "물러서라고!"

양 팀은 출입 통로 쪽으로 퇴장하면서도 고함을 지르고 서로 거칠게 떠밀었다. 경비대가 내려왔다. 푸 쿠나는 쿠바 선수들에게 수건을 내던졌고, 쿠바 선수들은 수건을 도로 던졌다. 출입 통로로 들어서자, 브라질의 아나 파울라 코넬리가 쿠바의 라이사 오파리와 충돌했다. 오파리는 코넬리의 머리채를 잡아당겨 넘어뜨렸다. 그것이 시발점이었다. 주먹질이 오갔다. "처음에는 브라질 선수단, 그 다음에는 쿠바 선수단이 모두 뛰쳐나왔고, 저는 그 한복판에 서 있었어요." 루이스가 말했다. "운 좋게도 맞지는 않았어요." 애틀란타 경찰이 도착할 때까지 선수들은 물병을 집어던지고 서로 주먹질을 해댔다. 루이스에 따르면 경찰관 열두 명이 있었다. "그들 모두 몸집이 컸어요. 하지만 아무도 싸우는 여자들을 말릴 수 없었죠."

질서가 회복되자 경찰은 쿠바 선수단에게 드레싱 룸을 떠나지 말라고 지시했다. 반면 브라질 선수단에게는 벌금을 부과하는 것을 고려하고 있었다. 브라질 측은 배구연맹 당국자들과 상의한 후 이 사태를 문제 삼지 않기로 했다. 그러나 배구연맹은 쿠바를 공식적으로 징계했다. 쿠바 선수단은 새벽 3시까지 경기장을 떠나지 못했다. 화난 브라질 팬들이 마지막으로 해산한 시각이었다.

그 경기는 배구 역사상 가장 훌륭한 대결로도, 스포츠 역사상 가장 황당한 사건으로도 기억된다. 그 경기가 남긴 의미는 당혹스럽다. 루이스의 행동은 맥코의 발 걸기처럼 충동적인 것이 아니었다. 페어 플레이라는 개념과 정의를 위반한, 계산된 부정행위였다. 그런데도 효과가 있었다. 그 욕설로 인해 쿠바는 각성했지만 브라질은 자멸하고 말았다. 브라질의 비르나 지아스는 "쿠바는 원했던 것을 얻어냈다"고 술회했다.

쿠바는 결승전에서 중국을 꺾고 금메달을 땄으며, 그 기세를 몰아

4년 후 루이스가 은퇴할 때까지 역사적인 우승 행진을 이어갔다. 그러나 내겐 여전히 풀리지 않는 의문이 남아 있었다. 이 경기에서 루이스의 '리더십'을 어떻게 보아야 할 것인가? 그것은 진정한 챔피언의 징표인가, 야수의 징표인가?

자기 조직의 발전을 위해 타인에게 추하고 무례한 짓을 저지른 엘리트 리더들이 스포츠 분야에만 있는 것은 아니다. 그 사례는 모든 경쟁 영역, 특히 비즈니스에서 많이 찾아볼 수 있다.

스티브 잡스는 애플에서 축출 당하고 오랜 세월을 보낸 후 1997년에 CEO로 복귀했다. 애플은 라이벌 마이크로소프트에 눌려 적자에 시달리는 비교적 소규모의 회사였지만, 잡스에 의해 타의 추종을 불허하는 창의적인 대형 조직으로 탈바꿈하며 문화를 바꾸는 제품을 연이어 출시했다. 2012년 애플은 시가 총액 기준으로 미국 역사상 가장 가치가 높은 기업이 되었다.

그러나 그 과정에서 잡스는 '엄격한 감독'taskmaster으로 악명을 얻었다. 직원들이 눈물을 흘릴 때까지 그들의 업무를 힐난하곤 했던 것이다. 월터 아이작슨이 쓴 잡스 자서전(2011년)에는, 잡스가 아이맥에 CD 투입구를 슬롯이 아니라 트레이로 만든 엔지니어에게 불같이 화를 낸 일화가 언급된다. 잡스는 출하 일자를 맞추지 못한 칩 제조사 직원들을 "X도 없는 꼴통들"이라고 욕한 적도 있다. 2008년 여름에 출시한 모바일미MobileMe 서비스가 혹평을 받자, 잡스는 해당 개발팀을 강당에 소집했다. 그가 물었다. "모바일미가 뭘 목표로 했는지 말할 사람 있나?" 팀원들의 답변을 들은 후 그는 "젠장, 그럼 왜 그렇게 하지 않은 거지?"라고 말했다.

캡틴 클래스

잡스는 모바일미 팀장을 그 자리에서 해고했다.

사람들이 울 때까지 업무 미숙을 질책하는 것은 직장에서 허용되는 한계를 명백히 벗어나며, 소송감이 되는 행동이다. 잡스는 법을 어긴 것은 아니지만 널리 행해지는 대인 관계의 원칙을 분명히 무시했다. 더구나 전혀 개의치 않는 것 같았다.

잡스의 성격 결함에 많은 비난이 쏟아졌다. 위 사건들은 비판자들이 잡스를 재수 없는 불량배로 폄하하고 애플의 특출한 성공이 어쨌든 오점이 있으며 되풀이할 수 없는 거라고 주장할 때 언급하는 증거이다. 그러나 사람들이 그의 질책을 받아들인 경우가 많았다는 사실은 그다지 언급되지 않는다. 과정은 추했지만 결과는 아름다웠다. 이런 의미에서 잡스는 1등급 팀 캡틴들과 별로 다르지 않다. 그의 리더십 방식도 똑같은 도덕적 딜레마를 낳았다.

피츠버그대학 심리학 교수 아놀드 버스는 1961년 발간한 책을 통해 인간의 공격성^{aggression}을 처음으로 체계화했다. 임상 실험을 포함한 연구 결과, 사람들이 보이는 공격성은 두 가지로 구별되었다고 한다. 첫 번째는 '적대적' 공격성으로, 분노나 좌절감 때문에 누군가를 해치거나 징벌함으로써 보상을 얻으려는 동기로 발생한다. 두 번째는 '도구적' 공격성으로, 누군가를 해치고 싶어서가 아니라 어떤 가치 있는 목표를 성취하려는 결심이 그 동기가 된다.

버스는 도구적 행위는 실은 전혀 공격적이지 않을 수도 있다고 생각했다. 그런 행위는 과업 위주이고, 노골적으로 규칙을 위반하지 않으며, 타인을 해치려는 의도가 없다. 차라리 단호한 행위라고 설명하는 게 더 어울릴 수도 있다. 버스에 따르면, "단호한 행동과 공격적 행동은 구별해야 한다.", "두 가지는 상관관계가 적다."

그로부터 수십 년 동안, 발달심리학자들은 '도구적' 공격성이 반드시 악성적인 것은 아니며 공격적인 사람들은 사회적 딜레마를 매우 영리하게 헤쳐 나갈 수 있다는 견해를 내놓았다. 2007년에 발간된 《공격성과 적응》을 저술한 미국의 심리학 연구진에 따르면, 야심이 있고 성공적인 권력자 대부분이 어느 정도는 호전성을 띠고 자기표현이 공격적이라고 한다. 저자들은 이런 행동들이 '도덕적으로 선하다'고까지는 주장하지 않지만, 그렇다고 악의 징표로 치부하지도 않는다. "공격적 행동은 개인의 성장, 목표 달성, 동료들의 긍정적 평가로 이어지는 길을 열어준다."

이런 생각을 스티브 잡스와 미레야 루이스와 리치 맥코뿐 아니라, 이따금 과도하게 행동했던 1등급 팀 캡틴들에게 적용해보자. 논란을 일으킨 그들의 결정을 다른 시각으로 보게 될 것이다. 그들이 룰의 경계를 건드린 것은 (그 과정에서 상대의 신체나 감정이 상할 수도 있었지만) 타인을 해치려는 의도는 아니었다. 그들의 목표는 승리였다. 룰의 경계를 건드리는 캡틴들이 데릭 지터처럼 대중의 존경을 받지 못할 거라는 것은 분명하다. 그러나 이 가설에 따르면 그들의 행동을 추잡하게 보는 것은 지나친 단순화이다. 그들의 행동은 룰이 허용하는 한계까지 밀어붙인 것이기는 하지만, 도구적 공격성이었다.

공격성이 일종의 기술이라는 생각을 본능적으로 받아들인 엘리트 캡틴들이 많다. 그 대표적인 예인 디디에 데샹은 프랑스 축구클럽 올림피크 마르세유와 프랑스 축구대표팀의 캡틴을 맡아 두 팀을 모두 2등급에 진입시킨 바 있다. 데샹은 어쩔 수 없이 반칙을 할 때마다, 그 행동 뒤에 늘 공격성이 있었지만 "누군가를 해치려는 의도로 그런 적은 결코 없었다"고 한다. 그런 행동들은 더 큰 목표를 위해 계산된 결과였다는 것이다. "우리는 그런 걸 '지능적' 또는 '유용한' 반칙이라고 부르지만, 반칙은 반칙입니다. 더 나쁜 결과를 피하려고 옐로카드를 받은 거죠." 대상에 따르면 그 핵심은 자제력을 유지하는 것, 그리고 반칙을 해도 좋을 때와 "심판의 눈 밖에 나 있는" 때를 아는 것이다. "느낌으로 알 수 있습니다. 느끼는 거죠. 일종의 지능입니다."

1986년 UC 버클리의 브렌다 조 브리디마이어와 데이비드 쉴즈는 40명의 선수들에게 공격성에 대한 태도에 관해 인터뷰했다. 선수들은 이미 이 문제에 대해 많이 생각하고 있었다. 그들은 스포츠는 도덕적 결정을 내릴 책임이 덜한 분야라고 생각했다. 경기 중에는 다른 사람을 걱정할 필요 없이 승리하기 위해 열심히 뛸 수 있다는 것이다. 인터뷰를 한 어떤 선수는 "축구장에 있을 때 우리 행동을 규제하는 건 축구 규칙입니다. 경기 전후에는 도덕의 규제를 받죠"라고 말했다. 선수들은 룰은 다소 유연하므로 거기에 맞춰서 플레이를 조절할 수 있다고 지적했다. 어떤 선수는 "룰에 따라 플레이를 해야 한다"고 말했다. "제가 항상 룰을 따르는 건 아니지만, 노골적으로 어기지는 않아요."

연구에 참가한 선수들은 어느 정도까지의 공격적 행동이 적당한지에 대해서는 의견이 분분했지만, 기본적인 생각은 일치했다. 고통을 유발하기 위해 상대방을 다치게 하는 것은 올바르지 않으나, 상대방을 당황하게 하거나 집중을 방해하려는 목적으로 폭력을 행사하는 것은 용납된다는 것이다. 그 선수들에게 미레야 루이스나 리치 맥코의 행동에 대한 의견을 물어본다면, 일반 대중보다 훨씬 더 긍정적으로 평가할 것이다.

브리디마이어와 쉴즈는 스포츠에서 공격적 행동의 도덕적 의미는 여러 변수에 의해 좌우되며, 그 행동이 발생한 '프레임'이 그 변수 중 하나라고 결론지었다. 경기 중인 선수들은 '게임 프레임' 내에 존재한다. 그 안에서는 외부 세계와는 다른 행동 규범을 채택할 수 있는 '게임 논리'에 따라 행동한다. 연구진은 이 현상을 '도덕적 판단 중지'라고 불렀다. 선수들이 경기장에 입장하면 일종의 평행 우주에 진입하는 셈이다. 그 안에서는 많은 이들이 도덕적으로 여기는 행동을 하는 게 올바른 선택이 아닐 수도 있다. 즉 게임 프레임 속으로 들어가면 행동의 판단 기준이 외부 세계와는 달라진다.

2015년 어느 비 오는 날 아바나에서, 미레야 루이스는 1996년 올림픽 준결승 브라질전의 마지막 득점 장면을 비디오로 보고 있었다. 영상 속의 루이스는 득점을 올린 후 네트 앞에서 권투 선수 시늉을 했는데, 그 동작에는 환희와 환멸이 뒤섞여 있었다. "체력과 집중력과 에너지를 최대로 끌어올린 순간이었어요. 모든 게 절정에 올라 있었죠." 그녀는 탁자 위로 한껏 팔을 들어 올리며 설명했다. 나는 그녀에게 그 동작은 브라질을 도발하고 굴욕감을 주려는 의도였는지 물었다. "아뇨. 그건 축하 세리머니였어요. 감정 분출이랄까요."

그날의 난투극은 많은 이들에게 경기의 자연스런 연장선으로 보였겠지만, 루이스의 관점은 달랐다. 경기가 끝난 후에도 공격적 행동을 하는 것은 쿠바의 결승전 승리 가능성을 낮출 뿐이었다. 싸움이 시작되자 루이스는 팀 동료들과 브라질 선수들 사이에 서서, 싸움을 말렸다. "아무도 부상당하지 않는 게 제겐 가장 중요했으니까요."

결승전에서 승리한 후, 시상식에서 쿠바 선수들은 심한 야유를 들었다. 라피타는 다음 두 시즌 동안 코치 직에서 물러났지만(팀을 통제하지 못했다는 책임 때문일 것이다) 쿠바 선수들은 코트를 4년 더 지배했다.

쿠바팀이 브라질팀에게 쏟아 부은 욕설과, 그로 인한 대중의 경멸에 대해 지금은 어떻게 생각하는지 루이스에게 물어보았다. "저는 언제나 팀과 선수들을 존중했습니다. 경기를 하고 있을 때는 상대를 다치게 하지 않는 한…… 물론 우리는 상대를 말로 다치게 했지만, 그건 경기의 중요성과 주변 환경, 순간적인 상황에 따라 달라진다고 봐요." 공격적 행동에 대해서는 이렇게 말했다. "그것도 경기의 일부죠. 어떻게 하느냐가 중요합니다. 저는 우리의 방식이 잔인했다고 보지 않아요. 저는 그럴 의도가…… 어떻게 말해야 할지 모르겠네요. 점잖은 행동은 아니었지만, 메달을 좇는 과정에서 유발된 쇼라고나 할까요."

캡틴으로서 루이스는 스스로 어떤 감정을 드러내는지 항상 의식하고 있었다. 아무리 긴박한 상황에서도, 아무리 우울하더라도, 당당하고 자신감 있는 모습을 보이기 위해 노력했다. 그녀는 "언제나 미소를 지으며 기쁨과 에너지를 전달하려고 노력했다"고 한다. "덕분에 팀의 사기가 올랐죠." 루이스에게 공격성은 또 다른 의도적 행위였고, 리더가 지어야 하는 많은 표정 중 하나였다. 과학자들은 이를 '표면 행동'surface acting 으로 설명한다.

브라질전이 끝난 후에는 그런 행동을 중단해야 했다. 그녀는 "그런 게 프로페셔널"이라고 말했다. "프로페셔널한 행동이라는 무기는 외부에서는 사용할 수 없어요. 경기 중에만 써야 하는 겁니다. 다른 데는 쓸모가 없어요. 선수들도 코트를 벗어나면 평범한 사람으로서 평가 받으니까요. 저는 늘 어쩔 수 없는 상황에서는 강하고 공격적인 배구선수가 되고 싶었어요." 루이스에 따르면 언제나 공격적인 사람은 "그냥 무례한" 사람일 뿐이다.

그러나 나는 브라질전의 그 순간들은 상당히 무례했다고 그녀에게 상기시켰다.

"그렇죠." 그녀는 대답했다. "하지만 순간인 뿐인 걸요."

세계에서 가장 위대한 16개 스포츠팀의 캡틴들은 천사는 아니었다. 승리하기 위해, 특히 대단히 중요한 경기에서는 지저분한 짓을 하기도 했다. 스포츠맨십을 준수하는 것이 위대한 팀이 되는 전제조건이라고 믿지도 않았다.

관중들이나, 애플 같은 회사를 취재하는 언론인들은 사물을 보는 시각이 경기나 비즈니스에 참여하는 사람들과는 다르다. 그들은 체면이나 품위를 원칙으로 삼는 '보통' 세계에 살고 있다. 그러나 싸움터 안에 있는 사람들은 다른 원칙이 지배하는 세계에 살고 있다. 게임이라는 프레임 내에는 반칙 행위에 대해 규정된 처벌이 존재한다. 옐로카드를 받는다. 페널티 박스에서 10분간 기다려야 한다. 경기에서 퇴장 당한다. 출장정지를 받는다. 목적에 부합하고 잘 처리해낸 부정행위는, 데상이 말한 대로, 지능적 반칙이다. 이런 행동은 해를 끼칠 공산도 있지만, 사람들에게 해를 끼치는 것이 포인트가 아니다.

스포츠를 비롯한 여러 경쟁 활동에 있어, 우리는 어릴 때부터 우리가 경쟁하는 방식과 우리의 본모습에 차이가 없다고 배운다. 데릭 지터 같은 리더들은 이런 신조를 지켰고, 그렇게 함으로써 누구에게나 찬사를 받았다. 그러나 1등급 팀 캡틴들은 이것이 잘못된 선택이라고 여겼다. 중요한 것은 구별이라고, 즉 자신이 어떻게 인식되는지 걱정하는 리더와, 필요한 어떤 수단을 써서라도 팀이 도전을 통과하도록 끌고 가는 리더를 구별하는 것이라고 믿었던 것이다.

세상은 선수들에게, 특히 캡틴들에게 미덕의 수호자이자 귀감이 되라고 많은 압박을 가한다. 그러나 이 두 가지가 항상 상관관계가 있는 것은 아니다. 양자택일을 해야 할 때도 있다. 역사상 가장 훌륭한 캡틴들은 이를 알고 있었다.

제6장 요약

- 스포츠에서 가장 보편적인 전통은 스포츠맨십이다. 모든 국가와 문화권에는 점수판에 표시된 것을 대체하는 판단의 형태가 있다. 우리는 승리하는 과정에는 올바른 방법과 그릇된 방법이 있고, 한 사람의 인격은 그의 도덕성이 시험 받는 순간 드러난다고 믿는다. 스포츠팀의 경우, 다른 누구보다 이 기준에 부합하는 선수가 캡틴이다. 그러나 역사상 가장 위대한 16개 팀에서 캡틴들은 거리낌 없이 룰의 한계 지점까지 밀어붙였다. 사실 그들은 매우 의도적으로 그렇게 했다.

- 공격적으로 행동하는 것에 관해서, 사람들은 그 당사자에게 심리적·영적 결함이 있다는 견해를 고집한다. 사람들은 모든 공격성이 똑같지 않다는 점을 이해하지 못한다. 공격성에는 위해를 가하려는 의도를 가진 '호전적' 형태와, 가치 있는 목표를 추구하기 위해 사용하는 '도구적' 형태가 있다. 1등급 팀 캡틴들은 자주 험악하게 행동했지만, 스포츠 룰을 아슬아슬하게 지키며 작전을 수행했다. 스포츠맨십 원칙을 항상 지키는 캡틴과 그 원칙을 한계 지점까지 확장시키는 캡틴의 차이는 후자가 대중이 생각하는 것보다 훨씬 더 승리에 집중한다는 것이다.

허드렛일 하기

뒤에서 팀을 이끄는 비장의 기술

1996년 9월의 어느 컴컴한 새벽, 이탈리아 곳곳의 인쇄소에서 트럭 운전사들은 담배에 불을 붙이고 시동을 걸었다. 화물칸에는 이탈리아에서 축구의 바이블로 통하는, 핫핑크색 〈라 가제타 델로 스포르트〉 401,000부가 실려 있었다. 그날따라 운전사들은 더 급하게 트럭을 몰았다. 신문에 특종이 실려 있었기 때문이다.

그로부터 이틀 뒤, 이탈리아 최고의 축구팀 유벤투스는 유럽 최고 프로클럽들 간의 연례 토너먼트인 UEFA 챔피언스리그 초반 경기에서 맨체스터 유나이티드(맨유)를 상대하게 될 것이었다. 이 경기에 앞서 〈라 가제타〉는 다혈질의 거만한 프랑스인이자, '킹 에릭'이라 불리는 맨유의 캡틴 에릭 칸토나를 취재하기 위해 영국으로 기자를 파견했었다.

칸토나는 거침없이 솔직한 사람으로 유명했다. 그는 상대편은 물론이고 팀 동료들도 거리낌 없이 비난했고, 어떤 인터뷰에서는 코치를 '똥 가방'이라고 평가한 적도 있었다. 편집자들은 칸토나가 빅매치 전에 뉴스거리가 될 만한 무언가를 말할 것이라 기대했을 것이다. 그는 실망시키지 않았다.

칸토나는 여러 유벤투스 선수들에 대한 자신의 견해를 거침없이 밝혔고, 디디에 데샹에 대해 이야기할 차례가 되었다. 칸토나는 데샹을 잘 알고 있었다. 둘 다 프랑스 축구 국가대표팀에 소속되어 있었다. 데샹은 칸토나처럼 현란하지도, 매혹적인 유명선수도 아니었다. 그는 득점 기록이 거의 없는 수비형 미드필더였다. 선수생활 초기에는 소모품처럼 취급되었고, 당시 소속팀이었던 올랭피크 드 마르세유에서 그를 다른 팀에 임대하기도 했다.

1년 전인 1995년, 칸토나는 잉글랜드리그 경기에서 자신에게 야유하는 팬을 발길질하여 8개월간 출장정지를 당했다. 이로 인해 데샹은 그를 대신하여 프랑스 대표팀 캡틴을 맡게 되었다. 칸토나는 자신이 밀려난 것을 인정하지 않았다. 데샹 역시 칸토나가 그다지 필요하지 않았다. 칸토나는 기자들에게 데샹 같은 선수들은 "골목마다 널려 있다"고 말했다. 이 말에 이어 데샹은 '제한적인' 축구 선수이며, 그가 하는 일이라곤 더 나은 선수들에게 공을 넘기는 것뿐이라고 말했다. 데샹에게 최고의 찬사는 '포르튀르 도'$^{porteur\ d'eau}$라고 칸토나는 덧붙였다. '포르튀르 도'는 옛날 프랑스에서 집집마다 식수를 나르던 허드레꾼을 말한다.

칸토나의 발언은 그날 아침 〈라 가제타〉에 실린 후 유럽 전여에 뿌려졌다. 그리고 영국 〈미러〉의 "Deschumps!"('데샹+상놈'을 합성한 말장난─옮긴이), 스코티시 〈데일리 레코드〉의 "자넨 쓸모없어, 데샹" 같은 헤드라인으로 변신했다.

토리노의 스타디오 델레 알피에서 열린 그 시합은 특별히 기억에 남는 경기는 아니었다. 유벤투스는 페널티킥으로 일찌감치 리드하자, 수비 태세로 전환했다. 칸토나를 비롯한 맨유 동료들은 공격을 퍼부었으나 골을 기록하지 못했다. 경기는 1-0으로 끝났다. 그러나 모여든 언론 매체들에게 그 시합은 메인이벤트의 전주곡에 불과했다. 메인이벤트는 바로 경기 후 인터뷰였다. 데샹은 수많은 녹음기의 창끝이 자기를 향할 것이며, 자신이 무슨 말을 하든 전세계에 방송될 것임을 알고 있었다.

데샹은 겸손했지만 당당했다. 칸토나와는 달리, 유벤투스와 마르세유의 캡틴으로 이미 유럽컵에서 각각 한 번씩 모두 두 번 우승을 차지했기 때문이다. 그가 은퇴하는 2001년 이전에, 그는 두 팀을 2등급 팀으로 이끌어 올린 세 명의 캡틴 중 한 명이 될 터였다. 그가 인터뷰에서 어떻게 대처할지 아무도 짐작하지 못했다.

모여든 기자들에게 데샹은 경기 후에 칸토나에게 가서 그 발언이 무슨 뜻인지 물어보았다는 말로 인터뷰를 시작했다. 칸토나가 한 말이라곤 "됐어"뿐이었다고 한다. 날카로운 눈빛으로 잘 알려진 데샹은 바로 그 눈빛으로 칸토나를 노려보았다. 이제 데샹이 반격할 순간이었다.

그러나 데샹은 사람들의 기대에 따르지 않았다. 칸토나의 모욕을 받아치지 않고 침착하게 인정했다. 그는 말했다. "저를 허드레꾼이라고 해도 좋습니다."

기원전 7세기 스파르타의 키오니스는 올림픽의 단거리 달리기 종

캡틴 클래스

목을 휩쓸었다. 그리스인들은 올림피아의 석조기념물에 그의 이름을 새김으로써 그를 기렸다. 200년 후 크로톤의 아스틸로스가 그의 위업을 뛰어넘자 케오스의 시인 시모니데스는 짧은 시를 지어 아스틸로스에게 불후의 명성을 안겨주었다. 올림픽 레슬링 종목에서 6년 연속으로 우승한 크로톤의 밀로는 아리스토텔레스와 키케로의 글에 언급된다.

그때부터 문명사회에서는 스타 운동선수들을 떠받들어왔다. 서기 1240년경 몽골에서는 칭기스칸이 부흐(몽골식 씨름) 대회를 열고, 무적의 챔피언 부리 보흐의 시합을 직접 참관했다는 기록이 있다. 중세 후반기 유럽에서는 마상 창술시합에 나서는 기사의 용맹에 반한 궁중 여인들이 그의 창에 리본을 묶었다.

영국 최초의 '셀러브리티'Celebrity(유명인사) 운동선수는 제임스 피그라 할 수 있다. 극심한 두통을 유발하는 주먹싸움fisticuffs 선수였던 피그는 269번의 시합에서 이겼다고 추정되며, 그중 한 경기는 1726년 〈더 스펙테이터〉에 게재된 송시의 소재가 되었다. 미국의 복싱 챔피언 잭 뎀시는 피그를 현대 복싱의 아버지라고 부르기도 했다. 19세기 영국에서 복싱 경기는 2만 명이 넘는 관중을 끌어 모았고, 경마기수·골프선수·테니스선수들뿐 아니라 조정·럭비·축구 등의 팀 스포츠 스타들은 열렬한 추종자들을 얻었으며, '가장 가치 있'거나(MVP) '최고의'(베스트) 또는 '가장 깨끗한'(페어플레이) 선수로서 개인상을 받게 되었다.

유명한 선수에 대한 현대적 숭배 문화의 원조는 야구의 베이브 루스였다. 188cm의 키에 가슴이 떡 벌어진 루스는 볼티모어 술집주인의 아들로서, 사교적이고 서민적인 분위기를 풍겼으며 끊임없이 장난을 치는 사람이었다. 1920년대 폭발적으로 성장한 라디오·신문·뉴스영화·영화 등의 대중매체가 루스에게 관심을 퍼부었고, 루스는 그 관심을 싫어하지 않았다. 호쾌한 어퍼컷 타격으로 홈런 기록을 깨는 것 외에도 몇 편의 영화와 라디오 방송 및 보드빌 무대에 출연했고, 휘발유·껌·담배·시리얼·속옷 광고에도 나왔다. 1930년대 '더 베이브'는 8만 달러를 벌어들였다. 허버트 후버 대통령보다 많은 수입이었다. 루스는 유명한 말을 남겼다. "왜 안 되죠? 내가 대통령보다 더 나은 해를 보냈는데 말입니다."

20세기 중반부터는 텔레비전이 판을 키웠다. 처음으로 전세계는 브라질팀 펠레의 경기를 실시간으로 볼 수 있었다. 그는 놀라운 재능을 가진 데다, 아무 걱정 없는 얼굴로 늘 웃고 있었다. 그 덕분에 최초의 세계적 유명인사 중 한 명이 되었고, 방문하는 모든 도시에서 군중이 그를 알아보고 몰려들었다. 한 기자가 펠레에게 그의 명성을 예수와 비교하면 어떤지 물어보자 펠레는 이렇게 답했다. "세상에는 예수 그리스도가 그다지 잘 알려지지 않은 곳들도 있습니다." 1980년대 중반 마이클 조던은 코트에서 쌓은 믿기 힘든 업적과 나이키의 획기적인 광고 캠페인에 힘입어, 운동선수의 명성이 그 운동 능력보다 더 나은 돈벌이가 될 수 있음을 몸소 보여주었다.

루스, 펠레, 조던 같은 GOAT 후보들은 각기 복잡한 역학 관계가 작용하는 팀에 소속해 있었지만, 팬들은 그들을 전체에 속한 부분으로 보지 않았다. 팬들은 그 선수들은 재능이 너무나 탁월하고 팀에 중요한 기여를 하므로, 그들이 캡틴이든 아니든 당연히 리더일 거라고 여겼다.

대부분의 팀이나 선수들은 이런 인식을 공개적으로 반박하지 않는다. 결국 사람들이 돈을 내고 보러 오는 것은 스타 선수들이니까. 그러나 나의 연구 대상이었던 최고 팀들의 캡틴들에게 이 문제에 대해 물어보자, 그중 몇 명은 사실 관계를 솔직하게 밝혔다. 그들은 내막을 들여다보면 팀의 위계질서가 대중이 상상하는 것과는 상당히 다르다고 했다.

맨유의 캡틴이었던 로이 킨은 "드레싱 룸에서 실제로 우리가 행동하고 느끼는 것과 다른 사람들이 상상하는 현실 사이에는 큰 간극이 있다"는 글을 쓴 적이 있다. "언론 매체에서 떠받드는 영웅이 내부에서도 영웅이란 법은 없다. 관중의 눈요깃거리 선수들에 대해서도 이하동문이다. 우리는 언론이 창조한 허구의 세상에서 살고 있다. 전부 그런 것은 아니지만 대개가 허구일 뿐이다. 허구의 영웅은 실은 개자식일 때가 많다."

킨이 활동한 당시 맨유의 감독 알렉스 퍼거슨 또한 선수의 운동 능력과 리더 자격은 철저히 별개의 문제라고 보았다. 퍼거슨 감독은 "그렇다. 캡틴은 항상 트로피를 들어 올리는 사람이므로 그 역할에는 상징적인 요소들이 있다"라고 말했다. 그리고 덧붙였다. "나는 케이크 장식으로 어울리는 선수를 원한 적이 없다. 오직 리더를 원했을 뿐이다."

운동선수가 두 가지 역할을 동시에 수행할 수 있다는 데는 의문의 여지가 없다. 푸슈카시 페렌츠와 요기 베라, 모리스 리샤르는 팀을 1등급 팀으로 이끌면서도, GOAT로서도 손색없는 화려한 공격 점수를 기록했다. 푸슈카시는 84경기에서 83골이라는, 국제 축구 사상 최고의 득점 기록을 보유하고 있다.

그러나 내 연구 대상에 속한 (디디에 데샹 같은) 1등급 팀 캡틴들 대다수의 기록은 그다지 인상적이지 않다. 시드 코번트리, 발레리 바실레예프, 벅 셸퍼드, 칼라 오버벡, 카를레스 푸욜 등은 MVP 목록에 든다고 보기 어렵다.

그뿐 아니다. 1등급 팀 캡틴 대다수는 달콤한 명성에 전혀 관심이 없었다. 그들은 위신이나 명망을 얻기 위해 캡틴 직을 맡지 않았다. 심지어 캡틴 직을 원치 않은 이들도 있다. 2004년 카를레스 푸욜의 팀 동료들이 만장일치로 그를 캡틴으로 선출했을 때, 반대표를 던진 유일한 사람은 푸욜 자신이었다. 그는 "다른 선수들에게 투표하는 게 더 윤리적이라고 생각했다"고 내게 말했다. 2011년, FC 바르셀로나가 챔피언스리그 결승에서 우승한 후(해당 시즌에 그가 출전한 경기에서 팀은 패배한 적이 없었다), 푸욜은 간암 치료를 마치고 최근 복귀한 에릭 아비달에게 캡틴 완장을 건넸다. 트로피를 들어 올린 선수는 아비달이었다. FC 바르셀로나의 다비드 비야는 "그것은 흔치 않은 동료애의 제스처였다"고 말했다. "그것은 캡틴으로서 가장 소중한 순간 중 하나입니다. 그런데 그 순간을 아비달한테 선사한 겁니다."

내가 조사한 모든 자료는 대중의 시각과는 정반대 방향을 가리켰다. 즉 다른 이들을 위해 고생을 자처하는 물 배달꾼이 가장 강력한 캡틴이 될 수 있었다. 실제로, 뛰어난 리더십을 발휘하는 것은 최전방 슈퍼스타보다는 팀의 후방일 가능성이 오히려 더 컸다. 허드렛일은, 특히 수비의 허드렛일은 팀 승리에 대단히 중요하다. 물론 그것으로 사람들이 서사시를 짓거나 비석에 이름을 새길 일은 없다.

앞서 언급했듯이, 훌륭한 리더는—그 정의상—시합 중 가장 압박이 큰 순간에 존재감이 드러나는 법이다. 이런 경우, 리더는 결정적 순간에 눈부신 플레이를 하려고 나서는 선수여야 마땅하다. 하지만 대부분의 1등급 팀 캡틴들이 이런 일을 하지 않았다면, 정확히 어떻게 그들이 팀을 이끌었던 것인지가 궁금해졌다.

이름 없는 임상심리학 교과서 《혐오적 대인 행동》(1997년)에는 '허풍쟁이, 속물, 자기도취자: 과잉 자의식에 의한 대인 반응'이라는 챕터가 있다. 저자는 웨이크포레스트대학의 교수와 학부생 제자들이었다. 이 챕터의 결론은 말과 보디랭귀지를 통해 오만함을 드러내는 자기중심적 인간은 타인에게 부정적으로 보이는 경향이 있으며, 집단 결속력을 약화시킬 수 있다는 것이다.

여기서 가장 눈에 띄는 것은 이 챕터의 학생 공저자 중 한 명인 스물한 살 티모시 던컨의 정체였다. 던컨은 웨이크포레스트대학의 심리학 전공 학생이었을 뿐 아니라 농구스타이기도 했다.

미국령 버진아일랜드의 세인트크로이 섬에서, 팀 던컨은 수영선수로서 챔피언을 꿈꾸며 자랐다. 그러나 1989년 허리케인 휴고 때문에 수영장이 파괴되면서, 그의 올림픽 출전 기회도 사라졌다. 얼마 지나지 않아 그의 열네 번째 생일 하루 전날, 그의 어머니가 유방암으로 세상을 떠났다. 던컨은 고등학교에 입학하기 전까지는 농구를 하지 않았다. 비록 2.11미터까지 자라긴 했지만 너무 마른 체형이었고 기량도 다듬어지지 않아서, 대부분의 스카우트들은 그가 주요 대학의 선수 모집 경쟁을 통과할 수 있을지 확신하지 못했다. 웨이크포레스트는 그에게 장학금을 제공한 유일한 대학이었다. 하지만 던컨은 매우 빨리 성장했고, 경기력 향상을 위해 열심히 노력했으며, 앞서 언급한 연구논문이 출간된 그해에 샌안토니오 스퍼스는 NBA 드래프트에서 그를 전체 1순위로 지명했다.

샌안토니오에 도착한 순간부터 던컨은 자신의 학부 논문에서 내린 결론을 따르기로 결심한 것 같았다. 결코 특권을 요구하지 않고, 훈련을 건너뛴 적도 없으며, 졸전을 펼친 후 아무리 심한 질책을 받더라도 화를 낸 적이 없다. 코트에서는 덩크슛 후에 링에 매달리지 않았고 상대선수를 노려보는 일도 없었다. 스퍼스 코치 그렉 포포비치는 던컨에게는 'MTV 기질'이 아예 없다고 말했다 스물두 살 던컨은 1998년 신인상을 수상할 당시, 메쉬 반바지와 수수한 티셔츠를 입었고 좀체 웃지 않았다. 그는 연설대에 서거나 세상에 자신의 이야기를 알리는 데는 관심이 없는 것 같았다. "여러분은 쓰고 싶은 대로 쓰면 됩니다." 던컨은 기자들에게 이렇게 말한 적이 있다. "저를 분석하려 하지 마세요."

1999년 6월 25일 저녁, 던컨은 뉴욕 닉스와의 결승 5차전에서 승리함으로써 농구 인생 최초의 NBA 타이틀을 거머쥐었다. 시상식이 끝난 후 나는 다른 기자들을 따라, 환호성이 울리는 스퍼스 라커룸으로 갔다.

그때까지 팀 던컨은 그토록 많은 카메라를 본 적이 없었다. 만약 그가 베이브 루스나 펠레였다면, 그는 찬사를 들으며 그 순간을 즐겼을 것이다. 하지만 내가 본 것은 던컨이 트로피를 들고는 아무 말 없이 라커룸을 가로질러 화장실 문을 여는 모습이었다. 그는 팀에서 가장 친한 동료 데이비드 로빈슨을 화장실로 데려간 후에 문을 닫았다. 그때 던컨이 쏟아내고 싶은 감정이 뭐였건 대중의 이목과는 무관했던 것이다.

코트에서 던컨은 경기당 평균 29득점을 기록하던 마이클 조던과 맞먹는 득점력을 가지고 있었다. 그러나 슈팅을 독차지하기보다는 열

캡틴 클래스

린 공간의 동료에게 패스하는 경우가 많았다. 그는 가드들을 위해 스크린을 섰고, 공격적으로 수비했으며, 로 포스트(골대 근처)에서 몸싸움을 했고, 슛블록을 했다. 첫 번째 시즌에는 경기당 평균 21득점으로 NBA 득점 랭킹 13위에 올랐지만, 리바운드에서는 3위였다.

던컨의 플레이 스타일은 스릴은 없지만 이타적이고 전면적이었다. 이를 두고 팀 동료들은 애정을 담아 '빅 펀더멘털'Big Fundamental이라는 별명을 붙였다.

그 후로 몇 년 동안 던컨의 영향력은 꾸준히 커져갔다. 농구 담당 기자들이 취재 요청을 했지만 던컨이 계속 무시하거나 냉담하게 반응하자, 신문 기사에 '지루하다'는 표현이 등장했다. 처음에는 애정이 담긴 수식어였지만 나중에는 비난조가 되었다. 심지어 한 칼럼니스트는 던컨을 가리켜 "스포츠 역사상 가장 지루한 슈퍼스타"라고 쓰기도 했다. 2012년 10대에게 가장 좋아하는 NBA 선수를 묻는 설문조사에서 던컨은 한 표도 얻지 못했다.

하지만 던컨은 그 이타적인 플레이 스타일 덕분에 유명한 팬 한 명을 얻게 되었다. 1등급 팀의 또 다른 농구 캡틴 빌 러셀이 "던컨이야말로 리그에서 가장 효율적인 선수"라고 격찬했다. 코트에서 허비하는 동작이―그리고 감정이―가장 적다는 의미였다. 러셀은 특히 던컨이 공을 잡고 있지 않을 때의 플레이 방식을 칭찬했다. 러셀은 이렇게 말했다. "던컨이 스크린을 서는 건 공격을 원활하게 하려는 것이지, 직접 슈팅을 하겠다는 의도가 아닙니다."

던컨의 소속팀 코치 그렉 포포비치는 말했다. "그의 플레이 스타일은 너무나 기본적이어서, 현란하지도 않고, 어색하지도 않으며, 표준과 다르지도 않습니다. 요즘은 부족한 것은 다름 아닌 표준입니다.

온갖 선수들이 온갖 것들을 온갖 방식으로 하고 있죠. 그러나 그는 어린 아이들이 배우는 방식대로 플레이를 합니다. 풋워크든 몸놀림이든 그가 하는 모든 게 그래요. 섹시하진 않죠. 하지만 효율적입니다."

NBA의 경제 논리 때문에 각 팀들이 로스터를 꾸준히 유지하기가 어려워졌다. 평범한 선수들은 퇴출되는 것이 다반사인 시대가 왔다. 엘리트 선수들 대부분은 그런 '지원' 선수들이 뒤치다꺼리를 하는 동안 득점에 집중하는 것이 자기 일이라고 생각했다. 던컨의 생각은 달랐다. 그는 보기 드문 수준의 유연성을 보여줌으로써 스퍼스가 로스터를 유지하는 데 일조했다. 그는 커리어 내내 팀 구성에 따라 센터와 파워포워드 포지션을 오갔다. 공격수로서 가공할 만한 성적을 올릴 때도 있었지만, 수비 위주로 뛸 때도 있었다.

코트 밖에서는 전례 없는 행보를 보였다. 소속팀이 NBA 샐러리캡(팀 연봉 상한제) 내에서 더 좋은 선수와 계약을 맺을 수 있도록 그 자신은 시장가치에 못 미치는 연봉을 받기로 한 것이다. 2015년 던컨의 2년에 1천 4백만 달러 계약은 시장가치보다 충격적으로 낮은 액수였다. 하지만 그 덕에 스퍼스는 파워 포워드 라마커스 앨더리지를 영입할 수 있었다. 앨더리지의 연봉은 던컨의 4배였다.

던컨은 팀 동료들을 대하는 가장 좋은 방법은 "그들이 나를 돕는 만큼 내가 먼저 그들을 돕는 것"이라고 말했다.

던컨이 2016년에 은퇴할 때까지 스퍼스는 다섯 번의 NBA 우승을 차지했고, 그가 뛴 19시즌 모두 플레이오프에 진출했다. 선수 개인으로서 그는 대단히 인상적인 이정표를 남겼다. 그는 NBA 역사상 한 팀에서 가장 많은 승수를 쌓은 선수이다. 그러나 감동적인 은퇴 투어 같은 건 열리지 않았다. 던컨은 시즌 내내 은퇴 계획을 비밀로 하다가, 팬들에게 146단어로 된 편지를 통해 자신의 결정을 발표했다. 편지는 이렇게 끝난다. "오랫동안 사랑과 지지를 보내준 샌안토니오 시에 감사합니다. 세계 곳곳의 팬들에게 감사드립니다. 늘 사랑하는 마음을 전하며, 팀"

던컨은 마치 대학 때 썼던 논문을 청사진으로 삼은 듯, '이기주의자들'과 '허풍쟁이들'이 득세하는 리그에서 성공적인 팀 동료가 될 수 있었다.

대중은 던컨의 모든 걸 얻지 못했지만, 팀 동료들은 얻었다. 결국 그의 리더십은 허드렛일의 가치에 관한 대학원 세미나 같은 것이었다. 던컨은 맡은 경기를 화려한 성적으로 치장할 수 있는 재능을 가진 희귀한 캡틴이었다. 그러나 스스로 선택한 리더십 방식 때문에 자기 기량을 억제하고 연봉을 낮추기까지 했다. 모두 뒷수습에 초점을 맞추기 위해서였다. 자신의 대중적 이미지는 개의치 않고 팀의 승리에만 신경 썼다.

경영의 위대한 역설 중 하나는, 리더 자리를 열심히 좇는 사람들일수록 리더에 어울리지 않는 경우가 많다는 것이다. 그들이 욕심내는 것은 조직의 목표와 가치 촉진이 아니라 리더 역할에 따라붙는 위신이다.

슈퍼스타 CEO들을 연구한 학자들에 따르면, 그런 CEO는 자기 위상이 올라갈수록 남들을 내려다보는 경우가 많았다고 한다. 부하 직원들이 스스로 무능하고 자격 미달이라고 자책하게 하는 경향이 있고, 그로 인해 악순환이 반복된다. 직원들은 점점 더 움츠러들고, 그럴수록 스타 CEO는 그들의 능력을 부정적으로 보고 '과잉 기능'을 하게 된다. 스스로 더 많은 일을 더 잘 처리하게 되는 것이다. 이 때문에 직원들은 더 움츠러든다. 팀 던컨의 리더십 스타일은 반대 방향으로 나아갔다. 자신을 낮춤으로써 주변 선수들로부터 최대치의 성과를 끌어낼 수 있었다.

하버드대학의 사회 및 조직심리학 교수 리처드 해크먼은 학술 경력 대부분을 현장에서 보냈다. 여러 종류의 팀에 파견되어 그 팀의 업무일지를 수백 시간씩 기록했다. 농구팀, 외과 수술팀, 여객기 운항승무원팀, 합주단, 심지어 CIA의 엘리트 정보수집팀과도 함께 작업했다. 고등학생 때 장신의 농구선수이기도 했던 해크먼은 한 번의 실수도 용납되지 않고 압박이 극도로 심한 환경에서 협업하는 팀들을 통해 가장 값진 인사이트를 얻을 수 있다고 생각했다.

해크먼의 핵심적인 신념 중 하나는 팀의 운영자가 그 팀의 성패를 직접적으로 좌우한다는 짐작은 너무 섣부르다는 것이다. "우리는 최고의 리더는 선두에 나선 지휘자이며, 실제로 그가 개인적 노력을 통해 탁월한 팀 성과를 이끌어낸다고 생각하지만, 이는 번지수가 틀린 짐작이다." 실제로는 전체 팀 성과에서 리더의 기여분은 10%에 불과하다. 그러나 그 10%에 있어서도, 리더의 카리스마나 특유의 리더십 방법이 영향을 미친다는 증거는 전혀 찾을 수 없었다고 한다. 리더가 팀의 핵심 리더십 기능을 모두 수행했는지 아닌지는 중요하지 않았다. 오직 중요한 것은 목표 달성 여부였다. 좋은 리더들은 상황이 악화되면 새로운 전략을 고안하여 정상 상태로 되돌려놓곤 했다. 해크먼에 따르면, 리더는 재즈 연주자처럼 상황에 따라 융통성을 발휘하는 것이 더 효과적이다. 리더가 지휘자의 지시대로 악보를 연주하는 오케스트라 단원처럼 일해서는 곤란하다.

던컨은 탁월한 융통성을 발휘했다. 코트 위에서 허드렛일을 했고 팀의 목표를 최우선시 했다. 해크먼은 이런 스타일의 리더십을 기능적 접근 방식이라고 불렀다. "기능적 관점에서 볼 때 성공적인 팀 리더는 팀의 목표 성취에 중요한 것들을 어떻게든 해내거나, 그런 환경을 조성하는 사람이다."

팀 던컨의 리더십 스타일은 다른 엘리트 캡틴의 리더십 스타일과 일치했다. 그러나 그의 사례에는 아직 풀리지 않는 의문점이 있었다.

1등급 팀 캡틴들의 재능 수준은 제각각이었다. 그들 중 일부는 슈퍼스타였지만 대부분은 아니었다. 선수 기량만으로 따지자면 던컨은 최상위에 위치한다. 팀이 위태로운 상황에 처했을 때 던컨은 스스로 원한다면 결정적인 슛을 넣을 능력이 있었고, 그 사실을 팀원들도 잘 알고 있었다. 다른 캡틴들 대부분에게는 그런 능력이 없었다. 기량이 평범했거나 수비수로 뛰었다.

예를 들어 뉴질랜드 올 블랙스의 리치 맥코는 럭비 경기에서 육체적으로 가장 힘든 플랭커로 뛰었다. 플랭커는 경기 내내 상대 선수들과 거칠게 부딪혀야 하는 포지션이다. 맥코는 태클이나 몸싸움을 하거나 공을 빼앗는 데 시간을 쏟았다. 그래서 득점은 거의 하지 못했고, 경기가 끝나면 마치 패배한 권투 선수 같은 몰골일 때가 많았다.

미국 여자축구대표팀의 칼라 오버벡은 아무리 수비수라지만 득점이 너무 적었다. 국가대표 기간을 통틀어 일곱 골밖에 넣지 못했다. 오버벡은 공을 소유하는 순간 패스해줄 동료부터 찾았다. 슈팅할 기회가 와도 골 욕심을 내지 않았다. 그녀는 내게 "슈팅은 하지 않을 것"이라고 했다. "공을 잡으면 바로 패스할 겁니다."

그렇다면 이런 유형의 선수들은 어땠을까? 어떻게 팀을 이끈 것일까?

칼라 오버벡의 1996~1999년 미국 여자축구팀은 스포츠 역사에서도 눈에 띌 만큼 뛰어난 인재들이 많이 모인 사례다. 화려한 골잡이 미아 햄과 줄리 파우디, 브랜디 체스테인에 힘입어, 미국팀은 4년간 국제대회에서 84승 6무 6패를 기록했다. 94%라는 승률은 역사상 최고의 남자팀보다 나은 기록이다. 하지만 이 팀의 캡틴이 누구냐고 백 명에게 물어보더라도 칼라 오버벡을 거명하는 사람은 없을 것이다. 사람들은 오버벡의 이름조차 기억하지 못할 것이다. 그러나 이는 그녀 스스로 이런 상황을 바랐기 때문이고, 그 바람이 이루어진 결과이기도 하다.

미국의 월드컵 우승 후, 오버벡의 팀 동료들은 일주일 동안 승리를 만끽했다. 수십 차례의 축하 행사와 방송 출연에 여념이 없었다. 반면 오버벡은 그런 데는 전혀 관심이 없었다. 대신 가족을 만나러 노스캐롤라이나 주 롤리에 있는 집으로 갔다. 동료들이 미드타운 맨해튼에서 열린 축하 행사에 참가한 날 뭘 하고 있었느냐는 질문에, 오버벡은 세탁기를 세 번 돌렸다고 대답했다. "그냥 제 스타일이 아닌 거죠." 오버벡은 말했다. "신문에 제 이름이 실리든 말든 전혀 신경 쓰지 않았어요. 팀이 이기기만 하면 전 행복하니까요. TV 프로그램 같은 것도 신경 안 써요. 방송국에서 절 찾지 않아서 기쁠 뿐이에요."

오버벡은 그다지 크지도 않고(170cm) 근육질도 아니었다. 달라스 교외에서 자랐는데, (앙상한 팔다리가 달린) 나뭇가지처럼 삐쩍 말랐었다. 그래서 아버지는 그녀를 흰개미라 부르곤 했다. 필드 위에서 그녀는 긴 갈색 머리카락을 뒤로 질끈 묶었고, 언제나 차가운 표정을 짓고 감정을 드러내지 않았다. 비록 동료들 사이에서는 저속한 농담을 하는 걸로 유명했지만 말이다. 독신 동료들이 많았지만, 오버벡은 스물네 살에 결혼해서 팀의 1등급 기간 동안 아들을 낳았다.

오버벡에게는 팀 던컨 같은 재능이 없었다. 어느 전직 대표팀 코치에 따르면, 수비수로서 그녀의 기량은 "기껏해야 보통 수준"이었다. 사람들이 리더에게 기대하는 자신감이나, 경기의 판도를 바꾸는 능력을 보이지도 않았다. 그러나 오버벡의 겸손은 팀에 긍정적 효과를 발휘했다. 기회가 있을 때마다 공을 돌림으로써, 우수한 선수들이 공을 점유할 시간을 늘려주었다. 게다가 그녀의 출전 시간도 길었기 때문에, 그녀가 이타적인 본능을 발휘할수록 득점 기회가 더 많이 창출되었다. 이러한 기능적 멘털리티는 그녀가 하는 모든 것에 적용되었다. 필드 밖에서도 마찬가지였다. 미국팀이 고생스런 국제선 비행을 마치고 호텔에 도착하면, 오버벡은 모든 선수들의 가방을 객실까지 가져다주었다. "제가 캡틴이니까요." 그녀는 설명했다. "하지만 전 다른 선수들보다 나은 게 없거든요. 다른 선수들의 실력이 확실히 낫죠."

그러나 대중의 시선이 닿지 않는 훈련 시간에, 오버벡은 그 자신과 팀 동료들을 가차 없이 밀어붙였다. 혹독한 컨디션 조절 훈련이 끝나면, "동료들은 죽을 맛이겠지만, 저는 속으로 '빌어먹을 노르웨이도 이렇게 하고 있을 거야'라고 생각했어요. 동료들은 틀림없이 절 미워했을 거예요." 한번은 인터벌 달리기 훈련을 할 때, 오버벡은 다른 선수들이 모두 지쳐 떨어져나갈 때까지 버텼고, 그 후로도 2분을 더 달렸다. 이튿날 아침 오버벡이 팀 닥터를 방문하자, 동료들은 그녀가 발가락이 부러진 채로 전날 그렇게 훈련한 것을 알고는 놀라움을 금치 못했다.

포드햄대학의 고함지르기 실험(제5장 참조)은 각고의 노력은 전염성이 있으며, 한 선수가 노력함으로써 다른 사람들의 성과도 높일 수 있음을 보여주었다. 그러나 오버벡의 근성에는 다른 요소가 있었다. 훈련에서의 근면성, 그리고 경기장 안팎에서의 (짐꾼을 자처할 정도로) 겸손함 덕분에 알맞은 순간에 꺼내 쓸 수 있는, 일종의 화폐를 저축한 것이다. 그 화폐는 경기장에서 자신의 플레이를 돋보이게 하는 데 쓰지 않았다. 동료들을 각성시킬 필요가 있을 때, 그들을 호되게 질책하는 데 썼다. 그래도 동료들이 화를 내지 않을 것임을 알고 있었다. 대표팀 전 코치 앤슨 도런스(1986~1994)는 오버벡이 동료들의 짐을 옮긴 것은 경기를 할 때 "그녀가 무엇이든 해야 할 말을 하고 싶었기" 때문이라고 생각했다.

"그녀에겐 진정성이 있었어요." 팀 동료 브리아나 스커리가 말했다. "그녀는 저희를 심하게 나무랄 때조차도 저희 편이었습니다. 칼라는 팀의 심장이자 엔진이었죠. 팀의 핵심, 그게 바로 칼라였습니다."

허드레꾼이 팀을 향상시키는 방법은 약점을 보강해주고 높은 기준을 강제하는 데 집중하는 것이다. 여기까지는 누구나 수긍할 것이다. 그러나 여전히 퍼즐 조각 하나가 빠져 있다. 팀 리더의 주된 책임이 경기 중에 선수들을 지휘하는 것이라면, 이런 캡틴들은 팀 전술에 영향을 미칠 (심지어 통제할) 방법을 틀림없이 찾아냈을 것이다.

일부 1등급 팀 캡틴들은 이런 '쿼터백' 역할을 명백하게 수행했다. 잭 램버트는 피츠버그 스틸러스의 수비 작전을 지시했고, 헝가리의 푸슈카시 페렌츠는 경기 중에 코치 노릇을 했다. 양키스 포수 요기 베라는 투수 리드와 수비 배치를 책임졌다. 쿠바의 미레야 루이스는

"언제나 가이드 역할을 했다"고 팀 동료 마를레니스 코스타는 말했다. "우리가 실책을 범하면 그녀는 화내지 않고, 즉시 바로잡아주었어요. 그녀가 선수들이 저지르는 온갖 실수를 바로잡을 수 있었던 건 배구를 보는 눈이 뛰어났기 때문이죠."

그럼에도 불구하고, 내 연구의 상위 등급 팀에 속한 허드레꾼 캡틴들은 경기 중에 부차적인 역할을 수행한 경우가 많았다. 결정적 상황이 전개될 때도 대개는 멀리 떨어져 후방을 지켰다. 그들이 동기부여를 얼마나 잘 했든, 얼마나 열심히 뛰었든 간에, 나는 지원 선수 support player 들이 어떻게 상황 전개를 좌우할 수 있었는지 이해할 수 없었다.

허드레꾼의 원조 격인 디디에 데샹이야말로 이 문제의 대표적인 사례였다. 수비수로 뛰며 득점을 거의 올리지 않았음에도 불구하고, 그는 마르세유의 캡틴으로서 프랑스리그 4연패와 1993년 챔피언스리그 우승을 이루었다. 프랑스 국가대표팀 캡틴으로서도 1998년 월드컵과 2000년 유럽선수권대회 우승을 이끌었다. 2015년 파리에서 인터뷰를 할 때 데샹은, 오버벡이 그랬던 것처럼, 필드 위에서 자신이 어떤 역할을 했는지부터 설명했다. 170cm에 불과한 그는 자신이 신체적으로 위협적인 미드필더도 아니고 최고의 운동선수도 아니라는 점을 알고 있기 때문에, 자기 자신의 성적은 신경 쓰지 않았다. 홀가분하게, 다른 선수들의 시중을 드는 일에 전념했다. 프랑스 국가대표팀에서는 타고난 골 결정력을 가진 미드필더 지네딘 지단에게 공을 넘겨주는 데 주로 집중했다. 데샹은 "열 번 공을 잡으면 아홉 번은 지단에게 주었다"고 말했다. 데샹이 하버드대학의 리처드 해크먼의 저술을 읽지는 않았겠지만, 그의 리더십 방식은 대단히 기능적이었다. 데

상은 "한 팀에는 건축가만 있어서는 안 됩니다. 벽돌공도 필요하죠"라고 말했다.

지단과 함께 뛰던 시절을 이야기하면서, 데샹은 흥미로운 주장을 폈다. 둘 사이의 관계는 쌍방적이었다는 것이다. 일리 있는 말이다. 데샹은 지단에게 공을 전달하면서 시중을 들었지만, 지단은 패스를 해주는 데샹에게 의지했기 때문이다.

데샹은 "지단 또한 나를 필요로 했다"고 말했다.

팀에 봉사하는 선수가 의존성을 창출할 수 있다는 생각을 나는 한 번도 해본 적이 없었다. 데샹은 팀의 일차적 미드필드 셋업 선수로서, 패스해줄 선수를 결정함으로써 앞으로의 작전을 지시할 수 있었다. 슈퍼스타 동료들은 그에게 패스를 기대했을 뿐 아니라, 그에게 인정받고 싶어 했다. 데샹에게 '허드렛일'은 심부름이 아니라 리더십의 한 형태였다. 이렇게 이루어지는 지휘는 관중들로서는 눈치 채기 어렵다. 데샹은 말했다. "한 번의 움직임으로는 차이를 만들 수 없음을 알고 있었습니다. 하지만 결국 봉사하고 운영하는 수백 번의 작은 플레이를 통해 저는 인식의 균형을 맞추고 팀에 필수적인 존재가 될 수 있었죠."

즉 방송 카메라는 전방에 있는 선수들을 주로 잡지만, 리더의 고된 과업은 주로 후방에서 수행된다.

브라질은 1822년 포르투갈로부터 독립했지만, 우리가 이해하는 의미의 국가였던 적은 없다. 서로 동떨어진 지방, 국가, 인종, 정치색, 종교, 소집단 문화권이 하나의 깃발 아래 느슨하게 묶인 집합체에 가깝다. 그러나 1800년대 후반 최초의 클럽팀들이 결성된 순간부터, 브라질 국민들을 결집시킬 수 있는 것 하나가 생겼다. 푸테보우^{futebol}, 바로 축구다. "국가대표팀은 국가 정체성의 상징입니다." 카를루스 아우베르투 파혜이라 전 코치는 〈BBC스포츠〉와의 인터뷰에서 말했다. "브라질이 하나가 되는 유일한 시간이죠."

국가대표팀이 월드컵에서 다른 국가들과 경쟁하면서부터, 축구는 브라질에 또 다른 선물을 선사했다. 브라질은 탁월한 축구 강국이라는 자부심 말이다. 그저 브라질이 많은 경기에서 승리해서가 아니었다. 브라질 선수들은 비할 데 없이 창의적으로 공을 다루었다. 풋발리(발로 하는 비치발리볼)부터 4분의 2박자 삼바 리듬까지, 문화적 영향을 독특하게 조합하는 브라질은 다양한 출신의 축구 거장들이 성장하는 데 완벽한 조건이었던 것 같다.

축구 역사상 가장 뛰어난 축구 천재는 브라질 출신이었다. 브라질의 이드송 아란치스 두 나시멘투, 다름 아닌 펠레였다. 1956년 데뷔하여 1977년 은퇴할 때까지 펠레는 월드컵 3회 우승, 클럽팀 산투스에서 20회 이상의 타이틀 획득이라는 대업을 달성했으며, 커리어 통산 1,363경기에서 1,270골 이상을 넣었다. 1969년 펠레가 통산 1,000번째 골을 넣자 브라질 신문들은 제1면을 할애하여, 그가 세운 이정표에 아폴로 12호의 달 착륙만큼 중요한 의미를 부여했다.

나는 당연히 펠레가 브라질 대표팀의 캡틴이었을 거라고 짐작했었다. 하지만 그렇지 않다는 것을 알고는 놀랄 수밖에 없었다.

펠레가 10대에 불과했던 1958년, 브라질의 캡틴은 이우데라우두 루이스 벨리니였다. 영화배우처럼 잘 생긴 벨리니는 위력적인 중앙 수비수로서, 경기장에서 보인 굳건하고 듬직한 존재감 때문에 황소라는 별명을 얻었다. 1958년 월드컵 토너먼트에서 브라질이 첫 선을 보인 혁신적 '플랫백(4백)' 수비의 중심이었다. 벨리니의 임무는 필드 중앙을 지키면서 상대팀 최고의 스트라이커를 마크하는 것이었다. 세계에서 가장 크고 빠른 선수들이 그를 향해 거세게 덤벼들어도 버텨야 했다. 벨리니는 공격수의 스파이크에 다리를 찍혀 피를 흘리며 경기장을 떠날 때가 많았다. 한번은 무릎이 부러졌고, 한번은 광대뼈가 부러졌다.

브라질에서 가장 빛난 것은 펠레처럼 영리하고 창의적이며 발 빠른 골게터였지만, 그늘에서 허드렛일을 한 것은 벨리니였다. 10년간의 국가대표 기간 동안, 그는 단 한 골도 넣지 않았다.

1958년 스웨덴 월드컵 결승전에 앞서 브라질 국민들은 두려워하고 있었다. 1950년 자국에서 열린 월드컵 결승전에서 브라질팀은 우루과이에 아깝게 패하고 고개를 숙였다. 1954년에는 8강전에서 헝가리에 패했다. 1958년에는 브라질이 훨씬 유리했지만 두 차례 패배의 망령이 팬들을 짓눌렀고, 선수들은 더욱 큰 중압감을 느꼈다. 흔히들 생각하기를 브라질은 근성이 부족했다. 분명히 브라질은 경기를 앞서 갈 수 있으리라. 그러나 과연 리드를 지켜낼 수 있을까?

스톡홀름에서 열린 결승전 상대는 홈팀 스웨덴이었다.

스웨덴은 경기가 시작하자마자 브라질을 압도했고 4분 만에 선취점을 얻었다. 그 순간, 망연자실한 5천만 브라질 국민들은 올 것이 왔구나, 하는 표정을 주고받았다.

스웨덴 선수들이 골 세리머니를 하는 동안, 브라질 캡틴 벨리니는 결연하게 상대편 골대로 가서 공을 주워 올렸다. 그는 젊은 브라질팀이 동요하고 있다는 것을 알았다. 또다시 참사를 당할 수도 있다는 걱정으로 선수들이 초조해지고 힘이 빠질 것이라는 것도 알았다. 벨리

캡틴 클래스

니는 킥오프를 담당한 미드필더 디디에게 공을 건네며 엄중한 지시를 내렸다. "선수들을 꽉 잡아."

디디는 캡틴의 조언을 따랐다. 그는 옆구리에 공을 낀 채 미드필드 쪽으로 느리고 당당하게 걸어가면서, 동료들을 진정시켰다. 그리고 이제는 "이 외국놈들"과 싸울 시간이라고 말했다. 그 뒤로 브라질은 살아나 네 골을 몰아넣고 5:2 승리를 거두어, 첫 월드컵 트로피를 들어올렸다. 결국 그들의 우월한 재능이 승리한 것이다. 그러나 승리의 근간을 마련한 것은 벨리니였다.

4년 후, 세계 최고의 축구 강국으로 자리 매김한 브라질은 1962년 월드컵을 준비하고 있었다. 과거의 불안감은 사라져 있었다. 그러나 막후 사정은 더 복잡했다. 기술위원장 파울루 마샤두 지 카르발류는 민감한 문제를 고민하고 있었다. 기량이 떨어진 이우데라우두 벨리니를 주전 센터백으로 기용해야 하느냐 마느냐 하는 문제였다.

멕시코와의 개막전을 겨우 며칠 앞두고, 누군가 카르발류의 사무실 문을 열고 들어왔다. 커리어 내내 벨리니의 백업을 맡았던 마우루 하무스 지 올리베이라였다. 마우루는 침착한 볼 처리로 유명한 기술적인 선수였지만, 벨리니만큼 체격이 좋거나 강하지는 않았다. 그러나 그날은 자기 자리를 요구하기로 결심한 터였다. 그는 자신이 벨리니의 포지션에서 선발로 뛰어야 한다고 카르발류에게 말했다. 카르발류는 마우루의 플레이가 향상된 것을 이미 알고 있었고 그의 자신감에 깊은 인상을 받았다. 팬들과 언론에게는 충격적이었지만, 카르발류는 주전 자리를 바꾸는 데 동의했을 뿐 아니라 마우루를 신임 캡틴으로 임명했다.

기자들은 막판에 성사된 캡틴 교체 소식을 듣고, 벨리니에게 몰려갔다. 모두들 가시 돋친 말이 나오기를 기다렸다. 그러나 벨리니는 딱 두 문장으로 입장을 밝혔다. "공정합니다." 그는 말했다. "이제 마우루 차례입니다."

벨리니의 절제된 반응은 적절했던 것으로 드러났다. 캡틴 교체는 팀 내부의 저항을 초래하지도 않았고, 가뜩이나 약한 팀 케미스트리를 악화시키지도 않았다. 마우루는 선발로 출전하여 '셀레상'의 월드컵 2연패와 1등급 입성을 견인했다. 마치 예전부터 줄곧 캡틴이었던 것처럼 말이다. 그로부터 8년 뒤에 브라질이 또 한 번 월드컵을 들어 올린 1970년, 마우루와 벨리니는 팀을 떠난 지 오래였다. 캡틴은 우측 수비수 카를루스 아우베르투 토히스였다. 이번에도 후방을 지키는 선수가 캡틴이 된 것이다.

재능 있는 선수들이 넘치는 브라질조차도 허드레꾼의 노고에 의지해 왔다는 사실은 놀랍지 않았다. 1등급 팀들의 전반적인 패턴이었기 때문이다. 내가 가늠할 수 없었던 것은 브라질이 같은 캡틴을 두번 기용하지 않고도 어떻게 12년 내에 월드컵 3회 우승을 차지했느냐는 것이다. 세 경우 모두 브라질팀이 새 캡틴을 선출할 때 역사상 최고의 선수에게 그 임무를 맡긴 적이 없었다.

일흔네 살의 펠레는 파리하고 노쇠한 모습이었다. 눈꺼풀은 무거웠고 어깨는 구부정했다. 2015년 봄 맨해튼에서의 기자회견에서, 펠레는 그의 선수 시절에 브라질이 유능한 캡틴들을 많이 발굴했던 비결을 어떻게 생각하느냐는 질문을 받았다. 펠레는 의자에 깊숙이 앉아 곰곰이 생각했다. "어려운 질문이군요. 그 이유는 모르겠습니다."

"캡틴 제의는 받았지만, 나는 늘 거절했습니다." 펠레는 그것은 전술적인 이유 때문이라고 설명했다. "산투스나 브라질 국가대표팀에 내가 아닌 캡틴이 있다면 필드 위에는 심판한테 존중을 받는 선수 두 명이 뛰게 되겠죠? 펠레, 그리고 캡틴 말입니다. 내가 캡틴이 되었다면 우리 팀은 둘 중 한 명을 잃었겠죠."

펠레의 답변은 일리가 있었다. 그러나 그보다 혼란스러운 두 번째 수수께끼까지는 설명하지 못했다. 세계 축구를 호령하던 시기에 어떻게 브라질은 유능한 캡틴들을 아마존 정글의 쇠나무^{Copaifera tree}처럼 키워냈던 것일까? 그 원인을 알아내기 위해 나는 리우데자네이루행 항공권을 끊었다. 2014년 10월 어느 화창한 날 아침, 바하 다 치주카 인근의 밝고 현대적인 건물 밖에 있던 누군가가 대문을 열었다. 카를루스 아우베르투 토히스였다.

브라질 축구 전성기의 캡틴들 중 마지막 생존자인 토히스(71세)는 여전히 활력이 넘쳤다. 그는 펠레와 함께 뛰었고, 1970년 월드컵 트로피를 들어 올렸으며, 세계 곳곳을 방문했고, 브라질에서 가장 존경받는 축구해설자가 되었다. 나는 다른 곳도 아닌 브라질이 어떻게 캡틴들의 나라가 되었는지 물어 보았다.

토히스는 국가대표 경력 동안 여러 국가의 캡틴들을 많이 상대했는데, 언제나 그들을 부러워했다고 한다. 토히스에 따르면, 그 팀들은 천편일률적이었다. 선수들은 서로 생각이 비슷했고 대개 교육 수준이 높았다. 그런 팀을 리드하기란 쉬울 것 같았다. 그는 "브라질은 다른 문화"라고 말했다. "브라질에서는 획일적인 사고방식이란 게 없고, 정규 교육을 제대로 받지 않은 사람들이 많아. 찢어지게 가난한 아이들은 고작 2년 정도 학교에 다니다가 축구를 시작해. 캡틴은 그걸 알아야 해. 아주, 아주 많은 것들을 지도해줄 리더가 필요한 거지. 그러니 브라질에서 캡틴이 된다는 건 자기 성격의 밑바닥을 봐야 하는 일이지. 사람들을 이해하고 사람들의 출신 배경을 이해하려고 노력해야 해. 그들을 더 잘 이해할수록 그들을 더 잘 도와줄 수 있으니까." 토히스는 손깍지를 끼었다. "우리한텐 선수들을 붙들어 줄 리더가 필요해, 알겠나? 선수들에게 부자연스러운 리더십을 강요하면 리더를 존경하지 않을 거야."

토히스에 따르면, '셀레상'을 이끄는 일의 복잡성을 덜어준 요소가 하나 있었다. 캡틴이 될 뻔했거나 다른 클럽팀의 캡틴을 맡고 있는 다른 선수들은, 브라질 선수들을 성공적인 완전체로 융합시키는 일이 얼마나 어려운지 잘 알고 있었다. 그래서 그들은 주저 없이 캡틴을 응원했던 것이다. "다른 리더들이 기꺼이 도와주었지."

토히스에게 브라질 축구의 또 다른 수수께끼에 대해 물어보았다. 펠레의 길고 영광스러운 커리어 동안, 브라질팀이 그에게 캡틴 직을 맡으라고 압박한 적이 없었던 이유는? 범위를 더 넓혀서, 다른 숱한 슈퍼스타들에게 캡틴 직을 맡기지 않은 이유는?

토히스는 "최고의 선수가 최고의 캡틴은 아닌 법"이라고 말했다. "펠레 같은 선수는 너무 큰 압박에 시달리지. 그런 선수는 가능한 한 최선의 방식으로 좋은 경기력을 유지하는 게 캡틴 노릇 때문에 걱정하는 것보다 훨씬 낫다네. 캡틴은 늘 이것저것 신경 쓰고 있어야 하니까. 문제를 해결하고, 코치와 의논하고, 최선의 팀플레이 방식을 찾고, 팀 관계자들과 선수들을 중재하느라 눈코 뜰 새 없지 않은가. 최고의 선수는 경기를 잘 준비할 수 있도록 귀찮은 일에서 떨어뜨려 놓아야 한다네."

말하자면 브라질에서는 스타 선수들의 부담과 캡틴의 부담이 너

캡틴 클래스

무 커서 양립할 수 없다는 것이었다. 아무도 두 역할 모두를 해낼 수는 없었다. 그러나 토히스가 언급하지 않은, 더 이상한 사실이 있다. 펠레를 포함한 브라질팀의 모두가, 어쨌든 본능적으로 그런 사정을 알고 있었다는 것이다.

내가 이 프로젝트를 시작할 무렵, 스포츠 역사상 허드레꾼의 힘을 가장 잘 보여준 팀을 고르라고 했다면 브라질 축구 국가대표팀을 꼽을 리 만무했다. 그러나 리우에서 돌아오는 비행기 안에서 생각이 달라졌다. '셀레상'이 괴물팀이 된 것은 세계 최고의 선수가 활약했기 때문이 아니었다. 완벽한 견제와 균형이 이루어져 있었기 때문에 1등급 팀으로 등극할 수 있었던 것이다.

브라질팀이 그토록 지배적이었던 것은 스타들이 자신은 결코 성공적인 캡틴이 될 수 없음을 알았고, 벨리니·마우로·토히스 같은 캡틴들은 자신이 결코 스타가 될 수 없음을 알았기 때문이다. 브라질에서는 리더가 할 수 있는 유일한 역할은 허드렛일이었다.

제7장 요약

• 특별한 사람들을 알아보고, 군중 속에서 그들을 가려내고, 그들에게 찬사를 보내는 것은 유구한 전통이다. 우리들은 유명인사들에게서 우리 안의 더 큰 가능성을 본다. 팀에 있어서 이런 본능은 문제가 될 수 있다. 우리는 집단의 영향력과 그 집단의 스타가 지닌 개성의 영향력을 잘 구별하지 못한다. 오히려 구별하지 않는 경우가 많다. 팀이 스타이고, 스타가 팀이라고 간주하는 것이다. 그러나 16개 1등급 팀들에 있어 캡틴들은 스타

이거나 스타처럼 행동하는 경우가 드물었다. 그들은 주목 받는 것을 피했다. 기능적 역할에 몰두했고 궂은일을 자처했다.

• 경쟁과 관련하여 대부분의 사람들은 한 팀의 리더란 힘든 순간에 멋진 일을 하는 사람이라고 생각한다. 리더는 버저비터 슛을 던지는 사람이라는 것이다. 경기장 밖에서 자질구레한 일을 하거나 다른 선수들이 결정적 플레이를 하도록 돕는 팀원은 말 그대로 조연자라고 생각한다. 이 책의 캡틴들은 우리가 그림을 거꾸로 보고 있음을 보여준다. 위대한 캡틴들은 어려운 순간에 팀원들을 전진시킬 수 있는 도덕적 권위를 얻기 위해 가능할 때마다 집단 내에서 스스로를 낮추었다. 뒤에서 다른 이들에게 공을 배급하는 사람은 하인처럼 보이겠지만, 실은 다른 이들이 그에게 의지하게 만든다. 가장 쉬운 리드 방법은 봉사하는 것이다.

귀를 막아주고
코를 닦아준다

실질적 의사소통

1940년 6월 4일 윈스턴 처칠은 수상으로서 두 번째 의회 연설을 하기 위해 런던 하원 의사당의 연단으로 걸어갔다. 독일과 전쟁을 벌인 지 겨우 아홉 달째였지만 독일군 기갑부대가 영국 해협의 해안에 도달해 있었다. 미국은 아직 참전하지 않았고 프랑스가 전쟁을 계속하려 할지는 미지수였다. 영국 국민들 절반은 전쟁 중단을 바라고 있었다.

처칠은 현재 상황을 설명한 후, 영국이 앞으로 벌어질 상황에 단단히 대비해야 한다고 호소하며 연설을 마쳤다. "우리는 끝까지 싸울 것"이라고 그는 말했다. "프랑스에서 싸울 것이고, 바다와 대양에서 싸울 것입니다. 자신감과 힘을 길러 하늘에서 싸울 것이고, 어떤 대가를 치르더라도 우리 땅을 지켜낼 것입니다. 해변에서, 착륙장에서, 들판에서, 거리에서, 언덕에서 싸울 것입니다. 우리는 절대로 항복하지 않을 것입니다."

23년 후, 5,800km 떨어진 워싱턴 D.C.에서, 마틴 루터 킹 주니어가 링컨기념관의 계단에 나타났다. 무더운 8월의 어느 오후, 그는 그 누구도 잊지 못할 연설을 행했다. "또한 우리는 바로 지금의 긴박성을 미국인들에게 일깨우기 위해 이 신성한 장소에 모였습니다." 그는 말했다. "냉정해지라는 사치스러운 말을 들을 여유도 없고 점진주의라는 진정제를 복용할 시간도 없습니다. 지금이야말로 민주주의에 대한 약속이 곧바로 실현되어야 할 때입니다."

이 불멸의 연설 두 건은 모두 듣는 사람들에게 즉각적이고 실제적인 영향을 미쳤고, 녹음테이프로 보존되어 있다. 또 다른 유산도 남겼다. 즉 올바른 말을 호소력 있게 전달하면 몸속에서 화학 반응이 일어나 듣는 이의 정신을 고양시킨다는 믿음을 확고하게 만든 것이다.

할리우드에서도 멋진 연설은 플롯 상에서 동기를 부여하는 장치로 각광받게 되었다. 영화에서는 정치·군사 지도자뿐 아니라 스포츠인, 우주비행사, 심지어 시를 가르치는 교사들이 훌륭한 연설을 한다. 크나큰 도전에 직면한 집단을 준비시키려면 리더가 구성원들을 모아 연설을 하는 것이 상식처럼 되었다.

그러나 바로 이 측면에서 16개 1등급 팀의 캡틴들은 뛰어난 리더가 뛰어난 연설을 한다는 우리의 이미지와 아주 멀리 벗어나 있다. 그들은 언변이 뛰어난 연사도 아니었고, 화끈한 동기부여자도 아니었다. 그들은 연설하는 것을 좋아하지도 않았다. 오히려 연설을 피하려 들었다.

프랑스의 핸드볼팀 캡틴 제롬 페르난데즈에게 고무적인 연설을 한 적이 있는지 물어보자, 그는 딱 한 번 시도했지만 비참한 실패였다고 내게 답했다. 카를레스 푸욜은 FC 바르셀로나 팀 동료들에게 공식적으로 연설한 기억이 없다고 내게 말했다. "그런 건 좋아하지 않습니다." 헝가리의 푸슈카시 페렌츠는 캡틴 클래스의 표준으로 볼 때 비교적 외향적인 사람이었지만, 그런 그조차 격려 연설은 삼갔다. 팀원들은 다들 이미 프로이므로 스스로 동기 부여를 할 수 있어야 한다고 생각했기 때문이다. 코치 세베시 구스타브는 "푸슈카시는 말을 낭비하지 않았다"고 말한 적이 있다. 8학년을 마치고 중퇴한 요기 베라는 기본적인 문장 구조도 못 배운 것 같았다. 스포츠 기자 모리 앨런은 "베라는 말을 할 줄 몰랐다"거나, "그가 지독한 멍청이라고 말하는 이들도 있었다"고 했다. 그런 요기 베라가 의자에 앉아 경기 전에 '일장 연설'을 한다는 상상은 터무니없는 것이다.

이 1등급 캡틴들이 경기장 밖에서 세상과 교류한 사례는 물론이고 그들이 자신의 소통 철학을 밝힌 사례도 당황스러울 만큼 찾기 어려웠다. 그들은 홍보용 방송이나 행사에는 좀체 출연하지 않았고, 인터뷰라면 질색을 했다. 본인에 대해 말하기를 싫어했고, 캡틴 업무에 관해 자세히 말한 적도 거의 없었다. 인터뷰에 동의하더라도 대개는 마지못해 대답했고, 심지어 적개심을 드러내기도 했다. 피츠버그의 스포츠 기자 짐 오브라이언이 인터뷰 때문에 방문했을 때, 잭 램버트는 엽총을 든 채로 문 앞에서 그를 맞이했다. 오브라이언의 회상에 따르면 "그는 총을 닦는 중이었지만, 그 총을 들고 있었던 건 나를 긴장하게 만들거나 불안하게 하기 위해서였다."

그저 이 캡틴들이 억세고 과묵한 타입이었을 거라고 생각한지도 모르겠다. 그러나 팀 동료들의 증언에 따르면 그렇지 않았다. 탈의실과 경기장에서의 그들은 마이크 앞에서 보인 모습과 달랐다는 것이다. 팀 동료들과 함께 있을 때는 냉담하지 않았으며 묻는 말에 화를 내거나 건성으로 대답하지도 않았다. 사실 그들은 대단히 수다스러울 때도 있었다.

칼라 오버벡은 세간의 주목을 받는 것은 싫어했지만, 경기가 시작되는 순간 내성적인 모습을 떨쳐냈다. "저는 아주 수다스러웠어요." 오버벡은 내게 말했다. 팀 동료가 태클을 성공시키면, 그녀는 가장 먼저 칭찬을 늘어놓았다. "하지만 선수들이 열심히 하지 않으면 혼쭐을 냈습니다. 열심히 하지 않는 선수는 다그쳤고, 선수들이 누군가를 '찢어발기면' 이내 너희들은 정말 대단하다며 호들갑을 떨었죠." 디디에 데샹은 팀의 테두리 내에서는 조용하지 않았다. "워밍업 때도 떠들고, 라커룸에서도 떠들고, 필드 위에서도 떠들고, 하프타임 때도 떠들었습니다. 경기가 끝나고도 계속 떠들었죠. 떠들어야 합니다. 그래야 문제를 바로잡을 수 있으니까요." 심지어 요기 베라도 홈 플레이트에서는 동료들에게든 상대편 타자에게든 끊임없이 떠들어대는 것으로 유명했다. 보스턴의 테드 윌리엄스는 베라의 끝없는 수다를 참지 못하고 소리를 지르곤 했다. "요기, 입 좀 닥쳐!"

카를레스 푸욜은 기자회견장에서는 활기 없고 딱딱했지만, 필드에서는 활력을 찾았다. 동료 수비수 헤라르드 피케는 푸욜과 함께 뛸 때 "단 1초라도 집중력을 잃는 건 불가능했다"고 말했다. "푸욜이 항상 내 뒤에서 '헤리, 헤리, 헤리' 하고 불러댔으니까요." 푸욜이 이름을 부르면 피케는 가끔 고개를 돌리고 뭐가 문제냐고 물어보았는데, 푸욜은 "아무것도 아냐. 그냥 집중하라고"라고 대답했다고 한다.

푸욜은 "팀 동료들을 엄격하게 대할 때도 있었지만 나쁜 의도로 그런 적은 한 번도 없었다"고 말했다. "제 나름대로 선수들이 집중력을 잃지 않게 하려는 거였죠."

밖으로는 과묵하지만 안에서는 수다스러운 캡틴들은 팀 내부의 역학관계를 포괄적으로 만들어주었다. 1등급 팀들 대부분은 개방적이고 수다스러운 문화를 갖고 있었다. 서로 불만을 솔직하게 토로하고 전략을 의논했으며, 비판할 것이 있으면 서슴없이 비판했다. 이런 팀들은 모두에게 자기 소신을 밝힐 수 있게 해주었다. 예컨대 빌 러셀은 1966년 셀틱스의 플레잉 코치를 맡았을 때 독재자가 되지 않았다. 모두에게 발언권을 주고 합의에 의해 결정을 내리는 개방적인 팀 회의를 진행했다. 잭 램버트가 캡틴을 맡은 동안 스틸러스팀은 경기 후 사우나에 모이는 전통을 이어갔다. 코치와 언론의 시선이 닿지 않는 곳에서 선수들은 자신들의 플레이에 대해 허심탄회하게 대화를 나누었다. 솔직하고 책임감 있게 누구든 비판할 수 있는 자리를 마련한 것이다. 사우나는 램버트가 가장 편안하게 느낀 장소이기도 하다. 팀 동료 제리 멀린스는 "그곳은 잭 램버트의 안식처였다. 램버트는 제일 먼저 들어가서 제일 마지막에 나왔다"고 말했다.

이 같은 '일치단결'oneness에 있어서는 코치가 중요한 역할을 한 것 같다. 하나 되는 분위기를 만든다기보다는 그걸 지지해 주었다. FC 바르셀로나의 펩 과르디올라는 함께 뛰었던 선수들이 아직 팀에 현역으로 있을 만큼 젊은 감독이었지만, 드레싱 룸 근처에도 가지 않고 선수들이 자유롭게 대화할 수 있게 했다. 그리고 훈련 시간을 오전에서 오후로 바꿔서 선수들이 훈련 후에 회식을 할 수 있게 했다. 스타 스트라이커 즐라탄 이브라히모비치가 바르셀로나에 왔을 때, 과르디올라는 그를 따로 불러 말했다. "여기 바르사에서는 모두가 땅바닥에 발을 붙이고 있어." 이브라모비치에 따르면 그 메시지는 그가 "특별할 것 없는 사람"처럼 행동해야 한다는 뜻이었다.

1980년대 소비에트 붉은군대 팀의 빅토르 티호노프는 선수들이 치를 떠는 엄격하고 고압적인 코치였다. 선수들에게 1년에 많게는 11개월 동안 가족과 떨어져 극심한 압박감을 느끼며 훈련과 시합을 치르도록 했다. 그렇게 함으로써 선수들의 정체성이 구별되지 않을 정도로 끈끈한 유대감을 느끼게 강제한 것이다. 당시 윙어로 활약했던 블라디미르 크루토프는 소련 선수들이 어떤 사람들인지, 각자 어떤 독서 습관이나 취미, 관심사를 갖고 있는지에 대한 질문을 받은 적이 있다. 크루토프는 그 질문이 우스웠다. "다 똑같습니다. 우리는 사실상 똑같아요."

1등급 팀들 가운데 가장 유쾌했던 팀을 들라면 1949~1953년 뉴욕 양키스를 빼놓을 수 없다. 요기 베라는 신인 시절에는 살짝 괴롭힘을 당했지만, 이제 양키스 베테랑들은 신인 선수들을 살뜰히 보살펴주었다. 팀 바비큐 파티에 모두를 초대하여 파벌을 없앴다. 그 주역은 1949년에 요기 베라를 막강한 포수로 만들기 위해 발 벗고 나선 베테랑 투수들이었다.

요기 베라는 팀 리더로서 자리를 잡으면서 이런 문화를 더 진척시켰다. 유창한 연설을 통해서가 아니라 팀원들 각자와 섬세하게 소통하는 방법을 찾아냄으로써 가능한 일이었다. 베라는 '투수 조련사'로 명성을 쌓아갔다. 몇 시간이 걸리든 투수들과 대화하면서 그들이 선호하는 타자 공략법뿐 아니라 그들의 기질을 알아냈고, 그들의 기분을 맞추는 방법까지 파악했다. 투수가 사인을 거부해도 괜찮았다. 투수에게 도움이 필요하면 곧장 달려갔다.

변칙 투구의 달인인 수다스러운 에디 로팻과 손발을 맞추면서 두 사람은 서로의 마음까지 읽을 수 있었다. 몇 년 후 두 사람은 사인을 전혀 사용하지 않게 되었다. 강속구 투수 빅 라시가 나이를 먹으면서 구속이 떨어지자, 베라는 구질과 구속을 바꿔가며 타자를 공략하는 법을 가르쳐주었다.

베라의 진면목이 드러난 것은 투수들이 난조를 겪을 때였다. 때로는 편하게 던지라고 말해주거나 긴장을 풀어주려고 농담을 했지만 때로는 불을 붙였다. 투수 휘트니 포드는 "요기는 우리가 전력을 다하게 만들었다"고 말했다. 포드가 양키스에서 첫 풀타임 시즌을 보낸 1953년 무렵, 베라는 타자의 마음을 읽는 데 있어 타의 추종을 불허하는 경지에 올라 있었다. 포드는 베라의 사인대로 투구하면 그만이었다. 포드는 "사인을 거부할 필요가 거의 없었고, 그랬다 해도 결국 베라가 옳은 것으로 드러났다"고 말했다. 포드(24세)가 경기 중에 난조를 보이자 베라는 타임아웃을 부르고 천천히 마운드로 가서 이렇게 말했다고 한다. "오케이. 보고 싶은 영화가 여섯 시에 시작해. 이제 네 신데, 상영 시간에 늦고 싶지 않거든. 그냥 해치워버리자고."

베라가 양키스에 몸담았던 18년 동안 수십 명의 투수들이 거쳐 갔지만, 그들 가운데 예전부터 엘리트 수준의 성적을 기록한 투수는 소수에 불과했다. 1952년 한 해에만 최소 15이닝을 소화한 투수들 중 15명이 베라와 호흡을 맞추었다. 잠재력을 발휘하지 못하던 각양각색의 투수들이 양키스에 입단한 후에는 베라의 품에 안겨 커리어의 정점에 오르곤 했다. 솔 기틀먼의 책에 따르면 "베라는 좋은 경청자였을 뿐 아니라 이상적인 포수였다. 즉 예리한 심리학자이자 능숙한 투수 조종자"였다.

베라는 어눌했고 "It ain't over till it's over"(끝날 때까지 끝난 게 아니

다)처럼 앞뒤가 안 맞는 표현을 하는 것으로 유명했다. 그러나 베라는 말이 중요한 역할을 하는 문화를 옹호했다. 사실대로 말하자면, 베라는 야구 역사상 가장 소통 능력이 탁월한 선수 중 하나였다.

인간의 상호작용에 있어 오랫동안 풀리지 않은 수수께끼는 어떻게 (모든 집단이 아니라) 일부 집단의 사람들은 서로 마음이 잘 통하는가, 어떻게 하나처럼 생각하고 행동할 수 있는가 하는 것이다. 집단 역학 연구자들은 하나의 과업을 함께 수행하는 데 익숙해진 집단은 이른바 공유인지shared cognition 능력을 발달시킬 수 있다는 증거를 발견했다. 집단적인 지식과 경험은 상호적 정신 모형reciprocal mental model을 형성하여 사람들이 서로의 반응을 예측하고 더 효과적으로 협업할 수 있게 해준다.

2000년 펜실베이니아주립대학 연구진은 56개의 학부생 팀이 전투 시뮬레이션 비디오게임을 하는 것을 관찰했다. 가상의 적을 물리치려면 팀원들 간의 상호작용이 필요한 게임이었다. 위에서 언급한 공유인지 능력을 발달시킬 수 있었던, 희귀하고 재능 있는 팀들은 특출한 문제 해결 능력을 보여주었다. 일반적인 상황뿐 아니라, 한 번도 겪은 적 없는 복잡한 환경에서도 마찬가지였다. 다른 학자들의 연구에 따르면, '무의식적' 의사소통을 터득하기 시작한 팀은 전반적인 성과가 크게 향상되었다. 개별 팀원들의 기량 수준이 그대로여도 마찬가지였다. 즉 팀원들이 서로 대단히 친해지면 그 어떤 상황에서도 다른 팀원들이 어떻게 반응할지를 무의식적으로 예측하는 게 충분히 가능했다.

이 연구진의 실험 관찰 결과는 스포츠팀에 시사하는 바가 크다. 즉 모든 팀원들이 서로 어떻게 움직일지 알 만큼 텔레파시가 통하는

캡틴 클래스

완전체로 융합되면, 팀 전체의 경기력이 향상될 수 있다. 이 실험이 설명하지 못한 부분도 있는데, 그것은 이 모든 과정에서 의사소통이 어떤 역할을 하느냐는 것이다. 그보다 더 중요한 질문은 성공적인 팀의 구성원들이 어떻게 대화하느냐는 것이다.

MIT 인간역학연구소는 2005년부터 7년에 걸쳐, 21개 조직의 팀들(은행, 병원, 콜센터 등)이 어떻게 소통하며 그 소통 패턴이 각 팀의 성과에 어떻게 영향을 미쳤는지를 연구했다.

알렉스 '샌디' 펜틀랜드가 이끈 MIT 연구팀은 흔히들 하는 것처럼 단순히 각 팀의 업무 장면을 촬영하는 데 그치지 않고, 과학기술이 집약된 장치를 동원했다. 모든 팀원들은 무선 멀티미디어레코더를 명찰처럼 착용했는데, 이 '배지'는 디지털 이미지를 찍고 오디오를 녹음하여 1분당 100개 이상의 데이터를 생성했다. 팀원들이 근무 시간 동안 대화를 하면, 배지는 모든 대화 상대의 신원, 착용자의 목소리 톤, 얼굴을 마주보았는지의 여부, 제스처 횟수, 그리고 말을 한 시간과 들은 시간, 상대의 말을 막은 시간 등을 기록했다. 연구진은 전체 팀들의 '사회관계성 측정' 배지 데이터를 취합하여, 그 소통 패턴을 상세한 시각적 지도로 만들었다.

MIT 연구는 우리 모두가 짐작했던 바를 즉각 확인시켜주었다. 역시 소통이 중요하다. 팀에 재능 있고 영리하고 의욕적인 사람들이 많든 적든, 그 팀의 과거 실적이 견실하든 아니든, 팀 성적을 가장 잘 알려주는 지표는 평상시의 의사소통 스타일이었다. 실제로 펜틀랜드 연구진은 어떤 팀의 배지 데이터를 대충 보는 것만으로도 그 팀이 자체 업무를 어떻게 느끼고 있는지 예상할 수 있었다.

그렇다면 최고의 팀은 어떻게 소통했을까?

MIT 연구진은 팀 생산성의 핵심 요인은 팀원들이 정식 회의에서가 아니라 사교적 상황에서 보인 '에너지와 참여' 수준이라는 것을 발견했다. 말하자면 휴게실에서 열심히 대화한 팀들이 우월한 업무 성과를 성취할 가능성이 더 컸다. 그 집단의 모든 구성원의 총 대화 시간 또한 결정적인 것으로 나타났다. 최고의 팀들에서는 발언 시간이 공평하게 분배되었다. 어떤 한 사람이 발언권을 독차지하지도 않았고, 누구도 대화를 꺼리지 않았다. 펜틀랜드의 논문에 따르면 이상적 상황에서는 "팀 구성원 각자의 발언 및 청취 시간이 대략 동등하며, 다들 기분 좋고 짤막하게 말을 한다."

MIT 연구진은 그렇게 생산적인 유닛의 '자연스러운 리더'의 데이터 특징 또한 구분할 수 있었는데, 이런 리더를 카리스마적 연결자라고 불렀다. "배지 데이터는 이런 사람들이 활발하게 돌아다니면서 짧고 활기 넘치는 대화에 참여하는 것을 보여준다. 그들은 자기 시간을 민주적으로 배분한다. 모든 이와 균등하게 소통하며 모든 팀원들에게 말할 기회를 준다. 반드시 외향적인 사람은 아니지만 마음 편히 다른 사람들에게 다가선다. 그들은 말하는 만큼 들어주며, 말하는 사람이 누구든 열심히 귀를 기울이는 편이다. 우리는 이를 '활기차지만 집중적인 청취'라고 부른다."

카리스마적 연결자에 대한 논문을 읽으니, 프랑스와 브라질의 1998년 월드컵 결승전 하프타임 때 벌어진 일화가 기억났다. 여기에는 2등급 중에서도 가장 출중한 캡틴 중 하나인 디디에 데샹이 개입되어 있었다.

프랑스는 2-0으로 앞서 있었지만, 드레싱 룸으로 달려 들어오는 선수들은 잔뜩 날이 선 분위기였다. 드레싱 룸에 가장 먼저 입장한 선수는 두 골을 모두 넣은 스타 미드필더 지네딘 지단이었다. 지단은 자기 라커로 직진해서 셔츠를 벗고 방바닥에 눕고는 두 손으로 눈을 가렸다. 분명히 탈진 상태였다. 그 뒤편에 데샹이 있었다. 데샹은 공식 연설은 하지 않았지만, 방을 한 바퀴 돌면서 빠른 스타카토로 말했다. "우린 계속 뛰어야 해. 우린 쉬지 않아."

잠시 후, 데샹은 여전히 누워 있던 지단 쪽으로 갔다. 허리를 구부려 두 손으로 지단의 얼굴을 감싸 쥐고 지단의 눈을 똑바로 쳐다보면서 수비를 강화해달라고 간청했다.

후반전에 프랑스는 브라질에게 한 골도 내주지 않고 종료 몇 초 전에 추가골을 넣었다. 3:0으로 첫 월드컵을 차지한 순간이었다. 2년 후에도 데샹이 이끈 프랑스팀은 2000년 유럽축구선수권대회에서 우승하여, 2등급 자리를 굳혔다.

감정적으로 격했던 지단과의 드레싱 룸 장면에 대해 데샹은 팀원들을 대할 때 늘 그렇게 한다고 말했다. 어떤 말을 하는가도 중요하겠지만, 말을 하는 동안 상대와 접촉하고 자신의 말과 보디랭귀지를 동기화시키는 것도 중요하다는 것이다. "하고 싶은 말과 표정을 일치시켜야 합니다. 선수들은 내가 어떤 기분인지 압니다. 그걸 들을 수도 있고 볼 수도 있죠."

데샹은 MIT 연구가 암시했던 의사소통의 또 다른 진실을 알고 있었던 듯하다. 의사소통을 성공적으로 하는 데 있어 중요한 역할을 하는 것은 언어뿐만 아니라 더 많은 것들이 있다.

1990년대 초, 하버드대학 심리학 교수 낼리니 앰버디와 로버트 로젠탈의 실험은 보디랭귀지의 힘을 보여준다. 그들은 대학교수 열세 명의 강의 장면을 촬영했다. 그리고 각 교수들의 녹화 테이프를 몇 십

초짜리 '초단편'으로 잘라내고 음을 소거했다.

그런 다음에는 그 교수들을 모르고 해당 강의를 수강한 학생들을 대상으로 '판정단'을 모집하고, 그들에게 얼핏 불가능해 보이는 과제를 주었다. 판정단은 30초짜리 동영상만 보고 각 교수들의 특성 열다섯 가지(정직성, 호감도, 지속성, 자신감, 유능함, 압도성 등)를 평가해야 했다. 연구자들은 실제 수강생들이 매긴 평점과 판정단 평점을 비교하여 그 두 집단이 교수들을 어떻게 인식했는지 비교했다. 놀랍게도 두 집단의 평가는 거의 일치했다. '무성' 판정단은 실제로 매우 정확히 교수들을 평가했다. 연구자들이 30초짜리 동영상을 6초로 잘라냈을 때에도 유의미한 차이가 없었다. 새 판정단이 매긴 평점은 그 정확도가 7퍼센트 포인트밖에 떨어지지 않았던 것이다. 이 실험에 따르면 학생들이 교수들에게 느낀 인상에 있어서 보디랭귀지가 가장 중요한 요인으로 작용했다. 교수들의 말은 영향력이 거의 없었다.

저자들에 따르면 이 실험 결과는 "첫째, 우리의 직관적 판단은 예상 밖으로 정확할 수 있고, 둘째, 우리는 자기 자신에 대한 다량의 정보를—부지불식간에—전달한다는 것을 시사한다."

심리학자 다니엘 골먼은 1995년 《감성지능 EQ》이라는 책에서, 1960년대부터 과학자들이 논의했던 아이디어에 기초한 이론을 정리했다. 골먼은 정서를 인식·조절·생성·투사하는 능력은 표준적인 지능검사로는 밝혀낼 수 없는, 독특한 형태의 지적 능력이라고 보았다. 감성지능이 높은 사람들은 '감성 정보'를 어떻게 활용하면 자신의 사고와 행동을 바꿀 수 있는지 이해하며, 그 덕분에 다른 사람들과 접촉해야 하는 상황에서 능력을 더 잘 발휘할 수 있다. 또한 골먼은 감성지능은 성공적인 리더가 되는 데 필요한 기량과 밀접하게 연관되며,

이런 측면에서 IQ보다, 심지어 기술적 전문지식보다 더 중요할 수 있다고 생각했다.

이 같은 연구 결과(보디랭귀지의 힘, 감성지능 개념) 덕분에 1등급 캡틴들이 연설을 하지 않고도 어떻게 자신의 메시지를 전파할 수 있었는지 잘 알게 되었다. 위대한 캡틴들에게 있어 소통의 관건은 그들이 얼마나 말을 많이 하느냐가 아니었단 말인가? 과연 보디랭귀지, 표정, 제스처, 신체 접촉을 통해 그 말에 감성적 에너지를 싣는 것 또한 중요했을까?

이 아이디어를 시험해보기 위해 나는 농구경기 입장권을 구입했다.

2016년 샌안토니오는 뉴올리언스 펠리컨스의 홈에서 경기를 펼쳤다. 샌안토니오 스퍼스의 경기를 보고 있자니, 여기선 경기 프로그램보다는 연극 팸플릿을 파는 게 더 어울리겠다는 생각부터 들었다. 스퍼스 벤치 바로 뒤에 위치한 1층 2열 관중석에서, 나는 스퍼스 선수들이 멈추지 않고 대화하고 있다는 것을 알게 되었다. "정신 차려, 집중해…… 중앙으로 가…… 물러서, 물러서…… 멈출 수가 없구만…… 페이스 유지, 페이스 유지…… 적당히 해, 패티…… 조심, 조심, 조심…… 뒤를 봐, 뒤를 보라고!"

일관성 면에서 타의 추종을 불허하는 19시즌 동안, 스퍼스는 다섯 번의 NBA 우승을 차지했다. 철벽 수비, 숙련된 픽앤롤 플레이, 로포스트 장악을 통해서였다. 스퍼스 선수들은 공격 및 수비 통계지표상으로는 NBA 최상급이 아니었다. 그러나 의사소통이라는 범주에서는 아웃라이어였다. 다른 1등급 팀들과 마찬가지로, 스퍼스는 대화에 많은 시간을 썼다. 대개 손발을 맞추기 위해서였다. 스포츠 기자 빌

시먼스는 스퍼스가 "블랙잭 테이블에서 딜러를 이길 방법을 찾아내려는 다섯 명의 친구들"을 상기시킨다고 말했던 적이 있다.

내가 이렇게 가까운 좌석을 잡은 이유는 서로 대화를 많이 한다는 스퍼스의 경기 태도를 직접 확인하기 위해서였다. 그러나 더 큰 목표는 그 '지루한' 팀 던컨이 그 안에서 어떤 역할을 맡는지 알아보는 것이었다. 대중에겐 마치 진공청소기처럼 보이는 팀 던컨이라는 사람이 팀의 '카리스마적 연결자'가 될 수 있다는 것이 나로서는 믿기 힘들었다.

던컨은 자신을 목소리를 내는 리더라고 보지 않았다. 그는 거의 목소리를 높이지 않았다. "몇 년 동안 동료들과 친해지면서 조금은 말이 많아졌다고 생각합니다. 등을 두드려주고 끌어주곤 해요. 하지만 대체로 전 스스로를 압박하려고 하는 편입니다." 대부분의 다른 1등급 캡틴들에 비해 던컨은 애정 표현이 부족해 보였다. 어떤 상황에서든 보디랭귀지를 자제하고 무표정한 표정도 전혀 변함이 없었다(풍자신문 〈디 오니언〉은 "팀 던컨이 관중을 위해 왼쪽 눈썹을 살짝 올리는 과장 행동을 했다"라는 헤드라인으로 던컨을 놀린 적도 있다). 하버드대학 심리학자 앰버디와 로젠탈이 던컨의 30초 강의 영상을 보여주었다면 사람들은 잠들어버렸을지도 모른다.

던컨은 목소리까지도 무색무취했다. 인터뷰에서는 늘 승부 결과와는 무관하게 단조롭게 말해서 초연하거나, 심지어 무례하게 보였다. 팀 동료였던 맬릭 로즈는 던컨을 이해하는 열쇠는 그가 말하는 방식보다는 그 말의 내용을 듣는 거라고 했다. 물론 그게 늘 쉽지는 않은 일이라고 덧붙이기도 했다.

경기 초반에 던컨은 농구 로봇처럼 뛰었다. 어떤 에너지도 허비하지 않았고, 최소한의 걸음으로 자리를 잡았으며, 로 포스트에서는 신중하고 섬세하며 기본적으로 견고한 움직임을 보였다. 수비진 교통정리에 꽤 시간을 들였지만(한 팀원에게 자리를 정해주고 올바른 방향으로 살짝 밀어 넣는 등) 감정은 거의 보이지 않았다. 3쿼터에 평소답지 않게 덩크슛을 성공시켰지만 주먹조차 흔들지 않았다. 마지막 3분 동안 스퍼스가 10점을 쏟아 부어 펠리컨스를 8점 차로 이긴 후에도, 던컨은 미소조차 짓지 않았다. 예전 동료였던 마이클 핀리는 "농구에 대해 전혀 모르는 사람이 경기장에 들어가서 그의 태도를 보면 그가 이 팀의 리더라는 걸 눈치 채지 못할 것"이라고 말했다.

내 주의를 끌었던 것은 다름 아닌 그의 눈이었다. 그의 시선은 날카롭지 않았다. 사람들로 하여금 그가 그들의 영혼 깊은 곳을 들여다보고 있다는 느낌을 주지도 않았다. 그러나 그는 자신의 눈을 써서 다른 의미를 전달했다. 심판이 마음에 안 드는 판정을 내리면, 눈이 휘둥그레지며 충격 받았다는 표시를 했다. 동료가 정해진 대로 수비하지 못하면, 그는 눈을 가늘게 뜨고 입을 벌렸다. 한 팀원에게 2초 내지 3초 정도 시선을 고정할 때도 있었다. 얼굴을 보고는 어떤 생각을 하는지 전혀 짐작할 수 없지만, 눈을 보면 그의 생각이 완연히 드러났다.

그가 뛰지 않는 타임아웃 동안에는 던컨의 눈이 완전히 살아났다. 그의 두 눈은 늘 움직이고 있었다. 동료, 코치, 심판, 전광판, 심지어 팬들까지 재빨리 스캔했다. 던컨에게는 몇 가지 타임아웃 의식이 있었다. 휘슬이 불리는 순간 제일 먼저 벤치를 박차고 나와 코트에서 걸어오는 선수들과 손바닥을 마주쳤다. 그런 다음에는 보조코치들 쪽으로 달려가 노트를 확인했다(그렇게 하는 NBA 선수는 드물다). 샌안토니오 코치 그렉 포포비치가 무릎을 굽히고 작전 지시를 하면, 던컨은 그의 왼쪽 어깨 바로 뒷자리를 지키고 서 있었다. 그 자리는 포포비치가 화이트보드에 쓰는 내용을 보고, 필요시 의견을 덧붙이기에 좋았다. 또한 앞에 앉은 동료들의 보디랭귀지를 살펴볼 수 있는 위치였다.

타임아웃이 끝날 때마다, 포포비치가 말을 마치면, 던컨은 한두 선수를 찾아갔다. 그들에게 부드럽지만 열심히, 때로는 손가락을 흔들어가며 작전 포인트를 설명했다. 그들과 자주 접촉하기도 했다. 손바닥을 마주치거나 엉덩이를 툭 치거나 어깨동무를 했다. 가벼운 분위기에는 장난스럽게 서로 몸을 부딪치기도 했다. 나는 던컨이 이런 타임아웃 의식을 반복하는 걸 보고, 그 모든 순간들이 계산되어 있다는 걸 알게 되었다. MIT 연구의 카리스마적 연결자들과 마찬가지로, 던컨도 팀원들 사이로 돌아다니며 민주적으로 자기 시간을 분배했다. 그는 모두에게 편하게 접근했다. 그는 자신이 말한 만큼 경청했고, 결코 시선을 피하지 않았다.

뉴올리언스에서 열린 이 경기에서 펠리컨스가 4:0으로 기선을 제압하자, 포포비치는 재빨리 타임아웃을 불렀다. 그리고 팀 전체에 대고 욕설을 해댔다. 전날 밤에도 경기를 치른 스퍼스는 지쳐 보였다. 선수들이 태만하다고 생각한 포포비치는 화가 나서 화이트보드를 지우개로 시끄럽게 두들겼다. 그는 패스를 엉성하게 했던 던컨부터 야단을 쳤다. 던컨은 방어적으로 자기 자신을 가리켰다. "저요?" 그러나 포포비치가 가장 격렬하게 꾸짖은 대상은 토니 파커였다. 팀의 스타 가드인 파커가 무성의하게 수비를 했다는 것이었다. 포포비치는 마지막으로 이렇게 말했다. "토니, 넌 아웃이야." 파커는 벤치 행을 당연한 일로 받아들인 것 같았다. 싹싹하게 티셔츠를 입고 의자에 앉았다. 그러나 경기에서 파커를 뺀 것은 위험한 선택이었다. 파커는 비난을 받으면 침체되는 성향이었기 때문이다.

다음 작전 타임 때 던컨은 행동을 개시했다. 코트를 서둘러 벗어나 곧장 파커에게로 가서 그의 머리에 손을 댔다. 그리고 파커의 고개를 들어 올려 서로 눈을 마주칠 수 있게 했다. 파커가 시선을 피하자 던컨은 손을 파커의 등으로 옮겨 토닥거렸다. "괜찮아?" 던컨이 물었다. 파커는 고개를 끄덕이고 던컨을 올려다보았고, 옅은 미소를 지었다. 던컨은 한동안 거기에 서 있었다. 그 자세 그대로 팀 동료 파커를 약 3초간 쳐다보았다. 그런 다음에야 던컨은 자리에 앉았다.

8분 후, 포포비치가 파커를 경기장에 다시 투입하기로 했을 때, 던컨은 파커를 보호하듯 자기 손바닥을 파커의 가슴 위로 갖다 댔다. 그리고 몸을 기울여 파커의 귀에 대고 뭔가를 속삭이며 미소를 지었다. 파커는 크게 웃었다. 던컨은 자기 왼손을 파커의 어깨에 올리고는 주무르기 시작했다. 던컨이 한 말은 기껏해야 다섯 단어 정도였겠지만, 그의 응원 메시지는 이보다 명쾌하게 전달될 수 없었을 것이다.

경기 후에도 포포비치는 그토록 갑작스럽게 파커를 뺀 이유를 밝히지 않았다. 스퍼스 선수들 대부분이 기자들의 질문에 답하지 않고 라커룸을 빠져나갔다. 나는 스퍼스의 가드 패티 밀스에게 던컨이 했던 행동을 눈치 챘는지 물어보았다. "보나 마나 토니 주변에 오래 있었겠죠. 이런 상황에 어떻게 대처해야 하는지 아니까요. 팀은 메시지를 어떻게든 전달합니다. 그 메시지가 아무리 작고 빠르고 짧더라도 말이죠. 뭔가 말해야 할 것이 있으면 팀은 반드시 말해요. 그렇지 않으면 내버려둡니다. 그래서 그가 뭔가 말을 하면 모두가 귀를 기울이는 거죠."

던컨의 리더십에는 큰 아이러니가 있다. 그 스스로는 말하는 걸 좋아하지 않음에도 불구하고, 말하는 것이 권장되는 환경을 조성하려고 열심히 노력했다는 것이다. 그리고 팀 내에서 이처럼 열린 분위기를 가능하게 만드는 역할을 맡았다. 그는 표현력이 타고난 것은 아니지만, 스스로 가진 도구들을 - 특히 두 눈을 - 활용하여 결정적 순간에 강력한 신호를 보냈다.

포포비치는 던컨에 대해 이렇게 말했다. "그는 사람들을 판단하지 않습니다. 그들이 누구인지, 그들이 뭘 하는지, 그들의 장점이 뭔지 알아내려고 노력하죠. 사람을 보는 눈이 아주 좋아요. 우리가 그런 던컨을 알게 되면…… 여기에 연쇄살인마만 아니면 그 누구든 데려올 수 있다는 걸 알게 되죠. 그는 그들을 어떻게 대해야 할지 알아낼 수 있어요. 팀 던컨이 선수들 뒤통수를 만지거나 어깨동무를 하거나 몸을 기대거나 타임아웃 동안에 뭔가 말해주는 건 큰 역할이죠. 던컨은 자신이 쏟는 관심이 선수들의 발전과 자신감에 큰 영향을 미친다는 걸 알고 있습니다. 선수들의 그런 인정이 그를 이런 리더로 만들었다는 것 또한 알고 있죠."

그날 밤 나는 호텔로 돌아가면서, 던컨이 동료들과 소통하는 방식을 더 분명한 그림으로 보게 되었다. 그는 거창한 연설을 하지도 않았고, 면전에 대고 호통을 치지도 않았다. 말은 아껴가며 목적의식적으로 사용했는데, 그것은 문제가 생기는 즉시 실질적인 처방을 내리기 위해서였다. 그리고 다른 1등급 캡틴들과 마찬가지로 자신의 메시지를 강화하기 위해, 팀원들과의 신체 접촉과 눈 맞춤 등으로 그 말의 의미를 증폭시켰다. '카리스마'는 사람들이 던컨에 대해 가장 마지막으로 떠올릴 단어일 것이다. 그러나 던컨이야말로 MIT 연구진이 파악했던 유형의 전형적인 카리스마적 연결자였다.

하버드대학의 교수법 실험은 보디랭귀지의 힘을 살펴보는 데 그치지 않았다. 제스처와 표정의 이상적 조합이 있는지도 검토했다.

앰버디와 로젠탈은 가장 낮은 평점을 받은 교수들은 앉고, 고개를 젓고, 얼굴을 찌푸리고, 손을 만지작거리는 경향이 있음을 알아냈다. 그런 제스처는 피하는 것이 바람직했다. 가장 평점이 높은 교수들은 다른 이들보다 적극적인 편이었다. 그런데 그들의 제스처는 각기 너무 달랐다. 일부는 미소를 짓거나 고개를 끄덕이거나 크게 웃거나 손가락질을 하거나 손뼉을 쳤지만, 그런 동작을 전혀 하지 않는 교수들도 있었다. 그들이 매력적이든 아니든, 그들의 제스처가 강하든 약하든 상관없었다. 카리스마라는 자질은 보편적이거나 반복 가능하지도 않고, 심지어 쉽게 알아볼 수 있는 것도 아니었던 것이다. 인상의 호감도를 높여줄 '올바른' 매너의 조합은 없었다. 가장 효과적으로 의사소통을 하는 사람들에게는 지문처럼 뚜렷한 스타일이 있었다. 연구자들에 따르면 "판정단은 그 사람이 따뜻한지 아닌지 파악할 수는 있지만, 그렇게 느끼게 만든 특정한 단서는 알아차리지 못할 수 있다."

말하자면, 누군가를 카리스마적으로 만드는 자질에 대한 우리의 어림짐작은 완전히 잘못된 것이다. 사람들이 소통할 때 어떤 종류의 보디랭귀지나 언어 패턴을 사용하는지는 중요하지 않다. 중요한 것은 사람들이 각자 본인에게 맞는 공식을 만들어낸다는 것이다.

대부분의 팀 리더는 어려운 도전에 대처하기 위해, 완벽한 말을 생각해내고 그 말을 전달하기에 가장 이상적인 순간을 찾아내려 한다. 그러나 팀 던컨, 요기 베라, 카를레스 푸욜, 칼라 오버벡을 비롯한 1등급 팀 캡틴들은 다른 방식으로 접근했다. 그들은 경청과 관찰, 그리고 의미 있는 모든 순간에 직접 개입함으로써 동료들과 끊임없이 관계를 맺었다. 그들은 소통이 일종의 연극이라고 보지 않았다. 끊임없이 교감하고, 매번 귀를 막아주고, 포옹을 해주고, 코를 닦아주는 것이라고 보았다.

제8장 요약

• 어려운 시험을 맞이하여 팀의 결단을 굳히는 과업이 주어진다면, 우리들 대부분은 거울 앞에서 연설을 준비할 것이다. 기존 통념대로라면 완벽한 순간에 적절한 말을 전달하는 것이 동기 부여의 열쇠일 터이다. 1등급 팀의 캡틴들은 그 생각을 증명하지 못했다. 아니, 그것이 명백히 틀렸음을 보여주었다. 그들은 연설을 하지 않았다. 그들은 대개 인터뷰에 서툴렀을 뿐만 아니라 과묵하거나 어눌한 사람으로 보였다. 그들은 과시하지 않고 리드했다.

• 팀원들이 서로 대화한다는 것이 성공적인 팀에 관한 위대한 과학적 발견이다. 그들은 돌아가며 민주적으로 대화한다. 이런 팀의 리더는 일일이 돌아다니며 모두에게 열정적이고 힘 있게 이야기했다. 1등급 팀들 또한 이처럼 수다스러운 문화를 갖고 있었다. 그리고 이런 문화를 육성하고 유지한 것은 바로 그 팀의 캡틴이었다. 그 캡틴들 중 대부분은 공개적인 발언을 그리 좋아하지 않았다. 그러나 팀의 사적인 영역 내에서는 늘 말을 많이 했으며, 제스처와 눈길과 접촉 등 여러 형태의 보디랭귀지로 메시지를 강화했다. 효과적인 팀 소통의 비결은 거창하지 않다. 그것은 실질적이고 신체적이며 지속적으로 이어진 수다이다.

캡틴 클래스

계산된 행동

비언어적 표현의 힘

1976년 피츠버그

190센티미터가 넘는 금발의 미들 라인배커 잭 램버트가 피츠버그 스틸러스의 라커룸으로 걸어 들어갔다. 누구라도 움찔하게 만드는 매서운 표정을 하고 있었다. 램버트는 항상 폭발 직전에 있는 것 같았다.

스틸러스는 방금 전 신시내티 벵갈스를 23:6으로 압살했고, 램버트는 무결점에 가까운 플레이를 했다. 8개의 단독 태클과 1개의 쿼터백 색을 기록했다. 뿐만 아니라 결정적인 인터셉션(가로채기)으로 피츠버그의 터치다운을, 펌블된 볼을 잡아 필드골을 끌어냈다. 이처럼 공격에서는 10점을 얻어냈고, 수비 면에서는 신시내티가 엔드존에 들어가지 못하게 도왔다. 22명의 선수들이 하는 게임에서 혼자 그런 결과를 만들어낸 것이다.

구겨진 카키색 바지와 드레스 셔츠를 입은 신문사 기자들은 램버트의 라커 앞에 반원을 그린 채 램버트의 한마디를 기다렸다. 누구에게도 달가운 일이 아니었다. 램버트는 필드 위에서는 엄청난 에너지로 인상적인 플레이를 펼치지만 언론은 혐오했기 때문이다. 공공연히 기자들을 경멸했으며, 관심의 중심에 서기를 싫어했다. 테이프 녹음기를 가진 사람들만 경멸한 것도 아니었다. 팀원들에게도 라인을 못 맞추거나 게으른 태도가 보이면 험담을 퍼부었다. 공격팀 캡틴 샘 데이비스에게도 다이어트를 해야 할 때라고 쏘아붙이기도 했다. 사우나에서는 말이 많았지만, 원정길에서 홀로 술을 마시는 호텔 바나, 소설을 읽는 방이나, 경기 중 혼자 앉아 있는 벤치 끝자리 등에서 고독한 이미지를 보였다. "나는 소리 지르는 사람이 아니에요. 작전 회의 때는 몇 마디 할지 모르지만, 대부분의 경우에는 조용해요. 리더는 립서비스가 아니라 몸소 모범을 보여야 한다고 언제나 생각해 왔어요."

램버트가 라커에 도착하자 그를 둘러싸고 있던 기자들은 멋쩍어했다. 그 전까지 기록한 1승 4패의 전적을 지적하며, 스틸러스가 플레이오프에 오르지 못할 거라는 비관적인 예측을 쏟아냈기 때문이다. 필드 위에서 램버트가 보인 플레이는 기자들을 바보로 만들어버렸다. 그때는 아무도 예상하지 못했지만 피츠버그는 나머지 게임을 모두 이겼을 뿐 아니라, 다섯 게임을 무실점으로 승리하는 NFL 기록을 세웠다.

그렇지만 기자들이 침묵한 이유가 또 하나 있었다. 스틸러스의 보조트레이너 밥 밀리 또한 대기하고 있다가 램버트가 도착하자마자, 그의 오른손을 수술용 가위로 치료하기 시작했기 때문이다. 깊은 상처가 실로 꿰맬 수 없는 곳까지 패여 있었다. 트레이닝 스태프들은 경기 전에 최선을 다해 그 상처를 봉합했었다. 그러나 붕대가 풀어져서 램버트의 찢긴 피부는 피가 말라붙은 거즈, 테이프와 한 덩어리가 되어버렸다. 상처에서 피가 줄줄 새는 바람에 램버트의 흰색 저지와 노란색 바지 곳곳에 피가 묻었다. 램버트는 방금 도살된 사슴처럼 보였다. 기자들은 피투성이가 된 램버트에게서 눈을 떼지 못했다.

"왜들 그러죠?" 램버트는 1분간의 침묵을 깨고 말했다. "다들 거기 서서 아무것도 안 물어볼 겁니까?"

"손이 왜 그렇게 된 거죠?" 마침내 한 기자가 물었다.

램버트는 손을 번쩍 들어 갈가리 찢긴 상처를 기자들에게 보여주었다. "조금 찢어졌죠, 뭐. 거친 게임이잖습니까."

아메리칸 풋볼은 팀 스포츠 중에서도 팀이 공격팀과 수비팀이 별개의 유닛으로 구성된다는 점에서 독특하다. 두 유닛은 서로 소통하지 않는다. 별도의 선수 명단이 있고 캡틴도 따로 뽑는다. 그런데 1970년대 스틸러스에서 공격팀은 창문 장식에 불과했다. 스틸러스를 막강하게 만든 것은 NFL 역사상 최고 수준이었던 '철제 커튼'Steel Curtain 수비였다.

그가 캡틴이 되는 것은 이듬해였지만, 그 당시에도 램버트가 수비의 동력이었음을 그 누구도 믿어 의심치 않았다. 스틸러스의 수비 코디네이터였던 버드 카슨은 말했다. "두말할 나위 없이 잭 램버트가 기폭제 역할을 했습니다. 바로 그가 비교적 좋았던 우리 수비팀을 확실하게 훌륭한 수비팀으로 바꾸어놓았죠. 고무적인 선수, 근성 있는 선수였습니다. 램버트 같은 선수는 본 적이 없어요. 잭 램버트가 없었다면 우리가 어려운 고비를 넘길 수 있었을지 모르겠습니다."

NFL에 몸담은 지 두 번째 시즌이었지만, 그의 빠른 스타덤 등극은 사람들을 놀라게 했다. 라인배커치고는 발도 느렸고 마른 체격이었기 때문이다. 루키로서 90kg을 겨우 넘는 체중은 리그 평균을 훨씬 밑돌았다. 스틸러스에서 램버트를 드래프트했을 당시, NFL 스카우트와 칼럼니스트들은 그를 당구 큐대나 허수아비에 빗대며 주전 선발선수가 되지 못할 거라고 예측했다. 스틸러스 스카우트들은 운동능력, 순발력, 체력, 민첩성 면에서 램버트에게 B등급을 주었다.

그러나 태도 점수만은 매우 뛰어났다.

1974년 피츠버그 훈련캠프에 모습을 드러낸 순간부터, 램버트는 신체적 한계를 뛰어넘는 묘한 능력을 보여주었다. 그는 덩치는 크지 않았지만 탁월한 균형 감각과 체력을 타고 났다. 그의 (고개를 들고 허리를 직각으로 구부리는) 태클 기술은 코칭 매뉴얼과 어긋났다. 그는 수없이 많은 영상을 연구하며 볼에 대한 감각을 키웠으며, 언제나 완벽한 지점을 찾아 플레이하곤 했다.

그러나 램버트에게 필드 위에서 가장 강력한 무기는 무형의 그 무엇이었다. 그는 종종 사람들을 식겁하게 만들었다.

고등학생 때 램버트는 농구를 하다가 앞니 서너 개를 잃었다. 치과 의사는 보철물을 맞춰주었지만, 램버트는 필드 위에서는 그걸 끼지 않았다. 입을 벌려도 이빨이 보이지 않으니 미친 사람처럼 보였고, 〈스포츠 일러스트레이트〉의 유명한 묘사처럼 "스파이크를 신은 드라큘라" 같았다. 상대편이 스냅하기 전에 항상 램버트는 대부분의 미들라인배커들처럼 정지 상태로 쭈그리고 있지 않았다. 미친 듯이 화가 난 듯 씰룩거리며 발을 굴러댔다. 쿼터백에게 어떤 자비도 베풀지 않는 것으로 유명했다. 그를 피해 라인 밖으로 도망갈 때도 봐주지 않았다. 램버트는 상대 쿼터백이 곤죽이 되도록 강하게 태클하곤 했다.

향후 명예의 전당에 오르는 덴버 브롱코스의 존 엘웨이는 스크리미지 라인 너머로 그를 쏘아보던 램버트를 처음 본 순간을 회상했다. 엘웨이는 "그는 치아가 없었고, 침을 마구 흘리고 있었다"고 말했다. "나는 이렇게 생각했죠. '연봉을 돌려줄 테니까 여기서 나가게 해 달라. 차라리 회계사가 되겠다.' 정말이지 거기서 도망치고 싶더라고요."

사실 램버트는 내향적이고 지적이었지만, 경기 영상을 연구하며 기량을 연마함으로써 자신의 단점을 극복한 선수였다. 그러나 대체로 팬과 상대편 선수들, 기자들에게 그는 입에 거품을 문 미치광이라는 인상을 주었다.

램버트는 자신의 페르소나, 즉 남들에게 비치는 모습을 잘 알고 있었다. 풋볼은 감정적인 게임이므로 때로는 팀에 의욕을 불어넣기 위해 뭔가 해야 했다고 그는 말했다. 하지만 주의 사항도 덧붙였다. 자신이 폭력적이지는 않았다는 것이다. "나는 라커 앞에 앉아서 싸움을 벌이거나 누군가를 다치게 할 생각에 골몰하지는 않습니다. 강력하고 공격적으로 플레이할 수 있기를 바랄 뿐이죠. 풋볼은 원래 그런 게임이니까요." 램버트는 자신이 통제 불능이라는 생각 또한 거부했다. "사실 저는 그다지 거칠지도 않아요. 감정적이긴 하지만 내가 뭘 하고 있는지는 압니다. 그런 건 일련의 계산된 행동입니다."

그 중요한 신시내티전에서 램버트의 손 부상이 그토록 끔찍해질 이유가 있었을까? 그의 유니폼이 피투성이가 될 필요가 있었을까? 램버트가 경기장을 벗어날 때마다 트레이너가 붕대를 갈아줄 수 있었을 텐데 말이다. 이 질문을 받은 트레이너 밥 밀러는 이렇게 답했다. 트레이너들은 램버트가 피가 나는 부상을 입어도 그에게 접근하지 말아야 했다는 것이다. 그들이 응급조치를 하려 하면 램버트는 건드리지 말라며 소리를 질렀다. 밀러는 "그는 팀에서 가장 위협적인 존재였을 겁니다. 유니폼에 피를 묻히는 걸 좋아했으니까요"라고 말했다.

앞 장에서 우리는 팀 던컨 같은 1등급 팀 캡틴들이 팀을 향상시킨 방법을 알아보았다. 그 방법은 실질적 의사소통을 끊임없이 하면서, 자신의 메시지를 보강하기 위해 제스처·신체 접촉·눈 맞춤 등을 동원하는 것이었다. 잭 램버트 또한 이런 방법 몇 가지를 썼다. 스틸러스 수비진의 쿼터백으로서 그는 작전 지시를 했다. 경기 도중에는 동료들을 자극했고, 경기 후 사우나에서는 직설적으로 피드백을 해주었다. 그러나 램버트에게는 던컨과 구별되는 특징이 있었다. 필드 위에서 그는 전력을 다해 극도의 열정과 감정을 쏟아냈다. 이는 내가 보기에 전혀 다른 종류의 충동이었다. 별도의 범주에 속하는 더 원시적인 형태의 소통방식이었다.

1927년 7월 15일 오전, 스물한 살의 대학원생 엘리아스 카네티는 자전거를 타고 빈 시내를 돌아다니고 있었다. 오스트리아의 수도를 휘감고 있던 정치적 격동을 막연하게만 알고 있던 때였다. 오스트리아 대법원이 자리한 법무궁을 지나고 있을 때, 사회민주당 당원 수천 명이 건물 밖에 모여 있는 것이 보였다. 군중은 한 살인 사건에 대한 배심원 평결에 분노하고 있었다. 오전 내내 세를 불린 그들은 관공서를 돌아다니며 동조자들을 끌어 모았다. 자전거를 타고 지켜보던 카네티 앞에서 시위는 폭동으로 변했다.

시위대는 대법원 건물 창문을 부수고 안으로 들어갔다. 처음에는 집기류를 파괴했다. 그러고는 책과 서류를 꺼내 불을 질렀다. 건물이

캡틴 클래스

화염에 휩싸이자 소방관들이 도착했지만, 폭도들은 소방 호스를 잘라버렸다. 다른 방법을 찾지 못한 빈 경찰청장은 결국 진압 경찰들을 소총으로 무장시켰다. 그날 총살당한 시위대는 89명에 이르렀다.

카네티는 대학살이 절정에 이르기 전에 현장을 벗어났지만, 광기에 사로잡혀 약탈과 방화를 하는 군중의 모습은 깊이 뇌리에 남았다. 그 광경에 겁에 질리기도 했지만 군중이 그런 심리에 이르게 된 과정이 놀랍기도 했다.

향후 몇 년간 파시즘과 전쟁이 유럽을 사로잡으면서, 군중 개념은 국제적 관심사가 되었다. 천편일률적으로 생각하고 폭력에 목마른 군중이 심각한 문제를 일으켰기 때문이다. 카네티는 그런 동물적인 힘을 지척에서 목격했던 빈의 그 장면을 돌이켜보았다. 군중은 그의 학문 연구에서 중심 주제가 되었다. 그리고 카네티는 군중 심리에 관해 세계적인 권위자가 되었다.

1960년에 쓴 《군중과 권력》에서 카네티는 어떤 감정이 빠르고 소리 없이 한 집단의 사람들을 휩쓸면서, 합류하고 싶다는 충동을 억제하기 힘들 정도로 불러일으키는 과정을 묘사했다. "우리들 대부분은 어떤 일이 벌어졌는지 모르며, 질문을 받더라도 대답하지 못한다. 그러나 대부분의 사람들이 있는 곳으로 서둘러 간다"고 카네티는 썼다. 평범한 호기심이라는 표현과는 전혀 다른 그들의 움직임에는 단호함이 있다. 마치 그들 중 일부의 움직임이 다른 이들에게 전이되는 것처럼 보인다. 군중 속에서 "개인은 자기 자신의 한계를 초월하고 있다고 느낀다."

카네티는 사람들이 폭도들과 합류하기로 결심하는 것은 아니라고 보았다. 무의식적으로 감정 전이가 일어나, 그들의 생리가 동시적으로 맞춰져서 그렇게 된다는 것이다. 이러한 감정 전이는 심지어 다치거나 죽을 위험이 있다 해도, 사람들이 일종의 통일된 행동 방침을 따르게 만든다. 카네티에 따르면 군중은 "동물적 힘이라는 느낌을 가능한 가장 강하게 경험하고 싶어 한다."

30년이 넘도록 카네티의 관찰은 이 주제에 관한 결정적 연구로 남아 있었다. 과학자들은 그가 묘사한 신경학적 힘neurological forces을 더 잘 이해하기 위해 실험을 실시했지만 별 성과가 없었다. 그러나 1990년대 들어 최신 뇌 스캐너의 도움을 받은 이탈리아 연구진이 획기적인 발전을 이루었다.

파르마대학 신경과학 연구자들은 매우 우연하게 다음과 같은 사실을 발견했다. 한 원숭이가 주위에 있는 사람들이 아이스크림을 먹는 등의 동작을 할 때 그걸 바라보기만 하는데도 마치 자신이 실제로 움직일 때와 마찬가지로 반응하는 뉴런들이 있었다. 연구진은 영장류의 뇌 속에서 남들의 행동을 흉내 내거나 거울처럼 반영하는 뉴런의 존재를 확인하고 '거울 뉴런'이라는 명칭을 붙였다. 연구진은 집단 내에서 뇌가 상호 연결되는 것처럼 보이는 현상을 관찰했는데, 이는 복잡하게 배선된 신경화학적 신체 시스템이 무의식적으로 작동한 결과라고 보았다. 거울 뉴런의 발견은 이 가설을 증명하는 최초의 물리적 증거였다. 연구 결과에 따르면, 이러한 연결선은 타인이 조작할 수 있고 사람들은 강제적으로 강한 감정을 느낄 수 있었다. 말하자면 카네티가 빈의 군중에게서 목격한 것은 생물학이 작용하는 현장이었던 것이다.

거울 뉴런의 발견 이후, 과학자들은 '감정 전이'의 속성과 그 속도에 대해 훨씬 많이 알게 되었다. 2004년 〈사이언스〉는 위스콘신대학의 신경과학자 폴 왈렌과 동료 학자들의 연구를 소개했다. 공포심 같은 강한 감정을 자극하는 이미지를 볼 때, 인간의 뇌가 그 인상을 수용하고 활성화되는 데 고작 0.017초가 걸린다고 한다. 우리 스스로 두려운 이미지를 본 것을 인식하기도 전에 뇌는 이미 그것을 처리하고 있는 것이다.

감정 전이 방아쇠가 당겨진 후 인체 내부에서 어떤 일이 벌어지는지, 사람들의 신체 활동이 서로 연결되는지 아닌지에 대해서는 과학자들도 아직 알지 못한다. 그러나 '감성지능'이라는 주제 하에 실시된 몇 십 건의 실험이 밝혀낸 사실이 하나 있다. 많은 성공적인 리더들이 이러한 무의식 시스템을 이용하여 부하들의 감성을 조종할 수 있고, 실제로도 그렇게 한다는 것이다. 심리학자 다니엘 골먼과 리처드 보이애치스는 이 주제를 다룬 2008년 논문에서, 훌륭한 리더는 "행동을 통해 뇌의 상호연결 시스템을 강력하게 활용한다"고 주장했다.

과학자들이 표면 행동이라고 부르는 방법을 이용할 수도 있다. 표면 행동이란 주변 사람들에게 영향을 주기 위해 어떤 표정을 짓거나 미묘한 동작을 취하는 것이다. 심층 행동이라는 방법은 감정을 억지로 꾸미는 대신 자기감정을 상대에게 맞추는 것이다.

심층 행동을 하려면 자기감정을 통제·관리·조정할 뿐 아니라 표출할 줄 아는 능력이 필요하다. 여러 건의 임상 및 현장 연구에 따르면 팀 리더가 이러한 심층적 감정을 잘 보여줄 때 부하들의 생각·감정·행동에 강한 영향력을 발휘할 수 있다. 긍정적 분위기의 리더는 집단의 의욕을 높이고, 분노를 건설적인 방향으로 돌리는 데 일조할 수 있다. 특정 과업(조각 그림 맞추기 등)을 더 잘 수행하도록 집단을 설득할 수도 있다.

이 모든 연구에 따르면, 누구든 한 집단의—빈의 군중이든 축구팀이든—감성 구성emotional composition을 바꾸어놓고 싶다면 모든 이들을 하나로 연결하는 비가시적 네트워크를 이용하면 된다. 강력한 리더에게 그럴 의사가 있다면, 팔로어들의 의식을 우회하여 그들의 뇌와 직접 소통할 수 있다.

1976년 잭 램버트의 '피 묻은 유니폼' 경기는 1등급 팀 캡틴들의 연대기에서 볼 때 그다지 독특한 사건도 아니었다. 그들 대부분이, 리스크가 큰 어떤 시점에, '공격적 과시'aggressive display라고밖에 표현할 수 없는 행동들을 했다. 이런 행동의 목적은 특정한 사람을 공격하거나 특정한 문제를 해결하는 것이 아니라, 어떤 감정적인 힘을 방출하여 분위기를 조성하는 것이었다.

예를 들어 빌 러셀은 경기 입장 시간에 최대한 거만하게, 상대팀을 노려보면서 코트로 들어갔다. 동료들에게 합류하고 나면, 두 팔을 가슴팍 높이에서 포갰다. 그가 조사한 모든 제왕들처럼 위풍당당하게 보였다. 나중에 러셀은 이렇게 거만한 포즈를 취한 것은 의도적이었다고 밝혔다.

공격적 과시에 있어 나머지 1등급 팀 캡틴들을 월등히 앞선 사람은 뉴질랜드의 벅 셸퍼드였다. 낭트에서 보여준 엄청난 근성과 더불어, 필드 위에서 동료들을 설득하는 '마나'는 그의 강한 승부욕을 잘 보여주었다. 셸퍼드는 '하카'haka라고 불리는 경기 전 의식에 전념하는 태도로 사람들 뇌리에 남았다. 뉴질랜드 원주민 마오리족은 전사 부족으로 유명하다. 위협적인 얼굴 문신, 나무나 고래 뼈로 만든 큰 몽둥이를 휘두르는 기술, 적들의 심장을 구워 먹으며 승리를 자축하는

캡틴 클래스

의식 등으로 알려져 있다. 기본적으로 군무^{群舞}인 하카는 고대 마오리 족 전쟁 기술의 한 요소로서, 단호한 동작으로 흥분을 불러일으킨다. 다양한 상황에서, 대개는 전투에 앞서 추었다. 하카는 전사들이 신들의 가호를 받고 왔다는 생각을 전달함으로써 적들을 두려움에 빠뜨려 전력을 무력화시키기 위한 춤이었다. 전사들이 완벽하게 동일한 움직임을 보이는 가운데 집단적 광분 상태를 일으키려는 의도도 있었다. 하카 전문가 이니아 맥스웰에 따르면, 하카는 "우리는 전투에 나설 것이며 부상을 입지 않거나 살아서 돌아오기를 기대하지 않는다. 그러니 모든 걸 걸고 싸우자"라는 메시지를 전달한다고 한다.

뉴질랜드 럭비의 해외 원정이 시작된 1880년대 중반부터, 국가대표팀 올 블랙스는 킥오프 전에 하카를 추어 관중에게 구경거리를 제공했다. 그들이 수십 년간 가장 많이 사용했던 버전은 '카 마테'^{Ka Mate}라는 하카였다. 올 블랙스는 킥오프 직전, 미드필드에서 상대팀을 마주보고 쐐기 대형으로 정렬했다. 이 의식은 중앙에 서 있는 하카 리더가 "Kia rite!"(준비!)라고 외치면서 시작되었다. 이 구령에 맞추어, 선수들은 두 손을 엉덩이에 올리고, 엄지를 앞쪽으로 향하게 했다. 그런 다음 리더는 예비 구령을 연달아 외쳤다.

"Ringa pakia!"(허벅지를 손으로 때려라!)

"Uma tiraha!"(가슴을 펴라!)

"Turi whatia!"(무릎을 구부려라!)

"Hope whai ake!"(엉덩이는 그냥 두어라!)

"Waewae takahia kia kino!"(최선을 다해 발을 굴러라!)

선수들은 근육을 불끈거리며 가슴을 쫙 편 채, 우렁차게 구호를 외치며 춤을 추기 시작했다.

"Ka mate, ka mate?"(나는 죽을 것인가?)

"Ka ora, ka ora?"(아니면 살 것인가?)

선수들은 쩌렁쩌렁하게 소리를 치고 발을 쿵쿵거리고 자기 몸을 때리고 허공에 주먹질을 하는 동작으로 공포감을 증대시켰다. 입을 크게 벌린 채 혀를 쑥 내밀고, 흰자위가 보일 때까지 눈알을 굴린 것이다. 마지막에는 모든 팀원이 공중으로 뛰어올랐다.

상대편 선수들은 올 블랙스가 하는 말을 한마디도 이해하지 못했지만, 그럴 필요도 없었다. 보디랭귀지만 봐도 알 수 있었기 때문이다. 1884년 올 블랙스가 호주를 방문했을 때, 시드니 지역신문은 "열여덟 쌍의 강한 폐에서 일제히 터져 나오는 소리는 어마어마했다"면서 그 소리 때문에 호주 선수들은 "간담이 서늘해졌다"고 보도했다. 1949년 처음 하카를 목도한 호주 선수 데이브 브록호프는 하카 의식이 올 블랙스에게 "신체적, 정신적 우위"를 부여한다고 생각했다.

벅 셸퍼드가 캡틴을 맡은 1987년 무렵, 하카는 무관심 속에 시들해졌다. 오랫동안 유럽계 선수들이 연달아 캡틴을 맡으면서, 하카를 형식적인 의무처럼 여기고 무성의하게 하카를 추었던 탓이다. 마오리족인 셸퍼드는 팀 동료들을 뉴질랜드의 마오리대학에 방문하도록 주선했다. 선수들은 거기서 하카의 역사를 배우고, 제대로 된 하카를 구경할 수 있었다. 숀 피츠패트릭은 "그날 오후 그 학교 안으로 운전해서 들어가는데 전교생이 하카를 출 때 땅이 진동하던 것이 아직도 기억난다"고 회상했다. "멋진 광경이었습니다." 셸퍼드는 올 블랙스가 하카를 의무적으로, 그리고 더 많이 연습하게 했다. 몇 주가 지나자, 팀원 모두가 하카 춤에 열중하게 되었다. "하카가 그들에게 뭔가 의미하게 된 것"이라고 셸퍼드는 말했다.

올 블랙스가 향후 3년간 무패 행진을 이어간 일차적 원인이 경기 전에 추는 춤이라고 주장하는 건 물론 무리일 것이다. 그러나 셸퍼드가 되살린 하카가 올 블랙스에게는 에너지원이, 상태 팀들에게는 골칫거리가 된 것은 분명하다. 일부 라이벌 팀들은 하카의 효과를 매우 염려하게 되었고 회의를 소집하여 대응 방안을 논의했다. 뉴질랜드 선수들 또한 하카의 힘을 이해하고 감사하게 되었다. 피츠패트릭은 "그것은 커다란 이점"이라고 내게 말했다. "제대로만 한다면 매우 고무적일 수 있으니까요."

하카 덕분에 올 블랙스가 럭비를 더 잘하게 되었든 아니든 간에, 하카는 선수들의 결의를 굳혀주는 일종의 매개체였다.

또한 셸퍼드는 선두에서 하카를 리드했으므로, 팀원들은 그에게서 고동치는 공격성을 보고, 듣고, 심지어 느낄 수 있었다. 램버트의 피 묻은 유니폼이나 빌 러셀의 거만한 포즈처럼, 하카는 사람들의 거울 뉴런을 활성화시키는 일종의 매개체였다. 캡틴이 자신의 열광적 믿음을 팀 전체에 전파하는—카네티가 묘사했던 종류의 전염성을 일으키는—훌륭한 방법이었다.

캡틴과 동료들의 소통이라는 일반적인 주제에 있어서, 나를 곤란하게 만든 것은 아이스하키의 레전드인 모리스 '로켓' 리샤르였다.

캡틴 클래스 급들 중에서도, 리샤르는 한 가지 측면에서 특이한 존재였다. 그는 그 누구와도 거의 소통하지 않았다. 팀 동료들은 리샤르가 열차로 이동하는 여섯 시간 내내 아무 말 없이 창밖을 내다보았다고 말한다. 어떤 경기에서는 채 열 마디도 하지 않았다고 한다. 리샤르는 디디에 데샹처럼 끊임없이 수다를 떨지도 않았고, 팀 던컨처럼 카리스마적 연결자도 아닌 것처럼 보였지만 몬트리올 캐나디언스 동료들은 그를 대단히 고무적인 리더로 생각했다. 전설적인 센터 장 벨리보는 리샤르가 "많은 팀 동료들에게 영향을 주는 그 어떤 힘과 에너지 그 자체였고, 우리를 5연속 우승으로 이끌었다"고 기록했다.

"로켓은 하키 선수 이상의 존재였다." 리샤르의 전 코치 딕 어빈이 말했다. "캐나디언스에게 선수들에게 동기를 부여한 것은 그의 분노, 그의 욕망, 그의 맹렬함이었다."

리샤르는 체격이 월등하지도 않았고, 스틱을 능숙하게 다루지도 못했다. 로켓이라는 별명에도 불구하고, 특별히 스케이팅이 빠르지도 않았다. 그의 불같은 성미(나중에 자세히 언급하겠다)와 특유의 열정적이고 과감한 플레이는 잘 알려져 있다. 그러나 사람들이 리샤르에 대해 가장 잘 기억하는 것은 강렬한 눈빛이었다. 리샤르의 눈동자는 실제로는 갈색이었지만, 아주 가까이에서 본 사람들에게는 검정색으로 보였다고 한다. 덥수룩한 눈썹 밑에서 그의 눈은, 튀어나온 턱 쪽으로 길쭉한 세모꼴을 이룬 얼굴의 초점이 되었다.

헬멧에 안면보호대를 부착하는 것이 의무화되기 전이었기 때문에 그의 눈은 줄곧 드러나 있었다. 사람들은 특히 그가 흥분했을 때 그 눈에 이글거리던 '불길'을 잊을 수 없다고 말했다. 그 시절 몬트리올의 단장이었던 프랭크 셀키는 그것을 "날카로운 강렬함"으로 묘사했고, 스포츠 기자들은 그것을 "'로켓'의 붉은 눈빛"이라고 불렀다. 하

캡틴 클래스

키 문외한이었던 윌리엄 포크너가 〈스포츠 일러스트레이티드〉에 1955년 캐나디언스의 경기 관람기를 기고한 적이 있다. 포크너는 리샤르에게서 목격한 강렬함에 이내 사로잡혀, 그가 "열정적인, 번뜩이는, 치명적인, 이질적인 뱀의 성질"을 가졌다고 묘사했다.

상대편 골키퍼들도 리샤르의 눈에 대해 이야기했다. 리샤르가 퍽을 몰고 급습해올 때는 으르렁거리는 입술과 야무진 턱만 봐도 무시무시했다. 그러나 그들을 겁먹게 한 것은 바로 리샤르의 두 눈이었다. 상대편 골리였던 글렌 홀은 "그가 스틱으로 퍽을 몰고 달려들 때 그의 눈은 불붙은 듯 핀볼 머신처럼 번쩍거리며 빛났다"고 말했다. "무시무시했습니다." 팀 던컨의 눈빛이 무수한 의미를 표현했다면, 리샤르의 눈빛은 두 가지로만 설정되어 있었다—평온하거나 격렬하거나.

리샤르는 라커룸 연설을 하지는 않았지만, 팀 동료 조지 그로스에 따르면, 그에게는 특유의 의식이 있었다. 경기 직전 드레싱 룸에서, 리샤르는 한쪽 끝에서 맞은편 끝까지 조금씩 고개를 돌려가며 동료들과 한 번씩 눈을 맞췄다. 그런 다음에는 "나가서 이기자!" 같은 짧막한 말을 했다. 감정 전이, 심층 행동 및 표면 행동, 거울 뉴런, 그리고 뇌가 강한 정서를 처리하는 속도 등을 감안하면, 리샤르의 전술을 전혀 다른 시각으로 보게 된다. 마치 리샤르는 사람들을 응시하며 그의 얼굴을 보게 함으로써 자신의 강렬한 감정을 직접 전달할 수 있다는 것을 아는 것 같았다.

사실 리샤르는 과묵한 타입이었다. 끊임없이 소통하지도 않았고, 팀 던컨처럼 팀의 카리스마적 연결자로서 동료들에게 다가서지도 못했다. 하지만 그는 소통하는 방식은 한 가지 이상이라는 것을 알았을지 모른다.

NHL처럼 선수들이 정신적·신체적으로 힘든 격렬한 조건에서는 이러한 심층적 형태의—말보다는 외형적 과시에 바탕을 둔—소통 방식이 완벽히 효과적인 대안이 되었던 것 같다.

1등급 팀 캡틴들은 엘리아스 카네티의 제자는 아니었다. 그들 중 누군가가 이탈리아 연구진의 거울 뉴런 이론에 심취했거나 심층 행동의 과학적 의미에 관심을 가졌다면 나는 충격을 받을 것이다. 그들이 팀원들에게 행한 공격적 과시가 의도적인 것처럼 보일지도 모르지만, 그들은 분명히 직관적으로 그렇게 했을 것이다. 이는 또 다른 형태의 경쟁 지능이었다.

인간의 마음속으로 들어가 의식을 우회하고 타인의 정서를 흡수하는 통로가 있다면? 그리고 이 통로가 피 묻은 유니폼, 섬뜩한 부족 춤, 아니면 단순히 깊은 응시로 활성화된다면? 그리고 이런 외형적 과시가 팀 동료들을 더 빨리 달리고, 더 높이 뛰어오르고, 더 강하게 타격하고, 고통과 피로를 견뎌내도록 만들 수 있다면? 그렇다면 이 캡틴들은 틀림없이 이런 기술의 달인이었을 것이다.

이런 공격적 과시가 직장의 보통 팀들에게도 유용하다고 보기는 어렵다. 영업팀 실적을 끌어올리려고 하카를 춘다면 인사 부서에서 가만히 있지 않을 것이다. 감정 전이를 이용하는 것은 운항승무원 팀이나 오케스트라처럼, 단 한 번의 실수도 용납되지 않는 '퍼포먼스' 팀에 더 어울린다. 하지만 스포츠 영역에서는 공격적 과시가 영향을 미친다는 증거가 많다.

독일 축구팀의 캡틴 필립 람이 이것을 잘 요약했다(그는 대상처럼 2개의 다른 팀을 2등급으로 진입시킨 바 있다. 다음 장에서 그에 대해 다룬다). 람

은 열정이 없다면 최고의 팀조차도 승리할 수 없으며, 한 선수의 열정
으로 팀 전체의 성적을 끌어올릴 수 있다고 믿었다. 리더가 경기장에
서 어떤 극적인 행동을 할 때 "우리 자신에게 있는지조차 몰랐던 에너
지가 분출된다"고 람은 말했다.

제9장 요약

• 의사소통에 관한 가장 큰 오해는 반드시 언어가 개입돼야 한다는 것이
다. 지난 수십 년간 이어진 과학의 발전은 우리들 대부분이 이미 의심하
고 있던 것을 확인시켜주었다. 우리의 뇌는 심층적으로, 강하고 빠르게
작동하며, 주변 사람들의 뇌와 감정적인 관계를 맺을 수 있다. 이 같은 시
너지 효과는 의식적으로 일으킬 필요가 없다. 우리가 의식하든 않든 자동
적으로 이루어지기 때문이다.

• 중요한 시합 동안, 또는 직전에, 극적이고 기이하며 때로는 섬뜩한 행동
을 한 1등급 팀 캡틴의 사례가 계속 나왔다. 이런 사례에는 두 가지 공통
점이 있다. 첫째, 언어가 개입하지 않았다. 둘째, 의도적이지 않았다. 1등
급 팀의 캡틴 중에서 정서의 전염성의 과학적 연구에 대해 읽은 사람은
없을 것이다. 그러나 그들은 모두 실제적인 의사소통이 충분하지 않은 때
가 있다는 것을 이해하는 것처럼 보였다.

불편한 진실

당당하게 항명하는 용기

뉴욕발 모스크바행 소련제 IL-62 여객기가 2월의 싸늘한 대기를 가르며 대서양을 횡단할 무렵, 착륙을 손꼽아 기다리는 탑승객은 아무도 없었다. 객실에는 소련 최고의 아이스하키 선수 스무 명이 보드카에 취한 채 의자에 주저앉아 있었다. 1980년 레이크플래시드 동계 올림픽에서 강력한 금메달 후보였지만, 자랑스러운 붉은군대 팀은 우승하지 못했다.

올림픽에서의 금메달 수상 실패는—냉전기에 미국에서 개최된 한 번의 올림픽은 논외로 하고—지난 17회의 세계선수권대회에서 14회 우승하고 올림픽에서 4연패를 달성했던 팀에게는 너무나 굴욕적이었다. 더욱이 메달 라운드에서 4:3으로 미국에 패한 사실은 그들을 절망의 나락으로 떨어뜨렸다. 미국팀이 장발의 아마추어 대학생들로 구성되었다는 점에서, 이 경기는 스포츠 역사상 가장 크게 예상을 뒤엎은 사건이자 미국 빙상의 기적으로 기록되었다. 소련 선수들은 넌더리가 난 나머지 은메달에 자기 이름을 새기는 것조차 원하지 않았다.

경기 결과를 받아든 크렘린궁은 크게 당혹하여, 이런 사태가 다시는 발생하지 않도록 가장 혹독한 코치진을 골라 11개월간 선수들을 노예처럼 훈련시켰다. 패배 다음 날, 정부 기관지 〈프라우다〉는 경기가 열렸다는 사실조차 알리지 않았다.

비행기가 순항고도에 도달할 무렵, 소련의 베테랑 수비수 발레리 바실리예프는 더 이상은 패배의 고통을 헤집고 싶지 않았다. 그 또한 패배로 처참해져 있었지만, 지난 10년간 팀에서 이처럼 실망스러운 경험을 한 것이 한두 번도 아니었기 때문이다. 그는 인생에서 숱한 역경을 겪었기에 의기소침해 있을 사람이 아니었다. 그는 조종사들과 잡담이라도 하려고 자리에서 일어나 조종실로 향했다.

바실리예프는 모스크바에서 동쪽으로 250마일 떨어진 고리키에서 자랐다. 아버지는 그가 태어나기 전 전투 와중에 총격을 당해 사망했고, 남겨진 식구들은 어머니가 떠맡을 수밖에 없었다. 바실리예프는 "우리를 키운 건 길거리였다"고 말한 적이 있다. 그는 거친 소년이었다. 몇몇 이야기로는 불량소년이었고, 술과 담배를 끼고 살았으며, 권위를 존중하지 않았다. 강한 악센트에는 학교를 제대로 다니지 못한 티가 났다. 그는 거친 매력을 가진 미남이었지만, 울퉁불퉁한 넓적코는 딱 봐도 한두 번 얻어맞은 게 아니었다. 팀원들은 바실리예프가 주먹으로 나무판에 구멍을 낸다거나, 손가락으로 못을 구부린다거나, 맨손으로 새를 잡는다는 이야기를 장황하게 늘어놓곤 했다. "그는 민중의 영웅 같았습니다." 바실리예프의 동료 수비수 비아체슬라프 '슬라바' 페티소프가 내게 말했다. "비둘기를 때려서 머리를 날려버렸다는 얘기도 있어요. 어디서 나온 소린지는 모르겠지만 말이죠."

바실리예프에 관한 전설 가운데 하나는 전혀 전설이 아니었다. 1978년 프라하 세계선수권대회에서 붉은군대 팀은 개최국 체코와의 중대 일전을 앞두고 있었다. 타이틀을 확보하려면 두 골 차이로 승리해야 했던 소련은 3:0의 우위를 빠르게 선점했지만, 홈팀 체코의 반격으로 점수 차이는 2점으로 줄었다. 체코는 1년 전 소련을 이긴 경험이 있었고, 경기의 속도는 최정예 선수들조차도 따라잡기 벅찰 정도로 빨랐다. 3피리어드가 끝나갈 무렵, 바실리예프는 목이 턱턱 막혀서 숨쉬기조차 힘들었다. 그의 시프트가 끝나고 링크에서 빠져나왔을 때는 고통이 너무 심해 바닥에 드러눕고 말았다. 그래도 다시 빙판으로 돌아갈 시간이 되자, 스틱을 움켜쥐고 보드를 뛰어넘었다. 소련은 결국 3:1의 리드를 끝까지 지켜냈다.

모스크바로 돌아와서 바실리예프는 왜 경기 후반에 그렇게 숨이 막혔는지 알아내기 위해 검진을 받았다. 의사들은 몇 가지 검사를 실시하고 진단을 내렸다. 그가 경기 중에 겪은 것은 단순한 피로가 아니었다. 바실리예프는 심장마비와 싸우면서 경기를 했던 것이다.

소련팀의 스타 선수들은, 상대 수비진 둘레로 우아하게 원을 새기는 것으로 유명한, 번개처럼 빠른 포워드들이었다. 반면 바실리예프는 스케이팅 스타일이 부자연스러운 데다 득점에는 별 관심이 없었다. 수비수로서는 체구가 다소 작았지만(180cm/86kg), 완벽한 히프 체크(상대편의 엉덩이와 부딪히는 바디 체크)로 상대편 공격수를 공중으로 날려버리는 확실한 해결사였다. 소련 국내 리그에서 그의 악명은 워낙 높아서, 바실리예프가 출전하면 핵심 공격수들의 부상을 방지하려고 그들을 빼버리는 팀도 있었다. 시범경기에서 그를 만난 NHL 선수들은 그를 '강철 엉덩이'나 '타이가의 군주'Lord of Taiga라고 불렀다. 전설적인 아이스하키 선수인 바비 힐도 바실리예프가 접근하면 되도록 재빨리 퍽을 딴 데로 돌려버렸다고 인정했다.

소련의 골키퍼 블라디슬라프 트레티아크는 말했다. "그는 게임 따위는 하지 않는 단순한 남자였습니다. 강하고 솔직한 진짜 러시아 사나이였죠. 그의 말수는 적었지만 그의 행동은 울림이 컸습니다."

붉은군대 팀을 완성한 아나톨리 타라소프 코치는 1987년 회고록 《아이스하키의 진짜 사나이》에서 이렇게 말했다. "바실리예프는 언제나 단순했고 동료들에게 친절했지만, 상대편에게는 호전적이었고 공포의 대상이었다. 그는 아무 말 없이 강한 액션으로 팀원들을 한데 모아 공격으로 이끌어가는 선수였다."

모스크바행 비행기에서 조종석 근처로 다가갔을 때 바실리예프는 익숙한 목소리를 들었다. 그것은 일등석 객실에 앉아있던 코치 빅토르 티호노프의 목소리였다. 헝클어진 거친 머리에 웃음기 없이 깡마른 체격의 티호노프 코치는 3년 전부터 팀을 맡았는데, 이는 소련 스포츠 당국이 이전 코치가 선수들을 너무 부드럽게 대한다고 해서 내린 결정이었다. 티호노프는 엄격하고 고압적인 코치로 명성을 떨치고 있었고, 세계선수권대회에서 2회 우승했고, 1979년 NHL 올스타 팀과의 뉴욕 시범경기에서 2:1 승리를 거둔 이력이 있었다. 그러나 레이크플래시드 참패 이후, 현재 그의 운명도 장담할 수 없었다.

레이크플래시드를 떠나기 전 마지막 팀 회의에서 티호노프는 선수들에게 서로 비난하지 말 것을 강조했다. 모스크바에 가면 그들이 팀으로서 패배했다고 보고하겠다고 했다. 그러나 일등석에 나란히 앉아있던 다른 코치들과 다양한 소련 고위 인사들과 있을 때 티호노프는 전혀 다른 견해를 밝혔다. 그는 팀의 베테랑들, 특히 공격수 발레리 하를라모프와 캡틴 보리스 미하일로프를 비난했다. 그들이 나이가 들어 느릴 뿐 아니라, 자신의 코칭 방식에 저항한다고 말했다.

"우리가 왜 그 선수들을 데리고 왔을까요?" 그는 반문했다. "우리는 그들 때문에 졌던 겁니다."

티호노프는 조종실 문이 열려 있다는 것을 몰랐고, 발레리 바실리예프는 티호노프의 말 한마디, 한마디를 또렷이 들을 수 있었다.

바실리예프(2012년 사망)는 그 다음에 일어났던 일에 대해 공식적으로 언급한 적이 없다. 티호노프(2014년 사망) 또한 그 일화를 공개적으로 말한 적이 없다. 그러나 한 증인에 따르면, 바실리예프는 의자를 박차고 일어나더니, 조종석 문을 쏜살같이 통과하여 티호노프 쪽으로 직진했다고 한다. "우리는 팀으로서 패배한 거라고 하기로 했잖습니까?" 바실리예프는 소리쳤다. 그런 다음 그는 티호노프의 목덜미를 움켜쥐고 흔들어댔다. "지금 당장 당신을 비행기 밖으로 던져버리겠어!"

사람들은 바실리예프를 티호노프에게서 겨우 떼어냈고, 그를 진정시키기 위해 뒤쪽 객실로 끌고 갔다. 모스크바에 도착하면 그에게 어떤 일이 닥칠지 몰랐다. 그가 문제를 일으킨 것이 처음도 아니었다. 팀의 엄격하고 금욕적인 훈련 수칙을 무시하고 담배를 몰래 들여오거나 만취 상태로 훈련이나 경기에 나타나기도 했다. 바실리예프의 징계 기록, 레이크플래시드에서의 참패, 비행기에 탑승했던 스포츠 당국자들과 중앙정치국 인사들을 감안하면 소련은 그를 본보기로 삼을 수도 있었다.

그러나 그들은 바실리예프를 시베리아로 보내지 않았다. 티호노프 코치가 공격수 하를라모프와 캡틴 미하일로프를 비롯한 노장 선수들을 축출하거나 그들의 주전 자격을 박탈했지만, 바실리예프는 자리를 지켰다. 이듬해, 신임 캡틴을 선출하라는 지시를 받은 선수들은 바실리예프에게 투표했다. 그리고 크렘린궁은 선거 결과를 승인했다. 권위주의 정권에 휘둘려왔던 붉은군대 팀이, 권력자들에게 주저 없이 진실을 말하는 캡틴을 비로소 갖게 된 것이다.

노장들이 대거 빠져나갔으니 붉은군대 팀이 침체기를 겪는 것이 당연해 보였다. 그러나 바실리예프가 팀을 맡자, 그의 터프함과 끈끈한 리더십이 본격적으로 발휘되었다. 바실리예프가 수비진을 지휘하면서, 티호노프가 새로 구성한 빠르고 재능 있는 젊은 공격수 5명은 안심하고 마음껏 플레이할 수 있었다. 든든한 수비진이 그들을 보호하고, 가끔 발생하는 실책도 처리해준다는 것을 알았기 때문이다. 그 결과는 누구도 예측하지 못했던 것이다.

붉은군대 팀은 침체하지 않았다. 오히려 훨씬 나아졌다.

다음 번 주요 대회였던 1981년 세계선수권대회에서 소련은 주최국 스웨덴을 13:1로 격파했다. 토너먼트에서는 도합 63골을 넣고 단지 16골만 허용하면서 승승장구했다. 그 다음으로는 캐나다로 건너가 기 라플뢰르, 레이 부케, 데니스 포트빈, 신예 웨인 그레츠키 같은 NHL 슈퍼스타들로 조합된 캐나다 역대 최고 팀과 친선경기를 치렀다. 이전의 여러 대결에서 소련은 캐나다의 프로선수들을 막아내지 못하고 맹폭격을 당해 시끄럽고 열성적인 홈 관중을 즐겁게 했다. 그러나 이번에 바실리예프의 붉은군대 팀은 캐나다를 8:1로 격파했다.

소련팀은 네 시즌에 걸쳐 1등급 팀의 입지를 굳혔다. 96%의 경기를 이기거나 비겼고, 획득 가능한 13개의 타이틀 중 12개를 쓸어 담으며 국제 아이스하키 역사상 최고의 전성기를 구가한 것이다.

이 같은 우승 가도는 여러 해 동안 이어질 수도 있었다. 그러나 1983년, 바실리예프는 공산당 정보요원에게 소환되어 모종의 제안을 받았다. "제가 살아온 방식과는 도저히 양립할 수 없는 제안이었습니다." 바실리예프가 말했다. 그 요원은 팀 내에서 일어나고 있는 일을 자신에게 몰래 보고하라고 했다. 바실리예프는 전혀 그럴 마음이 없었다. "그 녀석한테 주먹을 날리고 자리를 떴죠. 그 일이 있은 후 그자들은 저를 팀 밖으로 몰아내기 시작했습니다."

그해 바실리예프의 비자발적인 은퇴 이후, 다른 수비수 슬라바 페티소프에게 캡틴의 임무가 맡겨졌다. 팀은 1984년 올림픽까지는 열정적인 페이스를 유지했지만, 그 후로 열기가 식으면서 1985년 세계선수권에서 3위를 차지하는 데 그쳤다.

짧은 3년의 캡틴 임기 동안, 바실리예프는 전형적인 캡틴 클래스 자질을 모두 보여주었다. 그는 얼음 위에서는 아주 끈질겼고, 벤치에서는 다른 사람들을 위해 물을 날랐으며, 거칠긴 했지만 경기규칙을 최대한 지키며 플레이했다. 그는 특별한 연설을 늘어놓지는 않았지만, 팀 동료들은 그가 코치에게 끊임없이 조언하고 낮은 목소리로 선수들에게 상담을 해주었다고 말한다. "코치가 자리를 비우면 그가 늘 선수들을 다독이는 역할을 했습니다." 트레티아크는 나에게 말했다. "그는 항상 라커룸과 얼음 위에서 꼭 필요한 말을 했습니다."

1980년, 레이크플래시드 참사로 인해 20년 동안 지배적이었던 소련팀의 전성기는 이제 곧 다가올 추락을 예고하고 있었다. 스포츠 왕국이 퇴조하는 이유는 다양하다. 단순히 선수들이 늙거나 자만에 빠져서 무뎌지기 때문이기도 하다. 개인적인 일탈로 인해 조직의 단합을 파괴하는 경우도 있다. 팬, 기자, 스포츠협회 임원들이 팀 내에서의 의견 차이 또는 불화를 치명적인 재앙으로 느끼기 시작한 것도 빈번한 일이다. 선수단 운영에서 갈등 해결은 너무나도 힘든 일이어서, 그런 갈등을 유발하는 선수들은 짐을 싸야 하는 경우도 많다.

그러나 바실리예프의 극단적 반발은 그중 어떤 악영향도 끼치지 않았다. 오히려 그의 행동은 팀원들을 결속시키는 일련의 이벤트가 되었고, 그의 리더십은 강화되었으며, 스포츠 역사상 가장 압도적인 16번의 우승 행진 중 하나를 이어갈 수 있도록 길을 열어주었다. 바실리예프가 코치를 공격한 순간이 바로 그의 팀이 위대함을 향해 나아가게 된 계기였음을 증명하는 강력한 정황 증거가 있다.

* * *

다들 동의하겠지만, 내가 상상하는 모범적인 캡틴은 비행기에서 코치를 내던지겠다고 위협하는 사람은 아니라고 생각한다. 그러나 1등급 팀의 캡틴이라면, 정도는 다르겠지만 자신의 임기 중에 경영진에게 맞서야 하는 경우도 있을 것이다. 1995년 미국 축구연맹은 칼라 오버벡과 팀 동료들이 급여를 올려달라는 요구를 묵살하고 올림픽 직전 여자 국가대표팀을 훈련에서 제외시켰다. 요기 베라, 미레야 루이스, 벅 셸퍼드 및 시드 코번트리도 급여에 대한 불만으로 당국과 충돌했다. 피츠버그 스틸러스가 선수들에게 육류 소비가 적은 건강한 식단을 제공하려고 하자, 잭 램버트는 종이컵을 꺼내 도토리, 잔가지 및 흙으로 채우고 이를 수석코치 척 놀의 책상에 갖다놓았다. "우리는 메뉴를 원래대로 되돌려놓을 수밖에 없었어요." 팀의 회장 댄 루니가 말했다.

모든 1등급 팀 캡틴 중 카를레스 푸욜은—적어도 외부에서 볼 때에는—경영진과 가장 조화로운 관계를 누리고 있는 것 같았다. 갈등이 있었을 때도, 그 사실이 대외적으로 알려지지 않도록 노력했다. 푸욜은 FC 바르셀로나의 강점이 바로 캡틴 선임의 전통이라고 믿었다. 이러한 선출방식 덕분에 관리자가 시키는 대로 따르는 사람을 임명하는 걸 막을 수 있었다고 말했다.

비즈니스 세계에서도 이런 종류의 제도화된 반대자^{dissent}가 유행이 되고 있다. 몇몇 기업들은 성가신 반대자들을 중용했다. 무사안일주의를 막기 위해, '레드팀'이라는 방법을 도입한 기업들도 있다. 이는 한 사람 또는 작은 그룹에 현재 논의되고 있는 아이디어가 왜 나쁜지를 최대한 강하게 주장하는 역할을 맡기는 방식이다. 이러한 방식으로 의견의 불일치를 받아들이면, 이 회사들은 생각 없는 합의와 자기도취로부터 스스로를 보호할 수 있다고 믿는 것이다.

바실리예프를 비롯한 1등급 팀 캡틴들의 일반적 행동 패턴을 볼 때 반대자는 훌륭한 역할을 할 수 있다. 강한 리더는 팀을 위해 자기주장을 굽히지 말아야 한다. 빈스 롬바르디는 캡틴의 리더십은 '진실'에 기반을 두어야 하며, 탁월한 캡틴은 소속 집단을 자신과 동일시하고 항상 지켜주어야 한다고 말했다. 그것이 "상사의 심기를 건드린다 하더라도" 말이다. 그렇지만 같은 반대라 해도 그 정도에 따라 팀워크에 효과적일 수도, 팀의 응집력을 파괴할 수도 있다. 캡틴이 끊임없이 경영진에게 도전하고 공감대에 저항하고 혼란을 조장하면 팀은 더 이상 승리를 장담하기 어려운 지점에 도달하게 된다. 팀원들이 최대 8개월을 함께 지내게 되는 야구에서는 걸핏하면 자기 원칙을 내세워 분위기를 망치는 선수를 '클럽하우스 변호사'라고 비꼰다.

발레리 바실리예프는 다른 선수들을 지키기 위해 코치에게 대들면서 팀원들에게 강력한 지지와 보호의 제스처를 보냈던 것이다. 팀 동료들이 그의 용기를 칭찬하고, 그를 사랑하고, 캡틴인 그의 주위로 집결한 것은 놀라운 일이 아니었다.

그는 코치가 그를 팀에서 추방하거나, 선수들이 도저히 참지 못할 상태에 이르러 승리에 대한 의지를 포기할 수도 있었던 상황에서 스스로 위험을 감수한 것이다.

그러나 나의 연구에 참여했던 몇몇 캡틴들의 반대는 위와는 다른 심각한 상황으로 이어지기도 했다. 그들은 코치나 감독을 상대로만 이야기한 것이 아니라, 팀 동료들까지 공개적으로 비난했다. 이것은 비행기에서의 사건과는 아주 다른 케이스였다. 이러한 경우는 리더가 그룹의 명예를 지지하거나 변호하려 하지 않고, 다른 사람들을 일일이 꼬집어 부족한 점을 지적하는 방식이었다.

2009년 뮌헨

독일 축구의 황제에게 주소가 있다면, 제베너 스트라세 51-57번지라고 할 수 있다. 뮌헨 중심가에서 남쪽으로 멀지 않은 이곳은, 바이에른 뮌헨의 광활한 훈련단지이다.

2009 시즌이 시작될 무렵, 수풀이 우거진 이 훈련단지의 진열장에는 1900년부터 바이에른이 독일리그에서 거둬들인 우승 트로피 21개가 진열되어 있었다. 그러나 2009년 바이에른 트로피 진열장에서 보이지 않는 것은 유럽의 최상위 클럽들을 물리치고 획득한 최근

의 우승 트로피였다. 바이에른은 1970년대 중반까지는 대륙을 지배했지만, 그 후로는 챔피언스리그 우승을 한 번밖에 차지하지 못했다. 그것도 8년 전의 일이었다.

제베너 스트라세 단지의 모든 사람들은 이 문제를 바로잡을 순간이 왔음을 알고 있었다. 축구 비즈니스의 세계적인 호황 덕분에 바이에른은 유례없이 엄청난 여유자금을 확보하고 있었기 때문이다. 4년 전, 팀은 3억 4천만 유로를 들여 알리안츠 아레나로 홈구장을 옮겼다. 흰색, 빨간색 및 파란색의 폴리머 패널로 둘러싸인 초현대적 건축물인 이곳은 80km 떨어진 오스트리아의 산지에서도 보인다. 클럽 수입이 처음으로 3억 유로를 돌파한 시즌에, 바이에른은 유명한 네덜란드 출신 감독 루이스 판 할을 고용했고, 5천만 유로를 들여 2명의 믿음직한 골잡이인 독일 공격수 마리오 고메스와 네덜란드 윙어 아르연 로번을 데려왔다. 2009 시즌이 시작되기 전부터 바이에른의 로스터는 재능 있는 선수들로 넘쳐났다. 프란츠 베켄바우어(바이에른의 스타 출신으로 팀 운영위원회 이사)는 이것이 바이에른 역대 최고의 조합이라고 말했다.

그렇지만 분데스리가 13라운드까지도 바이에른의 슈퍼팀은 여전히 어수선하고 중구난방이었다. 팀은 리그에서는 5승밖에 거두지 못했고, 챔피언스리그 조별 예선에서 약체 보르도를 상대로 0:2 패배라는 굴욕을 당했다.

리그 규정상 스포츠팀은 사적으로 소유할 수 없었기 때문에, 바이에른은 명목상으로는 270,000명의 주주가 소유한 조합회사였다. 하지만 실제로는 팀 이사회가 중계권 협상부터 관리자 채용 및 선수 선발에 이르는 팀 운영에 강한 통제권을 행사했다. 이사회는 문외한들이 모인 관료 집단은 아니었다. 이사진은 베켄바우어, 울리 회네스, 카를하인츠 루메니게 같은 바이에른의 스타 출신들이었다. 독일 축구의 올림포스 산이었다.

팬과 칼럼니스트들이 지지부진한 팀의 출발에 불만을 보였지만, 이사회는 침묵했다. 이사회는 설정해둔 계획을 충실하게 이행하려고 했다. 이사회는 순종과 질서를 요구했고, 선수들도 이사회의 결정을 비판하지 않는 편이 좋다는 걸 알고 있었다. 독일 축구에서 바이에른 이사회에 공개적으로 맞서는 것은 금기였다.

시즌 개막 전에 바이에른 감독 판 할은 파격 행보를 보였다. 캡틴 마크 판 보멀에 이어 팀 내 2인자인 부캡틴 자리에 필립 람을 임명한 것이다. 수비형 미드필더나 풀백으로 뛰는 람은 아직 스물다섯 살이어서 캡틴 직을 맡기기에는 어린 편이었다. 작은 키(170cm), 비틀즈 같은 헤어스타일, 어려 보이는 얼굴 때문에라도 캡틴 역할에 전혀 어울려 보이지 않았다.

1960년대 후반 바이에른이 축구 역사에 남을 만큼 강력한 패권을 누릴 무렵, 팬들은 팀의 캡틴이라면 으레 독일 남자다운 거인이어야 한다고 기대하게 되었다. 1968년 캡틴이 된 베켄바우어는 그 기대에 딱 들어맞는 인물이었다. 그는 늠름한 외모와 우두머리 기질을 가진 고압적인 인물로, 중앙 수비수임에도 장거리 드리블로 득점을 올리는 재주가 있었고, 힘들이지 않고 우아한 볼 컨트롤과 빠른 스피드로 상대 수비진을 제압했다. '카이저'Kaiser(독일황제의 칭호-옮긴이)라는 별명이 어울리는 선수였다. 베켄바우어는 바이에른이 분데스리가가 4회 우승과 유러피언컵 3연패를 달성할 수 있게 해주었고, 1974년 월드컵에서 독일 대표팀을 승리로 이끌었다. 프랑스의 디디에 데샹처럼,

그는 자신의 클럽팀과 국가대표팀 등 2개의 팀을 2등급으로 끌어올린 세 명의 캡틴 중 한 명이었다.

베켄바우어 이후 등장한 로타어 마테우스는 다혈질이었고 잘 생긴 바람둥이었다. 아르헨티나의 슈퍼스타 디에고 마라도나는 그를 가장 힘든 상대로 지목하기도 했다. 그 다음은 호랑이라는 별명이 붙은 장신 미드필더 스테판 에펜버그(188cm)로서, 109개의 옐로카드를 받아 리그 신기록을 세웠고, 팀 동료의 아내와도 스캔들이 난 적이 있다. 그 다음은 골키퍼인 올리버 칸으로, 화를 참지 못하는 성격이라 팬들이 활화산이라고 불렀다(기자들은 '타이탄'이라는 별명을 선호했다). 독일인들은 이처럼 단호하고 다혈질인 캡틴들에게 '퓌룽스필러'führungsspieler라는 독일식 별칭을 즐겨 붙이곤 했다. 직역하면 '선수들의 안내자'이지만, 실제로는 팀 동료들에게 더 열심히 뛰라고 소리 지르는 것을 두려워하지 않는 불같은 독재자를 뜻한다.

필립 람을 이런 사나이들 옆에 세우면, 선수들의 사인을 받으려는 10대 팬 정도로 오해할 수도 있을 것이다.

람은 열한 살 때 바이에른의 주니어 훈련 프로그램에 선발되었고, 거기서 코치들로부터 극찬을 받았다. 하지만 분데스리가로 가는 길은 순탄하지 않았다. 그의 작은 체구에 별다른 감흥을 느끼지 못한 독일 클럽들은 임대 제의를 거절했다. 스스로를 뮌헨 토박이 소년이라고 부르는 람은 호사를 즐기지 않았다. 그는 유흥 문화를 피했고, 잠을 많이 잤으며, 한 인터뷰에서는 고정금리 은행계좌에 돈을 보관한다고 말했다. 경기장에서 람은 득점을 많이 하거나 공격적인 태클을 하지 않았다. 사실 그는 커리어를 통틀어 레드카드를 한 장도 받지 않았다고 내게 말했다. 람은 "저는 그런 사람이 못 됩니다." 지금까지의 바이에른 리더들과는 달리, 람은 독재자 스타일이 아니었다. 그에게 있어 권위는 헐렁한 옷과 같았다. 그는 팀 동료들에게 조용하고 분명한 톤으로 대화를 나눴다. "제 스타일은 많은 대화를 나누는 것이에요. 특히 훈련장에서 여러 이슈를 해결하는 게 중요하죠. 그런 게 저한테 가장 잘 어울리는 스타일입니다."

다른 독일의 캡틴이 고자세의 슈퍼스타였던 반면, 람은 팀 동료들에게 패스를 해주는 역할에 만족했다. "어린 시절부터 제 관심사는 팀에 봉사하는 거였습니다." 팬들이 그에게 붙여줄 수 있었던 가장 좋은 별명은 '난쟁이 마법사'였다.

람의 공간 감각, 플레이 예측 능력, 자로 잰 듯한 패스로 공격을 풀어나가는 기술은 상당한 전술 지식과 비디오테이프를 통한 학습을 필요로 했다. 아무도 몰랐을 수 있지만, 한 경기에서 한 번도 실수하지 않고 133회의 패스를 성공한 적도 있었다. 더 주목할 점은 그가 고정된 포지션에서만 뛰지 않았다는 사실이다. 그때그때의 팀 전술에 따라 수비 진영에서 미드필드로, 왼쪽에서 오른쪽으로 자유자재로 위치를 전환했다. 베켄바우어는 "람이 소화하지 못하는 유일한 포지션은 골키퍼뿐입니다. 키가 작으니까요"라고 말했다. 바이에른이 2009~2010 시즌을 5승 2무 4패라는 실망스런 기록으로 시작하자, 람은 바이에른 이사회의 선수단 구성 전략에 분노했다. 한 경기에서 간신히 비긴 후 가진 TV 인터뷰에서 그는 팀이 제대로 플레이할 수 없었던 몇 가지 이유, 특히 미드필더에서의 조직력 부재를 지적했다.

인터뷰 후 람은 이사회에 소환되었다. 놀라운 일도 아니었다. 1년 전인 2008년, 람은 FC 바르셀로나로의 이적 제안을 거절한 후 이사회가 불러주면 전략적인 문제에 대해 자신의 의견을 공식적으로 제시하겠다고 했고, 이사회도 이를 받아들였기 때문이다. 그는 회의실로 들어가면서 팀의 문제점을 허심탄회하게 토론하는 자리를 기대하고 있었다. 그러나 이사회 임원들은 람의 의견을 듣고 싶어 하지 않았다. 그들은 일방적으로 텔레비전에 나와 팀을 비난하는 것을 중단하라고 말하고, 다시 나가라고 했다.

람은 자신에 대한 비난에 충격을 받았다. 그러나 움츠러들지 않고 더 결연하게 자기 의견을 개진하기로 했다. 유일한 문제는 그 방법이었다. 바이에른 이사회는 충성하지 않는 태도를 싫어했다. 다른 캡틴들은 필드에서처럼 대담하게 경영진에게 맞선 적이 없었다. 뿐만 아니라 바이에른 구단의 규칙은 클럽의 사전 승인 없이 선수들이 언론과 대화하는 것을 명시적으로 금지했다. 그러나 11월, 샬케와의 중요한 리그 경기에서 흐트러진 팀의 모습을 보고, 람은 침묵을 지키는 것이 규칙을 위반하는 것보다 치러야 할 대가가 크다는 결론을 내렸다. 그는 담당 에이전트에게 뮌헨 지역지 〈쥬트도이체 차이퉁〉과의 인터뷰를 주선해달라고 요청했다.

유럽 축구팀들은 선수 인터뷰를 자유롭게 허용하지 않았다. 경기 후 코멘트나 익명의 제보를 제외하고, 스타들은 시즌이 끝날 때까지 언론에 많은 말을 하지 않았고, 한다 해도 솔직함이라고는 찾아보기 힘들었다. 그래서 뮌헨 사람들은 샬케와의 경기를 몇 시간 앞둔 11월 7일 아침에 신문을 펼쳐들었을 때, 팀의 부캡틴이 팀에 대해 한 면을 통째로 할애해서 무단으로 비공식적 비판을 쏟아낸 것을 보고 놀라지 않을 수 없었다. 다음날 〈가디언〉은 "상상할 수 없을 정도로 솔직하고 거침없는 선수 인터뷰"라고 언급했다.

람은 클럽이 난국을 타개할 힘을 가지고 있다고 믿는다고 진지하

캡틴 클래스

게 인터뷰를 시작했다. 평생 바이에른 팬으로서, 진심으로 클럽의 이익이 최우선이라고 생각한다고 주장했다. "그러나 팀이 아무런 조치도 취하지 않거나 그럴 의지마저 없다면, 저는 당당하게 개입하여 불편한 진실을 말할 것입니다."

람은 이어서, 바이에른이 승리하지 못하는 주된 이유는 전략적 사고가 심각하게 부족하기 때문이라고 말했다. 이사회가 고메즈나 로벤 같은 비싼 공격수를 영입하는 데만 공을 들이고, 그들을 활용해 어떤 포메이션으로 경기를 펼쳐나가야 할지에는 신경 쓰지 않는다고 했다. 반면 팀의 미드필드는 엉망진창이어서 변화에 적응하지 못하고 있었다. 볼 컨트롤이 좋은 선수들이 있지만 공격을 펼칠 기량이 없고, 그 반대인 경우도 있었다. "바르셀로나, 첼시, 맨체스터 유나이티드와 경쟁하고 싶다면 경기 철학이 필요하다"고 그는 말했다. 그런 유럽 최고의 클럽들은 시스템을 선택하고 나서 이를 실행하기에 적절한 선수진을 확보한다. "선수들이 좋다고 무조건 사들이는 것은 옳지 않습니다." 예상대로 바이에른 이사회는 분노로 들끓었다.

언론 보도를 통해 "부캡틴의 인터뷰는 내부 규정을 명백하고 용서할 수 없는 방식으로 위반했다"고 발표했다. "클럽과 코치 및 팀원에 대해 공개적으로 비판하는 것은 절대적 금기 사항이다." 이사회는 그동안 선수에게 부과한 벌금 중 람이 가장 많은 벌금을 물어야 할 것이라고 말했다.

다음날 샬케와의 1:1 무승부 이후, 난쟁이 마법사는 이사회에 소환되었다. 회의는 2시간 동안 이어졌다. 그리고 이사회는 또 한 번 보도자료를 냈다. "매우 개방적이고 상세하고 건설적인 토론을 통해, 필립 람은 자신의 의견과 그가 선택한 의견 공개 방식에 대해 사과했다.

람은 자신에게 부과된 벌금 징계를 수용했으며, 주말에 제기된 문제는 쌍방 간에 합의되었다."

당시에는 그렇게 말하지 않았지만, 람은 일련의 과정을 다르게 받아들이고 있었다. 그가 사과한 것은 발언을 공개한 방식이지 그 내용은 아니었다고 내게 말했다. "자기를 고용한 클럽에 이의 제기를 하는 건 쉽지 않죠. 팀 동료들에게 싫은 소리를 하는 것도 어렵습니다. 많은 사람들이 그런 건 닫힌 문 뒤에 숨기는데, 아마 그게 최선일 거예요. 내부적으로 대화를 통해 해결하는 것 말이죠. 하지만 내부 사람들이 내 의견을 듣게 만들려면 대중을 이용해야 할 때도 있습니다."

인터뷰 다음 날, 팀 동료 몇 명이 그의 처방을 지지한다고 말했다. 그러나 다른 사람들, 특히 비판의 대상이 된 미드필더들은 자신들에 대해 람이 말한 내용뿐 아니라 계획적인 반란 행위 자체에 대해서도 격분했다. 바이에른의 전 캡틴이자 교과서적인 '퀴롱스필러'인 슈테판 에펜베르크는 람의 비판이 도를 넘었다고 생각했다. 그는 한 기자에게 말했다. "람에게는 잔인한 시기가 될 겁니다. 매번 경기가 끝날 때마다 그의 퍼포먼스는 철저한 검증을 받게 될 테니까요."

바이에른 선수들이 부캡틴의 인터뷰로 인해 사기가 떨어졌거나 그들의 성적 부진이 계속되었을 거라고 생각하는 사람들이 많을 것이다. 그러나 면담 당일 샬케와 1:1 무승부를 기록한 뒤부터, 정반대의 상황이 일어났다. 바이에른은 다음 10경기에서 9승을 거뒀다. 처참한 시작에도 불구하고, 결국 팀은 2009~2010 시즌 분데스리가 타이틀을 차지했다.

람의 항명은 바실리예프의 그것에 비해 분열을 조장하는 행동이었을 수도 있지만, 효과는 마찬가지였다. 그것은 팀을 개선시켰다.

퍼포먼스 팀을 연구했고, 기능적 리더십에 찬사를 보낸 바 있는 하버드대학 조직심리학자 리처드 해크먼은 집단의 갈등 해결에 리더가 어떤 역할을 하는지도 연구했다. 모든 조사의 결과는 한 가지 강력한 결론을 뒷받침했다. 모든 위대한 리더들은 문제의 중심에 끼어든다. 팀 리더로서 성공하려면 "공통적 합의의 중심에 있으려 하기보다는 구성원들이 현재 좋아하는 것의 끄트머리에서 움직여야 한다"고 해크먼은 기록했다.

해크먼은 이의 제기가 리더의 중요한 기능이 아니라, 용기를 표현하는 방식이라고 믿는다. 팀의 확립된 규범과 일상을 혼란에 빠뜨린 리더들은 상당한 개인적 대가를 치르게 되어 있다. 그 현상에 대해 학자들은 '독립의 고통'이라고 부르기도 한다.

해크먼의 연구는 팀이 위대함에 이르기 위해서는 내부적으로 밀고 당길 필요가 있음을 분명히 보여주었다. 그러나 내가 처음 품었던 의문은 아직 풀리지 않았다. 긍정적인 반대와 부정적이고 파괴적인 반대의 차이점 말이다. 나는 이 의문을 풀기 위해, 집단 갈등에 있어 최고 권위자인 캐런 젠 경영학 교수의 연구로 눈을 돌렸다.

젠은 오랜 학술 경력 동안(스탠퍼드·펜실베이니아 대학), 팀에 대한 연구를 수행하여 일정 정도의 의견 차이는 부정적인 영향을 미치지 않는다는 사실을 보여주었다. 높은 수준의 갈등을 겪는 팀들은 공개적인 토론을 통해 절묘한 문제 해결책을 찾을 확률이 훨씬 높았다. 최악의 결과는 집단이 무비판적으로 합의에 이르렀을 때 발생했다. 그럼에도 불구하고, 다른 연구자들이 실시한 수백 번의 실험은 갈등이 집단성과에 피해를 입힌다는 결론을 내렸다.

2012년, 젠과 두 명의 동료는 8,880개 팀을 기반으로 한 실험 16

건에 대한 메타 분석결과를 발표했다. 이 논문의 목표는 집단 내 갈등의 본질에 대해 젠 교수가 주장한 가설을 검증하는 것이었다. 젠 교수는 '갈등'을 제대로 정의할 필요가 있다고 보았다. 젠의 가설은 다음과 같다. 팀 내부의 의견 차이는 몇 가지 다른 형태를 취한다. 하나는 개인적 갈등 또는 관계 갈등으로 불리며, 각자의 개성이 충돌하여 팀 구성원간의 자존심 싸움으로 이어지는 것이다. 이런 유형의 다툼은 다른 형태인 과업 갈등과 구별된다. 과업 갈등은 개인적인 것이 아니라 진행 중인 과업의 실행 과정에서 벌어지거나, 그 과정에 초점을 맞춘 의견 차이를 가리킨다. 팀원들이 단지 서로 싫어해서 싸우는 것과 문제 해결 방식에 대한 견해가 달라서 싸우는 것에는 큰 차이가 있다.

젠 연구진은 8,880개의 팀을 관계 갈등이 발생한 팀과 과업 갈등이 중요한 요인이었던 팀으로 구분하고, 그들의 성과에 어떤 차이가 있었는지 검토했다. 그 차이는 매우 명확했다. 관계 갈등을 겪은 팀은 신뢰감, 결속력, 만족감 및 헌신 정도가 현저하게 감소한 것으로 나타났으며, 이 모두가 팀 성적에 부정적 영향을 미쳤다. 그러나 과업 갈등을 겪은 팀의 경우 업무성과에 대한 영향은 중립적이었다. 당장의 업무에 대한 논쟁이 성과에 도움을 주지도 않았지만 피해를 입히지도 않았다.

하지만 한 가지 예외가 있었다. 극도로 긴장된 환경에서 업무를 수행하는 팀들이었다. 정량화된 결과(재무성과 등)가 즉각석으로 나타나므로, 각자 투입한 노력이 얼마나 성공적인지 잘 알 수 있는 팀들이었다. 일정한 채점 시스템을 통해 즉각적인 피드백을 받은 이런 팀에서는 과업 갈등의 존재가 전혀 중립적이지 않았다. 과업 갈등이 있으면 성과는 평균보다 약 40% 더 좋아졌다. 논문 저자들은 이렇게 기록했다. "우리는 과업 갈등이 집단의 성과를 저해하는 것만은 아니라는 사실을 발견했다. 오히려 과업 갈등이 집단의 성과를 향상시키는 조건이 존재한다." 즉 스포츠처럼 자신의 과업에 대해 신속하고 구체적인 피드백을 받는 팀은 세부 항목을 두고 다툼이 있을 때 더 나은 결과를 얻었다.

람의 인터뷰 전체 원고를 읽으면서, 나는 그의 비판이 자존심이나 악의 때문에 비롯된 것이 아님을 알게 되었다. 람은 개인적인 공격은 피했고, 팀의 경영진이 문제를 완벽히 해결할 수 있다고 믿었다는 점을 분명히 밝혔다. 람은 막무가내로 비난만 한 것이 아니라, 전술 그 자체에 비판의 화살을 집중시켰다. 결함들을 지적하는 만큼 해결책을 제시하는 데에도 많은 시간을 할애했다.

바이에른 이사회는 람을 징계한 지 얼마 되지 않아, 그가 제시한 청사진을 정확히 따르는 조치를 취하기 시작했다. 좋은 골잡이들을 마구잡이로 영입하던 초창기 정책을 폐기했다. 인내심을 가지고 여러 해에 걸쳐, 부조화를 이루던 포워드 몇 명을 내보냈고, 람이 설명한 더 창의적이고 공격적인 스타일로 공을 처리할 기술을 갖춘 선수들로 미드필드를 채웠다. 이를 통해 팀은 개선되었다.

다음 시즌을 마치고 판 보멀이 팀을 떠나자, 바이에른은 필립 람을 새로운 캡틴으로 앉혔다. 팀 리빌딩을 마친 다음 시즌부터 바이에른은 성과를 발휘했다. 독일리그 타이틀을 차지했고(이후 리그 4연패를 달성한다) 12년간 손대지 못했던 챔피언스리그 우승 트로피까지 차지했다. 다음 해인 2014년 여름, 람이 캡틴으로 활약했던 독일 대표팀은 브라질에서 월드컵 우승을 차지했다. 독일 대표팀은 역사상 최고의 엘로 점수와 함께 60년 전 헝가리팀이 달성한 기록을 깨면서 한 해를 마감했다.

'난쟁이 마법사' 필립 람은 2009년의 풍파를 버텨냈을 뿐 아니라, 소속팀이 역대급 성공을 향해 방향을 트는 데 기여했다. 개인적으로도 성공 가도를 달렸다. 바이에른과 독일 국가대표팀을 2등급에 올려놓는 데 성공하여, 그와 같은 업적을 이룬 유일한 캡틴이었던 디디에 데샹, 프란츠 베켄바우어와 어깨를 나란히 하게 되었다.

2015년 겨울 제베너 스트라세의 바이에른 훈련 시설에서, 람은 그 면담의 후폭풍으로 고생은 했지만 자신의 항명 행위가 팀의 미래에 대한 값진 투자였다고 생각한다고 밝혔다. "그 면담은 도움이 되었습니다. 지금 우리는 클럽과 함께 나아가고 싶은 방향으로 가고 있으니까요."

기존 상식대로라면 팀원들이 서로 사랑하고 조화로운 팀일수록 더 성과가 좋을 것이다. 나는 이 책을 쓰기 전에는 과업 갈등을 라커룸에서 발생하는 온갖 종류의 다툼과 같은 것으로 치부했다. 람의 사례는 평온함이 진실보다 더 중요하지 않다는 것을 알려주었다. 적어도 팀에 대한 맹렬한 헌신으로 알려진 캡틴, 팀을 위해 봉사하고 사람들을 개인적으로 공격하는 것을 피하는 캡틴의 의견이라면 믿을 수 있었다. 캡틴이 성공적으로 팀을 이끌려면, 권력자뿐 아니라 팀 동료들에게도 진실을 말해야 한다고 람은 믿었다. "축구팀이 11명의 친구들이 되어야 한다는 것은 순전히 낭만적인 생각일 뿐"이라고 그는 말했다.

람은 팀 전체를 책임지면서 영광으로 이끄는 '상남자' 같은 독일 축구 '퓌룽스필러'의 프로필과는 맞지 않을 수도 있다. 분명히 독일 팬들에게 익숙한 종류의 리더는 아니었다. 그러나 감정을 배제하고 철저히 계산하고 정확하게 (팀의 전술 강화라는 과녁을 정조준한) 이사회에 맞선 항명 행동은 전임자들이 했던 어떤 행동보다 용감하고 성공적이었다.

대부분의 독일 축구팬들과 마찬가지로 람은 어릴 때부터 "팀이 곧 캡틴이고, 캡틴이 곧 팀"이라고 믿었다고 말했다. 그가 열아홉 살에 처음으로 바이에른의 성인팀에 발탁되었을 때, 당시 캡틴 올리버 칸을 단순히 바라보는 것만으로도 그의 가슴은 경외심과 엄청난 존경심으로 가득 찼다고 한다. 그러나 시간이 지남에 따라 그는 시각이 바뀌었다. 그는 퓌룽스필러가 실질적으로 아무런 효과가 없는, 쇼 비즈니스를 위한 창작물일 뿐이라고 생각하기 시작했다. "어쩌면 제가 진정한 리더의 모습을 다르게 정의하고 있는지도 모르죠."

우리는 어쩔 수 없이 불화를 두려워할 수도 있지만, 팀 내부의 의견 차이는 좋은 결과를 불러오는 강한 동력이 될 수도 있다. 또한 훌륭한 캡틴이라면 필요하다고 생각될 때 기꺼이 항명해야 한다는 점도 분명하다. 학자들이 말하는 '독립의 고통'을 견뎌내야 한다. 물론 한계도 있다. 캡틴이, 아니 누구든지, 사소한 증오나 개인적인 불만으로 분쟁을 일으키면 팀은 오래 버텨내지 못한다. 이 원칙을 요약하자면, 캡틴들은 발레리 바실리예프가 그랬듯 동료 선수를 보호해야 하고, 필립 람이 바이에른 이사회의 선수단 구성 정책을 해부한 것처럼 전술적인 문제에 집중해야 한다.

이 모든 것은 극도로 긴장된 팀 환경이나, 스포츠 외적인 영역에서도 반대자가 대단히 중요한 존재라는 점을 시사한다. 보스 또는 보스의 보스를 두려워하지 않는 리더, 또는 팀 회의 도중에 "이게 바로 우리가 잘못하고 있는 지점"이라고 말하는 리더는 훌륭한 조직의 핵심 요소이다.

제10장 요약

- 스포츠팀 경영진의 마음에 두려움을 불러일으키는 단어들이 있다면 '라커룸 드라마'는 빠지지 않을 것이다. 일반적 통념에 따르면 엘리트 선수들이 강하고 터프할수록 팀워크는 깨지기 쉽다고 한다. 온도가 몇 도만 변해도 그들 간의 조화가 흐트러지고 조직을 비생산적인 방향으로 바꿔 놓는다는 것이다. 팀의 경영진은 원한 관계를 제거하고 그것을 촉발한 선수들을 축출하기 십상이다. 그러나 스포츠 역사상 가장 위대한 팀의 캡틴들이야말로 반항하고 반대하고 분열을 일으킬 만한 행동을 했다. 그것도 습관적으로.

- 팀 내부 갈등의 영향에 관한 연구들은 상상할 수 있는 다양한 결론에 도달했다. 갈등은 좋다, 나쁘다, 혹은 그 중간 어디쯤에 있다는 둥. 진실은 우리가 말하는 갈등이 어떤 종류인가에 달려 있다. 사실 갈등에는 몇 가지 종류가 있다. 증오나 혐오 탓에 불거지는 '관계' 갈등도 있고, 팀의 과업 수행 방식에 관한 이견이 불거질 때 생기는 '과업' 갈등도 있다. 경쟁적인 환경에 있는 팀들에게 관계 갈등은 독약이다. 그러나 엘리트 캡틴들은 이런 식의 갈등에는 끼어들지 않는다. 그들이 화를 낸다면, 팀원들을 경영진에게서 보호하기 위해서이거나, 팀이 무엇을 잘못하고 있는지 확실히 보여주기 위해서였다. 자존심 때문에 저지른 무례한 언동이 아니었다. 함께 더 좋은 경기력을 발휘할 수 있도록 팀을 도우려는 용기 있는 행동이었다.

캡틴 클래스

킬 스위치

감정 통제

2009년 자그레브

2009년 세계 남자핸드볼 선수권대회 준결승전에서 덴마크를 27:22로 꺾었지만, 프랑스의 새 캡틴 제롬 페르난데즈(30세)는 승리를 자축할 시간도 없었다. 속옷 차림으로 얼음찜질을 위해 임시로 마련한 커다란 플라스틱 통에 몸을 담그고 나서는, 결승전을 위해 자그레브행 비행기에 몸을 실어야 했다. 그 와중에도 페르난데즈는 짬을 내할 일이 있었다. 여유 시간이 생기자마자 보르도에 있는 부모님에게 전화를 걸었다.

그의 어머니 브리짓이 전화를 받았을 때, 페르난데즈는 그녀의 목소리를 듣고 뭔가 끔찍히 잘못되었다는 것을 알 수 있었다.

지난 몇 주 동안, 제롬의 부모는 그가 대회에 집중할 수 있도록 비밀을 감추고 있었다. 이제 더는 기다릴 수 없었다. 어머니는 "제롬, 네 아버지는 죽어가고 있단다. 지금 병원에 있어. 남은 날이 며칠 안 되는 것 같아."

페르난데즈는 너무 놀라서 말을 할 수 없었다. 그의 아버지 자크는 2년 전 폐종양 제거 수술을 받았고, 의사는 자크가 완전히 회복되었다고 말했었다. 제롬은 선수 커리어가 시작되자 프랑스 대표팀과 스페인 클럽팀의 스케줄을 번갈아가며 소화해야 했다. 아버지의 병세를 신경 쓸 겨를이 없었다. 아버지의 암이 재발했다는 사실조차 알지 못했다.

자크와 제롬 페르난데즈는 여느 부자^{父子}들이 넘보기 어려운, 끈끈한 유대관계를 맺고 있었다. 자크는 제롬이 태어날 당시 겨우 스무 살이었고, 나이 차이가 적은 덕분에 서로 특별하게 '결합'된 사이였다. 말이 없어도 통했기 때문에 오히려 말수가 적었다. 그래도 서로 어떤 생각을 하고 있는지 훤히 알고 있었다. "아주 가까운 사이였습니다." 제롬이 말했다. "우리는 거의 차이점이 없었죠."

그들의 관심사는 언제나 핸드볼이었다. 자크 페르난데즈는 핸드볼을 좋아했다. 꽤 유능한 선수이기도 했던 그는 제롬과 제롬의 두 남동생에게 핸드볼을 가르쳤다. 키가 199cm까지 성장하는 동안 제롬이 핸드볼 영재라는 사실이 분명해졌다. 제롬이 국가대표로 선발된 1997년부터 자크는 제롬의 모든 경기를 지켜보았다. 그는 상태가 심각해지기 전까지, 병원에서는 세계선수권대회 중계방송을 보여주지 않는다는 이유로 입원을 거부했었다.

한편, 말문이 막힌 제롬은 정신을 차리고 어머니에게 당장 집으로 가겠다고 말했다. 제롬은 이렇게 회상한다. "그러나 어머니는 나에게

캡틴 클래스

'넌 아버지를 위해 뛰어야만 한다'고 말하셨어요. 반드시 이겨야 해. 그런 다음에 돌아오면 아버지를 만나 메달을 보여드리면서 작별 인사를 할 수 있을 거야. 그러니 아버지를 위해 무조건 이겨야 해."

아버지의 상태가 페르난데즈의 가슴을 꽉 죄어왔다. 몇 달 전에 프랑스 대표팀의 캡틴을 맡았지만, 아직은 그 역할에 서서히 적응하는 중이었다. 몇몇 팀 동료들도 그 자리를 원했었고, 페르난데즈를 선택한 것이 맞는 일인지 납득하지 못했다. 갸름하고 검은 얼굴에 검은 머리카락을 짧게 깎은 페르난데즈는 친절하고 순진한 미소로 속마음을 그대로 보여주었다. 연설을 좋아하지는 않았지만, 동료들에게 연설을 할 때도 낮고 침착한 톤으로 했다. 전사처럼 맹렬한 기세를 전하지도 않았다.

만약 그가 집으로 돌아가고, 프랑스가 우승하지 못한다면, 사람들은 그의 리더십에 의문을 품을 터였다. "나는 캡틴 자리를 원하지 않았어요." 그는 내게 말했다.

경기를 스물네 시간 앞두고, 페르난데즈는 클로드 오네스타 코치에게 가서 자신의 상황을 설명했다. 페르난데즈를 오랫동안 알고 지낸 오네스타는 동정적이었다. 어느 정도는 말이다. "이해하네. 아버지를 여의기엔 너무 젊은 나이지. 하지만 세계선수권대회 결승전도 코앞이잖나." 페르난데즈가 출전하기로 결정했다면, 아버지를 마음속에서 지워야 했다. 오네스타는 덧붙였다. "출전할 생각이 없으면 지금 알려주게. 프랑스로 돌아갈 수 있게 출전 명단에서 빼줄 테니까. 하지만 결정은 자네가 내리는 걸세."

페르난데즈는 이런 상황에서 시합에 나설 수 있을지 알 수 없었지만, 그 자리에서 결심했다. "Je veux jouer pour mon père."(아버지를 위해 뛰고 싶습니다.)

페르난데즈가 크로아티아와의 결승전을 준비하면서, 그는 또 다른 문제에 봉착했다. 팀 동료들에게 어떻게 말할지, 말을 해야 할지 말아야 할지도 결정해야 했던 것이다. 그 소식 때문에 다른 선수들의 사기가 떨어지거나, 경기장에서 동료들이 그를 다르게 대할지도 모른다는 걱정이 앞섰다. "팀 동료에게 '내 아버지가 죽어 가고 있다'고 말하면 조직력이 흐트러져 경기에서 패할 수도 있었습니다." 물론 동료들의 성원을 받을 수도 있었겠지만, 그는 그 사실을 알리지 않기로 결심했다.

어떤 날, 어떤 경기에서든, 개인적으로 괴로운 문제를 겪고 있는 참가자가 있을 수 있다. 극단적인 경우를 상정해보자. 식구가 죽었거나 집에서 아이가 앓고 있어서 괴로움을 겪는 선수가 있을 때, 모두가 그 일을 알게 된다. 동료들은 그를 껴안아준다. 팬들은 그에게 따뜻한 박수를 보낸다. TV 해설자들은 그의 용기에 경의를 표한다. 상황의 무게를 모두가 인정한다. 페르난데즈가 처한 상황은 예외적이고도 극단적이었다. 크로아티아와의 결승전은 그때껏 그의 인생에서 가장 큰 시합이었다. 자신의 감정을 접어두고, 동료들 앞에서 아무 일도 없는 척해야 했다. 그는 서둘러 집으로 돌아가 아버지에게 작별 인사를 하는 대신 위험한 도박을 하기로 결정했다. 만약 팀도 경기에 지고, 집에도 너무 늦게 도착한다면 어떤 기분이겠는가?

현대 핸드볼은 홀게르 닐센이라는 덴마크 체육교사가 1906년 발표한 규칙 초안에 뿌리를 두고 있다.

핸드볼 규칙의 기본 콘셉트는 축구의 규칙을 뒤집으면 더 생동감 있을 거라는, 다소 발칙한 아이디어였다. 선수들은 손을 사용하는 대

캡틴 클래스

신 발을 사용할 수 없도록 제한되었다.

초창기에는 야외의 풀밭에서 진행되었지만 결국 실내의 하드코트로 이동하여, 농구에서 드리블과 전술을, 하키에서 좁은 골대와 신체 접촉을 빌려 왔다. 스크린플레이를 하고, 팔꿈치로 가격하고, 서로를 밀치면서, 코코넛 크기의 공을 90마일에 이르는 속도로 내다꽂는 스펙터클한 광경은 핸드볼을 유럽에서 인기 있는 경기로 성장하게 만들었다. 이 종목의 핵심은 항상 국가대표팀 간의 경쟁이며, 올림픽 다음으로 가장 큰 상은 격년으로 열리는 세계선수권대회이다.

2009년 결승전에서 프랑스의 상대는 개최국 크로아티아였고, 자그레브 경기장의 요란한 응원단 1만 5천 명 앞에서 경기를 치를 예정이었다. 크로아티아는 무패의 성적으로 토너먼트를 통과했으며, 불과 닷새 전에 열린 예선전에서는 프랑스를 22:19로 격파한 바 있었다. 프랑스는 1년 전 베이징에서 처음으로 올림픽 우승을 차지했긴 했지만, 홈팀 크로아티아를 이기리라고 예상한 사람은 거의 없었다. 런던의 베팅업체들도 크로아티아의 16% 우위를 점쳤다.

프랑스팀이 출입 통로에서 등장하자, 크로아티아 팬들이 몰려들었고, 경기장 앞에서 나눠준 주황색 플라스틱 응원도구를 마구 불면서 홈코트 어드밴티지를 활용한 압박을 가하기 시작했다. 마치 전화 부스에 갇힌 꿀벌들이 내는 왱왱거리는 것 같은 소음으로 인해 선수들은 자신의 운동화가 마룻바닥에 닿는 소리조차 들을 수 없었다.

전세계에서 1억 2천 9백만 명의 시청자가 지켜보는 와중에 프랑스팀은 지치지 않는 수비력을 보이며 크로아티아의 핵심 공격수 이반 츄피치를 막아냈고, 전반전을 대등한 점수로 마감했다. 하프 타임에서는 프랑스가 한 점 뒤지고 있었고, 후반에 20분을 남겨두고 그들은 동점까지 쫓아올라왔다. 경기종료 2분여를 남긴 상황에서 프랑스팀은 믿기지 않는 3골 차 리드를 지키고 있었고, 승리가 눈앞에 보이는 듯했다.

크로아티아의 골대 앞 4미터 남짓한 거리에서, 코트 중앙에 선수들이 밀집한 가운데 페르난데즈는 패스를 넘겨받았다. 그는 오른쪽 팔을 들고 공중으로 뛰어올랐다. 그러나 그가 발을 떼자마자 크로아티아 수비수는 어깨를 내려 페르난데즈의 옆구리를 들이받으며, 뒤로 거칠게 밀쳤다.

크로아티아 골키퍼는 빠른 슈팅을 예상하고 앞으로 뛰쳐나왔다. 그러나 페르난데즈의 계획은 달랐다. 한 박자 늦추기로 결정한 것이다. 착지를 한 뼘 정도 남겨두고, 페르난데즈는 균형이 무너진 자세에서 결정적인 슛을 날렸다. 공은 골키퍼의 뻗은 팔 밑으로 날아갔고, 바닥을 한번 튕긴 후 빈 골대로 들어갔다.

그 득점으로 프랑스는 23:19라는 뒤집기 힘든 점수로 앞서갔다.

경기장은 침묵했다. 크로아티아 선수들은 초반에 열정적으로 뛰었기에 다들 지쳐 있었고, 분노와 패배감만이 가득했다. 경기가 종료되자, 프랑스 텔레비전 해설자는 미친 듯이 외쳤다. "드디어 끝났습니다!" 그는 경기장의 함성보다 더 큰 거친 목소리로 비명을 질렀다. "세계 챔피언입니다!" 프랑스 선수들은 기쁨에 넘쳐 코트의 중앙으로 달려와 서로 팔짱을 끼고 원을 그리며 춤을 추기 시작했다. 다만, 한 명의 예외가 있었다.

프랑스팀의 새로운 캡틴으로 참가한 첫 메이저 대회에서 자신의 곡예와 같은 골로 승리를 굳혔지만, 페르난데즈는 무릎을 꿇고 바닥에 쓰러질 수밖에 없었다. 그는 이마를 바닥에서 떼지 못하고 흐느껴

울고 있었다. 다른 프랑스 선수들은 팀 동료가 괴로워하는 모습을 발견하고, 그의 옆으로 달려갔다. 그들은 페르난데즈가 부상을 당한 거라고 생각했다. 1분 정도 지난 후, 그들을 페르난데즈를 부축해 일으켜 세우고 함께 트로피를 수상했다. 시상식이 끝난 후, 다른 선수들은 그들의 캡틴이 어떤 일을 겪었는지 듣게 되었고, 기절할 정도로 놀랐다. "그들은 내가 그런 상황에서 어떻게 끝까지 경기를 치렀는지 믿지 못했죠." 페르난데즈가 말했다.

우승 다음 날 아침, 페르난데즈는 어린 아들과 함께 곧장 비행기를 타고 병원을 찾아갔다. 그의 아버지는 아직 살아 있었다. 페르난데즈는 아버지에게 우승 메달을 건넸고, 한참 동안을 세계선수권대회와 과거, 미래에 대해서도 이야기를 나눴다. "아버지는 나를 매우 자랑스럽게 생각한다고 말했습니다." 페르난데즈가 말하는 도중, 아버지 자크는 그의 어린 손자를 끌어안았다. "아버지는 손자가 커가는 것을 볼 수 없다는 생각에 무척 슬퍼보였어요." 자크는 그로부터 5일 후 세상을 떠났다.

이듬해, 페르난데즈를 캡틴으로 하는 프랑스팀은 1등급 팀으로 진입했다. 2연속 올림픽 금메달과 4개의 세계선수권 중 3개의 우승, 그리고 2개의 유럽 챔피언까지, 동시에 3개의 우승 타이틀을 보유한, 비교가 불가할 정도로 핸드볼 역사상 최고의 강팀으로 자리 잡았다.

2015년 겨울 인터뷰에서, 그날 경기를 치르기로 한 결정이 자신의 팀을 더 강력하게 만들었다고 생각하는지 물어봤을 때, 페르난데즈는 딱 잘라 아니라고 말했다. 팀은 자신이 없었어도 이겼을 것이라고 그는 주장했다. 하지만 2009년 자그레브 결승 이후 팀 동료가 자신을 바라보는 눈길이 달라진 점은 인정했다. "우리가 함께 무언가를 이룰 수 있다는 것을 알았을 때, 그리고 내가 개인만이 아닌 공동목표를 위하는 캡틴이라는 것을 알았을 때 그들은 나를 캡틴으로 지명한 것을 승인했습니다. '제롬은 훌륭한 캡틴이고, 나는 그를 믿고 따를 수 있습니다'라고 그들은 말했죠."

앞의 챕터에서, 우리는 극적이고 이타적인 행동으로 팀의 1등급 진입에 결정적인 영향을 미쳤던 캡틴들을 볼 수 있었다. 때로는 극단적인 열정과 투지, 작은 도움의 손길, 과시적인 감정 표출, 방어 또는 반대 의사의 표현까지. 그러나 페르난데즈가 자그레브에서 한 일은 전혀 다른 것이었다. 이 경우 캡틴으로 인정받은 결정적인 순간은 이타적인 감정을 강하게 보여준 장면이었다.

위스콘신대학의 정신심리학 교수인 리처드 데이비슨은 1970년대 대학원 시절 당시로는 퇴조 분위기의 연구 분야였던 감정의 본질에 대해 조사하기 시작했다. 그의 연구목록 맨 위에는 감정적인 탄력성이 있었다. 어떤 사람들은 좌절감에서 헤어나지 못하는 반면, 어떤 사람들은 왜 좌절에서 빨리 일어날 수 있을까?

데이비슨과 그의 동료들은 여러 개의 센서가 달린 모자를 제작하여 테스트 대상의 머리에 씌웠다. 그런 다음 그들은 자신의 피실험자로부터 강한 부정적인 반응을 이끌어 내기 위해 특별히 준비된 영상이나 이미지를 보여주었다. 연구자들은 실험참가자들의 감성이 변화함에 따라 머릿속에서 어떠한 일이 벌어지는지 모자를 이용해서 매핑 mapping(평면의 이미지를 입체적으로 변환하는 컴퓨터 기법)하려고 했다. 사람들 사이의 차이점은 전두엽 피질이라고 알려진 뇌 영역의 활동 수준을 통해 확인될 수 있었다. 잘 알다시피, 전두엽의 왼쪽은 긍정적인

캡틴 클래스

감정을 통제하는 곳이다. 오른쪽은 좀 더 어둡고 부정적인 감정을 처리하는 영역이다. 데이비슨의 실험참가자들은 스트레스를 받았을 때 양측 모두에서 활동이 증가했다. 그러나 중요한 차이점이 있었다. 왼쪽 전두엽에서 더 큰 활동을 보인 사람들은 감정 중립상태로 되돌아오는 것이 더 빨랐다.

그런데 그 차이는 상상 이상이었다. 회복탄력성이 높은 사람들은 낮은 사람들보다 이 영역에서 30배나 많은 활동을 보여줄 수 있다는 것이었다.

다음 실험에서 데이비슨은 회복탄력성이 좋은 사람들이 왼쪽 전두엽에서 어떤 종류의 신호를 다른 뇌 영역, 즉 편도체로 보낸다는 사실을 알았다. 편도체는 위협과 위험에 대한 뇌의 신속한 대응을 위한 영역이다. 그는 이 파이프라인을 통해 흐르는 신호들이 편도체들에게 모든 일이 잘 될 것이니 안심하라는 '통제'의 메시지라고 이론화했다. 회복탄력성 지수가 낮은 사람들은 이 신경 채널을 통과하는 신호가 미약했다.

이러한 차이는 사람이 어떤 두개골을 가지고 태어났는가에 크게 좌우되는 것으로 보였다. 강하고 활발한 전두엽이 왼쪽으로 발달한 경우 그들은 현재 상황에 집중하면서 역경을 극복하고, 부정적인 사고를 억제하는 능력을 가지고 태어난 것이었다. 예를 들어 이 사람들은 실수를 저지른 경우 수면 부족이나 나쁜 전략 때문이라고 정리하고, 신속하게 정상 상태로 돌아갈 수 있었다.

그가 크로아티아와의 결승 경기 동안 자신의 아버지에 대한 끔찍한 소식을 훌륭하게 감당해냈던 점을 돌아보면, 페르난데즈가 부러울 만큼 회복탄력성이 높은 두뇌를 가진 사람들 중 한 명이라고 결론

내릴 수 있을 것이다. 사실 요기 베라, 카를레스 푸욜, 벅 셸퍼드, 발레리 바실리예프, 칼라 오버벡 같은 1등급 팀의 캡틴들은 모두 같은 종류의 정서적 강인함을 보여주었다. 때로는 도발 이후에 침착함을 유지하는 능력으로도 그런 영향을 짐작할 수 있었다. 어떤 때에는 경기장 밖에서 치료를 받아야 할 정도로 심각한 부상을 당하고도 포기하지 않고 경기를 이어 나가는 모습을 봐도 알 수 있다.

그러나 1등급 팀 캡틴들 중에서도 감정과의 싸움에서 눈에 띄게 월등한 사람이 있다. 그녀의 테스트는 특정한 하나의 에피소드로 끝나거나, 비디오 화면에 나타났다 갑자기 사라지는 장면도 아니었다. 그것은 그 사람이 어떤 종류의 뇌를 갖고 있더라도 테스트를 통해 알아낼 수 있을 정도로, 무려 18개월 동안 천천히 펼쳐지는 상황이었다.

1999년 2월, '하키루스'Hockeyroos, 즉 호주 여자국가대표 하키팀의 수석코치 릭 찰스워드는 리첼 호크스에게 퍼스시의 수비아코 지구에 있는 카페에서 점심식사를 하자고 요청했다.

2000년 시드니올림픽을 1년 반 남긴 시점에서 코치와 캡틴이 만나는 것에 특별히 이상한 점은 없었다. 그러나 찰스워드의 제안은 아무도 예상하지 못했던 것이었다.

호크스가 하키루스의 캡틴을 맡은 지 6년 동안, 남녀를 통틀어 스포츠 역사에서 이토록 강력한 필드하키팀은 존재하지 않았다. 호주는 7개의 연속 주요 타이틀을 확보했으며 세계 1위를 고수했다. 팀은 기계적인 효율성으로 경기가 끝날 때까지 지치지 않는 템포로 상대를 파괴하는 것으로 명성이 높았다. 심판에 대한 불평도 없었고, 상대방을 조롱하지도 않았으며, 경기 중 통증으로 인한 사소한 약점도 드러내지 않았다.

　서른두 살 때 리첼 호크스는 하키계의 레전드 반열에 올라 있었다. 그녀는 웨스턴 오스트레일리아에서 경찰관의 딸로 태어났다. 체형은 호리호리했고, 양미간이 넓은 얼굴에 옅은 갈색 눈과 보조개가 어울렸으며, 필드 위에서는 새까만 머리에 흰 머리띠를 둘렀다. 호크스는 1등급 팀 캡틴의 전형적 자질을 모두 갖고 있었다. 득점을 많이 올리거나 특별히 빠르지 않았고, 스틱 다루는 솜씨가 눈부신 것도 아니었다. 자신의 컨디션 조절과 그리 돋보이지 않는 팀 위주의 하키 기술(트래핑, 패스, 태클, 방향전환 등)을 완성하는 데 초점을 맞추었다. 호크스는 주목 받기를 꺼렸고, 강렬한 연설 같은 건 전혀 하지 않았으며, 자기를 낮추는 것으로 명성이 자자했다. 호주 대표팀으로 국제경기 출전 기록을 갱신했을 때, 그녀는 기자들에게 "매우 행복합니다"라고 소감을 말했다.

　직전 시즌에서 부상으로 고생했기에, 호크스는 은퇴를 생각하고 있었지만 일단 팀에 남기로 결정했다. 특히 시드니에서 열리는 올림픽에서 3번째 우승과 함께 경력을 마치고 싶었다. 몇몇 부상을 제외하면, 호크스의 하키 경력은 마치 구름 위를 거니는 듯했다. 하지만 변화는 피할 수 없는 것이었다.

　간단한 인사치레 후, 찰스워드는 캡틴에게 만나자고 한 이유를 털어놓았다. 그는 팀의 리더십에 변화를 주고 싶었던 것이었다. 그 시점부터 모든 경기 직전에 다른 캡틴을 발표할 것이라고 했다. 때로는 호크스가 될 수도 있고, 그렇지 않을 수도 있었다 찰스워드는 고정된 캡틴 선발 방식을 제거함으로써 다른 선수들이 결과에 대해 더 많은 책임감을 느끼고 경기장에서 더 열심히 뛸 수 있도록 힘을 실어줄 것이라고 믿게 되었다. 그는 순번제 캡틴 선발 방식이 팀내 정치나 캡틴 자리에 대한 경쟁을 없애줄 것이라고 믿었다. 그는 호크스에게 개인적인 문제로 받아들이지는 않았으면 좋겠다고 언급하면서, "캡틴 역할은 리본에 불과하다"고 말했다.

사실, 호크스는 이 말을 듣고 충격을 받지는 않았다. 1990년대 중반 이래 찰스워드는 하키루스에 대한 일련의 실험을 진행해 왔는데, 이는 프랑스 심리학자 막시밀리앙 링겔만이 처음으로 관찰한 '사회적 태만'에 대한 조언에 기반을 두고 있었다. 선수들이 개인적으로 노력하는 만큼 팀 환경에서도 열심히 일하는지 확인하기 위해, 찰스워드는 개인차를 줄이고 모든 사람을 리더십 역할로 끌어들이기 위해 많은 노력을 기울였다. 그는 선수들의 유니폼 번호를 끊임없이 바꾸도록 요구했고, 심지어는 유명선수들에게도 동기 부여를 위해 가끔씩 경기에서 제외시켜 벤치를 지키게 하기도 했다. 1996년 그는 호크스를 포함한 4명의 선수를 '리더십 그룹'으로 영구 지명했으며, 나중에 이는 6명으로 확장되었다. 그룹의 멤버들은 경기장에서 캡틴의 역할을 번갈아가면서 메워야 했다.

호크스는 이런 움직임에 대해 전혀 동의할 수 없었다. 호크스는 찰스워드가 캡틴 역할에 대해 그것이 얼마나 시대착오적이고, 위계질서를 강조하는 19세기의 유물인지 일장연설을 할 때마다 눈을 다른 곳으로 돌려야 했다. 호크스는 스스로를 괴롭히지 않으려고 노력했다. 호크스는 항상 힘든 상황에서 팀원들을 끌어갔던 자신의 방식을 그대로 밀어붙였다. 호크스의 동료 선수들과 호주 언론은 여전히 호크스를 리더로 여겼고, 경기일정표에 나온 호크스의 이름 옆에는 여전히 캡틴임을 알려주는 'C'가 인쇄되어 있었다.

캡틴 클래스

그러나 찰스워드가 카페에서 제안한 내용은 더 심각한 것이었다. 호크스가 다시 팀을 이끌 것이라는 보장도 없다는 것이었다.

호크스는 그냥 단순한 캡틴이 아니라, 여자하키 역사상 가장 많은 상을 받은 리더였다. 6년 동안 호크스는 모든 것을 바쳐 팀을 위해 봉사했다. 온 나라가 대표팀의 성과에 희망을 걸고 있는, 국내에서 열리는 올림픽을 앞두고 호크스는 자신이 진짜로 밀려난 기분이었다. 강등을 당했으니 말이다.

호크스는 충분히 굴욕감을 느낄 만했다. 당장 그만둔다고 해도 비난할 사람은 없을 터였다. 그러나 호크스는 전형적인 운동선수가 아니었다. "나도 자존심이 있죠. 하지만 그게 대단한 건 아니에요." 그녀는 2016년 인터뷰에서 나에게 말했다. "나는 캡틴으로 활약하는 것을 좋아하지만, 내가 계속 캡틴이 되어야 한다고 요구할 권리는 없다고 생각했어요. 그래서 생각했죠. 내가 이기적인가? '잠깐, 난 계속 캡틴으로 남아야겠어요'라고 말하는 건 이기적인 생각인가? 어차피 이 모든 결정은 팀을 위해서 내려야 하는 거 아닐까?"

찰스워드가 일장연설을 끝내자, 호크스는 잠깐 동안 앉아서 대답을 생각했다. 호크스는 이러한 움직임이 팀의 성과에 큰 영향을 미칠 것이라고 생각하지 않았지만, 호크스는 코치의 사고방식을 알고 있었다. 잘 생긴 얼굴에 날카로운 푸른 눈을 가진 찰스워드는 호주 스포츠계에서 존경받는 인물이었다. 그는 올림픽에 4번 출전하면서 역사상 최고의 남성 필드하키 선수로 인정받고 있었다. 내과 의사이자, 연방 정치인이며, 크리켓도 수준급인 박학다식한 찰스워드는 경기장에서의 혁신적인 전략과 혹독한 동기부여 능력으로 유명했다. 하키루스에서도 그는 절대적인 권위를 행사했다. 호크스는 말했다. "릭과의 논쟁은 불가능했어요. 릭은 다른 사람 말을 듣지 않는 편이니까요."

그날 카페에서, 호크스는 굳이 항의할 필요가 없다고 결론을 내렸다. "저는 그에게 말했어요. '그게 당신이 원하는 것이라면 제가 특별히 언급할 내용이 없네요'라고 말이죠."

뉴스가 발표되었을 때, 호주의 미디어들은 호크스와는 달리 들썩이기 시작했다. 전통적으로 캡틴에 대한 존경을 강조하는 나라에서, 찰스워드의 실험은 모독으로 간주되었다. 스포츠 기자들은 '리더 천지'leaderful라는 표현으로 그의 생각을 조롱했다. 한 칼럼니스트는 그를 공산주의자 하키 코치라고 불렀다.

시즌이 시작되면서 개방형 캡틴 선발은 긴장을 불러일으켰다. 선수들은 명예를 위해 로비하고 있다고 서로를 의심했고, 해당 경기의 캡틴이 발표되면 탈의실은 질투어린 표정들로 가득했다. 파벌은 더 강화되었다. 팀이 올림픽 전 마지막 주요 국제대회인 2000년 챔피언 스트로피 토너먼트를 위해 네덜란드로 여행할 무렵, 혼란은 더욱 가중되었다. 9번의 시즌에서 처음으로, 하키루스는 금메달을 가져오지 못했다. 호크스는 회상했다. "바퀴가 조금 삐꿋한 느낌이었어요. 그게 리더십 때문이라고 할 수 있을지 모르겠어요. 무의식적으로, 나는 한 발 뒤로 물러났죠. 어쩌면 캡틴 역할을 잃어버렸다는 사실이 나도 모르는 사이에 심리적인 영향을 미쳤던 것 같아요."

찰스워드는 캡틴 역할이 문제라고 생각하지 않았다. 그는 기자들에게 젊은 선수들이 어떻게 압박을 견디는지 보기 위해 중요한 경기에서 스타플레이어들을 고의적으로 쉬게 할 것이라고 말했다. 그는 패배를 심판 탓으로 돌리고 있었다.

시드니올림픽 개막식을 불과 몇 주 남기고, 찰스워드는 선수들을 고강도 훈련으로 몰아넣었다. 그는 지난번의 엉성한 플레이로 인한 패배를 질책하며, 올림픽 대표 최종 명단을 공개하지 않았다. 호크스 같은 베테랑들도 과연 컷을 통과할 수 있을지 누구도 알 수 없는 상태였다. 한번은 경기가 끝나고 찰스워드가 호크스를 팀 전체 앞에 불러 놓고 호통을 쳤는데, 이는 예전에는 결코 없던 일이었다. 압박이 너무 심해지자, 호크스는 휴일에 페리를 타고 섬으로 나가 머리를 식혀야 했다. "내 자신감은 바닥 상태였어요." 호크스가 말했다. "나는 그만두고 싶지 않았지만, 이 상황이 전혀 즐겁지 않았죠."

시드니올림픽이 시작되자 하키루스는 처음 두 경기에서 다소 망설이듯 경기를 치렀다. 영국을 간신히 이기고, 약체인 스페인과도 1:1로 비겼다. 그러나 점차적으로, 그들의 경기력은 향상되었다. 그들은 마지막 조별 예선에서 한국을 3:0으로 물리쳤고, 메달 라운드에서 최대 라이벌인 네덜란드를 5:0으로, 중국을 5:1로 제압하고 결승에 진출했다. 호크스는 결승점을 눈앞에 두고 있었다. 마치 최악의 상태를 견뎌내고 살아남은 것처럼 느꼈다. 그러나 호크스의 고생길은 아직 끝나지 않았다.

9월 29일, 아르헨티나와의 마지막 경기 전 몇 시간을 남기고, 호크스는 경기 전 팀 미팅에 나타났다. 이것이 호크스의 마지막 경기가 될 것이므로, 카메라가 그녀를 바짝 따라다닐 것이라는 것을 알았다. 벌써 티켓팅 머신이 쉴 새 없이 돌아가고 있었다. 개막식에서 호크스는 모든 선수들을 대신해서 올림픽 선서를 하도록 선발되었고, 우레와 같은 박수를 받았다. 이제 한 번만 더 승리하면, 호주 신기록과 동일한 3번째 올림픽 금메달을 가져갈 수 있었다. 그녀가 좋아하든 그렇지 않든, 그녀는 전설이 될 것이었다.

회의는 팀이 공용으로 사용하고 있던 집 거실에서 진행되었다. 선수들은 의자와 소파에 자리를 잡았다. 의자와 소파는 방의 한쪽 끝을 향하게 배치되어 있었다. 찰스워드가 앞으로 걸어 나왔다. 그는 항상 그랬듯이, 선발 라인업을 읽고 해당 경기 캡틴의 이름을 부르는 것으로 미팅을 시작했다. 찰스워드는 팀의 베테랑 수비수인 레니타 가라드를 바라보면서 아무도 예상하지 못했던 말을 했다.

"레니타가 오늘 캡틴 완장을 찰 겁니다."

모든 시선이 호크스에게 향했다. 그녀가 결승전에서 팀을 이끌 것이라는 것은 성급한 결론이었다. "나는 믿을 수 없었어요." 팀의 스타 공격수 앨리슨 아난이 나에게 말했다. "그것은 리첼의 네 번째 올림픽 경기였고, 그녀는 국제경기 경험이 가장 많은 선수였어요. 그리고 이것은 그녀가 호주를 위해 뛰는 마지막 경기였고요. 나는 그녀를 존경하기에, 그녀가 캡틴이 되어야 한다고 생각했습니다. 우리 모두는 그녀를 리더로 생각하고 있었어요."

호크스는 이렇게 퇴짜 맞은 것 같은 상황에서 어떻게 해야 할지 몰랐다. 처음에 그녀는 항상 그랬듯이 자신의 감정을 참고 있었다. "나는 '아, 정말 짜증 나'라고 생각했어요." 회의가 끝나자 호크스는 한마디도 하지 않고 자기 방으로 걸어 들어갔다. 문을 닫고 침대 위에 누웠을 때 온몸으로 굴욕의 무게를 느꼈다. "나는 마음이 아팠어요." 호크스는 말했다. "나는 오랫동안 팀을 이끌어왔다고 생각했기에 그건 절망적인 상황이었죠. 하지만 정신적인 리더십은 계속되고 있었고, 나는 그 생각으로 감정을 삭일 수 있었어요." 호크스는 헤드폰을 끼고 음악 속으로 빠져들었다. 몇 시간 후, 호크스는 그녀의 장비를

캡틴 클래스

챙겨서 팀 버스에 탑승했다.

결승전이 시작되면서 호주 선수들은 불안해했다. 그들은 초반에 득점 기회를 많이 놓쳤다. 슛은 골포스트를 한참 비껴나가거나, 유효 사거리 내에서도 크로스바를 넘기곤 했다. 9분 만에 아난이 혼전 상황에서 공을 잡아 힘차게 때렸고, 공은 아르헨티나 골키퍼의 다이빙을 지나쳐 들어갔다. 점수는 1:0이었다.

호주는 결승전에서 몇 개의 특별한 전술을 준비해두었고, 하프 타임 직전 코너킥을 얻었을 때 그중에 하나를 공개하기로 결정했다. 호크스를 위해 구상한 전술이었다.

첫 패스는 아르헨티나 골 서클 위쪽에 서 있던 수비수 제니 모리스에게로 갔다. 모리스는 슈팅을 시도하는 듯 보였지만 의도적으로 볼을 뒤로 흘려보냈고, 볼은 계속 굴러서 모리스의 바로 왼쪽에 있던 호크스에게 전달되었다. 아르헨티나 수비는 페이크 동작에 속아 넘어갔고, 호크스는 골망을 뚜렷하게 볼 수 있었다. 그 순간의 압박은 엄청난 것이었다. 호크스는 스틱을 뒤로 당겼다가 슛을 날렸다.

그것은 동화책에 나오는 결말이 아니었다. 호크스의 슈팅은 오른쪽 골포스트를 맞고 튀어나왔다. 하지만 팀 동료 줄리엣 하슬램이 재빠르게 잡아넣으면서 호주는 2:0으로 앞서나갔다.

두 번째 골 이후, 방송 카메라는 센터라인으로 되돌아가는 호크스의 얼굴을 비추고 있었다. 두 명의 팀원들의 축하를 받으면서 호크스는 미소 짓고 있었다. 그러나 몇 초 후, 미소는 사라졌다.

호크스는 경기장 바닥을 보면서 온갖 생각이 들었다. 그녀는 고개를 들어 깊은 숨을 들이마셨다가 내쉬었다. "그것은 우리가 경기에서의 승리를 확신하게 된 분수령이 되었습니다"라고 호크스는 말했다.

후반에는 두 팀이 한 골씩 주고받았지만, 결과는 의심할 여지가 없었다. 마지막 순간이 종료됨에 따라 호크스는 기쁨과 자유에 넘친 표정으로 팔을 들고 공중으로 뛰어올랐고, 그 이미지는 다음 날 전세계 신문에 실렸다. 리첼 호크스는 결국 최고의 순간을 보낼 수 있었다.

내가 릭 찰스워드에게 결승전에서 레니타 가라드를 캡틴으로 지명한 결정에 대해서 물었을 때, 그는 특별히 많은 생각을 하지 않았다고 말했다. 그런 결정이 호크스에게 미칠 영향에 대해서는 전혀 고려하지 않았다. 그는 가라드를 선택했다. 왜냐하면 그녀가 가장 걱정도 없고 집중이 잘 되어 있다고 느꼈기 때문이었다.

효과적인 팀 리더십에 관해서, 찰스워드는 한 사람이 모든 필요한 자질을 소유할 수 있다고 믿지 않는다고 말했다. "어떤 사람들은 경기장에서 멋진 일을 해내고, 어떤 사람들은 훈련장에서 분위기를 주도합니다. 또 어떤 사람들은 공감능력이 뛰어나서 경기장 바깥에서 사람들을 모여들게 하죠. 그 모든 것들이 리더십이라고 할 수 있습니다. 한 사람이 이걸 전부 다 해낼 수는 없죠. 호크스는 다소 깊지 않고 산만한 느낌이었어요." 그는 말했다. 팀의 '영원한' 리더가 되기에는 사회적인 면이나 지적인 면에서 부족함이 있었다는 것이다.

리첼 호크스 또는 릭 찰스워드가 하키루스에 동력을 공급하는 핵심엔진이었는지는 알 수 없다. 올림픽이 끝나고 둘 다 팀을 떠났을 때, 마법은 깨지고 말았다. 하키루스는 2001년 세계선수권대회에서 우승에 실패했고, 2002년 월드컵에서도 4위에 그쳤다. 그러나 한 가지는 분명했다. 비록 호크스의 코치가 리더십에 대해서 의문을 제기했지만, 호크스는 자신의 굴욕을 참아내고, 개인적인 의견을 완벽히 배제한 상태로, 엄청난 압박에 직면한 선수들을 이끌어왔던 것이었다. "경기에 내가 캡틴으로 나가느냐 아니냐가 중요한 게 아니에요." 호크스가 말했다. "이것은 팀이라는 공동체에 관한 것이고, 팀에 공헌하지 못한다면 나는 그 팀에서 뛰지 않을 것입니다. 물론, 때로는 퇴짜 맞은 일이 생각나기도 하죠. 나는 그것에 관해 인터뷰를 할 때마다 항상 말해요. '글쎄요, 경기가 끝나면 사람들은 무엇을 기억할까요? 사람들은 하키루스가 시드니올림픽에서 금메달을 땄다는 사실만을 기억하겠죠."

호크스에게 올림픽 결승전은 운동선수로서의 성취보다는 감정적인 승리였다. 18개월이라는 굴욕의 기간이 끝나기 몇 시간 전에, 호크스는 자신이 쌓아온 커리어의 가장 큰 걸림돌에 대처해야 했다. 그녀는 이러한 것들을 처리하기에 적합한 두뇌를 가지고 있을지도 모른다. 그러나 그녀에게 이 능력에 대해 물었을 때, 그녀는 특별한 생물학적 차이가 있다고 보지 않았다. 그녀는 감정의 통제 역시 또 다른 형태의 훈련이라고 말했다.

"감정을 조절해야 합니다. 나중에 필요할 때 언제든 감정을 표현할 수 있으니까요. 당장 처리해야 할 일이 있을 때에는 머릿속에 감정을 따로 보관해둔 다음, 해야 할 일을 먼저 합니다."

감정에 관한 연구로 세계를 돌아다니며 강연을 하고, 회복탄력성에 대해 연구하는 위스콘신대학의 과학자 리처드 데이비슨은 사람의 뇌가 어떻게 연결되었는지는 결정적인 요소가 아니라고 강조한다. 불안이나 우울증과 같은 부정적 감정에 휩쓸리는 경향이 있는 유전자를 가진 사람들조차도 실제 상황에서 반드시 그런 식으로 반응하지는 않는다. '우리의 DNA 안에도 각각의 유전자마다 마치 높고 낮은 볼륨을 조절하는 장치가 있다고 볼 수 있습니다. 이러한 볼륨 조절장치는 매우 역동적입니다. 우리의 태도, 우리가 참여하는 활동, 삶에서 느끼는 감정 등 모든 상황이 볼륨 조절에 영향을 미치고, 우리의 유전자를 통제할 수 있습니다." 다시 말해, 사람의 감정적인 성향을 침묵시킬 수도 있다는 것이다.

1992년 인도의 달라이 라마를 만난 이후, 데이비슨은 더 실제적인 질문으로 관심을 돌리기로 했다. 그는 사람들이 회복탄력성을 스스로 훈련을 함으로써 키울 수 있는지 알고 싶었다. 수년 동안, 데이비슨은 사람들의 두뇌가 시간이 지남에 따라 물리적으로 변하고, 그 변화가 삶의 경험에 달려 있다는 생각인 신경가소성이라는 개념을 강하게 믿게 되었다. 대부분의 사람들에게 이러한 변화는 무의식적으로, 의식의 저변에서 발생한다. 데이비슨이 알고 싶은 것은 사람들이 스스로 의도적으로 긍정적인 변화를 줄 수 있는지 여부였다.

그는 그동안 절대 사실이 아니라고 의심하고 있던 이론을 탐구하기 시작했다. 불교 승려가 수행하듯 길고 고통스런 명상활동이 뇌의 구조를 변화시키는 원인이 될 수 있는지 알고 싶었던 것이다. 명상하는 사람들은 역경에서 회복하는데 과연 유리한 걸까?

데이비슨은 그의 실험실로 두 그룹의 실험 대상을 초청했다. 첫 번째 그룹은 적어도 1만 시간의 수행 경력을 지닌, 14명의 숙련된 명상 수행자로 구성되었다. 두 번째 그룹은 명상 전문가와 동일한 연령대와 성별을 지닌, 명상을 수행하지 않은 14명의 통제 집단이었다. 각 참가자는 차례로 과학자들이 뇌 활동을 관찰할 수 있는 MRI 스캐너 안으로 배치되었다.

실험이 시작되기 전에 연구원들은 열熱 시뮬레이터라는 장치를 사용하여 각 실험참가자의 왼쪽 팔뚝 안쪽에 고통스러운 (위험하지 않은) 열 감각을 전달했다. 그리고 스캐너 안에 들어가면 참가자들은 곧 열풍을 당할 것이라는 경고를 받게 된다. 고통스러운 자극은 소리가 들린 후 10초가 지나서 나타날 것이다. 실험이 끝나자, 연구자들은 자극 전, 도중, 후 양쪽 그룹의 두뇌 내부에서 어떠한 일이 일어나는지 확인하기 위해 데이터를 들여다보았다.

"통증이 다가오고 있음을 알리는 신호음을 듣자마자 대조군 구성원들의 두뇌는 엉망이 되었어요. 아직 고통은 전달되지도 않았는데 말이죠." 데이비슨은 말했다. "자극이 끝난 다음에도 그들의 두뇌는 여전히 혹사 상태였어요. 그들의 고통 회로는 계속 돌아가고 있었고, 회복이 되지 않았죠."

명상 전문가들은 한 가지 측면에서 대조군과 비슷했다. 열이 전달되는 동안 뇌 활동도 증가했다. 그러나 고통을 예상하거나, 고통이 끝난 후의 시간에서 그들의 반응은 크게 달랐다. 그들의 두뇌는 엄청나게 잠잠한 상태였다. 데이비슨은 말했다. "명상 전문가들은 우리가 행복한 삶의 중요한 구성요소 중 하나로 발견한 것이 무엇인지 잘 보여주었습니다. 그것은 역경에서 빠르게 회복할 수 있는 능력입니다."

이 과학 분야는 아직 초기 단계에 있었지만, 데이비슨의 연구는 우리가 태어날 당시의 두뇌가 반드시 평생 똑같은 상태로 유지되고 있는 것은 아니라는 사실을 시사했다. 다시 말하면 절대 바꿀 수 없는 청사진이라는 개념은 없다는 것이다. 더 나은 길을 찾거나, 역경을 덜 극단적이고 견딜 만한 것으로 정의하는 것이 가능하다고 데이비슨은 말하는 것이다. 다시 말해, 과거의 부정적인 감정을 극복하고 스스로 회복탄력성을 키우도록 훈련하는 것이 가능할 수도 있다는 것이다.

명상에 대한 상당한 경험이 있는 1등급 팀의 캡틴으로는 FC 바르셀로나의 카를 푸욜이 유일했다. 그의 커리어 후반에, 그는 요가를 연습하고 티베트 불교의 가르침을 연구하기 시작했다. "그것은 매우 흥미로운 철학"이라고 그는 말했다. "그들은 언제나 매우 침착했어요. 그들은 갈등을 피하려고 했고, 다른 사람들에게 상처를 주지 않으면서 자신의 길을 가려고 노력했는데, 나도 그게 무척 좋았어요." 상대방 선수에게 얼굴을 맞았던 사건을 포함하여 경기장에서의 여러 상황에서, 푸욜은 보복을 피하는 놀라운 능력을 보여주었다.

푸욜의 사례에서 굳이 문제점을 꼽으라면, 그가 자신의 감정을 제어하지 못한 때가 '전무했다'는 것이다. 사실 1등급 팀 캡틴의 대다수는 자신의 커리어 초기부터 끝날 때까지 동일한 수준의 정서적 안정감을 보여주었다.

그러나 한 가지 주목할 만한 예외가 있었다.

1955년 3월 13일, 그의 팀이 시즌 막판 중요한 경기의 3피리어드에서 보스턴 브루인스에게 4:2로 뒤지고 있을 때, 몬트리올 캐나디언스의 스타 공격수 모리스 리샤르는 센터라인 뒤에서 퍽을 받고 보스턴 진영으로 달려들고 있었다. 자신의 컴백을 화려하게 장식하고 싶었던 리샤르와 보스턴 골키퍼 사이에는 할 레이코라는 브루인스 수비수 한 명만이 있을 뿐이었다.

리샤르는 레이코가 그를 일대일 대결에서 막아낼 만큼 빠르지 않다는 것을 알고 있었다. 두 사람은 한때 같은 팀원이었다. 그들은 이미 게임에서 불쾌한 주먹을 몇 차례 교환한 바 있었고, 리샤르는 레이코가 그를 밀치거나 유니폼을 잡아당기거나 자신을 막기 위해 얼음 위로 다이빙할 것이라는 걸 알고 있었다. 리샤르가 그를 지나치려고 할 때 레이코는 앞으로 튀어나와 한 팔로 리샤르의 허리를 움켜잡았다. 레이코가 붙잡으려고 애쓰는 사이, 반대편 손으로 들고 있던 스틱이 날아가 리샤르의 왼쪽 귀를 때렸다.

리샤르는 공격을 멈췄다. 머리 가격은 그에게 충격을 주었고, 순간 멍한 느낌이 들었다. 그는 장갑을 벗고 머리카락을 더듬은 후 손가락을 검사했다. 피였다. 그런 다음 레이코는 그를 '개구리'라고 부르는 실수를 저질렀다.

1955년까지, 얼음 위에서 다치는 것이 모리스 리샤르에게는 새로운 일이 아니었다. 로켓(리샤르의 별명)은 이미 NHL의 득점 선두를 달리고 있었고, 다른 팀은 그를 막아내기 위해서 극단적인 방법을 동원했다. 로켓이 한두 명의 수비수를 등 뒤에 업은 채로 무릎을 꿇고 숏을 날리는 것도 이례적인 일이 아니었다. 전직 NHL 심판관 레드 스토리는 이렇게 말했다. "하키 역사상 그처럼 심하게 잡히고, 걸려 넘어지고, 스틱으로 맞은 경우는 없었다"고 말했다.

리샤르는 몸집도 크지 않았고 특별히 지구력이 좋지도 않았다. 그는 주니어 시절에 뼈를 너무 많이 부러뜨려서, 캐나다 군대 체력테스트에서 두 번이나 실패하기도 했다. 그의 커리어 초반에, 한 번은 계속되는 부상으로 인해 몇 주간 라인업에서 빠지게 되자, 캐나디언스는 그가 NHL에서 뛰기에는 너무 허약하다는 결론을 내리고 그를 후보자 명단에서 제외했고 다른 팀이 그를 데려가도 좋다고 생각했다.

건장한 체격이나 골을 넣는 재능이 없다는 점 말고도, 팀들이 그를 타깃으로 삼은 이유는 더 있었다. 그는 성질을 통제하지 못하는 경우가 많았기 때문에 다른 팀은 그를 자극해서 싸움을 벌였고, 그는 종종 그로 인해 보복 벌칙을 받곤 했다. 1954~1955 시즌에 리샤르는 페널티박스에서 벌칙을 받으며 보낸 시간으로 NHL 5위에 올랐다.

레이코에게 모욕을 당하고, 리샤르는 광폭해졌다. 그는 레이코를 쫓아가 막대기가 부러질 정도로 세차게 등을 밀어붙였다. 심판들은 리샤르를 떼어내려고 애썼지만, 그는 몸을 피한 후 레이코의 뺨을 가격하고, 안경도 날려버렸다. 두 사람이 펀치를 주고받는 것을 보면서 보스턴 가든의 관중들은 어이가 없었다. 이전에도 경기장에서 일어나는 많은 싸움을 보았지만 이런 아수라장은 처음이었다.

몸싸움 중반에 클리프 톰슨이라는 심판이 리샤르의 팔을 잡고 들어올렸다. 리샤르가 스스로를 방어할 수 없다는 것을 알았을 때, 레이코는 스케이트를 타며 펀치를 날렸다. 리샤르는 더욱 더 격분하게 되었다. 그는 심판에게 자신을 놓으라고 경고했지만 톰슨은 계속 붙잡고 있었다. 곧이어 리샤르가 자유롭게 풀려나자, 그는 한 바퀴 빙 돌아서 톰슨의 얼굴을 가격했다. 그것도 두 번씩이나.

레이코는 5분 벌칙을 받았고, 곧이어 심판에게 피 묻은 수건을 던지면서 벌칙이 두 배로 늘었다. 리샤르는 경기에서 퇴장당했고, 라커룸에서 머리에 다섯 바늘을 꿰매는 치료를 받았다. 나중에 그는 머리 부상으로 입원해야 했다. 보스턴 경찰이 라커룸에 들이닥쳐서 리샤르를 폭행혐의로 체포하겠다고 협박했으나, 그의 코치가 문을 막았다. 다음날 〈보스턴 레코드〉는 "리샤르가 미쳤다"는 표제와 함께 격투 장면 사진을 실었다.

NHL이 리샤르에게 출장정지 처분을 내릴 것은 분명했다. 심판을

캡틴 클래스

폭행하는 것은 중대한 범죄였다. 리샤르는 이미 토론토에서 장갑으로 심판을 때린 폭행사건으로 인해 벌금을 부과 받았고 3개월 출장정지 징계를 받은 바 있었다. 유일한 문제는 이번에는 벌칙이 얼마나 심각할 것인가 하는 것이었다. 캐나디언스는 라인업에서 필사적으로 리샤르를 필요로 했다. 팀은 정규시즌이 세 경기만 남은 상황에서 디트로이트에 단 한 경기 차로 앞서고 있었다.

그가 레이코에게 자극을 받았다는 것을 감안할 때, 몬트리올에서의 합의는 정규시즌의 나머지 기간 동안 리샤르가 경기에 출전할 수 없다는 정도였다. 캐나디언스가 토론토로 돌아온 후, 클래런스 캠벨 NHL 회장은 모든 임원들을 리그 사무실 회의에 소집했다. 리샤르는 그 당시 방향감각을 잃었다고 스스로를 변론했다. 그는 피를 흘렸고 뇌에 충격을 받은 상태에서 누가 팔을 잡고 있었는지, 어쩌면 레이코가 자신을 때릴 수 있도록 도와준 건 아닌지 확실하지 않았다고 말했다.

변론이 끝난 후, 캠벨은 최종 판결을 발표했다. 리샤르는 시즌 나머지 경기와 플레이오프까지 출전정지 처분을 받았다. NHL 커미셔너는 "보호관찰 또는 관용의 시대는 지나갔다"고 기록했다. "이러한 유형의 행동이 기질적인 불안정성인지 경기의 권위에 대한 의도적인 도전의 결과인지는 중요하지 않다. 이것은 스타이건 아니건, 누구에게도 용납할 수 없는 행동이다."

로켓의 출장정지 징계는 캐나디언스에게 큰 타격이었다. 팀 내 최고 득점자인 그가 없다면, 선두를 지키는 것에 대한 압박이 심해질 것이며, 스탠리컵 우승도 어려울 터였다. 리샤르가 폭발한다는 건 팀으로서는 긴급 행동강령이었다. 로켓은 분노를 통제하는 법을 배워야 했다.

모리스 리샤르는 페르난데즈, 호크스 등 다른 1등급 팀 캡틴들이
보여준 감정 통제력을 소유하고 있지 않았다. 더 이상 문제를 조사하
지 않고도 리샤르가 일종의 분노조절 장애를 가지고 있으며, 강력한
처벌을 받아도 어쩔 수 없다고 결론지을 수 있었다. 그러나 그렇게 간
단하지는 않았다. 숨겨진 이야기가 있었던 것이다.

1950년대 초, 몬트리올은 긴장되고 분열된 도시였다. 인구의 4분
의 3은 프랑스계 캐나다인이었지만, 지배 계층은 대부분 영어만 사용
했으며, 모든 법은 영어를 말하는 사람들에 의해 작성되고 집행되었
다. 몬트리올에 있는 프랑스계 캐나다인은 하층민으로 취급되었다.
그들이 고등학교를 졸업할 가능성은 3명 중 1명에 불과했고, 빈곤층
이 될 가능성은 훨씬 높았다. 프랑스어를 쓰는 몬트리올에서는 1936
년부터 1959년까지를 '대암흑기'^{La Grande Noirceur} 라고 부른다.
9세대 프랑스계 캐나다인인 리샤르는 도시의 공공시설이 자신들
을 차별하고 있다고 의심하고 있었고, NHL 역시 그런 편견을 가지고
있다고 의심했다. 그는 마음속으로 캠벨과 같은 영국계 캐나다인 구
단주들이 캐나디언스에 불리하도록 공모했을 거라고 생각했다. 그는
심판들이 몬트리올 선수들의 거친 플레이 이후 휘슬을 제대로 부르
지 않았고, 싸움에서도 더 심하게 벌칙을 받았다고 확신했다. 리샤르
는 참을 수밖에 없었다. 2년 전인 1953년, 그의 팀 동료 중 한 명이 싸
움에 휘말려 출장정지 조치를 받았을 때, 리샤르는 프랑스어 신문에
출장정지 처분이 '익살극'이고, 캠벨은 프랑스계 캐나다 선수들을 차
별하는 독재자라고 칼럼을 썼다. "내가 그를 비난했다고 해서 캠벨이
나를 리그에서 내쫓는다면, 처분을 담담히 받아들이겠다." 캠벨에 대

캡틴 클래스

한 도전은 리샤르를 몬트리올의 영웅으로 만들었다.

프랑스계 캐나다 팬들은 캠벨에 대한 평결을 듣자, 억압되어 있던 좌절감이 분노로 끓어올랐다. 라디오 프로그램에 전화를 건 팬들은 캠벨의 사무실을 폭파하겠다고 위협했다. "캠벨에게 전해주세요. 난 장의사인데, 아마도 내가 필요하게 될 것"이라고 말한 사람도 있었다.

출장정지 다음 날인 3월 17일 저녁, 몬트리올은 시즌의 가장 중요한 경기가 될 디트로이트 경기를 개최할 예정이었다. 그날은 성 패트릭 데이였고, 경기 시작 2시간 전에 모여든 성난 시위대가 'Injustice au Canada Français'(프렌치 캐나다의 불평등)이라고 적힌 팻말을 들고, "캠벨 타도!"를 외쳤다. 경기가 시작된 지 오래지 않아, 1피리어드 몇 분 만에 디트로이트가 2골을 넣었다. 그런 다음 상황이 예기치 못한 방향으로 바뀌었다. 캐나디언스 경기의 단골 관객인 캠벨이 안으로 들어와 자리에 앉은 것이다.

처음에는 조롱과 야유만 있었다. 그러나 디트로이트가 두 골을 더 넣으면서 점수가 4:0으로 벌어지자, 팬들은 캠벨 쪽으로 땅콩, 팸플릿, 삶은 달걀 같은 물건을 던지기 시작했다. 그러다가 첫 번째 피리어드가 끝났을 때, 어떤 사람이 최루가스탄을 던졌다. 15,000명의 팬들은 경기장 밖으로 대피했고, 여전히 외부에 모여 있던 시위자들과 만났다. 군중들은 이내 폭력적으로 변했다. 군중들은 성 캐서린 스트리트 아래로 곧장 행진하면서 불을 지르고, 자동차를 뒤집고, 창문을 부수고, 상점을 약탈했다. 100명이 넘는 사람들이 체포되었고, 30명 이상이 부상당했다.

리샤르 폭동으로 알려진 1955년 3월 17일 밤의 혼돈은 몬트리올 역사상 분수령이 된 순간이었다. 프랑스계 캐나다 지도자들은 폭력을 막는 대신에, 리샤르를 처벌하고 도발적으로 경기장에 나타난 캠벨에게 책임이 있다고 규탄했다. 많은 역사학자들은 리샤르 폭동이 프랑스계 캐나다 소수민족이 목소리를 내고 더 나은 대우를 주장하기 시작한 순간이라고 믿는다.

리샤르가 없다면, 캐나디언스는 결국 1위 자리를 내주고, 스탠리컵도 잃을 것이다. 그러나 대부분의 프랑스계 몬트리올 사람들은 별로 상관하지 않았다. 그들은 리샤르의 폭발이 정의로운 분노의 정당한 표현이라고 생각했다. 그들에게는 이것이 통제 불가능한 상황이 아니라, 시민들의 불복종을 알리는 용감한 행동이었다.

그러나 정당화할 수 있느냐 없느냐를 떠나, 리샤르의 폭주는 선을 넘은 것이었다. 그리고 캐나디언스는 그의 성질을 통제하기 위해 뭔가를 해야 했다. 시즌이 끝난 후 팀은 리샤르에게 상대를 보복하라고 종종 권유했던 딕 어빈 코치를 해고하고, 캐나디언스 선수 출신인 43세의 토 블레이크로 교체했다. 블레이크는 코칭 경험이 별로 없었지만, 그는 반은 프랑스계였고, 두 가지 언어를 사용했으며, 리샤르가 믿고 따르는 사람이었다. 블레이크에게 긴급 명령이 하나 주어졌다. 로켓이 그동안 쌓아놓은 성과를 날려버리지 않도록 막아달라는 것이었다.

다음 시즌 블레이크는 대본대로 연극을 실행했다. 리샤르에게 자신의 행동이 팀을 해쳤음을 상기시키면서, 냉담함을 유지하고 자신의 좌절감을 긍정적인 방향으로 전환하도록 요구했다. "이기고 싶다면 퍽을 컨트롤하는 것처럼 너의 성질을 제어해야 한다." 블레이크가 그에게 말했다. "너 자신을 꽉 잡아라. 끓어오르는 화를 슛을 쏘는 데 써라."

리샤르가 시험에 드는 순간은 머지않아 찾아왔다. 1956년 1월 뉴욕 레인저스의 한 선수가 최근 팀에 합류한 리샤르의 남동생 앙리를 때렸고, 곧이어 리샤르도 두 번 맞아 얼굴에서 피가 났다. 예전의 리샤르였다면 통제력을 잃었을 것이다. 새로운 리샤르는 그저 눈을 감고 부상을 치료하기 위해 라커룸으로 되돌아갔다. 나중에 그가 벤치로 돌아왔을 때, 블레이크는 그를 옆으로 불러 앉혔다. "모리스, 절대 화를 내면 안 돼. 하지만 정말로 화가 나면 그 퍽을 상대방 그물에 내다 꽂아버려."

때론 발전이 멈추는 일도 있었지만, 모리스 리샤르는 전혀 다른 하키 선수가 되어가고 있었다. 1년 전에는 선수생활 중 가장 높았던 1.9분이었던 경기당 페널티 시간이, 1955~1956 시즌에는 1.3분으로 줄어들었다. 팀의 득점을 이끌어내야 한다는 과도한 부담감을 내려놓자, 그의 득점 순위는 팀내 2위, NHL에서 3위까지 살짝 내려왔다. 그러나 그로 인해 캐나디언스에게 손해는 없었고, 라커룸에서 리샤르의 존재감에도 영향은 없었다. 결과적으로 몬트리올은 그해 시즌 스탠리컵에서 우승했다.

이듬해, 리샤르는 캡틴으로 임명되었다.

리더가 되면서 리샤르는 자기 혁신을 이어갔다. 모든 공격을 자신이 끝내려고 하는 것이 아니라, 더 많은 패스를 동료들에게 제공하기 시작했다. NHL에서 득점 순위는 6등으로 떨어졌다. 그가 주변으로 퍽을 돌리는 경향이 늘어나자, 상대팀은 그를 자극할 일이 줄어들었고, 그의 페널티 시간은 더 줄어들었다. 그의 마지막 시즌인 1959~1960년에 리샤르는 거의 벌칙을 받지 않았다. 그는 여전히 강력한 하키 경기를 펼쳤지만, 팀 동료들은 경기장 바깥에서 달라진 그의 모습을 발견할 수 있었다. 그는 차분하고, 인내심 있고, 스스로에게 만족했다. 리샤르와 그의 아내 루실은 7명의 어린 자녀를 돌보는 일에 바빴고, 리샤르는 가족을 무척 사랑했다. 그는 대부분의 자유시간을 아이들과 함께 장난치고, 스키를 타러 가거나, 야구팀 코치를 하면서 보냈다.

1960년 리샤르의 고별 경기에서, 몬트리올은 선수권대회 5연패라는 NHL 신기록을 세우며 1등급 팀으로 자리를 잡았다.

2000년에 세상을 떠난 모리스 리샤르는 자신의 성질을 통제하기 위한 노력에 관해서는 말하지 않았다. 프랑스계 캐나다인에 대한 차별을 전세계에 알렸던 폭동이, 어쩌면 그가 느꼈던 압박감을 덜어주었을 수도 있었을 것이다. 리샤르의 분노의 주요 원인이었던 NHL 심판들의 편파 판정도 개선되기 시작했다고 전직 몬트리올 선수들은 증언한다. 길고긴 기차여행에서 하염없이 창문 밖을 쳐다보면서, 로켓은 데이비슨이 실험실에서 연구했던 명상 전문가를 따라하고 있었던 것인지도 모른다. 어쩌면 그는 부정적인 생각을 이겨내도록 두뇌를 바꾸었던 것은 아닐까.

그러나 우리가 분명히 말할 수 있는 것은, 캐나디언스가 NHL 역사상 가장 위대한 팀으로 승승장구하기 시작한 시기가 리샤르가 감정을 통제하려고 노력하기 시작한 시점과 정확하게 일치한다는 사실이다.

제롬 페르난데즈, 리첼 호크스 및 모리스 리샤르, 이 챕터에서 다뤄진 세 명의 캡틴 이야기는 리더의 감정 통제가 팀의 결정적인 순간에 중대한 영향을 미칠 수 있음을 여러 방면으로 보여준 것이다. 비록 이 세 명에 초점을 맞추기는 했지만, 1등급 팀의 모든 캡틴에게 동일한 규칙은 적용될 수 있다. 우리는 뉴욕 양키스에서 신인으로 시즌을 보내면서 들었던 조롱과 모욕을 요기 베라가 참아내는 것을 보았고,

1996년 올림픽에서 쿠바가 브라질을 물리쳤을 때 시작된 싸움을 미레야 루이스가 막아서는 장면도 확인할 수 있었다.

이 리더들이 단순히 우월한 두뇌로 태어났는지 또는 이러한 자기 통제가 실제 훈련을 통해 개발된 것인지 우리는 알 수 없다. 어쩌면 그들의 팀에 대한 놀라운 헌신은 몸속에 있던 자기중심적인 충동을 막아낸 일종의 돌연변이라고 할 수 있겠다.

그러나 우리가 확실하게 말할 수 있는 한 가지가 있다. 이 캡틴들은 때때로 부정적인 감정이 닥쳐올 때면, 그것들이 나쁜 영향을 주기 이전에 감정을 차단하는 일종의 억제 메커니즘을 작동시켰다는 것이다. 다시 말하자면, 그들에게는 킬 스위치^{Kill switch}가 장착되어 있었다.

제11장 요약

- 위대한 캡틴들이 팀을 움직이기 위해 감정을 이용한다는 것은 분명하다. 그러나 공격성이나 갈등과 마찬가지로, 감정도 여러 가지로 나타난다. 감정은 일을 성사시키기도 하지만 망치기도 한다. 1등급 캡틴들은 선수 생활을 하는 동안 모두 강력한 부정적 감정을 일으키는 문제들(부상, 비난, 개인적인 불행, 심지어 정치적 불의가 만연한 분위기)에 직면하곤 했다. 그들은 고난을 겪으면서도 계속 플레이했을 뿐 아니라, 그것을 극복해냈다. 팀의 이익에 복무하기 위해 파괴적인 감정을 뛰어넘은 것이다.

- 감정 통제 능력은 대개 타고난 뇌 구조가 좌우한다. 그렇지만 유전자는 우리에게 작은 재량권을 부여하며, 뇌는 시간이 흐르면서 변화하는 능력

을 갖고 있다. 과학자들은 우리가 인내와 훈련을 통해 뇌를 변화시킬 수 있다고 주장한다. 1등급 캡틴은 이것이 사실일 수 있음을 시사한다. 그들은 부정적인 감정을 통제하는 킬 스위치를 가지고 있거나, 어떤 경우에는 스스로 만들어내기도 했다.

리더십의
부작용과
효과

TV 시청률을 신뢰할 수 있는 모든 국가에서, 지난 50년 동안 가장 높은 시청률을 기록한 생방송은 스포츠팀 대항전이었다. 슈퍼볼, 축구·럭비·크리켓 월드컵 결승전, 아이스하키·여자배구 올림픽 결승전 등이었다. 시청자들의 출신지는 미국, 캐나다, 영국, 인도, 뉴질랜드, 일본 등 다양했다. 세부 사항은 중요하지 않다. 역사를 통틀어 두 엘리트 선수 집단의 시합만큼 많은 관중을 끌어낸 행사는 없었다.

여기에는 단순한 오락 욕구를 넘어선 어떤 것이 분명히 존재한다. 우승 경쟁을 하는 이 같은 팀들은 그 기량이 절정에 달해 있다. 꾸준히 기량을 가다듬고 숱한 실전 검증을 거쳤다. 구경하기에만 좋은 게 아니라 깊은 감흥까지 자아낸다. 집단적 노력에 참여하고자 하는 욕망은 우리를 인간답게 만든다. 그래서 우리의 두뇌는 서로 연결되어 있는 것이다. 미국에서는 이런 관념을 1달러 화폐 도안에 새겨놓았다. 흰머리독수리가 부리에 문 깃발의 문구가 'E Pluribus Unum'(여럿이 모여 하나)이다.

대부분의 사람들에게는 훌륭한 팀에 속해 치열한 결전을 치를 기회가 많지 않다. 직장이나 취미로 하는 농구에서 그런 경험을 맛보는 정도에 그친다. 우리는 협업에 대한 욕구를 충족시키기 위해 스포츠 관람에 관심을 돌린다. 경기장은 우리가 자기 삶의 좁은 범위에서 벗어나 보람 있는 목표를 추구하는 통일체 속으로 빠져드는 곳이다.

그러나 이처럼 천문학적인 시청률에는 주목 받지 못한 또 다른 측면이 있다. 훌륭한 집단에 속하고 싶은 우리의 욕망의 일부는 품위 있는 리드를 받고 싶은 욕망에서 비롯된다. 우리는 영감을 얻고 싶어 한다. 우리는 용감하고 확고하며 매우 헌신적인 리더십에 반응하는 성향이 있으며, 그런 리더십을 위대한 스포츠팀에서 발견하는 것이다.

제2부에서 살펴본 탁월한 캡틴의 특성은 대개 당연시되는 것들은 아니다. 그렇다고 미스터리도 아니다. 충분히 예측 가능하며 대단히 반복 가능한 특성들이다. 팀 스포츠의 종목도, 구성원들의 출신 국가도, 선수들의 성별과도 무관하다. 역사상 최고의 16개 팀에서, 내가 설명했던 희귀종 캡틴의 존재가 유일한 통합 요소였다.

그러나 내가 이 책을 쓰는 동안, 세상이 이런 생각에 등을 돌리고 있다는 점이 분명해졌다. 내가 증거를 수집할수록 스포츠 팬, 심지어 비즈니스 전문가들의 인식과 점점 더 멀어졌기 때문이다. 게다가 팀 리더십에 대한 기존 상식이 근본적 변화를 맞고 있었다. 새로 부각되는 리더십 철학은 우리가 짐작하는 팀 구축 방식뿐 아니라, 기본적으로 팀에 캡틴이 필요한지에 대해서도 회의적이다.

3부에서는 세 가지 질문을 살펴보겠다.

1. 그토록 많은 팀들이 잘못된 캡틴을 고르는 이유가 무엇인가?
2. 캡틴이라는 콘셉트가 한물간 유행이 된 이유가 무엇인가?
3. 위대한 리더는 만들어지는가, 아니면 태어나는가?

결함 있는 캡틴들

우리가 그들을 사랑한 이유

1999년 토리노

유벤투스 공격수 필리포 인자기가 왼쪽 측면에서 올린 공을 살짝 밀어 넣었다. 킥오프 후 6분 만에 터트린 골이었다. 5분 후에는 골키퍼 머리 위로 칩샷을 날렸다. 경기가 제대로 시작되지도 않았는데 유벤투스는 2:0으로 맨체스터 유나이티드를 앞서 나갔다. 대학살은 계속되었다. 토리노의 스타디오 델레 알피 경기장에 운집한 6만 9천 관중이 한 목소리로 응원가를 불렀다. "알레, 알레, 알레, 라 유베!"

맨유 팬들에게는 익숙한 광경이었다. 맨유는 1878년 창단 이래 영국 축구에서 길고 영광스러운 기록을 부유하고 있고, 종목을 불문하고 세계에서 가장 인기 있는 팀이라 해도 과언이 아니다. 그럼에도 두 가지 이유 때문에 수치심을 느끼고 있었다. 첫째, 이탈리아 원정에서 한 번도 승리하지 못했다. 둘째, 1968년 이래 유럽 타이틀을 한 번도 차지하지 못했다. 4월 말의 축축하고 싸늘한 저녁, 맨유 선수들은 그들 앞에 놓인 과업이 얼마나 막중한지 잘 알고 있었다. 챔피언스리그 준결승 경기였다. 바르셀로나에서 열릴 결승전에 진출하여 31년 만에 유럽 타이틀을 거머쥐려면, 세 골과 승리가 필요했다. 수비로 명성을 떨치는 팀을 상대로, 그것도 세계에서 가장 시끄러운 구장 중 하나인 이곳에서. 게다가 지금까지의 역사를 거역해야 했다.

맨유의 캡틴인 아일랜드 출신 미드필더 로이 킨(당시 27세)은 이전에도 이런 상황에 처한 적이 있었다. 2년 전 맨유는 챔피언스리그 준결승에서 독일의 보루시아 도르트문트에게 합산 점수 2:0으로 패했다. 킨은 이번에는 맨유가 이겨낼 거라고 다짐했다.

유벤투스의 두 번째 골이 터지고 13분 후, 데이비드 베컴이 코너킥을 올리자 킨이 페널티 박스로 돌진하여 헤딩으로 골대를 흔들었다. 2:1이 되었다. 10분 후 맨유는 동점을 만들었다. 정규 시간 종료 7분 전 유벤투스가 공을 걷어내지 못하자, 맨유의 드와이트 요크가 스코어링 포지션까지 공을 몰고 가다 수비진에 걸려 넘어졌다. 맨유의 앤디 콜이 달려들어 그 공을 가볍게 골대로 집어넣었다. 불가능해 보였던 3:2 승리가 확정되는 순간이었다. 맨유는 극적인 역전승으로 챔피언스리그 결승까지, 어느 방송 해설자의 말대로 "축구 천국의 문"까지 진출했다.

로이 킨이 그날 저녁의 영웅이었다. 카메라가 포착할 때마다 그는 달리고 있었다. 패스 라인을 봉쇄하고, 공이 보이면 쇄도했으며, 송곳 패스로 공격 포문을 열 번이나 열었다. 기진맥진한 킨이 경기장을 나갈 때, 그의 플레이에 감명 받은 이탈리아 관중이 기립박수를 보냈다.

맨유 감독 알렉스 퍼거슨 경은 킨이 "지느니 죽겠다는 식으로" 뛰었다고 말했다.

경기 후 맨유 선수들은 우중충한 원정팀 드레싱 룸으로 들어오면서, 함성을 지르고, 얼싸안고, 사진 포즈를 취했다. "모두 잘했어!" 누군가 소리쳤다. 퍼거슨 경은 레인코트 벗는 것을 잊을 정도로 그 순간을 즐기고 있었다. 팀 동료들이 서로 업고 업히며, 테이프로 만든 공을 서로에게 던질 때, 로이 킨은 자기 라커 앞 의자에 앉았다. 멍한 눈길로 플라스틱 병에 담긴 물을 들이켰다. 어떤 생각이 표정에 떠올랐고, 그의 눈길이 바닥을 향했다.

직접 골을 넣고 9분 뒤, 킨은 유벤투스 미드필더 지네딘 지단을 향해 뒤늦게 무모한 태클을 가하여 해당 토너먼트에서 세 번째 옐로카드를 받았다. 챔피언스리그 규정에 따라 그는 다음 경기, 즉 결승전에 출전하지 못하게 되었다. 놀랍게도 킨은 선수이자 캡틴으로서 가장 뛰어난 활약을 펼친 몇 분 뒤에, 가장 치명적인 판단 착오를 저질렀다.

어떤 유럽 축구 포럼에서도 캡틴이라는 화제가 나오면, X팀은 로이 킨처럼 선수들을 혼낼 캡틴이 없는 게 문제라고 말하는 논객들이 꼭 있다.

로이 킨은 체격적으로 위협적이지는 않았다(178cm/81kg). 10대 시절에는 너무 작고 마른 데다 약해 보여서, 대부분의 잉글랜드 상위 클럽은 그에게 눈길조차 주지 않았다. 열여섯이 되면 킨은 축구를 완전히 그만두고, 집에서 감자밭이나 매고 있어야 했다.

그러나 차근차근 실력을 증명하여 맨유와 계약한 후부터 킨의 맹렬함^{ferocity}은 축구계의 상상력을 사로잡았다. 특정 유형 리더십의 완벽한 모델이 되었다. '로이 킨 캡틴 학파'라 해도 무방할 정도이다. 그의 시각부터 플레이 방식까지, 거의 모든 것이 1등급 팀 캡틴의 모습에 부합한다. 주요 득점자도 아니었고, 화려한 볼 처리를 자랑하지도 않았다. 연설을 좋아하지도 않았다. 그라운드에서는 말을 멈추지 않았으나, 그것은 건설적인 방식이었다고 동료들은 입을 모았다. 킨은 클럽 행사 참가를 싫어했고, 가능하면 언론을 피했으며, 가족과 함께하기를 좋아했다. 스타덤의 유혹은 "인지도와 명성에 취한 헛짓거리"라고 일축했다. 데이비드 베컴과 스파이스 걸스 출신 빅토리아 애덤스의 결혼식에도 불참했다. 그날 저녁 유명인사가 운집한 행사를 뒤로 하고 블리딩 울프라는 집 근처 술집에서 홀로 술을 마셨다.

킨 스스로 말했듯, 그는 그라운드 위에서는 브레이크를 밟을 줄 모르는 '망나니 운전수'였다. 킨을 맡았던 코치들은 그가 얼마나 넓은 그라운드를 커버하는지를 보고 입을 딱 벌렸다. 내면에서 워낙 거센 불길이 타오르고 자세가 워낙 단호했기 때문에, 축구선수보다는 권투선수 같았다. 일자 눈썹 바로 아래 붙은 새까만 눈으로 분노의 대상을 노려보았다. 턱선이 강하고 다박나룻(촘촘하게 난 짧은 수염)이 가득한 얼굴은 언제라도 으르렁거릴 태세였다. 공격적 과시의 달인인 킨이 이렇게 말한 적이 있다. 자기 팀이 너무 안일해 보이면 그저 "경기에 분노와 긴박감을 불어넣으려고" 무모한 몸싸움이나 과격한 태클을 하곤 했다는 것이다.

2005년 아스널전에 앞서, 출입 통로에서 유명한 사건이 벌어졌다. 아스널 캡틴 파트릭 비에이라가 맨유 선수 한 명을 함부로 대하자, 킨이 늘어선 선수들을 비집고 비에이라에게 갔다. 그는 경기장을 가리키며 "내가 너라면 입 다물고 있을 거야!"라고 소리쳤다. "경기장에서 보자고." 심판이 그를 가로막으며 자제하라고 하자, 킨은 당당하게 비에이라가 "빌어먹을 입을 놀렸다"고 불평했다. 팀 캡틴에게 힘을 얻은 맨유는 선제골을 내주었으나 4:2 역전승을 거두었다. 그 과정에서 평소 유순했던 맨유 선수들이 도합 여섯 장의 옐로카드와 한 장의 레드카드를 받았다. 킨은 "우리는 이미 큰 팀이었지만 출입 통로에서 더 큰 팀이 되었습니다. 그래서 전 다짐했죠. '좋아, 한번 해보자.' 공격은 공격으로 맞받아쳐야죠"라고 말했다.

  1등급 팀 캡틴들과 마찬가지로 킨은 승리를 가로막는 것에 대해서는 거리낌 없이 저항했다. 상대팀이든, 심판이든, 동료든, 코치든 상관없었다. 심지어 늘어가는 맨유의 부유층 팬들에게도, 팀을 응원하기보다는 특석에서 사치를 즐기는 '새우 샌드위치'라며 비난했다. 2002년 챔피언스리그 준결승에서 아깝게 패한 뒤에 킨은 동료들을 맹비난했다. 그들의 플레이뿐 아니라, 드레싱 룸에서 거울을 보고 말쑥하게 차려입는 것까지 문제 삼았다. 동료들이 부와 명성의 유혹에 빠져 "팀에 대해서 잊고, [그들에게] 롤렉스시계나 승용차나 대저택을 안겨준 애초의 배고픔을 잃었다"고 말했다. 킨이 2002년 월드컵 아일랜드 대표팀 캡틴을 맡았을 때였다. 아일랜드축구협회가 훈련을 소홀히 여기고 형편없는 시설을 예약한 것에 화가 나서, 드레싱 룸에서 감독에게 욕설을 퍼붓고는 경기 출장을 거부하고 귀국해버렸다. "재수 없는 놈, 월드컵 따위 엿 먹으라 그러쇼." 표면적으로 보자면, 킨의 전투적인 성격이 엘리트 캡틴으로서 특이한 것은 아니다. 그에게 두드러지는 점은 그 전투성이 만성이라는 것이다. 그 욱하는 기질 때문에 경기 내내 심판들의 요주의 대상이 되었을 뿐 아니라, 그를 도발하려는 상대팀의 작전 목표가 되었다. 킨은 프리미어리그 커리어 동안 일흔 번 가까운 경고와 열세 장의 레드카드를 받았다. 심판에 대한 비난부터 쓰러진 상대편 선수를 짓밟는 것까지 수두룩한 반칙을 저질렀다. 특히 악명 높은 세 번의 사건이 있다. 상대 선수의 얼굴을 팔꿈치로 가격하고, 골키퍼를 밟고 서서 일어나지 못하게 하고, 상대방 뒤통수에 볼을 던진 것이다. 퍼거슨의 자서전에 따르면, 킨은 화가 나면 "눈동자가 튀어나올 만큼 눈을 크게 떴다. 보기가 섬뜩할 정도였다." 공격적인 플레이 스타일 때문에 몸에 무리가 갈 때도 많았다. 발목 부상을 여러 번 겪었고, 무릎 인대를 다쳐 시즌을 중단해야 했으며, 만성적 둔부 질환으로 2002년에는 수술을 해야 했다.

경기장 밖에서도 습관적으로 말썽을 일으켰다. 토리노에서 승리하고 한 달이 지난 1999년 5월, 맨체스터의 술집에서 성가시게 굴던 손님과 주먹다짐을 했다. 밤 10시, 킨은 경찰 호송차에 실려 폭행혐의로 구치소에 갇혔다. 소속 팀도 대가를 치러야 했다. 나흘 뒤 열린 FA컵 결승에서 킨은 8분 만에 발목을 다쳐 절뚝거렸다(나중에 그는 원래 컨디션이 좋지 않았다고 인정했다). 1년 전 프리시즌 아시아투어 동안에는 팀 동료 페테르 슈마이켈(덴마크 출신 골키퍼)과 술을 마시다 싸웠다. 슈마이켈은 눈에 멍이 든 채 기자회견장에 나가야 했다.

킨이 성공적인 리더라는 것은 두말할 나위가 없다. 그가 캡틴을 맡은 8년 동안, 맨유는 다섯 시즌의 프리미어리그 중 네 번의 우승(리그 3연패 포함)을 차지하여 2등급에 진입했다. 1998~1999 시즌 맨유는 잉글랜드 축구 역사상 최초로 리그와 FA컵, 챔피언스리그 우승을 차지하는 위업(트레블)을 달성했다.

수많은 지지자들에게 킨은 '캡틴, 리더, 레전드'라는 종족의 전형으로 통한다. 승리하려는 열정과 적수에 대한 경멸로 팀의 중추가 된, 고무적인 '선수들의 안내자'Führungsspieler라는 것이다. 그의 뛰어난 업적은 그의 빈번했던 분노 폭발에 면죄부를 준다고들 생각한다. 팀 동료 게리 네빌은 자서전에서 "스포츠는 완전무결한 사람들의 것이 아니다"라고 썼다. 그는 킨의 "싸움과 열정"이 동료 선수들을 이끌었다고 생각했다. "자신의 롤모델이 절대 경고를 받지 않는 천사 같은 축구선수라는 건 얼토당토않은 생각이다."

그러나 킨의 비판자들은 관점이 다르다. 킨이 캡틴을 맡는 동안 맨유의 팬층과 재정 자원(2000년 기준 리그 최대 2억 3천만 달러의 연간 수익), 역사적인 유산(2001년까지 14개의 잉글랜드 타이틀 획득), 레전드 코치(퍼거슨 경), 보기 드물게 넘쳤던 젊은 재능(데이비드 베컴, 니키 버트, 라이언 긱스, 폴 스콜스, 게리와 필과 네빌 형제) 등을 감안하면 팀이 더 많은 업적을 달성했어야 한다는 것이다.

로이 킨의 경우는 기묘하다. 내가 아는 한 그 정도 위상의 캡틴들 중에는 필드 위에서 그토록 악명 높은 짓을 저지르거나 필드 밖에서 그토록 많은 말썽을 일으킨 사람이 없었기 때문이다. 그는 자신의 부정적인 감정을 다스릴 능력이 없는 것 같았고 자제력 부족 때문에 소속팀에게도 부정적인 결과를 안길 때가 많았다. 내가 연구했던 최고등급의 리더들 중에서 그토록 사랑 받으면서도 그토록 문제아로 악명 높았던 선수는 없었다.

대부분의 운동선수들은 시합 도중에는 '도덕 중립 지대'에 들어서 있음을 알고 있다. 예의를 중시하는 사회에서는 결코 하지 않을 행위가 경기장에서는 용납된다. 이 같은 환경에서 공격성은 두 가지 양상을 띤다. 하나는 '도구적' 공격성인데, 그 목적은 누군가에게 해를 입히는 게 아니라 어떤 목표를 달성하는 것이다. 다른 하나는 '호전적' 공격성으로서, 이는 그 결과에 상관없이 누군가가 해를 입히려 할 때 나타난다.

로이 킨을 아이콘으로 만든 그 과격한 공격성은 오히려 그를 1등급 팀 캡틴들과는 다르게 만든 특징이기도 하다. 경기장 안팎에서 그는 자신의 흉포성을 자제하지 못했다. 경기 도중에 그가 보인 거친 행위의 원천이 무차별적인 적대감인지, 소속팀의 사기를 올리려는 의도인지, 아니면 두 가지 모두인지 구분하기 어려웠다. 모리스 리샤르의 분노는 적어도 부분적으로는 프랑스계 캐나다인으로서 받은 불공정한 처우에서 비롯되었다. 그러나 킨은 핑계거리가 없다. 거의 언제나 악의에 찬 듯 보였다.

스포츠에서는 어떤 선수가 공격성을 전혀 억누르지 않을 때 그가 '분노 플레이를 한다'plays angry는 용어를 쓴다. 럿거스대학의 미치 에이브람스는 수년간 프로스포츠팀들과 작업한 스포츠 심리학자이다. 2016년 그는 스포츠에서의 폭력과 공격성에 관해 찾을 수 있는 모든 연구 자료를 취합하여 이 문제에 관한 인식 상태를 밝히는 발표문을 내기로 했다. 에이브람스는 분노 플레이를 하는 선수들이 일정한 이득을 본다는 내용의 수많은 연구부터 인용했다. "교감신경계가 생리적으로 급등할 때 체력과 지구력, 스피드가 증대하고 통증이 감소할 수 있으므로 분노는 일종의 행동 감정이 될 수 있다."

그러나 에이브람스에 따르면 전반적으로 볼 때, 그 연구는 분노 플레이가 부정적인 결과를 가져올 수 있다는 증거를 더 많이 제시한다. 분노 플레이는 심판의 제재를 끌어내는 데서 그치지 않는다. 격렬한

캡틴 클래스

분노는 "섬세한 운동 협응력, 문제 해결 및 의사 결정 능력, 기타 인지 과정을 손상시키므로" 선수의 퍼포먼스에 해로울 수 있었다.

2011년 스탠퍼드대학과 다트머스대학의 학자 두 명이 경기에서 나타나는 공격적인 선수들의 강점과 약점을 연구한 논문을 학술지 〈애슬래틱 인사이트〉에 발표했다. NBA의 다섯 시즌 전체에 해당하는 데이터를 수집하여 테크니컬 파울을 받은 비율에 따라 모든 선수들의 리그 순위를 매겼다. 테크니컬 파울은 일반적인 반칙과 달리, 선수들이 도를 넘은 공격성을 보일 때 주어진다. 심판에게 대들거나, 싸우거나, 욕설을 하거나, 상대 선수와 과도하게 강하거나 거칠게 접촉하는 경우다.

포지션과 출장 시간 등의 변수를 제어하고 나니, (테크니컬 파울 비율이 높은) '공격적인' 선수들이 실제로 다른 선수들과 다르다는 결과가 나왔다. 몇몇 긍정적인 자질도 있었다. 그런 선수들은 힘과 폭발적 에너지가 필요한 과업, 가령 리바운드나 블록슛에 뛰어난 경향이 있었다. 또한 필드골을 더 많이 시도하고 성공시켰다. 연구진에 따르면 테크니컬 파울이 만드는 "에너지" 또는 그 배후의 분노 기질은 "경기의 몇몇 측면에서 성공적인 퍼포먼스를 촉진할 수도 있다."

그러나 데이터에 따르면 이런 선수들은 농구에서 "정확성과 신중함"이 필요한 기량이 별로 나을 게 없거나 상당히 떨어졌다. 자유투 기회를 더 많이 잡지만 자유투 성공률은 나을 게 없었다. 3점슛을 시도하거나 성공함에 있어서도, "흥분 상태"에 있는 선수들은 정확도가 매우 떨어졌다. 공격적 성향의 선수들은 턴오버를 저지르는 경향이 더 컸다. "공격적인 선수들은 무모한 경향이 있는데, 이는 화난 사람들이 위험한 의사 결정을 하는 경향이 있다는 연구 결과와 일치한다."

다른 연구와 마찬가지로 이 연구도 '분노 플레이'가 반드시 피해야만 하는 골칫거리라고 하지는 않는다. 연구진은 사람들이 부대끼는 빈도가 높은 스포츠 종목에서는 그게 더 도움이 될 수도 있다고 말한다. 분노 플레이 덕분에 킨이 더 박력 있는 운동선수가 되기도 했지만, 그러나 축구는 신체적인 힘과 정확성의 조합이 필요한 종목이다.

킨 역시 자신의 기질 탓에 팀이 때때로 어려움을 겪는다는 점을 잘 알고 있었다. 그는 "나이에 비해 왜소했던 어린 시절부터 본능적으로 화를 참기보다는 위험에 정면 대응했다"고 말한 적이 있다. 언제나 공격적인 자세로 살았기 때문에 부정적 결과를 초래하는 사건에 휘말리는 일종의 "자멸 버튼"이 자신에게 있다고 생각했다. 때로는 다른 사람들이 그 버튼을 눌렀고, 때로는 스스로 눌렀다.

1등급 팀 캡틴들도 자멸적인 분노 폭발에 이른 경우가 없지 않다. 대체로 압박감이 심한 상황에서 감정을 억누르지 못한 사례를 열 개 정도 찾을 수 있었다. 그중에서도 두 건이 눈에 띄었는데, 그 이유는 사뭇 다르다.

1951년 8월 28일, 뉴욕 양키스와 세인트루이스 브라운스의 시즌 후반 경기 5회였다. 경기 결과가 중요한 쪽은 아메리칸리그 1위 자리를 치열하게 다투던 양키스였다.

세인트루이스 선수가 타석에 있을 때, 주심 에드 헐리는 평소처럼 볼넷 판정을 내렸다. 그러나 만루 상황이었으므로 브라운스가 득점하여 양키스의 리드는 3점 차로 줄었다. 양키스 포수 요기 베라는 주심 판정에 반발하다가 문제를 일으킨 적이 한 번도 없었다. 그러나 이번에는 항의에만 그치지 않았다. 포수 마스크를 벗어던지고 주심 헐리에게 화를 내기 시작했다. 가슴팍을 헐리에게 부딪혔고, 혹자에 의

캡틴 클래스

하면 헐리의 팔을 붙잡기까지 했다. 놀란 코치와 동료들은 그를 말리기 위해 달려갔다. 베라가 주먹질까지 할 기세였던 것이다.

베라는 퇴장 당했고, 동료와 팬들은 주심이 경기 보고서에 기록할 내용을 염려했다. 베라는 팀에서 대체 불가능한 존재였다. 아메리칸리그 MVP를 바라보고 있었다. 리그에서 베라에게 출장정지 징계를 내린다면, 월드시리즈 진출이 어려워진다는 것을 양키스는 알고 있었다.

운 좋게도 리그에서는 베라에게 50달러 벌금이라는 관대한 처분을 내렸다. 출장정지는 없었다. 하지만 동료들이 개입하지 않았다면 베라가 감정 통제를 못하고 시즌을 망쳐, 양키스는 1등급 팀에서 제외되었을지도 모른다.

1등급 팀 캡틴이 폭주한 특이한 사례 두 번째는 1994년 여자축구 월드컵 예선전 끝 무렵 미국-트리니다드토바고 전에서 일어났다.

이 시기에 미국 여자축구팀은 경쟁력이 있는 극소수 팀에 속했다. 그래서 미국은 대부분 약체 팀을 상대로 마지못해 시합을 치러야 했다. 트리니다드토바고는 미국이 정기적으로 대결하는 최약체 팀이었지만, 으레 대승을 거두는 상대라 선수들은 슬슬 지겨워하기 시작했다. 경기가 순조롭게 진행되는 가운데 미국팀 캡틴 오버벡은 미드필드에서 공을 다루고 있었다. 그때 트리니다드토바고 선수 한 명이 뒤에서 달려와 축구화를 치켜든 채 강한 태클을 가했다. 두 선수가 모두 일어났을 때 트리니다드토바고 선수가 오버벡의 뒤통수를 때렸다.

소속팀이 치열한 아메리칸리그 페넌트 레이스를 펼치던 베라와는 달리, 당시 점수가 10:0이었던 오버벡은 상대에게 앙갚음을 할 이유가 없었다. 하지만 그날 그녀는 참을 수가 없었다. 상대 선수의 얼굴을 때렸을 뿐 아니라, 넘어뜨리고 주먹을 휘두르기 시작했다. 그녀는 내게 그때 "자제력을 잃었다"고 말했다. "그런 적이 한 번도 없었는데 말이죠."

오버벡은 경고를 받을 수도 있었다. 관계자들이 원했다면 그녀에게 출장정지 징계를 내렸을 수도 있다. 그러나 주심은 상황 파악을 제대로 못한 것 같았다. 오히려 싸움을 말리던 오버벡의 동료가 퇴장 당했다.

겉보기에 이런 공격적 행위는 로이 킨과 다를 바 없었다. 그러나 깊이 파고들수록 달라 보였다. 사건 순간이 아니라 그 후의 대처가 달랐던 것이다.

예컨대 요기 베라는 세인트루이스전이 끝나자마자 심판 탈의실 앞에 가서 에드 헐리를 기다렸다. 그리고 해를 입힐 의도는 없었다면서 그에게 사과했다. 헐리는 베라의 사과를 받아들여 경징계를 내리기로 했다.

칼라 오버벡에게 트리니다드토바고 선수와의 몸싸움에 관해 물어보자, 오버벡은 그 당시 감정 소모가 심했었다고 내게 말했다. 미국 팀은 두 달 연속 원정 경기에서 약팀들을 상대로 예선전을 치르는 데 신물이 나 있었다. 더구나 그녀는 자신의 행동이 수치스러웠다고 말했다. "모두들 제게 멋졌다고 했지만 저는 속으로 '아냐, 그런 게 아냐'라고 생각했어요. 저는 저의 자제력이 자랑스러웠거든요. 그런데 10:0으로 압도한 경기에서 상대방의 도발을 참지 못했어요. 그런 다음에 전 흐느껴 울었습니다."

킨은 필드에서 말썽을 일으킨 후 정반대의 반응을 거듭해서 보였다. 앙심을 품고 있다가 몇 년을 기다려 복수를 하는 것으로 악명이 높았다. 2002년 회고록에서 킨은 노르웨이 수비수 알프잉에 홀란드에게 가한 거친 태클의 동기를 밝혔다. 4년 전 킨이 필드에서 무릎 부상을 당했을 때 흘란드가 조롱한 것을 잊지 않고 보복한 것이었다. 그는 "너도 한 번 당해보라는 뜻이었다"고 썼다. "뿌린 대로 거두는 법이다."

* * *

로이 킨에 대해 살펴볼수록 커지는 궁금증이 있었다. 킨이 자신의 통제력 상실로 팀이 치른 대가를 알았다면, 모리스 리샤르가 했던 일을 더 열심히 하지 않은 이유가 무엇일까? 즉 도움이 될 때 분노를 분출하고, 그러지 않을 때 분노를 억누르지 않은 까닭은?

어떤 사람들이 남들보다 훨씬 공격적인 이유를 연구한 학자들은 다음과 같은 이론을 제시했다. 그런 사람들은 다른 종류의 뇌를 갖고 있고, 인지 장애를 겪거나 미성숙하거나 위험 행동 성향을 갖게 하는 '전사 유전자'를 보유하고 있다. 조지타운대학 심리학 교수 마이클 앱터의 이론에 따르면, 공격성은 라이벌의 불운함을 보고 느끼는 쾌감을 추구하는 데서 비롯된다.

실험 연구가 뒷받침한 또 다른 가설에 따르면, 일부 사람들은 만성적으로 호전적이고 화를 잘 내는 성격을 갖고 있다. 그들은 중립적인 행위를 위협적으로 느끼게 하고, 도전을 받으면 화를 내며 반응하게 하는 '적대 편향'을 가진다는 것이다. 이런 편향을 가진 사람들은 남들의 행동을 적대적이지 않은 것으로 해석하여 비폭력적으로 대응하는 데 어려움을 느낀다.

로이 킨이 이런 사람들 중 하나가 아닐까 하는 의심이 들었다.

하지만 작은 문제가 하나 있었다. 만약 킨의 공격성이 적대 편향 때문에 비롯되었다면, 1등급 캡틴들이 이따금 저질렀던 폭주는 어떻게 설명해야 하는가?

케이스웨스턴리저브대학의 연구자 세 명이 2000년에 발표한 논문이 이 문제의 해답이 될 수 있다. 연구진은 리처드 데이비슨이 그랬던 것처럼, 부정적 감정을 통제하는 메커니즘이 모든 사람들에게서 다르게 타고난다고 생각했다. 어떤 사람들은 부정적 감정을 자제하는 시스템이 견고하지만, 어떤 사람들은 그렇지 않다. 그러나 연구진은 이런 억제 시스템이 기계적으로 작동하지는 않는다고 보았다. 그것은 일종의 자원, 즉 사람들이 비축해 두는 일종의 에너지라는 것이다. 그 에너지의 비축 수준은 사람들마다 다를 뿐 아니라, 당사자의 내부에서도 달라진다. 달리 말하자면, 우리의 자제력 탱크는 때에 따라 비어 있을 수도 있고, 꽉 차 있을 수도 있다. 어쩔 수 없이 자제력을 꺼내 쓰는 빈도가 얼마나 큰가가 문제인 것이다.

이 연구가 제기한 핵심적 주장은 자제력은 한정되어 있다는 것이다. 자제력은 억지로 동원하면 할수록 줄어들며, 자제력이 줄어들수록 우리가 최악의 충동을 억제할 능력도 떨어진다. 이 가설이 사실인지는 분명하지 않다. 나중에 실시된 실험들이 늘 이 가설을 지지해주지는 않았기 때문이다. 하지만 요기 베라와 칼라 오버벡을 비롯한 1등급 캡틴들이 필드에서 저지른 추한 짓들은 이례적인 사례라고 말해도 무방할 것이다. 원래는 잔뜩 차 있던 자제력 탱크가 바닥났던 특정 순간에 그들이 폭주한 것일 수도 있다. 이 캡틴들이 로이 킨과 다른 점이 있다면, 그런 사건들이 그들에게는 대단히 드물었다는 것이다.

2001~2002 시즌부터 맨유가 역대급 3시즌 동안 구축했던 모멘텀

이 서서히 사라져갔다. 맨유는 프리미어리그 3위에 머물렀고, 3년 연속으로 챔피언스리그 결승에 오르지 못했다. 다음 시즌 초 킨은 둔부에 통증완화 주사를 맞기 시작했고, 그 다음 시즌 초에는 (홀란드에 대한 보복 동기를 자서전에서 밝힌 것으로) 다섯 경기 출장정지를 받고 난 뒤 수술을 받기로 결정했다.

2002년 12월 팀에 복귀했을 때 킨은 경기장 안에서 대립을 일삼지 않겠다고—자기 몸을 위해서나 팀 성적을 위해서나—맹세했다. "나는 모든 경기에서 90분 내내 경기장 안에 머물겠다는 확고한 결심을 했다. 달리 말해, 나의 무모하고 무절제한 구석을 억누르기 위해…… 고삐 풀린 공격성과 억제된 공격성 사이의 균형을 찾아내기 위해서이다." 마침내 킨은 한결 침착하고 신중한 선수로 바뀐 것 같았다. 그리고 그의 견고해진 리더십 아래 맨유는 2002~2003 시즌 프리미어리그 우승컵을 들어올렸다.

이듬해 맨유의 데이비드 베컴이 레알 마드리드로 떠났고, 맨유는 새로 영입한 선수들을 통합시키느라 애를 먹었다. 킨은 느닷없이 크리스티아누 호날두 같은 젊은 스타들에 둘러싸여 날로 쌀쌀맞고 냉담해졌다. 신세대 선수들이 옷이나 헤어스타일이나 화려한 차에 집착하는 데 분개했다. 맨유는 다시 리그 3위에 머물렀고, 챔피언스리그 16강전에서 탈락하고 말았다.

팀은 악전고투하고 킨은 발 부상에 시달리던 2005년 11월, 화를 참겠다던 킨의 맹세는 결국 깨지고 말았다. 킨은 인터뷰를 통해 팀 동료들을 맹비난했다. 그들이 거만하고 자기도취적이며 기개가 없다고 했다. "이 클럽에선 형편없이 플레이해야 보상을 받는 것 같습니다. 내가 복귀하면 그걸 해야만 하나 봅니다. 형편없이 플레이하는 것 말이죠."

한 가지 의미에서 킨은 필립 람 같은 위대한 캡틴들과 같은 일을 했다. 옳고 그름에 대한 자신의 신념을 굽히지 않은 것이다. 그는 그 인터뷰가 계산된 결정이었다고 주장했다. 킨이 외부에 의견을 밝힌 동기는 좋았다 하더라도, 킨은 자신이 1등급 캡틴 프로필에 맞지 않는 또 다른 이유를 보여주었다. 그의 발언은 전혀 과업 중심적이지 않았던 것이다. 그는 람이 그랬던 것처럼 팀의 경기 전략을 해부한 것이 아니다. 팀 동료들에 대해 사적인 측면을 공격했다. 가뜩이나 나쁜 상황을 더욱 악화시켰다.

그 인터뷰 후에 알렉스 퍼거슨 경은 참을 만큼 참았다고 생각했다. 킨은 '상호 동의' 하에 팀을 떠났고 얼마 후 은퇴했다.

킨은 은퇴 후 여러 팀의 코치 직을 맡으며 여기저기서 풍파를 일으켰다. 택시운전사 폭행혐의로 재판을 받았고(무혐의 처분을 받음), 아일랜드 호텔 바에서 팬과 실랑이를 벌였다. 어느 은퇴 선수가 자신에 대한 악성 루머를 퍼뜨렸다고 믿고 그의 집 초인종을 15분간 눌러댄 것으로 비난 받기도 했다. 이런 사건들 모두가 킨이 (과학자들이 설명한) 적대 편향을 가졌다는 것을 의심치 않게 한다.

로이 킨은 캡틴으로서 실패작은 아니었다. 전혀 그렇지 않다. 그가 훌륭한 자질을 워낙 많이 갖고 있었으므로, 사람들이 그토록 좋아하는 건 어쩌면 당연하다. 그러나 그가 결함 있는 캡틴이라는 것도 틀림 없는 사실이다. 그는 감정을 통제하는 킬 스위치를 갖추지 못했고, 팀 동료들을 사적으로 공격하기를 좋아했다.

로이 킨과 관련된 더 큰 문제는, 그의 성격 가운데 효과적이지 않았던 부분들이 사람들에게 사랑 받고 있다는 사실이다. 싸움을 걸고,

그러고도 뉘우치지 않고, 주변 모든 이들에게 거침없이 호전성을 보인 것 말이다. 외부자의 시선으로는 이런 것들이 그를 다른 캡틴들과 뚜렷이 다른 존재로 보이게 하며, 그를 리더로서 성공하게 만들어준 특징처럼 보인다. 하지만 그런 것들은 실제로 팀에게 도움이 되었던 그의 자질과 실천을 무색하게 만들었다. 그의 근성 있는 플레이, 허드 렛일, 동료들의 사기 진작을 위해 강력한 감정을 과시한 그의 독보적인 재능 말이다.

축구팬들이 자기 팀에는 로이 킨 같은 캡틴이 필요하다고 말할 때 실제로 하고 싶은 말은 다음과 같다. 즉 자기 팀에는 경기장에서 상대편에게 위협감을 주는 집행자가 없다거나, 자기 팀 선수들이 너무 무르거나 안일하다는 것이다. 이런 것들은 온라인 포럼에서는 통할 만하지만, 여러 증거에 따르면 팀을 오래 지속되는 1등급 왕조로 바꾸어 놓는 특성은 아니다.

이 책이 출간되기 전, 이 책의 주제는 '세계에서 가장 위대한 팀들의 캡틴'이라고 말할 때마다 사람들은 언제나 똑같은 반응을 보였다. "그러니까 당신은 마이클 조던과 불스에 대해 말하고 있는 거군요."

두말할 나위도 없이, 마이클 제프리 조던은 마법사 같은 운동선수였다. 농구코트 공중에 매달린 것처럼 보일 만큼 비현실적인 점프력을 자랑했다. 그뿐만이 아니다. 조던은 리바운드와 수비, 볼 처리와 덩크슛에도 능했고, 어느 지점에서도 득점할 수 있었다. 잘 알려지지 않았지만 그는 대단히 빠르기두 했다. 조던의 대학 시절 코치는 조던이 36.6미터를 4.3초에 주파했었다고 말했다. 이처럼 전대미문의 기량 덕분에 조던은 열 번의 NBA 득점왕과 다섯 번의 MVP 타이틀을 차지할 수 있었다.

겉보기에는 조던의 리더십 또한 마찬가지로 인상적일 것이다. 조던은 시카고 불스가 여섯 번의 NBA 우승을 기록한 기간 내내 팀의 공동 캡틴이었다. 로이 킨과 마찬가지로 조던도 여러 가지 캡틴 클래스 자질을 갖추었다. 코트에서 터프하고 집중했으며 끈질겼다. 연습에서도 시합에서도 맹렬했고 지칠 줄 몰랐다. 1997 NBA 결승(5차전)에서는 심한 장염에 시달리면서도 38점을 기록했다. 그가 던진 결승골은 버저가 울린 후 골대 안으로 들어갔다. 조던에게는 킨이 저질렀던 폭력적인 일화 같은 건 없었지만, 여전히 공격적이었다. 특히 상대편에 대한 거친 언어 사용 등으로 심판의 인내심을 끊임없이 시험했다.

불스가 역사상 최고의 농구팀 중 하나라는 것에는 의심의 여지가 없다. 1995년부터 1997년까지의 두 시즌 동안, 불스는 NBA 사상 최고의 엘로 등급(파이브써티에이트 집계 기준)을 획득한 바 있다.

여론이 중요하다면 논쟁의 여지가 없다. 그렇다면 마이클 조던은 역사상 가장 위대한 캡틴 중 한 명이다. 그러나 그렇지 않을 수도 있다는 두 가지 강력한 이유가 있다. 첫째, 그의 소속팀들이 1등급에 오르지 못했다. 둘째, 조던은 캡틴 클래스의 청사진과 맞아떨어지지 않는다.

자주 간과되는 사실이지만, 조던은 NBA 데뷔 이래 6년 동안 승리자가 아니었다. 리그에서 가장 각광 받는 선수이자 가장 유명한 스포츠 스타이며 명실상부한 팀 리더가 되었음에도, 그의 소속팀은 NBA 결승에 오르지 못했다. 조던의 첫 세 시즌 동안, 불스는 오래도록 저조한 승률을 기록했고 플레이오프 첫 라운드에서 탈락했다. 1989년 부임한 필 잭슨은 조던의 네 번째 코치였다. 캡틴으로서 조던이 팀을 이끈 방법은 주로 비난과 조롱이었고, 팀 동료들은 조던의 독설을 두려워하며 지내야 했다. 조던은 어떤 선수에 대해 신뢰를 잃으면 경영진에게 로비하여 그를 제거하곤 했다.

1988년 불스는 베테랑 센터 빌 카트라이트를 영입했다. 그는 투박하고 둔하고 무릎에 심각한 문제가 있었으며, 블록슛을 많이 하지도 않고 공이 직접 전달되지 않으면 패스를 제대로 잡지도 못했다. 그럼에도 불구하고 발놀림이 좋고 리그 최고의 빅맨들을 무력화시키는 방법을 알고 있었다. 팀에서 원한다면 경기당 20득점도 올릴 수 있었지만, 9년간 뉴욕 닉스에서 많은 NBA 스타들과 함께 뛰면서 그런 선수들에게 공간을 만들어주는 법을 터득하게 되었다. 허드렛일을 기꺼이 맡는 선수였다.

카트라이트는 대외적으로는 말수가 적고 쌀쌀맞았으며, 늘 생각에 잠겨 있고 약간 슬픈 표정이었다. 연설을 하지는 않았지만 젊은 선수들에게 열정적인 멘토여서 '티치'^Teach^라는 별명이 붙었다. 샘 스미스가 《조던 룰》에 썼듯, 카트라이트는 대단히 근면했고 요행 같은 건 아예 기대하지 않았다. 카트라이트는 "더 이상 뛸 경기가 없을 때까지 뛸 뿐"이라고 말한 바 있다.

그에 비해 조던은 확연히 다른 선수였다. 코트 위에서는 매우 감정적이고 활력이 넘쳤다. 코트 밖에서는 다정하고 매력적이었으며, 외모도 놀랄 만큼 멋졌고 잘 맞춘 정장을 좋아했다. 조던이 1등급 캡틴들과 뚜렷이 다른 첫 번째 지점은 명성에 대한 열의였다. 나이키와의 획기적인 협찬 작업을 기점으로, 조던은 스포츠 분야에서 가장 수익성 높은 제품 엔도서^endorser^(기업과 계약을 맺고 제품을 협찬 받고 광고모델 역할을 하는 사람-옮긴이)가 되면서 구축한 포트폴리오로 연간 1억 달러로 추정되는 수입을 올리고 있다. 조던은 셀러브리티가 되는 것을 좋아한 것을 넘어 '스포츠 셀러브리티' 그 자체의 모델이 되었다.

두 번째 차이점은 그의 농구 플레이 방식이었다. 조던은 팀을 위해 애쓴 적이 거의 없었다. 그는 조연 선수들을 배제한 채 자신이 원하는 대로 불스의 공격을 운용했고, 자신에게 얼마나 도움이 되느냐를 기준으로 조직의 일을 판단했다.

1988년 빌 카트라이트를 영입할 당시, 불스는 조던의 절친이었던 찰스 오클리(포워드)를 다른 팀으로 보냈다. 조던은 제리 크라우스 단장에게 그 조치에 대해 거칠게 항의했다. 오클리를 잃은 것에 화가 난 조던은 도가 지나치게 카트라이트를 밀어냈다. 조던은 말소리가 다 들릴만한 거리에서도 카트라이트를 조롱했다. 고질적인 무릎 문제를 빗대어 '메디컬 빌'로 부르기도 했다. 코트에서는 카트라이트에게 오픈 찬스가 나도 무시하곤 했다.

막후에서 카트라이트는 팀 동료들에게 그 역시 '마이클 볼'을 좋아하지 않는다고 밝혔다. 결국 긴장이 정점까지 고조되었다. 샘 스미스에 따르면, 카트라이트는 조던이 그에 대해 조롱한 것과 그에게 패스하지 말라고 동료들에게 지시한 것을 두고 조던에게 따졌다. 불스의 스카우트였던 짐 스택스는 말했다. "마이클은 워낙 재능이 압도적이라는 이유로 누구든 함부로 대할 수 있었어요. 하지만 빌은 물러서지 않았습니다."

1990년 조던의 일곱 번째 시즌이 시작할 무렵, 불스는 팀을 재정비하지 않으면 안 될 고비를 맞았다. 작년까지 3회 연속으로 컨퍼런스 결승에 올랐지만 끝내 좌절하고 말았다. 불스가 개막 후 7승 6패로 부진한 성적을 보이자, 필 잭슨은 라커룸 분위기를 쇄신해야 할 때

캡틴 클래스

라고 판단했다. 놀랍게도 잭슨은 조던과 함께 할 공동 캡틴으로 카트라이트를 임명했다.

조던으로서는 권력을 공유한다는 생각은 충격적이었다. 그것도 '메디컬 빌'과 권력을 공유한다는 사실은 상상조차 하기 어려웠다.

잭슨은 〈시카고 트리뷴〉에 카트라이트는 다른 선수들이 자신 있게 역할을 수행할 수 있게 만드는 소통 창구이므로 그에게 공동 캡틴 역할을 맡겼다고 밝혔다. 카트라이트는 내게 "그건 안정감 때문이었다"고 말했다. "저는 항상 일찍 훈련장에 가고, 절대 지각하지 않고, 연습 후에도 남아 팀원들과 대화하고, 스스로 관리하는 선수였습니다. 젊은 선수들에게 모범이 된다는 얘기였죠."

팀은 캡틴 직을 맡은 카트라이트에게 5연승으로 곧장 화답했다. 불스는 여세를 몰아 시즌을 61승 21패로 마감하고 플레이오프를 15승 2패로 휩쓸어 마침내 첫 NBA 타이틀을 획득했다. 그제야 조던은 카트라이트의 공헌을 인정했다. "나는 팀에 찰스 [오클리]가 있는 게 좋았지만, 차이를 만든 건 빌이었습니다."

1990년대의 불스는 마이클 조던의 팀으로 알려져 있었고, 그가 불스를 영광의 길로 이끈 것도 사실이다. 조던은 전세계에서 스포츠 팬들뿐 아니라 한 세대의 팀과 선수들에게 리더십의 모델이 되었다. 그러나 빌 카트라이트가 조던과 함께 캡틴이 되기 전까지 불스가 '전환'을 이룰 수 없었다는 사실은 변함이 없다. 빌 카트라이트는 허드렛일을 했고, 열심히 노력했고, 선수들과 실질적으로 소통했다. 요컨대 그는 이전의 불스에는 존재하지 않았던 캡틴 클래스 캡틴이었다.

조던의 리더십 능력은 접어두고, 불스가 1등급에 걸맞은 우승 행진을 이루지 못한 또 다른 이유가 있다. 여전히 전성기를 누리던 1993년, 조던(30세)은 농구계에서 은퇴했다. 조던은 18개월 만에 팀에 복귀하긴 했지만, 그의 부재로 불스는 힘든 시기를 보내야 했다. 리그 3연패를 달성하고도 다음 두 시즌에는 플레이오프 8강 라운드에서 고개를 숙여야 했던 것이다.

마이클 조던이 1등급 리더의 프로필에서 벗어난 여러 요건 중에서 이것이 가장 당혹스럽고 이해하기 힘든 것이다. 어떻게 농구를 그만둘 수 있었을까?

은퇴 당시 조던은 가족의 충격적인 죽음 때문에 힘들어 했다. 그의 아버지 제임스 조던이 노스캐롤라이나 고속도로휴게소에서 차량강도에게 살해당했던 것이다. 끈끈한 사이였던 아버지가 사망한 데다 수사 과정의 우여곡절로 인해 심신이 지쳤다. 조던이 농구에 집중하지 못해 은퇴했다면 누구나 수긍할 것이다. 그러나 조던은 은퇴 이유를 그렇게 설명하지 않았다. "아버지가 돌아가시기 전부터 은퇴를 고려하고 있었습니다. 잠깐 그만두는 게 아니라 은퇴 말입니다. 농구에 대한 흥미를 잃었다고나 할까요." 다른 인터뷰에서는 농구가 "약간 지겨워졌다"고 설명했다.

대중에게 조던의 이 같은 고백은 당혹스러웠다. 조던만큼 경쟁을 사랑하는 사람은 없었기 때문이다. 훈련 후 팀 동료들과 경마를 할 때도, 골프나 탁구나 포커를 할 때도, 조던은 패배를 참지 못했다. 1993년 오프라 윈프리와 인터뷰를 하면서, 조던은 자신이 '강박적인 경쟁자'일 수 있다고 인정했다.

승리에 대한 조던의 강박증은 멈출 줄 몰랐다. 심리적인 저변에서 늘 분출되는 것처럼 보였다. 농구는 한동안 좋은 배출구였지만, 그것만으로는 충분하지 않았다. 은퇴 후 조던은 곧장 새로운 도전에 나섰다. 시카고 화이트삭스의 메이저리그 로스터에 들기 위해 애를 썼다. 1994년 조던은 마이너리그 버밍엄 배런스 소속으로 127경기에 출전하여 타율 2할 2리와 삼진 114개라는 참담한 성적을 기록했다. 이듬해 여름 야구선수들이 파업에 돌입하여 할 일이 없게 되자, 조던은 불스로 복귀했다.

필드 위에서, 1등급 캡틴들은 조던과 마찬가지로 불굴의 투지를 보였다. 그러나 필드 밖에서는 기본적으로 가정적인 사람들이었다. 치열한 경쟁은 마지못해 하는 일로 보일 정도였다. 커리어 초기에 빌 러셀은 경기가 끝나면 지하실로 내려가 모형기차를 가지고 놀았다. 모리스 리샤르는 거의 모든 자유시간을 가족과 함께 보냈으며 열두 시간 동안 잠을 잘 때도 있었다. 잭 램버트는 원정길에는 책에 파묻혀 있어서 팀 동료들로부터 반사회적이라는 비난을 받기도 했다. 밤 문화를 좋아하지 않는 카를레스 푸욜은 이렇게 말했다. "전 아주 조용하고 가족 중심적인 사람입니다. 집중력을 흩트리게 하는 것들이 많은데, 그런 모든 걸 피하려고 노력해왔습니다."

조던은 그런 기질을 타고나지 않았다. 그는 눈을 뜬 순간부터 지칠 줄 모르는 경쟁 욕구에 사로잡혔다. 이길 가능성이 낮을수록 승리의 쾌감은 커졌다. 농구는 하나의 배출구였을 뿐이다. 코트에 오르지 않을 때는 (골프 회동, 고액 포커게임, 협찬 계약 따위의) 다른 배출구로 눈길을 돌렸다.

마이클 조던의 크나큰 수수께끼는 그의 스토리를 매우 독특하게 만들어놓았는데, 그것은 가장 위대한 농구선수가 자기를 증명하려는 욕망을 왜 그토록 강하게 느껴야 했느냐는 것이다.

마이클 조던의 농구 명예의 전당 입성식은 2009년 9월 매사추세츠 주 스프링필드에서 헌사 영상과 함께 시작되었다. 심포니 홀의 조명이 약해지면서 몽타주 영상이 상영되었다. 친숙한 선홍색 유니폼을 입은 조던이 골대를 향해 몸을 날리고, 결승골을 넣고 나서 주먹을 휘두르고, 당연하게도 트로피를 들어 올리는 장면들이 지나갔다. 헐거운 회색 정장 차림에 흰 손수건을 꽂고 검은 넥타이를 맨 채 연단에 오른 조던은 눈물을 흘렸다. 엄지와 검지로 눈시울을 훔치며 조던은 말했다. "감사합니다." 박수갈채가 80초간 이어졌다. 그는 "친구들한테는 여기에 오르면 감사하다고만 말하고 끝내겠다고 했다"며 운을 뗐다. "그렇게는 못하겠습니다. 그럴 순 없죠. 고마운 분들이 너무 많으니까요."

예전 팀 동료들과 코치들, 그가 존경한 영웅들에게 감동적인 찬사를 바치기 시작했다. 5분쯤 지나 자신의 형제자매에 대해 이야기하면서 그의 '경쟁적 성격'을 처음 언급했다. 6분쯤부터는 연설이 이상한 방향으로 흘러갔다. 조던은 고등학교 2학년 때 자기를 학교 대표팀에 뽑지 않은 코치를 거론했다. "알고나 있는지 모르겠군. 이 친구야, 당신이 실수한 거야." 관중들은 웃으며 박수를 쳤다. 조던은 선수 시절로 되돌아간 듯 그 유명한 동작을 선보였다. 혀를 길게 뽑은 것이다.

명예의 전당 입성 연설은 대체로 한 가지 패턴을 따른다. 헌액 선수는 가족에게, 그리고 팀 동료들과 코치들에게 감사를 전하고, 자신에게 재능을 주어 화려한 커리어를 쌓게 해준 신을 찬양한다. 조던은 이 모두를 빨리 해치웠다. 이후 연설은 그에게 무례하게 굴었던 예전의 NBA 선수, 코치, 경영자들을 향해 해묵은 불평을 퍼붓는 것으로 바뀌었다. 그것은 레전드의 연설이 아니었다. 그것은 최선을 다해 기

어코 성공한 약자가 할 만한 연설이었다.

조던의 연설에 대한 평가는 대단히 부정적이었다. NBA 전문 작가 에이드리언 워즈나로우스키는 이 연설을 "학교 구내식당에서 식판으로 모범생을 괴롭히는 불량학생"에 빗대었다. 그는 조던이 "이상하게 앙심이 오래가는 사람이라는 걸 드러냈다"고 썼다.

4년 후 조던은 한 TV 인터뷰에서 그를 비판하는 사람들에게 대답했다. "나는 나의 경쟁적 성격에 대해 사람들에게 설명했을 뿐입니다. 대부분의 사람들이 그걸 최악의 연설이라고 한단 말이죠? 괜찮습니다. 그건 당신네들 사정이니까. 나는 무덤에 가서도 '나는 말하고 싶은 걸 말했다'고 생각할 겁니다."

그 연설이 드러낸 사실이 있다. 조던은 본인의 커리어 내내, 그 자신이 무시당했던 온갖 경험을 곱씹는 데 상당한 시간을 들였다는 것이다. 조던은 로이 킨과 마찬가지로 '분노 플레이'를 했지만, 그의 분노는 폭력을 저지르게 만드는 유형은 아니었다. 조던은 코트 위에서는 대체로 자제력을 발휘했다. 조던의 분노는 정교한 위조품이었다. 최고의 경기력을 보이려면 모욕감을 느낄 필요가 있었고, 또 그 모욕감 덕분에 그는 최선을 다해 본인을 의심하는 사람들이 틀렸음을 증명했다. 그는 이렇게 말한 적이 있다. "그게 내가 스스로 동기를 부여한 방법입니다. 나 자신을 속여야 일정 수준을 유지하며 뛰는 데 집중할 수 있었으니까 말입니다."

앙심의 불길을 계속 타오르게 하려면 구덩이를 더 깊이 파야 했다. 조던은 기억나는 모든 헐뜯은 비난이나 비판적인 신문 갈겸을 깡그리 모아 아궁이에 집어던졌다. 1등급 캡틴들은 부정적 감정을 막는 일종의 킬 스위치를 가지고 있다고 보이는데, 조던은 제어함을 조작해서 부정적 감정에 땔감을 제공했다. 조던의 접근 방식에 문제가 있다면 경기가 끝나고 조명이 꺼진 후에도 그의 감정적 욕구가 꺼지지 않았다는 것이다. 조던은 또 다른 게임, 또 다른 도전을 찾아 나섰다. 본인이 과소평가 받을 만한 분야일수록 더 좋았다.

조던이 세 번의 NBA 우승컵을 차지하고 나서 전성기에 농구를 그만둔 것은 아무도 그에게 감히 의문을 품지 않았기 때문이다. 그는 지겨워진 게 아니라 땔감이 떨어진 것이다. 결국 그는 별(스타)이라기보다는 유성이었다. 그의 분노가 소진되자 불스도 사그라들었다.

마이클 조던은 스포츠 역사상 가장 빛나는 존재 중 하나였다. 더욱이 그의 플레이가 워낙 주목을 받았고, 그의 개성이 워낙 매력적이었고, 그의 팀이 워낙 많은 트로피를 들어 올렸기 때문에 사람들은 조던이 불스의 리더이며, 그가 리더 임무를 멋지게 하고 있다고 짐작했었다. 하지만 그는 탁월한 캡틴이 아니었다.

1995년 조던이 불스에 복귀할 즈음에는 카트라이트가 떠나고 없었다. 조던은 본인이 떠나 있던 동안 빈자리를 메웠던 스카티 피펜과 캡틴 직을 공유했다. 조던은 리더로서 스스로 할 일이 있음을 안다고 말했다. 그러나 해당 시즌에 팀이 삐걱대자 예전 방식으로 되돌아갔다. 조던은 베테랑 가드 스티브 커를 끊임없이 비난했고, 결국 두 사람은 프리시즌 훈련 기간 동안 서로 주먹다짐을 했다.

그 시기의 불스팀은 세 번의 우승을 차지하여 조던의 우승 반지는 여섯 개로 늘어났다. 그러나 캡틴 역할을 공유한 빌 카트라이트(나중에는 스코피 피펜)가 없었다면 조던이 그 우승 반지 중 하나라도 낄 수 있었을지는 의문이다.

마이클 조던은 탁월한 운동 능력, 불타는 승부욕, 그리고 셀러브리티에 대한 상상력을 넓힌 공로에 대해 찬사를 받을 자격이 있다. 그런 찬사는 공정하고 합당하다. 그러나 그가 엘리트 리더라는 생각은 틀렸을 뿐 아니라, 캡틴 제도 자체에 해를 끼쳤다. 팬들이 조던과 로이 킨을 존경하고, 그 행동을 즐기고 그것을 탁월한 리더십과 동일시하는 만큼 그들은 가짜 우상이다. 리더로서, 이들은 캡틴 클래스의 순혈 멤버가 아니었다. 팀 동료, 코치, 경영자들에게 그들이 캡틴을 맡은 기간은 크나큰 골칫거리였다.

스포츠 역사상 최고의 리더들은 현란하지 않았다. 늘 멋진 방송 소재가 된 것도 아니다. 그런데 지금 우리는 그런 것들을 기대하고 있다. 그래서 우리는 자꾸 그런 것들을 얻게 되었다. 많은 팀들이 그릇된 리더를 선택하는 주된 이유는 대중이 이처럼 왜곡된 그림에 맞추어 캡틴을 판단하는 탓이다.

다음 챕터에서는 이런 실수와 오해가 가져온 또 다른 결과를 살펴볼 것이다. 이제는 리더십은 구닥다리라는 인식이 나날이 퍼지고 있다.

제12장 요약

• 훌륭한 팀의 리더란 불같이 행동해야 한다는 것이 스포츠팬들의 일반적 의견이다. 이러한 논리적 편견은 최근 수십 년간 찾던 증거를 두 사람에게서 찾아낸다. 로이 킨과 마이클 조던이다. 두 캡틴 모두 리더십의 아이콘으로 간주된다. 그러나 면밀히 연구해보니 그렇지 않았다. 불같은 성격으로 유명한 두 사람의 특징은 그들을 우수한 리더로 만들어준 핵심 요인으로 간주되지만, 그것은 1등급 팀 캡틴들의 프로필과는 들어맞지 않

았다.

• 이처럼 결함 있는 캡틴들의 문제는 진보한 리더십의 모습을 왜곡한다는 것이다. 그들은 도달하기 불가능할 뿐 아니라 최상의 결과를 도출하지도 않는 기준을 설정해버렸다. 리더를 선출하는 책임자가 그릇된 특징을 가진 사람들을 승진시킬 위험이 도사리게 되었다. 그러나 그들이 캡틴 선택에 실패하면 캡틴 역할을 아예 없애버릴 방법을 모색할 공산 또한 커진다.

제13장

찬바람을 맞는 캡틴의 자리

리더십의 쇠퇴와 회복 방법

크리스티 램폰은 7년 동안 미국 여자축구대표팀의 캡틴을 맡아서 수비의 핵심으로서 끈기 있고 이타적인 활약을 펼쳤다. 두 번의 올림픽과 2015년 월드컵 우승을 차지함으로써 칼라 오버벡만큼이나 인상적인 기록을 달성했다. 당시 램폰은 마흔 살이었다. 차세대 캡틴을 맞이해야 할 순간이었다.

미국팀 코치 질 엘리스는 공동 캡틴을 지명했다. 월드컵에서 일약 스타가 된 미드필더 칼리 로이드, 그리고 팀에서 가장 견고한 수비수 베키 사우어브런이었다. 엘리스는 "그들은 시합에서나 훈련에서나 대단히 프로다운 선수들이며 캡틴 DNA를 타고났다"고 말했다.

2016년 1월 미국 축구협회가 이 소식을 트위터에 올리자, 갖가지 반응이 쏟아졌다. 대부분의 댓글이 신임 캡틴들에 대한 응원과 축하 메시지였다. 하지만 댓글 중에 다른 의견들이 눈에 띄었다.

"캡틴이라고? 고등학교야 뭐야?"

내가 이 책을 집필하기 시작할 즈음부터, 캡틴에 대한 스포츠계의 인식이 어두워졌다. 문제의 첫 번째 징후는 2007년에 나타났다. NFL에서 위원회를 소집하여 팀 리더십에 대한 리그 전반의 지침을 내렸다. 각 팀에서 지명한 캡틴은 유니폼에 'C'자를 다는 것이 허용되며, 모든 팀은 플레이오프 경기 전에 캡틴을 선택해야 한다고 위원회는 결정했다. 그러나 각 팀은 정규시즌 동안에는 캡틴을 지명하지 않아도 된다는 결정도 내렸다. 당연한 일이지만 5년 후, NFL의 뉴욕 제츠가 그 결정을 실천했다. 팀의 베테랑 라인맨인 매트 슬로우슨은 캡틴의 부재가 "팀원들이 주인의식을 가지고 나서게 하는 힘"이라고 말했다. 지난해 8승 8패였던 제츠의 시즌 성적은 6승 8패로 떨어졌다.

2년 후인 2014년 NBA의 보스턴 셀틱스는—그렇다, 바로 그 빌 러셀의 보스턴 셀틱스다—팀 캡틴을 다른 팀으로 트레이드했을 뿐 아니라 캡틴 직을 공석으로 남기기로 했다. 석 달 뒤 데릭 지터가 은퇴할 때, 뉴욕 양키스는 캡틴 자리마저 없애기로 했다. 양키스 단장 브라이언 캐시먼은 "우리에게는 강한 리더십과 좋은 자질을 갖춘 선수들이 많다"면서 "굳이 유니폼에 'C'자를 새길 필요는 없다"고 말했다.

2016년 즈음에 캡틴의 전통은 완전히 후퇴했다. 그해 가을 NHL 시즌이 시작할 무렵, 4개 팀이 캡틴을 선임하지 않았다. 그래야 한다는 명시적인 리그 규정은 없었다. 느닷없이 리더가 없어진 토론토 메이플리프스의 베테랑 센터 브룩스 레이치는 "요즘 경기는 핵심선수 집단이 리드합니다. 한 개인이 리드하는 게 아닙니다"라고 설명했다.

오랫동안 캡틴의 직을 중요한 전통으로 여겼던 영국에서도 이런 사고방식이 영향을 미치기 시작했다. 첼시는 2016년 시즌이 끝난 후 팀의 오랜 캡틴 존 테리와의 계약을 연장하지 않기로 했다. 〈더 가디언〉은 이것이 "존재 자체를 위협 받고 있는 모든 캡틴, 리더, 레전드 종족에 결정적 순간이 될 가능성이 있다"는 칼럼을 게재했다. 더 나아가 축구에서 캡틴의 가치는 "논쟁의 여지가 있다"고 주장했다.

이 기간 동안 나는 곤란한 상황 전개를 목격했다. 리더십 능력과는 전혀 무관하게 캡틴을 선임하는 팀이 많아진 것이다.

2011년 아스널이 프리미어리그 4위로 시즌을 마친 후, 캡틴 세스크 파브레가스는 바르셀로나로 이적하기로 결정했다. 아스널 감독 아르센 벵거는 이상한 결정을 내렸다. 당시 팀 내 최다 득점자였던 공격수 로빈 판 페르시는 다음 시즌까지만 계약한 상태였다. 벵거 감독은 판 페르시에게 이적 제의가 쏟아질 것을 알았고 그를 필사적으로 붙들고 싶었다. 어떻게든 판 페르시의 충성심을 북돋아야 한다고 생각했다. 그래서 그를 캡틴으로 임명한 것이다.

아스널은 판 페르시의 지휘 아래 성공하지 못했다. 리그 순위 3위에 그쳤고, 챔피언스리그 라운드 초반에 탈락했으며, 어떤 트로피도 들어 올리지 못했다. 캡틴 직을 선사받았음에도 판 페르시는 다음 시즌에 아스널을 떠났다. 심지어 라이벌 팀인 맨체스터 유나이티드로 이적했다.

이런 대실패에도 불구하고 캡틴 직에 대한 벵거의 기회주의적(누군가는 냉소적이라고 하겠지만) 관점은 여전했을 뿐 아니라, 예상 밖의 장소에서 불거지기 시작했다. 브라질이 2014년 월드컵 준결승에서 대패한 후, 대표팀의 신임 코치는 센터백 치아구 시우바의 캡틴 직을 박탈하고, 스물두 살 천재 골잡이 네이마르 다 시우바 산투스 주니오르를 캡틴으로 임명했다. 당시 그는 월드컵에서의 졸전으로 자신감이 떨어

져 있었다. 물배달꾼이 아닌 촉망 받는 신예 스타에게 캡틴을 맡긴 것
은 펠레가 그 역할을 사양한 시절부터 브라질이 체득한 모든 것을 위
배한 결정이다. 브라질의 캡틴이었던 카를루스 아우베르투 토히스는
"솔직히 그런 선택을 이해하지 못하겠다"고 말했다. "네이마르도 언젠
가는 캡틴이 될 준비가 될 수도 있겠지만, 지금은 아닙니다."

선수의 충성심을 높이거나 자신감을 북돋우려고 캡틴 직을 이용
하는 것도 문제다. 그러나 더 큰 문제는 많은 팀들이 훨씬 근본적인
실수를 저질렀다는 것이다. 캡틴 직을 시장가치가 가장 높은 선수에
게 당연히 주어지는 권리로 여긴 팀들이다.

뉴욕 메츠의 사례를 살펴보자. 2012년 스타 3루수 데이비드 라이
트와 1억 3천 8백만 달러 계약을 맺는 동시에 그를 캡틴으로 선임하
고 나서, 메츠는 그 이유를 분명히 밝혔다. 공동 구단주 제프 윌폰은
"그 결정은 계약을 맺는 순간 내려졌다고 봅니다"라고 말했다. "이런
돈과 자원을 라이트 같은 사람에게 투자할 때는 그에게 리더 자리를
맡겨야 합니다."

캡틴 직에 대한 가장 황당한 논리에 상을 준다면, 몰락한 NHL 왕
조 에드먼턴 오일러스에게 주어야 한다. 오일러스는 2016년 코너 맥데
이비스라는 센터를 캡틴으로 임명했다. 맥데이비스가 재능이 없다거
나 훌륭한 리더로 발전할 가능성이 없다는 말이 아니다. 충격적인 것
은 맥데이비스의 나이다. 캡틴 역할을 수락한 당일까지 그가 살아온
날은 19년 266일이었다. 그는 NHL 역사상 가장 어린 팀 리더가 되었
다.

아스널, 브라질 대표팀, 메츠, 오일러스를 비롯한 많은 팀에게 캡
틴 직은 자존심을 달래줄 슈퍼스타, 가장 돈이 많이 드는 선수, 팀 구

축의 중심이 될 유망한 10대 소년에게 선사하는 자리로 전락했다. 어떤 선수가 리더로 가장 적합한지 묻지 않게 된 것이다.

이 같은 철학의 급격한 변화는 전세계의 방송, 케이블 및 위성TV 업체들이 스포츠 중계권에 막대한 금액을 입찰하기 시작한 시기와 일치한다. 그로 인해 발생한 수입으로 팀과 리그, 국제스포츠연맹은 상상 이상으로 부유해졌다. 2016년 스포츠업계는 90억 달러를 벌어들였는데, 이는 국제 암 치료 시장을 넘어선 규모이다.

쏟아져 들어오는 현금 액수가 워낙 많은 나머지, 스포츠 비즈니스의 근본적 동기까지 바뀌었다. 조직적 팀 스포츠의 초창기에 재정적 성공을 이루는 가장 확실한 방법은 승리였다. 새로운 경제 환경에서 주요 목표는 소속팀 경기의 시청률을 높이는 것이다.

이러한 신질서의 주요 수혜자는 스포츠에서 가장 희귀한 상품이었다. 시청자의 주목을 끌어 돈을 벌어다주는 슈퍼스타 선수와 코치 말이다. 2016년 NFL 코치의 평균 연봉은 500만 달러에 육박할 정도로 급등했고, 몸값이 가장 높은 선수의 연봉은 3천만 달러가 넘었다. 각각 1990년대에 비해 5배 오른 액수이다. 잉글랜드 프리미어리그에서는 규모가 더 커졌다. 2016년 맨체스터시티가 펩 과르디올라 감독에게 지불한 것으로 알려진 연봉 1600만 달러는 2000년 맨체스터 유나이티드가 알렉스 퍼거슨 감독에게 지불한 금액의 9배다. 같은 기간 프리미어리그에서 가장 몸값이 높은 선수들은 연봉이 6배가 올랐다.

더 부유해지고 인기가 높아지고 방송에서 존재감이 커질수록 셀러브리티 코치와 선수들은 권력을 과시하기 시작했다. 많은 팀에서 두 개의 권력 중심이 통제권을 두고 다투었다. 팀의 경기 방식뿐 아니라 선수 영입 같은 기본적인 결정까지, 스타 선수와 유명 코치 간의 줄다리기 시합이 되어버렸다. 이처럼 새로운 패러다임 아래, 구식 팀 체계는 사라졌다.

내가 연구한 1등급 팀들의 전형적 위계질서에 따르면 상단에 코치, 하단에 선수, 그 사이에 독립적 중재자 역할을 하는 물배달꾼 스타일 캡틴이 있다. 권력과 인기가 함께 어우러진 이 새로운 질서에서 중간 관리자의 입지는 좁아졌다.

기업계에도 이런 추세를 받아들인 곳들이 있다. 인재 의존적인 업계에서 성공한 많은 기업들이 새로운 기풍을 수용하여 위계질서를 유연하게 하고, 사무실 내부 배치를 변경하여 경영진과 직원들을 분리했던 벽을 허물었다.

실리콘밸리의 테크놀로지 업체들 사이에서 인기를 끌고 있는 한 가지 학설대로라면, 조직은 관리 계층이 얇거나 아예 존재하지 않는 '수평적' 구조를 채택해야 한다. 이 이론에 따르면, 스타 직원들은 더 생산적이며, 자율성과 의사결정 참여권이 주어질 때 근속할 가능성이 높아진다. 몇몇 스타트업은 직함을 완전히 없애고, 종업원들을 리더가 없는 '자율경영팀'으로 조직화하여 최고경영진에게 직접 보고하게 한다.

수평 구조를 지지하는 사람들은 이 구조가 피라미드 상단의 사람들과 현장 업무를 하는 사람들 사이의 피드백 순환 속도를 올려주며, 더 빠르고 더 '민첩한' 문화로 지속적인 개선을 가능하게 한다고 말한다. 이것이 사실이든 아니든, 이러한 수평 구조 덕분에 최고경영진과 스타 직원들이 중간관리자를 통할 필요 없이 직접 소통할 수 있는 길이 열린 것만은 분명하다.

이 모든 상황을 보고 있자니, 나는 내가 쓰고 있는 책이 사실은 일종의 추도사가 되는 건 아닌지 의심이 들 정도이다. 나는 팀의 중간 계층에서 팀 본위의 따분한 임무를 묵묵히 수행하는 막일꾼 같은 캡틴이 결정적인 가치가 있다는 주장을 열나게 펼치고 있었다. 그러나 세계에서 가장 부유한 스포츠 조직들 대부분이, 심지어 가장 진취적인 기업들 일부까지 그 반대 방향으로 내달리는 것 같다.

내가 리더십에 관해 알게 된 것과 세상에서 벌어지는 상황과의 간극 때문에, 나는 애초에 고려했던 어떤 질문을 돌이켜보게 되었다. 여태껏 우리는 팀 리더십 연구에 엄청난 에너지를 쏟아 부었는데도 왜 아직도 그걸 파악하지 못했을까? 왜 우리는 여전히 그 공식을 어설프게 고쳐 쓰고 있는 걸까?

선진적인 리더십에 대한 복합 모델 구축을 시도한 최초의 학자들 가운데 역사가 제임스 맥그리거 번스가 있다. 《리더십》(1978)에서 번스는 모세, 마키아벨리, 나폴레옹, 마오쩌둥, 마하트마 간디, 마틴 루터 킹 주니어 같은 위인들의 스토리를 이용하여 그들을 연결하는 것이 무엇인지 알아냈다.

번스는 두 가지 유형의 리더십이 있다고 결론 내렸다. 그 하나는 '변혁적' 리더십이고, 또 하나는 '거래적' 리더십이다. 책임자가 가장 중요하게 생각하는 것이 추종자들이 명령을 따르고 조직의 위계적 질서를 엄격하게 지키는 것일 때는 거래적 리더십이 발생한다. 더 높은 이상에 호소하지 않고 일련의 명령을 받고 그대로 수행하는 것이다. 이보다 바람직한 모델은 변혁적 리더십이다. 리더가 추종자들의 가치, 신념, 필요에 중점을 두고, 카리스마있게 그들에게 개입하여 더 높은 수준의 동기와 도덕성, 성취에 도달할 수 있게끔 의욕을 북돋울 때 그것을 변혁적 리더십이라 할 수 있다. 번스의 책에 따르면, 변혁적 리더십의 비결은 "사람들이 더 나은 존재로 고양될 수 있도록 하는" 것이다.

《리더십》이 리더십의 경전이 된 이래, 경영 전문가들은 변혁적 리더십을 포용하고 그 정의를 확장하여 더 많은 속성들을 포함시켰다. 이 경전에 따르면, 위대한 리더는 복잡한 상황을 헤쳐 나가는 재능을 보여준다. 선택의 자유를 고취하고, 자신의 말을 실천한다. 이성에 호소하고, 코칭과 멘토십을 통해 추종자들을 육성한다. 타인에게 진정한 관심을 보임으로써 협력과 조화를 고취한다. 그리고 '진실하고 일관성 있는 수단'을 사용하여 자신이 바라보는 지점으로 사람들을 결집시킨다.

1등급 캡틴들은 이러한 자질들 중 많은 것을 보여주었다. 양심적이었고 원칙을 지켰으며 고무적이었다. 그리고 팀 동료들과 교감하면서 그들의 성취를 끌어올렸다. 하지만 그들이 팀을 이끈 방식에는 리더에 대한 번스의 정의와 맞아떨어지지 않는 것들이 있다. 이 리더들은 대개 재능과 카리스마가 부족했다. 앞에 나서서 연설하기를 꺼렸고, 스포트라이트를 피했으며, 보이지 않는 곳에서 어렵고도 드러나지 않는 임무를 수행했다. 더욱이 늘 견실하게 미덕의 모범을 보인 것도 아니다.

사실대로 말하자면, 변혁적 리더십은 상상할 수 있는 온갖 긍정적 특성만을 쑤셔 넣은 추첨함 같다. 그것은 리더십에 대한 이상적 시각을 제시하지만, 바라는 만큼 실제로 이루기가 어렵다. 어쩌면 그게 전부인지도 모르겠다. 모세, 간디, 나폴레옹과 똑같은 부류의 리더들은 매우 드물게 등장하므로, 합리적인 사람이라면 그런 리더를 만나기를 기대하지 말아야 한다. 우리가 할 수 있는 최선은 우리가 선택한 '열등한' 리더들을 이해하려고 노력하고, 그들이 점진적인 개선을 해낼 수 있도록 돕는 것이다.

기준을 불가능한 높이까지 올려버리면 리더십이라는 콘셉트 자체가 훼손될 위험성이 있다. 이윽고 사람들은 유니콘이 건물로 들어오는 것을 기다리다 지쳐, 유니콘을 아예 필요로 하지 않는 새로운 방식을 찾아 나서게 된다.

1등급 캡틴들은 대체로 자신이 타고난 리더라는 생각을 드러내지 않았다. 모든 사람들이 금세 알아볼 만큼 대단한 재능을 가진 것도 아니었다. 리딩 방식 말고는 서로 공통점이 별로 없었다. 다른 시기에 다른 나라에 살았으며, 공통된 성별, 언어, 문화, 종교, 피부색을 공유하지도 않았다. 크고 아름다웠을 수도 있고 작고 못 생겼을 수도 있으며, 기량이 대단히 탁월하거나 그렇지 않기도 했다. 그들의 위대함이 유전적으로 예정된, 10억 명 중 한 명 나오는 타고난 리더였다는 증거가 전혀 없다.

우리가 엘리트 팀 리더십의 공식에 합의하지 못하는 진짜 이유는 우리가 일을 너무 복잡하게 만든 탓이라는 의구심이 들기 시작했다. 우리는 지평선 너머에서 백마 탄 '변혁적' 기사를 등장하기를 기다리는 데 골몰한 나머지, 훨씬 그럴듯한 진실을 무시했다. 바로 우리들 한가운데에 잠재적인 변혁적 리더가 수백, 수천 명 있다는 사실 말이다. 우리가 그들을 알아볼 능력이 없었을 따름이다.

1982년, 이스라엘의 퇴역 육군 대령 레우벤 갈은 1973년 제4차 중동전쟁 기간 동안 무공훈장을 받은 이스라엘 군인 283명의 인사기록을 검토할 기회를 얻게 되었다. 갈은 그들이 어떤 자질들을 공유했는지 알아보려 했다.

갈은 훈장을 받은 군인들이 대조군에 속한 구성원들보다 신체적성, 지능, 의욕, 헌신성, 과단성, 압박 하에서의 인내심 등에서 더 높은 점수를 받았다는 데 주목했다. 놀랍게도 장교의 비율이 높았는데 (64%), 이는 한 사람의 리더십 자질, 그리고 위험한 상황에서 용맹하고 이타적인 행동을 하려는 동기, 이 둘 사이에 연결고리가 있을 수 있음을 시사했다.

그러나 갈이 훈장 수상자들에 대해 알아낸 가장 놀라운 사실은 따로 있었다. 그들은 공통으로 갖지 않은 것들이 대단히 많았다. 일부는 늙었고, 일부는 젊었다. 일부는 직업 군인이었고, 일부는 예비군이었다. 많은 사람들이 장교였지만 일부는 부사관급 이하였다. 심리 검사에 따르면 그들의 성격은 넓게 분포되어 있었다. "이스라엘 방위군의 영웅들은 특이하거나 일탈적인 집단을 형성하지 않았다. 그들은 분명히 '슈퍼맨' 집단이 아니다. 그들은 영웅으로 태어나는 것이 아니라, 영웅이 되는 것이다."

갈과 연구 파트너들에게 이런 결과는 놀라웠지만, 고무적이기도 했다. 영웅성이 유전자로 코드화 되어 있지 않다는 건 분명했지만, 리더십과는 밀접한 상관관계가 있는 것으로 보였다. 갈 연구진은 더 훌륭한 리더들을 육성한다면 육군을 영웅적인 행동을 더 많이 하는 방향으로 구축할 수 있다고 판단했다.

연구진은 수십 명의 군인들과 면담한 후, 그들의 발견을 설명하는 간단한 방정식을 세웠다.

캡틴 클래스

Leadership = P × M × D.

첫 번째 변수 P는 잠재력^{potential}이며, 천부적인 리더십 능력이라고 한다. 갈에 따르면, 이는 가르칠 수 없는 천성적 재능으로, 유치원 때부터 한 사람의 행동에 분명히 나타나기 시작한다. 그러나 극도로 희귀한 능력은 아니며, 많은 육군 구성원들이 이런 기량을 갖추었을지 모른다.

그렇지만 리더가 되려면 잠재력을 가진 사람은 다음 매개변수인 M도 보유해야 했다. 갈은 "성공적 리더가 되는 전제조건은 동기부여^{motivation}"라고 말했다. 위의 두 변수는 마치 쌍둥이 같았다. 리더의 잠재력을 갖춘 사람들은 대체로 그 역할을 성취할 동기를 갖고 있었다. 그러나 갈의 방정식에서 내 눈길을 사로잡은 것은 세 번째 변수 D였다. 발전^{development}의 약자이다.

여기에는 생물학이 아무런 역할도 하지 않는다고 갈은 생각했다. 리더 후보자들은 얼마나 재능이 뛰어난지와 무관하게, 리더십의 요령을 터득하고 스스로 합당한 자질을 갖추었음을 증명하기 위해 노력해야 했다. "리더 자격은 시간을 들여 스스로 획득해야 한다. 이는 자신의 카리스마를 올바르게 사용하여 긍정적인 집단 중심의 방향으로 흘러가게 함으로써 가능한 일이다." 리더는 소속 집단의 인식을 필터링하는 '프리즘'이 되고, 집단의 공포심을 드러내 불안감을 조성하기보다는 사기를 진작하는 쪽으로 부하들의 감정을 조종할 방법을 익혀야만 한다. 갈은 이렇게 말했다. "세 사람을 똑같은 상황에 갖다놓는다고 치죠. 그중 한 명은 그걸 절망적인 상황으로 볼 겁니다. 또 한 명은 압박은 심하지만 도전해 볼 만한 상황으로 볼 겁니다. 그러나 세 번째 사람은 흥분되는 매력적인 기회로 볼 겁니다." 같은 그런 상황을 긍정적인 프레임으로 바라볼 줄 아는 능력은 리더의 성격이 반영된 것이기도 하지만, 경험의 작용이기도 하다고 생각했다.

스포츠 캡틴들의 프로필과 전쟁 영웅의 프로필을 비교하는 것이 진부하다고 여길 수도 있다. 대부분의 사람들에게 치명상을 입을 수 있다는 위기감은 배구 경기에서 질 수 있다는 불안감보다 더 강한 반응을 일으킬 것이다. 그렇지만 발전에 대한 갈의 시각은 1등급 캡틴들의 이야기들과 크게 벗어나지 않는 것 같다.

우리는 이 책의 제2부에서, 요기 베라가 더 나은 포수가 되기 위해 몰두하고, 그 과정에서 피칭스태프를 다루고 리드하는 방법을 익힌 것을 보았다. 모리스 리샤르가 성미를 누그러뜨리기 위해 일종의 킬 스위치를 발전시킨 것도 보았다. 칼라 오버벡이 짐을 옮겨주어 동료들의 존경심을 빚어낸 것도, 발레리 바실리예프가 팀 코치에게 항명함으로써 동료들의 충성심을 얻어낸 된 것도, 팀 던컨이 동료들 사이를 돌아다니며 실질적 의사소통을 끊임없이 유지한 것도, 벅 셸퍼드와 잭 램버트가 열정을 전달하기 위해 비언어적 표현을 사용한 것도 살펴보았다.

이 캡틴들은 그런 행동을 직관적으로 행했겠지만, 그 어떤 것도 기술이 필요한 것은 아니었다. 관건은 태도와 실천이었다.

더 중요한 것은 1등급 캡틴의 경우, 팀에 들어오자마자 리더 역할을 맡은 게 아니라는 사실이다. 모든 경우에 꽤 시간이 흘러야 했다. 그들에게는 보고 듣고 검증 받을 기회가 주어졌다. 달리 말해서, 그들은 발전했다.

그렇다고 해서 엘리트 캡틴이 되는 일이 쉽다거나 캡틴 직이 모든

캡틴 클래스

이들이 얻을 수 있는 자리라는 말은 아니다. 제2부에서 살펴보았듯이, 이 엘리트 캡틴들은 우리들 대부분이 고려조차 하지 않을 일을 경쟁에서 해냈다. 이 캡틴들의 리더십 행동은 누구든 익혀서 해낼 수 있는 것이며, 탁월한 팀 리더가 될 수 있는 사람들도 생각보다 많다고 보는 것이 타당하다고 본다. 빈스 롬바르디는 유명한 말을 남겼다. "리더는 만들어지는 것이지, 태어나는 것이 아니다. 그들은 고된 노력을 통해 만들어지며, 그것은 가치 있는 목표를 달성하려면 누구든 치러야 할 대가이다."

이 지점까지, 이 책은 주로 캡틴이 팀을 이끄는 방식에 초점을 맞추었다. 당연히 팀에는 다른 중요한 구성원들이 있다. 경영진, 관리자, 코치들이 팀을 조합하는 임무를 맡고 있다.

우리들 대부분은 팀 역학을 생각할 때 광활한 우주를 상상하듯 한다. 미지의 신비로운 것처럼 여기는 것이다. 우리는 팀을 지능적으로 설계할 수 있다. 약점이 안 보일 때까지 모든 조각을 세심하게 조립하는 것이다. 그러나 결국 사무실이나 현장에서 벌어지는 일들은 우리의 통제를 벗어난다. 팀은 성공할 수도 있고 실패할 수도 있다.

16개 1등급 팀이 우리에게 처음 알려주는 것은 리더십의 중요성이다. 특정 유형의 캡틴을 보유하는 것이 덤이라는 뜻이 아니다. 캡틴이야말로 유일한 공통분모이다. 내가 작가로서 떠올릴 수 있는 최고의 비유는 캡틴은 한 문장의 동사와 같다는 것이다. 동사는 명사만큼 기억에 쉽게 남거나, 형용사처럼 강한 연상 작용을 일으키거나, 구두점처럼 표현력이 좋지 않을지도 모른다. 그러나 일꾼 노릇을 하는 것은 동사이다. 이질적인 부분을 통합하고 추진력을 만들어낸다. 훌륭한 문장이라는 닫힌 단위 내에서 동사는 유일한 필수 요소이다.

현실적으로는 많은 팀들이 이런 아이디어를 싫어한다. 캡틴은 주름바지나 롤러블레이드나 글루텐처럼 유행에 뒤떨어졌다. 스포츠팀을 구축하는 이들은 인재와 시장가치를 리더십과 혼동하기 시작했다. 팀 리더가 굳건한 중간관리 계층에 존재하는 위계질서를 없애버렸다. 기존 통념에 저항하는 리더, 또는 선수들의 몸값은 괘념치 않고 팀 내부에 마찰을 일으키는 성향을 보이는 리더를 뽑기를 두려워한다. 스포츠를 비롯한 여러 분야의 팀 경영진에게 내가 줄 수 있는 가장 간단한 조언은 이런 일을 당장 그만두라는 것이다.

물론 더 큰 문제는 마땅한 리더를 어떻게 뽑느냐 하는 것이다. 스포츠에서는 제2부에서 개괄한 일곱 가지 자질이 훌륭한 가이드가 될 것이다. 스포츠 외의 분야는 경쟁의 매개변수들이 다르고 팀들이 소프트웨어 구축부터 승용차 판매까지 워낙 다양한 일들을 할 테니 처방이 그다지 명백하지는 않다.

하버드대학의 조직심리학 교수였던 리처드 해크먼이 정리한 내용이 내가 발견한 최선의—1등급 캡틴들에 대한 나의 관찰 결과와 가장 부합하는—지침이었다. 그는 수십 년간 여러 종류의 팀들과 함께 작업하며 그들을 관찰했다. 그 팀들의 목표는 비행기 착륙과 고전음악 연주처럼 서로 달랐지만, 해크먼은 그 팀들이 작업을 준비하고 수행하는 과정이 결과에 미친 영향을 비교하는 데 주력했다. 해크먼은 이를 통해 효과적인 팀 관리의 성격, 즉 "탁월한 팀 리더와 그렇지 않은 팀 리더를 구별하는 개인적 특성들"에 관한 이론의 개요를 짰다. 해크먼의 이론은 네 가지 원칙으로 구성된다.

1. 성공적인 리더는 중요한 것들을 알고 있다.

최고의 팀 리더들은 팀원들이 좋은 성과를 내는 데 필요한 팀 내부의 조건을 확실히 이해하는 것으로 보였다. 즉 그들은 바람직한 상태에 대한 비전을 발전시켰다.

2. 성공적인 리더는 중요한 것들을 어떻게 하는지 알고 있다.

해크먼의 관찰에 따르면 '퍼포먼스' 상황에서, 가장 노련한 리더들은 언제나 정확한 음표대로 연주했다. 팀이 어떤 상황에 처했든 그 상황에서 가장 중요한 '테마'를 이해했으며, 팀의 현재 상태와 성공하기 위해 도달해야 할 상태의 간극을 좁히는 방법을 알고 있었다.

3. 성공적인 리더는 정서적으로 성숙해야 한다.

해크먼은 팀을 이끄는 것이 "정서적으로 도전적인 과업"일 수 있음을 이해했다. 훌륭한 캡틴은 자신의 걱정거리에 대처하는 동시에 다른 이들의 감정에도 적절히 대응해야 한다. 가장 성숙한 리더들은 그 걱정거리를 회피하거나 미봉책으로 가리지 않았다. 오히려 걱정거리를 직시하고 그것에 대해 알아냈으며, 그 과정에서 그것을 진정시킬 적절한 방법을 찾아냈다.

4. 성공적인 리더에게는 일정 정도의 용기가 필요하다.

해크먼은 리더의 기본 임무는 집단을 기존의 시스템에서 벗어나 더 훌륭하고 성공적인 시스템으로 옮겨놓는 것이라고 믿었다. 즉 리더의 임무는 팀이 위대함을 지향하도록 돕는 것이다. 이를 위해 리더는 당연히 "집단적 합의의 중심에 있기보다는 구성원들이 지금 좋아하고 바라는 것들의 가장자리에서 움직여야 한다"는 것이다. 팀을 전진시키기 위해 리더는 팀의 루틴을 파괴하고 새로운 일에 도전해야 한다. 이 같은 일은 저항을, 심지어 분노를 야기하므로 리더들은 홀로 설 수 있는 용기를 가져야 한다. 설령 개인적으로 상당한 대가를 치르게 되더라도 말이다.

해크먼의 네 가지 원칙에 있어, 그 스스로 표현한 대로 '이상한' 것은 이 규칙에 포함되지 않은 것들이었다. 여기에는 한 개인의 성격도, 가치도, 카리스마도 포함되지 않는다. 그 어떤 재능에 대한 언급도 없다. 팀을 성공적으로 이끄는 것은 기술과 개인적 매력의 문제가 아니었다. 리더가 일상적으로 하는 일들과 단단히 엮인 문제였다. 해크먼에게 있어 탁월한 리더들의 주요 자질은 그들이 어떤 사람이냐가 아니라 그들이 매일 어떤 일을 하느냐였다.

이 아이디어의 문제는 훌륭한 리더를 식별하는 게 상당히 어렵다는 점이다. 몇 시간을 들여 누군가와 인터뷰를 한다 해도 막상 그 사람이 일을 시작할 때까지는 그가 어떤 능력을 가졌는지 전혀 알 수 없다.

리더를 선택하는 데 있어서 두 번째 난제는 어떤 유형의 사람들을 피해야 할지를 알아야 하는 것이다.

스탠퍼드대학 비즈니스스쿨의 사회심리학 교수 데보라 그륀펠트는 기업 내에서 개인이 차지하는 역할을 연구하는 데 학술경력 대부분을 쏟아 부었다. 권력 심리학에 있어 세계 최고의 전문가이기도 하다.

그륀펠트에 따르면, 개인의 업적만으로는 그가 권력을 획득하기에 충분하지 않다. 우리들 대부분은 이력서만 보아서는 리더로 뽑기에 적절한 감성적 요소와 그 밖의 장점들을 알 수 없다고 생각한다. 그 탓에 많은 사람들이 그릇된 생각을 품게 된다. 설령 스스로 자격이 없을지라도 사람들에게 '속임수를 쓰면' 조직 내에서 높은 지위를 차지할 수 있다고 믿어버린다. "성공할 때까지 성공한 척하라"fake it till you make it라는 옛말의 부산물인 셈이다.

그뢴펠트는 "연구 결과에 따르면 그 반대가 사실"이라고 말한다. 실제로는 본인의 자격을 낮춰 보는 사람들이 권력을 획득하고 유지하는 경우가 많다. "우리는 자신이 실제로 갖춘 것보다 다소 자격이 없는 것처럼 행동함으로써 더 준비된 상태로, 한결 안정적으로 입지를 얻게 된다."

1등급 캡틴들은 나서는 사람들이 아니었다. 연설을 하지 않았고, 주목이나 칭송을 바라지 않았으며, 권력의 감투를 쓰는 것을 불편하게 여겼다. 그들 대부분이 부차적인 역할을 수행하고 동료들을 위해 허드렛일을 했다. 달리 말하자면 그들은 그뢴펠트가 설명한 방식 그대로 행동했다. 그들은 그럴 자격이 없다는 것을 있는 힘껏 보여줌으로써 그 입지를 얻었다.

2016년, 브렛 스티븐스는 〈월스트리트 저널〉 독자투고란을 통해 자신의 열한 살 아들과 나눈 대화를 묘사했다. 대화 주제는 명성과 영웅성의 차이였다. 아들의 견해는 유명한 사람들은 사람들이 바라보는 자신의 모습에 좌우된다는 것이었다. 영웅들이 신경 쓰는 것은 그들이 모든 것을 올바르게 하고 있느냐이다.

스티븐스는 더 나아가 현재 벌어지고 있는 현상을 묘사했다. 온갖 종류의 기성 매체와 소셜미디어의 부추김을 받아, 사람들이 자기 재능을 자랑하고 (실제로는 아닐지라도) 훌륭한 체하는 데 상당한 에너지를 쏟아 붓고 있다고 했다. 그는 이를 '가식 문화'라고 일컬었다.

나는 이 글을 읽고, 이것이 바로 캡틴에 관한 우리의 견해와 공통된 사고방식이라고 생각했다. 힘 있는 자리를 요구하는 사람들이 자기 능력을 과장하는 경우는 너무 흔하다. 그런 결정을 내리는 이들도 그 사람들이 가진 성격의 위세에 휘둘리는 경우도 흔하다.

사실 리더 자리는 끊임없이 부담을 지게 된다. 자기만족적인 영광을 위해 해야 할 일도 아니며, 카리스마가 넘치거나 재능이 탁월하다는 이유로 맡아야 할 일도 아니다. 팀을 위해 남들의 인정과 자기만족과 행복을 제쳐둘 겸손과 용기를 가졌기에 하는 일이다. 그것도 특정한 순간이 아니라 매일, 매순간 해야 하는 일이다.

이 같은 본능은 남들을 행복하게 해주고 싶은 욕구와 혼동하지 말아야 한다. 과학자들에 따르면, 팀의 자체 업무와 리더의 능률에 대해 그 팀이 어떻게 인식하는지와 실제 성과는 전혀 무관한 경우가 많다. 훌륭한 리더는 성공을 위해서라면, 인기가 없거나 논란의 소지가 있거나 터무니없거나 사람들 눈에 전혀 띄지 않는 일에도 혼신을 다한다. 리더는 무엇보다도 그 일을 올바로 수행하는 데 전념해야 한다.

기원전 600년경, 중국의 철학자 노자는 이 문제를 심사숙고했던 것 같다. 새로운 지도자들이 등장하고 오랜 봉건제가 무너지면서 중국 전역에서 정치적 독립의 기운이 커지던 시대였다. 내전과 유혈의 시대이기도 했다. 그 격변의 한가운데서 노자는 리더십에 대한 성찰을 남겼다. 이 책을 끝맺기에 좋은 글귀라 생각되어 인용한다.

太上下知有之, 其次親而譽之, 其次畏之, 其次侮之. 信不足焉, 有不信焉. 悠兮其貴言, 功成事遂, 百姓皆謂我自然.

"가장 훌륭한 지도자는 그 존재만 알려진 지도자이며, 사람들이 다정함을 느끼고 칭송하는 지도자가 그 다음이다. 사람들이 두려워 하는 지배자는 그 아래요, 사람들이 업신여기는 지도자가 가장 좋지 못하다. 지도자의 언행에 신의가 부족하면 사람들의 불신이 따르기 마련이다. 훌륭한 지도자는 말을 삼가고 아끼며 함부로 하지 않는다. 사욕을 부리지 않고 정진하며 흔적을 남기지 않고 일한다."

제13장 요약

- 스포츠계에서 캡틴은 한물간 유행이 되었다. 어떤 팀들은 캡틴 직을 충성심 구축을 위한 도구로 사용한다. 그저 연봉이 가장 높은 선수에게 캡틴을 맡기기도 한다. 캡틴 역할을 아예 없앤 팀들도 있다. 이런 추세는 일부 기업들이 중간 관리자를 없애고 최고 경영진을 스타에 가깝게 끌어올리는, 비즈니스계에 자리 잡은 아이디어를 반영한 것이다. 이러한 생각은 변화하는 사고방식과 경제 상황에 대한 실제적인 반응이지만, 엘리트 팀을 만드는 데 도움이 된다는 증거는 전혀 없다.

- 리더십 연구자들은 모든 리더들이 갈망하는 긍정적 특성들을 잘 파악했지만, 지나치게 높은 기준을 설정해놓았다. 이 책에 소개한 캡틴들이 그 기준에 항상 부합한 것은 아니다. 그들은 풍부한 재능이나 카리스마가 없었다. 그들은 대부분 행동이나 경험을 통해 팀을 완조에 등극시켰다. 그들이 발전시킨 기량과 일하는 과정에서 얻은 선택을 통해서였다. 위대한 리더는 화려할 필요가 없다. 어떤 것이 성공적인 노력이며, 성공하기 위한

계획이 무엇인지 알기만 하면 된다. 사람들에게 자신이 얼마나 위대한지 상기시킬 필요가 없다. 무엇보다도, 자신이 리더 자격이 있다고 생각하지 않는다는 인상을 주어야 한다.

에필로그

2004년 보스턴

공인 야구공은 오렌지만 한 크기의 단단한 물체다. 무게는 최저 5온스(141.7그램)로, 당구공이나 D형 건전지와 비슷하다. 이런 물체를 고속으로 던져 몸에 맞히는 것은 상대를 도발하는 행위다.

때아니게 싸늘했던 2004년 7월 24일 오후, 보스턴 레드삭스 투수 브론슨 아로요가 뉴욕 양키스 타자 알렉스 로드리게스를 직접 겨냥하여 시속 140km 슬라이더를 던졌다. 140그램짜리 미사일이 로드리게스의 팔꿈치를 폭격했지만, 다행히도 보호대 위에 맞았다. 로드리게스는 몸이 상하지는 않았다. 그러나 자존심이 상했다.

마운드에는 삐쩍 마른 아로요(193cm/86kg)가 긴 머리를 휘날리고 있었다. 로드리게스는 진루를 멈추고 아로요를 노려보며 소리쳤다. "공은 플레이트 위로 던지는 거야!" 그러고는 더 노기등등하게 외쳤다. "빌어먹을 플레이트 위로 던지라고!"

로드리게스만 그렇게 생각한 게 아니었다. 거의 모든 보스턴 펜웨이파크 관중이 3이닝 만에 3점을 내준 아로요가 그를 고의로 맞혔다고 의심했다. 로드리게스는 전날 밤 경기에서 결승 안타를 쳤고, 그날 오후에도 득점을 했기 때문이다. 레드삭스는 지구 순위가 9.5게임 차이로 양키스에게 뒤지고 있었고, 그날도 양키스에게 3점을 뒤지고 있었다. 뉴욕 최고의 타자에게 겁을 주지 않고는 질 수밖에 없다고 생각했을지도 모른다.

더 근원적인 동기가 있었을 수도 있다.

1903년 창단 이래 양키스는 월드시리즈 39회 진출과 26회 우승이라는 업적을 쌓아 세계에서 가장 성공적인 스포츠팀 중 하나가 되었다. 반면 1918년 이래 우승 가뭄에 시달리던 레드삭스는 치열한 경쟁상대 양키스에게 수십 번 굴욕을 당했다. 나는 1년 전 아메리칸리그 챔피언십 시리즈 최종 7차전을 기자석에서 관람했다. 당시 양키스 내야수 애런 분은 시즌 홈런이 고작 여섯 개일 정도로 슬럼프를 겪고 있었다. 하지만 11이닝에 타석에 들어선 그는 좌측 깊숙이 홈런을 날려 보스턴을 집으로 돌려보냈다.

로드리게스가 표적이 된 것은 단지 그가 양키스 선수여서가 아니었다. 2004년 시즌 전 로드리게스는 보스턴으로 이적하는 데 동의함으로써 보스턴의 챔피언십 획득 가능성을 한껏 높였다. 보스턴의 선수와 팬들이 이미 진심을 담아 환영 인사를 한 터였다. 그러나 양키스가 그를 낚아채갔다. 레드삭스는 또 한 번 굴욕을 당했다. 로드리게스는 줄곧 양키스의 핀스트라이프 유니폼을 입고 싶어 했었다. 하룻밤 사이에 그는 레드삭스의 공공의 적 제1호가 되었다.

로드리게스가 아로요를 노려보자 레드삭스의 포수 제이슨 배리텍이 개입했다. 포수의 임무 중 하나가 화가 난, 게다가 배트를 든 타자로부터 자기 팀 투수를 보호하는 것이다. 배리텍은 자기보다 훨씬 큰 로드리게스에게 곧장 걸어가 메시지를 전달했다. 배리텍은 "고르고 고른 표현으로, 그에게 1루로 가라고 했다"고 말했다.

로드리게스는 눈을 가늘게 뜨고 몇 걸음 다가가며 소리를 질렀다. "뒈져 버려!"*Fuck you!* 평소 침착한 로드리게스로서는 보기 드문 행동이었다. 배리텍이 버티고 서 있자, 로드리게스는 그에게 손가락질을 했다. "덤벼!"*Come on!*

이런 상황의 98%는 타자가 진정되면서 마무리된다. 주심이 투수와 코치에게 가서 경고를 할 수도 있지만, 대개 그뿐이다.

이번 경우는 나머지 2%에 해당된다.

배리텍은 미트를 낀 채 양팔로 로드리게스의 얼굴에 일격을 가했다. 배리텍의 펀치는 앞으로 다가오던 로드리게스의 고개가 뒤로 꺾이고 두 발이 땅에서 떨어질 정도로 강력했다. 양 팀 선수들이 뛰쳐나왔고, 로드리게스는 배리텍에게 헤드록을 걸었다. 홈플레이트로 몰려든 선수들은 난투극을 벌였다. 한 양키스 투수는 얼굴에서 피를 흘리며 경기장을 떠나야 했다.

2004년 보스턴 레드삭스는 1등급 팀은 아니지만 내게는 특별했다. 어수룩한 어중이떠중이였던 팀이 어엿한 강팀으로 변모한 과정이 이 책을 쓴 계기였기 때문이다. 그래서 나는 연구를 끝내고 나서—그냥 호기심 때문에—레드삭스의 변신을 촉발한 사건이 있는지 확인해 보았다. 조사는 오래 걸리지 않았다. 바로 7월 24일 오후였다.

난투극이 끝난 뒤부터 구장의 에너지가 완전히 달라졌다. 보스턴의 팬들은 활기를 찾았고, 레드삭스 선수들은 사기가 오른 것 같았다. 보스턴 투수 커트 실링은 "우리들은 아드레날린이 넘쳐 났다"고 말했다.

그 시점까지 보스턴이 이길 확률은 25%에 불과했다. 그러나 9회 말 레드삭스는 양키스를 1점 차로 따라붙었다. 1아웃 주자 1루 상황, 보스턴 3루수 빌 뮐러가 양키스의 레전드 마무리 마리아노 리베라를 상대로 결승 2점 홈런을 날렸다. 구장이 들썩거렸다. 레드삭스 선수들이 승리를 만끽할 때 관중석에서는 "양키스 꺼져!"Yankees suck!라는 구호가 우레처럼 울려 퍼졌다.

향후 그 사건은 '더 펀치'The Punch로 불리게 된다. 그 후로, 보스턴 클럽하우스에는 예전의 어수선하고 규율 없는 분위기가 사라졌다. 그 대신 뚜렷한 목표 의식이 생겼다. 레드삭스는 다음 10게임에서 네 번밖에 승리하지 못했지만, 상대팀들과의 득실차는 15점이었다. 8월 7일부터는 신바람을 냈다. 23경기에서 10연승을 포함하여, 19승을 거뒀다. 간신히 포스트시즌에 진출해서는 아메리칸리그 챔피언십 시리즈에서 양키스를 꺾었다. 그리고 86년 만에 처음으로 월드시리즈에서 우승했다. '더 펀치' 이전에 레드삭스의 승률은 54%였다. 그 후로는 69%가 되었다.

레드삭스는 다음 다섯 시즌 동안 최고의 야구팀으로 군림했다. 포스트시즌에 네 번 진출했고, 2007년에는 월드시리즈 트로피를 다시 들어올렸다. 더 중요한 것은 마침내 양키스의 그늘을 벗어났다는 사실이다.

경험을 중시하는 이들은 스포츠에 '기세'란 것은 없다고 본다. 한 명의 존경 받는 팀원의 단 한 번의 감정 표출이, 확률 법칙이 뒤집힐 만큼 강력하게 확산되었다고 한다면 터무니없다고 생각할 것이다. 야구처럼 선형적 형태의 스포츠 종목에서 시즌 우승은 일종의 무작위 사건이라고, 말하자면 많은 선수들이 통계적 예측 범위 내에서 좋은 성적으로 시즌을 마치는 경우에만 추출된 결과라고 말할 것이다. 나는 통계를 좋아하지만, 이번 경우에는 그들이 틀렸음을 알고 있다.

2004년 시즌 시작 무렵, 보스턴의 실질적 리더는 팀 내에서 가장 인기 있던 슈퍼스타 유격수 노마 가르시아파라였다. 그러나 7월 24일에 가르시아파라는 보스턴에서 마음이 떠나 있었다. 부상을 당한 상태인 데다 동료들에게 냉담하고 불만이 많았던 그는, 클럽하우스에서 짐스러운 존재가 되어버렸다. 1주일 후 레드삭스는 그를 트레이드해버렸다.

서른두 살이었던 제이슨 배리텍은 내리막길을 걷고 있었다. 오프시즌 동안 레드삭스는 그의 나이와 성적, 향후 전망에 회의를 품었고, 헐값에 연장 계약을 했다. 배리텍이 보스턴에 오래 남을 가능성은 없었다. 팀 동료들에게 존경을 받고 있었지만 가르시아파라 같은 스타 파워는 전혀 없었다. 묵묵하고 겸손했던 그는 수염을 더부룩하게 길렀고, 옷장에는 보기 흉한 특대 사이즈 스웨터가 가득했다. 투수들을 잘 다루었고, 경기장에서는 근성 있는 모습을 보였지만 언론 매체가 솔깃해 할 발언을 한 적은 없었다.

그 후로 몇 년 동안 배리텍은 '더 펀치' 사진에 사인하기를 거부했다. 자신이 그 경기를 망쳤고 아이들에게 나쁜 본보기가 되었다고 생각했다. 그는 "브론슨을 보호하려고 했을 뿐"이라고 말했다. "팀원을 보호하기 위해서는 어떤 일이든 할 겁니다."

그러나 '더 펀치'에 대한 보스턴 팬들의 반응은 전혀 다르다. 그날 배리텍은 퇴장 당했고 2천 달러의 벌금을 물었으며 4경기 출장정지를 당했지만, 팬들에게 그것은 대의명분이 있는 용맹한 행동이었다. 레드삭스가 압제자에 당당히 맞선 순간이었던 것이다. 그 사건을 찍은 사진은 보스턴 곳곳에서 볼 수 있다. 스포츠 바 안쪽 벽에도 걸려 있고, 택시의 선바이저에도 끼워져 있다. 보스턴의 스포츠 기자 댄 쇼너시는 자신의 칼럼을 이용해 배리텍에게 팬레터를 보냈다. 그는 배리텍을 "알렉스 로드리게스의 얼굴을 미트로 밀침으로써 한 시즌을 바꾸어놓은 남자"라고 불렀다.

배리텍은 점잖은 사회의 룰을 버리고, 팀의 사기가 떨어진 시기에 레드삭스의 존재감을 공격적으로 과시했다. 바로 1등급 팀 캡틴이 했을 만한 행동이다. 사실 그에 대한 모든 것이 캡틴 클래스와 맞아떨어졌다. '더 펀치'는 한 시즌에 몇 백만 개 발생하는 데이터 중 하나에 불과한 무작위 사건이 아니다. 그것은 엘리트 리더의 임무였다.

당시 야구계에서 가장 데이터를 무자비하게 적용하던 레드삭스조차도 이런 관점에 동의한 것 같다. 시즌 종료 후 보스턴은 배리텍을 잔류시켰을 뿐만 아니라, 4년 4천만 달러 연장 계약을 안겨주었다.

그리고 그를 캡틴으로 임명했다.

부록

1등급 : 엘리트

이 16개 팀들은 가장 위대한 스포츠 왕조를 선별하기 위해 내가 고안한 여덟 가지 테스트를 모두 통과했다(제1장 참조).

최소 5명의 구성원이 있고 선수들이 시합 도중에 상호작용 또는 협업을 하면서 상대편과 직접 대결하는 종목이어야 했다. 관중 동원력이 커서 수백만의 팬층이 있는 주요 스포츠 종목이어야 했다. 팀의 패권이 최소한 4년은 지속되어야 했다. 세계 최고의 경쟁자들을 상대로 실력을 증명할 기회가 충분히 있어야 했다. 끝으로, 해당 종목 역사에서 다른 모든 팀들보다 어떤 식으로든 돋보이는 업적을 이루어야 했다.

콜링우드 맥파이스(오스트레일리안 풋볼), 1927~1930

뉴욕 양키스(메이저리그 야구), 1949~1953

헝가리(남자축구), 1950~1955

몬트리올 캐나디언스(NHL),1955~1960

보스턴 셀틱스(NBA), 1956~1969

브라질(남자축구), 1958~1962

피츠버그 스틸러스(NFL),1974~1980

소련(남자 아이스하키), 1980~1984

뉴질랜드 올 블랙스(럭비 유니언), 1986~1990

쿠바(여자배구), 1991~2000

호주(여자필드하키), 1993~2000

미국(여자축구), 1996~1999

샌안토니오 스퍼스(NBA), 1997~2016

FC 바르셀로나(프로축구), 2008~2013

프랑스(남자핸드볼), 2008~2015

뉴질랜드 올 블랙스(럭비 유니언), 2011~2015

'더블' 캡틴들

탁월한 축구팀 캡틴 세 명이 한 팀 이상을 2등급에 입성시켰다. 이는 보기 드
문 업적이므로 이들에게 특별대우를 했다.

프란츠 베켄바우어 : 독일 축구대표팀(1970~1974)과 바이에른 뮌헨(1971~1976)

디디에 데샹 : 프랑스 축구대표팀(1998~2001)과 올랭피크 드 마르세유(1988~1993)

필립 람 : 독일 축구대표팀(2010~2014)과 바이에른 뮌헨(2012~2016)

최종 판정

연구에 포함된 세 가지 스포츠 종목은 분석하기 무척 까다로웠고, 내가 어떤
결론을 내려도 논란의 소지는 있을 것이다. 첫 번째는 프로축구였다. 이에 대해서
는 제1장에서 자세히 설명한 바 있다. 다른 두 가지는 NFL과 크리켓 국가대항전
이다.

NFL의 경우 가장 독보적인 팀을 찾는 일이 그다지 어렵지 않았다. 잭 램버트

캡틴 클래스

의 1974~1980 피츠버그 스틸러스는 6시즌 동안 슈퍼볼 우승을 네 번 차지함으로써 스포츠 역사상 가장 집중적인 성공을 거두었다. 골칫거리는 다른 팀의 1등급 자격을 판단하는 일이었다.

명백한 후보자는 1981~1995 샌프란시스코 포티나이너스와 2001~2017 뉴잉글랜드 패트리어츠로, NFL에서 가장 준수한 성적 행진을 기록한 두 팀에 해당한다. 2017년 3월 기준으로, 두 팀 다 슈퍼볼에서 5회 우승했으며, 엘리트급의 전반적 승률과 엘로 등급을 기록했다. 해당 기간 동안, 두 팀은 캡틴 클래스의 전형에 맞는 많은 선수-리더들을 보유한 바 있다. 포티나이너스는 조 몬태나, 로니 로트, 스펜서 틸먼, 스티브 영 등을 캡틴으로 보유했다. 패트리어츠는 브라이언 콕스, 로드니 해리슨, 데빈 맥코티, 테디 브루스키 등 이타적이고 고무적인 선수들의 리드를 받았다. 이 리스트의 꼭대기에는 단연, 오랫동안 뉴잉글랜드의 공격팀 캡틴을 맡고 있는 톰 브래디가 있다. 2017년, 톰 브래디는 슈퍼볼을 다섯 번 우승한 유일한 NFL 쿼터백이 되었다.

브래디는 팀 내에서 최고 선수였고 NFL 최고의 셀러브리티 중 한 명이었지만, 그가 캡틴 클래스 자질들을 보유했다는 것은 부인할 수 없다. 그는 필드 밖에서는 조용하게 지내는 내성적인 사람이고, 협찬이나 광고를 까다롭게 고르며, 타블로이드 신문에 기삿거리를 주지 않는다. 라커룸 연설을 코치에게 양보하지만, 꾸준히 팀원들을 교정하고 상담하고 있으며, 필드 위에서 넘치는 열정을 보여주는 것으로 팀원들 사이에서 유명하다(그의 동기부여 방법은 주로 면전에서 호통 치는 것이다). 2016년 시즌 개막 전까지는 NFL을 상대로 길고 굴욕적인 법정 싸움을 벌였고, 시즌 도중에는(그는 공개적으로 언급한 적은 없지만) 어머니가 투병 생활을 시작했다. 그럼에도 불구하고 브래디는 패트리어츠를 슈퍼볼로 이끌었고, NFL 역사상 가장 위대한 역전승을 만들어냈다.

브래디는 팀의 장비 담당자들과 공모하여 경기용 공에 (쉽게 잡을 수 있도록) 바람을 뺀 혐의로, NFL 당국으로부터 2016년 4경기 출장정지 징계를 당했다. 많은 이들에게 이 사건은 그의 성격에 오점이 있음을 보여주는 증거이다. 그렇지만 이 행동은 룰을 끝까지 밀어붙이며 뛰고, 과학자들이 '도덕성 배제'(제6장 참조)라고 부르는 일을 한다는 캡틴 클래스의 기치와 깔끔히 맞아떨어진다.

그럼에도 불구하고, 패트리어츠와 포티나이너스는 동일한 문제 때문에 1등급에 들지 못했다. 그들의 연혁이 너무나 유사한 나머지, 두 팀 모두 진정으로 독보적인 것을 성취한 것으로 인정할 수 없기 때문이다. 패트리어츠가 슈퍼볼 우승을 한 번 더 기록하거나 현재 페이스를 유지한다면, 1등급에 들 자격이 될 것이다(톰 브래디는 2018년 슈퍼볼에서 GOAT의 면모를 과시하며 여섯 번째 슈퍼볼 트로피를 들어 올렸다–옮긴이). 그러나 이 글을 쓰는 시점까지 1등급 자격이 있는 NFL 팀은 스틸러스뿐이었다.

크리켓 종목에서는 3개 팀이 1등급 자리를 놓고 경합했다. 첫 번째는 클라이브 로이드가 캡틴을 맡은 1975~1985 서인도제도로, 월드컵에서 세 번 결승에 진출하여 두 번 우승했으며 국제경기 27연승을 기록했다. 나머지 두 팀은 모두 호주 대표팀 유닛이다. 스티브 워가 캡틴을 맡은 1998~2003 호주 대표팀은 월드컵에서 한 번 우승했고, 테스트 경기(크리켓의 경기 형태 중 하나로, 공식 국가대항전이다–옮긴이) 16승을 기록하며 디 애쉬스^{the Ashes}(격년으로 진행되는 호주와 잉글랜드의 국가대항전–옮긴이)에서 잉글랜드를 압도했다. 그리고 리키 폰팅이 이끈 2003~2008 유닛은 월드컵 2회 우승을 차지했고, 앞선 유닛과 마찬가지로 테스트 경기 16승을 달성했다.

이 팀들의 캡틴들도 캡틴 클래스 프로필에 들어맞는다. 커리어 초기에 술집에서 벌인 난동 탓에 후폭풍을 겪은 뒤부터, 리키 폰팅은 자신의 공격성을 라이벌들 쪽으로 돌렸다. 당당하고 투지 있게 팀을 이끌면서 룰의 취지, 더 나아가 룰 그 자체에 도전하곤 했다. 논란의 소지가 있는 '슬레징'^{sledging}(상대편에 대한 야유와 험담을

캡틴 클래스

일컫는 크리켓 용어-옮긴이)을 예술의 경지로 끌어올리며, 경기 중에 상대편은 물론 심판과도 서슴지 않고 대치했다. 스티브 워는 자기감정을 억제하면서 플레이를 지시하는 능력 덕분에 '아이스 맨'이라는 별명을 얻었다. 그 또한 언어적 스파링에 관여했는데, 그 때문에 종종 폭력사태가 벌어졌다. 워는 재능을 타고난 선수는 아니었지만, 그 전설적인 승부욕 덕분에 주전 배츠맨이자 팀의 심장이 되었다. 호주팀은 전성기 동안 의사소통이 활발한 팀이었다. 경기가 끝나면 선수들은 항상 여전히 유니폼을 입은 채로 맥주를 마시면서 경기를 분석했다.

그중에서도 서인도제도의 클라이브 로이드는 캡틴 클래스의 원형에 가장 가깝다. 그는 소속팀의 스타도 아니었고 딱히 재능 있는 운동선수도 아니었다. 두꺼운 안경을 꼈고(어린 시절에 당한 눈 부상 탓이었음) 비비안 리처즈 같은 슈퍼스타 동료들의 그늘에 가려져 있었다. 침착하고 소박하며 개방적인 리더십 스타일로, 카리브 해의 여러 나라들 출신으로 구성된 선수단을 통합했다. 원칙을 고수하며 (특히 선수 급여 문제로) 크리켓 당국에 자주 맞섰다.

경기장 밖에서, 로이드는 선수들의 외출을 엄격하게 통제했고 선수들에게 둔감해지고 열정을 자제하라고 조언했다. 그러나 경기장에서는 정반대였다. 팀 전체에 슬레징을 하는 것을 막았지만, 공격적이면서 논란의 여지가 있는 전술을 채택했다. 키가 크고 '빠른' 볼러(투수)들로 로테이션을 구성한 것이다. 이들이 던지는 시속 145km 이상의 투구는 컨트롤이 어려울 뿐 아니라, 빗나갈 때 배츠맨들이 몸을 피하기는 더 어려웠다. 이 전략은 공포심을 조장하기 위한 것이었지만 부작용도 있었다. 1976년의 어느 테스트 경기에서 서인도제도의 볼러들이 배츠맨 몇 명에게 부상을 입히자, 서인도제도의 캡틴 로이드는 이닝 종료를 선언했다. 사실상 그 테스트 경기를 포기한 것이다. 이 전략이 신사적인 크리켓 종목에 어울리지 않는다고 비판하는 이들에게 로이드는 이렇게 답했다. "이건 크리켓이고, 이런 걸 감수해야 할 때도 있는 겁니다."

그러나 어떤 크리켓 팀들도 1등급 자격을 갖추지 못했다. 서인도제도는 크리켓의 두 가지 형태(테스트 경기와 원데이 인터내셔널[ODI])에서 탁월한 성적을 올렸지만, 호주가 그것과 맞먹거나 그것을 능가하는 성적을 올렸다. 스티브 워의 호주 대표 팀 유닛은 역대 최고의 테스트 크리켓 팀이라 불러도 무방하지만, ODI 포맷에서는 탁월한 성적을 올리지 못했다. 폰팅의 호주 팀 유닛은 정반대의 문제가 있었다. ODI 크리켓에서는 두 차례 월드컵 우승을 차지했지만, 테스트 경기 성적은 일관적이지 않았다. 따로 놓고 보면, 세 팀 모두 역대 최고의 크리켓 팀으로 평가할 수도 있다. 그러나 모아놓고 보자면, 세 팀의 기록을 독보적으로 탁월한 것으로 평가할 수는 없다.

2등급 : 최종 후보들

세계 스포츠에서 가장 널리 인정받고 존경받는 왕조 중 일부는 역사상 가장 위대한 16개 팀 리스트에 들지 못했다. 비록 그 팀들 모두가 제각기 비범했으며 탁월한 팀을 구성하기 위해 내가 고안한 기본적 기준(제1장 참조)을 모두 충족했지만, 몇 가지 사유로 최상 단계, 즉 1등급에서는 제외되었다. 이 팀들은 자신을 완전히 증명할 기회가 없었거나, 동일 종목에 속한 다른 팀의 그늘에 가렸다. 다음 도표에 이 106개의 2등급 팀들과 그 세부 사항을 나열했다.

1등급에 가장 가까운, 가장 인상적인 자격을 가진 팀은 이름 뒤에 *표를 표시했다.

결격 사유

A.

이 28개 팀들에게는 자신을 증명할 충분한 기회가 부족했다. 그들은 다른 국가의 최고 팀들이 거의 맞붙지 않던 시기, 또는 주요 토너먼트 대회가 드물었거나 그 대회에 세계 최고의 팀이 출전하지 않았던 시기에 활동했다. 선수들을 자주 소집하지 않는 종목에서 활동한 팀도 있고, 경쟁 리그 챔피언과 대결하는 제도가 없는 리그에서 활동한 팀도 있다.

B.

이 범주에 속한 66개 팀들은 인상적이고 매우 비범한 기록을 세웠지만, 동일 종목에서 경쟁한 다른 팀들의 그늘에 가렸다. 어떤 경우에는 1등급 자격을 갖춘 팀들이 다수였지만, 그 가운데 나머지 팀들을 압도한 팀은 없었다. 일부 종목(여자 핸드볼과 남자 수구)에서는 통산 기록이 가장 우수한 팀이 1등급 자리를 차지할 만큼 지배적인 성적을 내놓지는 못했다.

C.

12개 남자 프로축구팀은 1등급과 손만 뻗으면 닿는 거리에 있었다. 그 팀들 대다수가 자국 리그에서 역대 최고의 클럽팀이었다. 그러나 논쟁의 소지는 남겠지만 용서 받을 수는 있는 기준에 따라, 간발의 차이로 1등급에 들지 못했다.

팀	기간	비고	결격사유
미식축구 : NFL			
클리블랜드 브라운스	1946 ~1950	다섯 시즌 동안 루 세이번을 위시한 캡틴들이 AAFC 4회, NFL 타이틀 1회 우승을 견인했으나, AAFC는 NFL보다 덜 중요한 리그로 간주되었다.	A
그린베이 패커스*	1961 ~1967	캡틴 윌리 데이비스와 그 후인 밤 스코론스키가 이끈 이 팀은 7시즌 동안 5개의 NFL 타이틀을 획득했다(3회 연속 우승 포함). 그러나 첫 세 번의 우승을 기록한 시대는 NFL 챔피언이 라이벌 리그인 AFL의 챔피언과 대결하기 전이었다.	A

팀	기간	비고	결격사유
마이애미 돌핀스	1971 ~1974	닉 부오니콘티, 밥 그리스, 래리 리틀 캡틴의 지휘 아래 2개의 슈퍼볼 타이틀과 4개의 디비전 타이틀을 차지했다. 그리고 정규시즌 승률 84%를 획득했으며 현대 NFL 사상 최초의 첫 무패 시즌을 기록한 적도 있지만, 1971년 슈퍼볼에서 세 번의 터치다운으로 패했고 1974년 컨퍼런스 플레이오프에서 탈락했다.	B
샌프란시스코 포티나이너스	1981 ~1995	1995 슈퍼볼부터 14시즌 동안 조 몬태나, 로니 로트, 스펜서 틸먼, 스티브 영이 캡틴을 맡아, 네 번의 슈퍼볼 우승과 열한 번의 디비전 우승에 성공했고, 현대 NFL팀 최고의 단일 시즌 엘로 평점을 기록했다. 6년간 4회 우승이라는 NFL 기록은 깨지 못했고, 2001~2017 뉴잉글랜드와 비슷한 장기 기록을 보유하고 있다. 1982년에는 3승 6패라는 참담한 성적을 냈다.	B
댈러스 카우보이스	1992 ~1995	4시즌 동안 3개의 슈퍼볼을 획득했으며, 4시즌을 기준으로 하면 NFL 역대 최고의 엘로 평점을 보유하고 있다.	B
뉴잉글랜드 패트리어츠	2001 ~2017	공격팀 캡틴 톰 브래디와 브라이언 콕스, 데빈 맥코티, 테디 브루스키 등의 수비팀 캡틴들이 이끈 이 팀은 16시즌 동안 슈퍼볼 5회 우승과 디비전 우승 14회를 기록했다. 5시즌 기준으로 NFL 역대 최고의 엘로 평점을 보유하고 있으며, 그 기간 동안 83%의 승률을 올리면서 다섯 번 중 두 번의 슈퍼볼 우승을 달성했다. 그러나 6년간 4회 우승이라는 NFL 기록은 깨지 못했고, 2017년 3월 기준으로 1981~1995 샌프란시스코 포티나이너스를 능가하는 기록을 세우지는 못했다.	B

풋볼: 오스트레일리안 룰

팀	기간	비고	결격사유
칼튼	1906 ~1910	캡틴 짐 플린과 프레드 엘리어트의 지휘 아래 그랜드 파이널에 5회 진출하여 3회 우승했고 82%의 승률을 올렸다.	B
멜버른 디먼스*	1955 ~1960	1955년부터 1960년까지 여섯 번 중 다섯 번 타이틀을 차지했다. 여섯 번째 그랜드 파이널 우승을 18점 차이로 놓쳐 4연속 우승이라는 역대 기록과 동률을 이루는 데 실패했다.	B

팀	기간	비고	결격사유
야구 : 메이저리그 야구			
필라델피아 애슬레틱스	1910 ~1914	5시즌 동안 월드시리즈에 4회 진출하여 3회 우승했다.	B
보스턴 레드삭스	1915 ~1918	1955년부터 1960년까지 여섯 번 중 다섯 번 타이틀을 차지했다. 여섯 번째 그랜드 파이널 우승을 18점 차이로 놓쳐 4연속 우승이라는 역대 기록과 동률을 이루는 데 실패했다.	B
뉴욕 양키스*	1936 ~1941	루 게릭이 캡틴을 맡았던 1939년까지, 월드시리즈 4연패 달성에 성공했으나 메이저리그 기록인 월드시리즈 5연패 달성에는 실패했다.	B
오클랜드 애슬레틱스	1971 ~1975	월드시리즈 3연패를 달성했고, 5년 연속 디비전 타이틀을 획득했다.	B
애틀랜타 브레이브스	1991 ~2005	15시즌 동안 14개의 디비전 타이틀을 획득했고, 월드시리즈에 5회 진출했으나 1회 우승에 그쳤다.	B
뉴욕 양키스	1996 ~2000	5시즌 동안 4회의 월드시리즈 우승을 기록했지만 메이저리그 기록에는 1회가 모자란다. 많은 이들이 외야수 폴 오닐이 비공식적 리더라고 말하지만, 양키스는 캡틴을 지명하지 않았다.	B
야구 : 니그로 내셔널리그 / 일본 리그			
피츠버그 크로퍼즈	1933 ~1936	4연속 타이틀 획득에 성공했으나 다른 니그로 내셔널리그 팀이 세운 기록에는 미치지 못한다. 인종 차별 때문에 메이저리그 최고의 백인 팀들과 대결한 적이 없다.	A
홈스테드 그레이스*	1937 ~1945	캡틴 벅 레너드의 지휘 아래 9시즌 동안 8개의 타이틀 획득하고 89%의 승률을 올렸지만 인종 차별 때문에 메이저리그 최고의 백인 팀들과 대결한 적이 없다.	A
요미우리 자이언츠 (일본)	1965 ~1973	'V-9' 자이언츠는 일본 프로야구 타이틀 9연패를 달성했지만, 일본 팀이 상위 리그로 널리 간주되는 메이저리그 팀과 경쟁한 적이 없는 시대에 활약했디.	A

팀	기간	비고	결격사유
농구 : NBA			
미니애폴리스 레이커스	1948 ~1954	짐 폴라드 캡틴의 지휘 아래 6년간 1개의 BAA 타이틀과 4개의 NBA 타이틀을 획득했다.	B
로스앤젤레스 레이커스	1980 ~1988	캡틴 카림 압둘자바가 9시즌 동안 5개의 NBA 타이틀 획득을 이끌었지만, 1981년 플레이오프 1라운드에서 패배했다.	B
보스턴 셀틱스	1983 ~1987	캡틴 래리 버드의 지휘 아래 4시즌 연속 결승에 진출하여 2개의 NBA 타이틀을 획득했다.	B
시카고 불스*	1991 ~1998	마이클 조던, 빌 카트라이트, 스카티 피펜이 캡틴을 맡아 8시즌 동안 79%의 승률을 올리고 NBA 왕좌에 여섯 번 올랐지만, 1994, 1995년에는 디비전 순위가 각각 2위와 3위에 그쳤고 NBA 레이오프 8강전에서 탈락했다.	B
마이애미 히트	2010 ~2014	르브론 제임스와 드웨인 웨이드를 포함한 4명의 캡틴과 함께 4시즌 연속으로 결승에 올라 두 번 NBA 우승을 차지했다.	B
농구 : WNBA			
휴스턴 코메츠*	1997 ~2000	위대한 신시아 쿠퍼가 지휘한 이 팀은 4시즌 연속 WNBA 타이틀을 획득했지만, 해당 기간에 두 시즌 동안 ABL 리그의 챔피언과 대결하지 않았다.	A
농구 : 남자 국가대표팀			
미국*	1992 ~1997	캡틴 래리 버드와 그 후임인 어빈 '매직' 존슨이 이끈 '드림팀'은 두 번의 올림픽과 한 번의 월드컵을 포함하여 6개의 주요 대회에서 우승했다. 그러나 경기 수가 적고 출전자 명단이 일관적이지 않았다.	A
농구 : 여자 국가대표			
미국*	2008 ~2016	리사 레슬리, 수 버드 등이 캡틴을 맡아 올림픽 3연패와 월드컵 2연패를 달성했으나 함께 뛴 경기 수가 적다.	A

　　　　　　　　　　　　　　　　　　　　　　　캡틴 클래스

팀	기간	비고	결격사유
크리켓 : 남자 국가대표			
서인도제도*	1975 ~1985	전설적인 클라이브 로이드가 캡틴을 맡은 이 팀은 원데이 인터내셔널 포맷에서 군림하며 월드컵에서 2회 우승했고, 세 번째 월드컵에서는 준우승했다. 국제 테스트 매치에서 21경기 연속 무패라는 대기록을 세웠다. 해당 기록들은 다른 팀들에 의해 깨졌다.	B
호주*	1998 ~2003	캡틴 스티브 워가 이끈 이 팀은 '디 애시스' 테스트 시리즈에서 잉글랜드를 세 번 꺾었고, 1999년부터 2001년까지 테스트 매치 16연승이라는 기록을 세웠으며, 1999년 월드컵에서 우승했지만 ICC 챔피언스트로피 대회 우승을 세 번 놓쳤다.	B
호주*	2003 ~2008	2003년과 2007년의 월드컵 우승과 한 번의 ICC 챔피언스트로피 우승으로 원데이 인터내셔널 크리켓 종목을 지배하며, 테스트 매치 16연승 기록을 달성했다(스티브 워 유닛과 동률). 리키 폰팅 캡틴이 이끈 이 팀은 2005년 디 애시스 시리즈에서 잉글랜드에 패하는 등 메이저 테스트 대회에서 일관된 경기력을 보이지 못했다.	B
필드 하키 : 남자 국가대표			
인도*	1928 ~1936	위대한 디얀 챈드가 한동안 지휘했던 이 팀은 올림픽 금메달을 3회 연속으로 따냈지만, 소집 해제 기간이 길었으며 올림픽 외에는 거의 출전하지 않았다.	A
인도	1948 ~1956	제2차 세계대전의 공백기 이후 올림픽 3연패를 달성했으나, 소집 해제 기간이 길었으며, 올림픽 외에는 거의 출전하지 않았다.	A
파키스탄	1978 ~1984	1개의 올림픽, 2개의 월드컵, 2개의 챔피언스트로피 타이틀을 획득했지만, 해당 올림픽에는 출전을 거부한 국가들이 많았다.	B
네덜란드	1996 ~2000	올림픽 2회, 월드컵 1회, 5번의 챔피언스트로피 대회 중 3회 우승을 달성했다.	B
호주*	2008 ~2014	월드컵 2회 우승, 영연방 경기대회 2연패, 챔피언스트로피대회 5연패를 달성했지만, 2012년 올림픽과 2014년 챔피언스트로피 우승을 놓쳤다.	B

팀	기간	비고	결격사유
필드 하키 : 여자 국가대표			
네덜란드	1983 ~1987	1개의 올림픽, 2개의 월드컵, 2개의 유럽 타이틀을 획득했지만 호주의 기록에는 미치지 못한다.	B
네덜란드	2009 ~2012	마르제 파우먼의 지휘 아래, 올림픽 1회, 월드컵 2회, 유럽 타이틀 2회 우승을 달성했지만 네 번의 챔피언스트로피대회 중 한 번만 우승했다.	B
축구: 남자 국가대표팀			
이탈리아*	1933 ~1938	월드컵 2회 연속 우승과 한 번의 올림픽 금메달을 차지했지만, 많은 상위 팀들과 스타 선수들이 토너먼트에 참가하지 않았던 시기였다.	A
브라질*	1968 ~1973	캡틴 카를로스 알베르토 토히스의 지휘 아래 단 1패만 기록하며 1970년 월드컵을 지배했지만 월드컵 2연패에는 실패하여, 헝가리의 통산 승수와 엘로 평점에는 못 미친다.	B
서독	1970 ~1974	프란츠 베켄바우어 캡틴의 지휘 아래 월드컵 우승과 3위를 기록했고 유럽선수권대회에서 1회 우승했다.	B
프랑스	1998 ~2001	디디에 데샹의 캡틴 임기 동안 월드컵 우승 1회, 유럽선수권대회 우승 1회, 컨페더레이션스컵 1회 우승을 기록했다.	B
스페인*	2008 ~2012	이케르 카시야스가 캡틴을 맡은 이 팀은 월드컵 1회, 유럽선수권대회 2회 우승을 차지했지만 두 번째 월드컵 우승에는 실패했다.	B
독일	2010 ~2014	필립 람이 캡틴을 맡아 한 번의 월드컵에서 우승을 차지하고, 28경기 연속 무패 기록을 남기며 남자 국제축구팀 역대 최고의 엘로 평점을 기록했지만, 2016년 유럽선수권대회에서는 우승하지 못했다.	B
축구 : 남자 프로팀			
애스턴빌라 (잉글랜드)	1893 ~1900	잭 데비가 캡틴을 맡은 이 팀은 7년간 5개의 잉글랜드 타이틀과 2개의 FA컵을 거머쥐었지만 6위로 내려앉은 시즌이 있으며 다른 국가의 최고 팀들과 대결한 적이 없다.	A
알룸니 (아르헨티나)	1900 ~1911	12년간 9회의 리그 우승을 차지했지만 다른 국가의 최고 팀들과 대결한 적이 없다.	A

팀	기간	비고	결격사유
MTK 부다페스트 (헝가리)	1916 ~1925	국내 리그 9연패를 달성했지만 해외 리그 상위 클럽 팀과 대결한 적이 없다.	A
허더즈필드 타운 (잉글랜드)	1923 ~1928	캡틴 로이 구달의 지휘 아래 5시즌 동안 3개의 잉글랜드 축구협회 타이틀을 획득하고 두 번 준우승을 차지했다. 매년 열리는 FA컵에서 우승하지 못했다.	B
아스널 (잉글랜드)	1930 ~1935	톰 파커와 알렉스 제임스가 캡틴을 맡았던 이 팀은 5년간 4개의 잉글랜드 타이틀을 거머쥐고 한 번 준우승을 했으나 FA컵 대회에서는 한 번 결승에 올랐을 뿐 우승한 적이 없다. 해외 리그 상위 클럽 팀과 대결한 적이 거의 없다.	A
유벤투스 (이탈리아)	1930 ~1935	캡틴 비르지니오 로세타의 지휘 아래 5년간 세리에 A 타이틀 5개를 차지했으나 해외 리그 상위 클럽팀과 대결한 적은 거의 없다.	A
토리노 (이탈리아)	1942 ~1949	각국 리그의 상위 팀들이 맞붙은 적이 거의 없던 시대에 세리에 A리그 5연패를 기록했다(비행기 추락 사고로 인해 캡틴 발렌티노 마촐라를 포함한 선수단 대부분이 비극적으로 사망했을 때 우승 행진이 비극적으로 멈추고 말았다).	A
미요나리오스 (콜롬비아)	1949 ~1953	콜롬비아의 역대 최고 팀인 '블루 발레'^{Blue Ballet}는 다섯 번의 리그 타이틀 중 네 번의 우승과 한 번의 준우승을 차지했지만, 그 활동 시기는 남미 최고 팀이 코파 리베르타도레스 대회에서 경쟁하기 전이었다.	A
리버 플레이트 (아르헨티나)	1952 ~1957	7년간 5회의 리그 우승을 차지했으나 코파 리베르타도레스 국제경기가 시작되기 전에 활동했다.	A
레알 마드리드* (스페인)	1955 ~1960	미겔 무뇨스와 후안 알론소 캡틴의 지휘 아래, 유러피언컵 5회 연속 우승과 인터컨티넨탈컵 1회 우승을 달성했고, 역대 최고의 엘로 평점 4위 안에 두 번 들었지만, 해당 5시즌 중 3번의 스페인 리그에서 우승하지 못했다.	C
페냐롤* (우루과이)	1958 ~1962	캡틴 윌리엄 마르티네스가 이끈 이 팀은 우루과이 리그 5연패와 코파리베르타도레스 2회 우승을 달성했고 1961년 인터컨티넨탈컵에서 벤피카를 물리쳤다. 그러나 1960년 인터컨티넨탈컵에서 레알 마드리드에게, 1962년 코파 리베르타도레스에서 브라질 산투스에게 패했다.	C

팀	기간	비고	결격사유
벤피카 (포르투갈)	1959 ~1965	조제 아구아스 캡틴이 지휘한 포르투갈 역대 최고의 팀은 5시즌 동안, 국내 타이틀 5개, 국내컵 2개를 차지했지만 경쟁 팀들의 전력이 약한 편인 국내 리그를 지배한 것이며, 1961년 인터컨티넨탈컵 대회에서는 페냐롤에게 패했다.	C
산투스* (브라질)	1961 ~1965	펠레와 캡틴 조제 일리 지 미란다(지투)가 지휘한 이 팀은 5회의 브라질리그 5회 중 4회의 캄페우나투 파울리스타(상파울루 주 챔피언십)에서 우승했고 2개의 남미 타이틀과 2개의 인터콘티넨탈컵을 획득했으며, 단일 시즌에 네 개의 메이저 타이틀을 차지한 바 있다. 이 팀의 유일한 결점은 상파울루의 라이벌 팔메이라스에게 캄페우나투 파울리스타 타이틀을 뺏긴 것이다.	C
인테르나치오날레* (이탈리아)	1962 ~1967	아르만도 피키 캡틴의 '위대한 인테르'^{La Grande Inter}는 5시즌 동안 3개의 리그 타이틀과 2개의 유러피언컵(준결승 진출 1회, 준우승 1회)을 획득하고 두 번의 인터컨티넨탈컵을 차지했으며, 이탈리아리그에서 70%의 무패율을 기록했다. 그럼에도 불구하고 국내 리그에서 우승하지 못한 시즌이 두 번이고, 1966년 유러피언컵에서 셀틱에게 패했으며 몇 가지 핵심 부문에서 FC 바르셀로나가 기록한 총점에는 못 미친다.	C
레알 마드리드 (스페인)	1965 ~1969	캡틴 프란시스코 헨토의 지휘 아래, 다섯 번의 스페인 타이틀 중 4개와 유러피언컵 1개를 획득했다.	B
셀틱* (스코틀랜드)	1965 ~1974	스코틀랜드 역대 최고의 팀으로서 빌리 맥닐이 캡틴을 맡아 리그 9연패와 1967년 유러피언컵 우승을 달성했으나, 상대적으로 약한 리그에서 활동했고 1967년 인터컨티넨탈컵 우승을 놓쳤다.	C
아약스* (네덜란드)	1969 ~1973	위대한 요한 크루이프 캡틴이 이끈 네덜란드 역대 최고의 팀은 FC 바르셀로나에 거의 필적한다. 이 대회는 92%의 무패율을 기록했고, 4시즌 동안 세 번의 인터컨티넨탈컵, 그리고 4시즌 동안 세 번의 유러피언컵(바르사는 2회 우승)에서 우승하고 다수의 국내 타이틀을 차지했다. 그러나 1971년 네덜란드 리그에서 2위에 머물렀고 바르사만큼 많은 타이틀을 따지 못했으며, 바르사보다 엘로 평점이 낮다.	C

팀	기간	비고	결격사유
바이에른 뮌헨* (독일)	1971 ~1976	프란츠 베켄바우어의 클럽 팀은 5시즌 동안 분데스리가 3연패와 유럽 선수권 대회 3연패를 달성했지만 국내 리그 우승을 두 번 놓쳤고, 한 번은 10위에 머물렀다.	C
인데펜디엔테 (아르헨티나)	1972 ~1975	코파 리베르타도레스 대회 4연패와 인터컨티넨탈컵 1회 우승을 달성했지만 리그 타이틀을 한 번도 획득하지 못했다.	B
리버풀* (잉글랜드)	1975 ~1984	캡틴 엠린 휴즈, 필 톰슨, 그레이엄 수네스의 지휘 아래 9시즌 동안 잉글랜드리그 우승 7회, 유러피언컵 우승 4회를 기록했으나 1980~1981 시즌에는 리그 5위에 머물렀다.	C
유벤투스 (이탈리아)	1980 ~1986	6시즌 동안 이탈리아 타이틀을 4회 차지하고, 유러피언컵 결승에 두 번 진출하여 한 번 우승했지만 다른 클럽들의 기록에는 못 미친다.	B
스테아우아 부쿠레슈티 (루마니아)	1984 ~1989	5시즌 동안 캡틴 투도렐 스토이카의 지휘 아래 루마니아 리그 타이틀 5개를 획득했고(104경기 연속 무패 기록), 유러피언컵 결승에 두 번 진출하여 한 번 우승했다.	B
바이에른 뮌헨 (독일)	1984 ~1990	6시즌 동안 국내 타이틀 5개를 획득했으나 단 한 번 진출한 유러피언컵 결승전에서 패했다.	B
PSV 아인트호벤 (네덜란드)	1985 ~1992	7시즌 동안 루드 굴리트를 비롯한 캡틴들의 지휘 아래, 국내 타이틀 6회, 유러피언컵 1회 우승, 한 번의 트레블을 달성했다.	B
레드스타 베오그라드 (유고슬라비아)	1987 ~1992	5시즌 동안 5개의 유고슬라비아 리그 타이틀(3시즌 연속 우승 포함)과 1개의 유러피언컵을 차지했다.	B
AC 밀란* (이탈리아)	1987 ~1996	9시즌 동안 프란코 바레시가 이끈 '리 임모르탈리'Gli Immortali(불멸의 팀)는 유러피언컵/챔피언스리그에서 5회 우승을 차지하고 5개의 이탈리아 타이틀과 2개의 인터컨티넨탈컵 우승을 차지했다. 1991~1992년에는 58경기 연속 무패 기록을 세웠다. 그러나 이탈리아리그에서 2시즌을 3위와 4위로 마쳤고 트로피가 없는 시즌도 있었다. 이 팀의 최고 엘로 평점 또한 상위 15위 안에 들지 않는다.	C

팀	기간	비고	결격사유
올랭피크 드 마르세유* (프랑스)	1988 ~1993	디디에 데샹이 캡틴을 맡은 이 팀은 5시즌 연속 프랑스리그 1위를 차지했고(그중 한 번은 뇌물 스캔들 이후 1위를 반납해야 했다) 챔피언스리그 우승을 차지한 최초의 프랑스팀이 되었다.	C
FC 바르셀로나 (스페인)	1990 ~1994	캡틴 안도니 수비사레타가 이끈 이 팀은 스페인리그 4연패를 달성했고 챔피언스리그 결승에 두 번 진출하여 한 번 우승했다.	B
아약스 (네덜란드)	1993 ~1998	5시즌 동안 네덜란드리그에서 4회 우승했고(3시즌 연속 우승 포함) 다니 블린트가 캡틴이었을 때 챔피언스리그 결승에 두 번 진출하여 한 번 우승했다. 1996~1997 시즌에는 리그 4위에 머물렀다.	B
유벤투스 (이탈리아)	1994 ~1998	4시즌 동안 이탈리아리그 3회 우승, 챔피언스리그 1회 우승과 2회 준우승을 기록했다.	B
맨체스터 유나이티드* (잉글랜드)	1995 ~2001	주로 로이 킨이 캡틴을 맡은 이 팀은 5개의 잉글랜드 타이틀과 2개의 FA컵을 차지했고, 챔피언스리그에서 한 시즌을 제외하고는 모두 8강전까지 진출하여 그중 한 시즌에서 우승함으로써 잉글랜드 최초의 트레블을 달성했다. 그러나 두 번째 챔피언스 리그 우승에는 실패하여 다른 엘리트 팀들의 기록에 필적하지는 못했다.	C
바이에른 뮌헨 (독일)	1998 ~2003	5시즌 동안 독일 리그 우승 4회와 독일컵 대회 우승 2회를 기록했고, 두 번의 챔피언스리그 결승전에서 한 번 우승했다.	B
레알 마드리드 (스페인)	1999 ~2003	4시즌 동안 스페인 리그 우승 2회와 챔피언스리그 우승 2회를 달성했지만, 두 번의 스페인 리그에서 3위와 5위에 머물렀다.	B
보카 주니어스 (아르헨티나)	2000 ~2004	4시즌 동안 코파 리베르타도레스 우승 3회와 준우승 1회, 인터컨티넨탈컵 우승 2회를 달성했지만 국내 타이틀 10개 중 2개만 획득했다.	B
인테르나치오날레 (이탈리아)	2005 ~2010	캡틴 하비에르 사네티의 팀은 트로피의 고음으로 5개의 국내 타이틀을 획득했고 챔피언스리그에서 우승한 시즌에 트레블을 달성했으나, 두 번째 챔피언스리그 타이틀은 추가하지 못했다.	B
바이에른 뮌헨 (독일)	2012~ 2016	캡틴 필립 람의 클럽 팀은 4개의 분데스리가 타이틀과 1개의 챔피언스리그 타이틀을 차지했다.	B

팀	기간	비고	결격사유
축구: 여자 국가대표팀			
독일*	2003 ~2007	베티나 비크만과 비르기트 프린츠 캡틴의 지휘 아래 월드컵 2연패를 달성했지만 2004 올림픽에서는 동메달에 그쳤다.	B
미국*	2012 ~2015	크리스티 람포네 캡틴의 지휘 아래 올림픽 금메달 1개와 월드컵 1개를 획득하고 91%의 승률을 보였으나, 1996~1999 미국팀의 기록에는 미치지 못한다.	B
핸드볼 : 남자 국가대표			
스웨덴	1998 ~2002	유럽 타이틀 3연패와 세계선수권대회 1회 우승을 기록했다.	B
핸드볼 : 여자 국가대표			
덴마크*	1994 ~2000	카렌 브뢰스가르드와 얀네 콜링이 올림픽 금메달 2개와 유러피언 타이틀 2개를 획득했지만 진정으로 핸드볼 종목을 지배하지는 못했다. 그것은 세 번의 세계선수권대회 중 두 번을 놓쳤고, 2000년 유럽선수권대회에서는 10위에 머물렀다.	B
아이스하키 : 남자 국가대표			
캐나다	1920 ~1932	4개의 올림픽 금메달과 6년 연속 세계선수권 타이틀을 차지했으나 그 밖의 경기에는 거의 출전하지 않았다.	A
소련*	1963 ~1972	아마추어 팀들을 상대로 올림픽 3연패와 세계선수권대회 7연패를 달성했으나, 캐나다 최고의 NHL 선수들을 상대로 한 시리즈에서 패했다.	B
아이스 하키 : NHL			
오타와 하키클럽	1903 ~1906	캡틴 겸 코치 밥 앨프 스미스의 지휘 아래 스탠리컵에서 4회 우승했다.	B
토론토 메이플리프스	1946 ~1951	슬라이 앱스와 테드 케네디가 캡틴을 맡은 이 팀은 5시즌 동안 네 번의 NHL 타이틀을 획득했지만 5년 연속 우승이라는 NHL 기록에는 미치지 못한다.	B
디트로이트 레드윙스	1949 ~1955	6년간 4개의 NHL 타이틀을 획득했으며 시드 에이블과 테드 린지 캡틴의 지휘 아래 무패율 77%를 기록했다.	B

팀	기간	비고	결격사유
몬트리올 캐나디언스	1964 ~1969	장 벨리보가 캡틴을 맡았던 이 팀은 5시즌 동안 네 번의 스탠리컵에서 우승했지만 NHL 기록에는 1승이 모자란다.	B
몬트리올 캐나디언스*	1975 ~1979	장 벨리보가 캡틴을 맡았던 이 팀은 5시즌 동안 네 번의 스탠리컵에서 우승했지만 NHL 기록에는 1승이 모자란다.	B
뉴욕 아일랜더스	1979 ~1983	데니스 포트빈의 이 팀은 스탠리컵 4연패에 성공했지만 NHL 기록에는 1승이 모자란다.	B
에드먼턴 오일러스	1983 ~1990	데니스 포트빈의 이 팀은 스탠리컵 4연패에 성공했지만 NHL 기록에는 1승이 모자란다.	B

럭비 리그

팀	기간	비고	결격사유
세인트조지 드래곤스* (호주)	1956 ~1966	캡틴 켄 커니와 노먼 프로번이 국내 리그 11연패 달성이라는 세계 기록을 견인했지만, 외국 팀과는 거의 대결하지 않았고 1960년에는 잉글랜드팀에 대패한 적이 있다.	A
위건 워리어스* (잉글랜드)	1986 ~1995	위대한 엘러리 핸리가 캡틴을 맡은 이래, 잉글랜드 타이틀 7회 획득, 월드 클럽 챌린지 5회 중 3회 우승이라는 기록을 달성했다. 잉글랜드가 럭비리그 종목을 지배하던 시기였다. 그러나 1989년 클럽 챌린지 파이널에 오르지 못했고 세인트 조지 팀의 대기록(국내 리그 11연패 달성)에는 미치지 못한다.	B

럭비 유니언 : 남자 국가대표

팀	기간	비고	결격사유
뉴질랜드 올 블랙스	1961 ~1969	윌슨 위너레이가 캡틴을 맡은 이래 9년 간 테스트 매치에서 2패만 당했고 17연승 기록을 세웠다. 월드컵 시대 이전에 활동했고 이후 시기 올 블랙스 팀들이 세운 기록에는 못 미친다.	A

배구 : 남자 국가대표팀

팀	기간	비고	결격사유
소련*	1977 ~1983	비아체슬라프 자이체프가 이끈 이 팀은 올림픽 금메달 1개를 획득하고, 세계선수권대회 2연패, 월드컵 2연패, 유럽선수권대회 4연패(단 1세트도 내주지 않음)를 달성했다. 그러나 많은 상위 팀들이 1980년 올림픽을 보이코트한 바 있다.	A

캡틴 클래스

팀	기간	비고	결격사유
이탈리아	1990 ~1998	캡틴 안드레아 가르디니의 지휘 아래 월드컵 1회, 월드리그 타이틀 6회, 유럽선수권대회 2회 우승을 차지했으나 올림픽 금메달은 따내지 못했다.	B
브라질*	2002 ~2007	나우베르트 비텡코르트 캡틴의 지휘 아래 올림픽 금메달 1개, 세계선수권 타이틀 2개, 월드리그 타이틀 5개를 획득했지만, 소련의 업적은 능가하지 못한다.	B
배구 : 여자 국가대표			
소련	1949 ~1960	여자 배구가 올림픽 종목으로 채택되지 않았던 시대에, 3개의 세계선수권대회와 5회의 유럽선수권대회 중 4개 대회에서 우승했다.	A
일본	1962 ~1968	캡틴 카사이 마사의 지휘 아래, 올림픽 금메달 1개, 세계선수권 타이틀 2개, 아시아선수권 타이틀 2개를 획득했지만 쿠바의 기록에 필적하지는 않는다.	B
소련	1968 ~1973	류드밀라 불다코바의 팀은 올림픽에서 2회 우승하고, 세계선수권대회, 월드컵, 유럽선수권대회에서 한 번씩 우승했다.	B
수구 : 남자 국가대표			
헝가리	1926 ~1938	세 번의 올림픽에서 두 번 금메달을 땄고, 월드컵과 세계선수권대회가 존재하지 않은 시대에 다섯 개의 유럽 타이틀을 획득했다.	A
헝가리*	1952 ~1964	위대한 저르머티 데조가 이끈 이 팀은 3개의 올림픽 금메달을 획득하고 유럽 타이틀 3연패를 달성했지만, 국제 토너먼트가 드물고 뜸한 시대에 활약했다.	A
헝가리	1973 ~1979	1개의 올림픽 타이틀과 2개의 유럽 타이틀을 획득하고 월드컵과 세계선수권대회에서 한 번씩 우승했지만 수구 종목을 지배하지는 못했다.	B
유고슬라비아	1984 ~1991	캡틴 이고르 밀라노비치의 지휘 아래 올림픽 금메달 2개, 월드컵 2개, 유럽 타이틀 1개를 획득했으나, 앞선 헝가리 수구 왕조가 거둔 성공에 필적하지는 않는다	B
이탈리아	1992 ~1995	올림픽, 세계선수권대회, 월드컵에서 한 번씩 우승했고, 유럽선수권대회에서는 두 번 우승했지만, 상위권의 국가대표 팀들 다수가 1992년 올림픽에 불참했다.	A

팀	기간	비고	결격사유
수구 : 여자 국가대표			
네덜란드	1979 ~1983	여자 수구가 올림픽 종목이 되기 이전 시기에, 유럽선수권대회 3회, (격년제) 월드컵 4회, 세계선수권대회 1회 우승을 차지했다.	A
미국*	2007 ~2016	10년 동안 브렌다 빌라와 그 후임인 매기 스테펜스 캡틴의 지휘 아래 2개의 올림픽 금메달, 2회의 월드컵 우승, 8개의 월드리그 타이틀을 차지했으나, 월드컵 4연패라는 네덜란드의 기록에는 아직 도달하지 못했다.	B

참고문헌

WATCH LIST

Barça Dreams: A True Story of FC Barcelona. Entropy Studio, Gen Image Media, 2015.

Bill Russell: My Life, My Way. HBO Sports, 2000.

Capitão Bellini: Herói Itapirense. HBR TV, 2012.

Carles Puyol: 15 Años, 15 Momentos. Barça TV, 2014.

Dare to Dream: The Story of the U.S. Women's Soccer Team. HBO Studios, 2005.

Die Mannschaft(Germany at the 2014 World Cup). Little Shark Entertainment, 2014.

England v Hungary 1953: The Full Match at Wembley. Mastersound, 2007.

Fire and Ice: The Rocket Richard Riot. Barna- Alper and Galafilm Productions, 2000.

Height of Passion: FC Barcelona vs. Real Madrid. Forza Productions, 2004.

Hockeyroos Win Gold(2000 Olympic Final). Australian Olympic Committee, 2013.

Inside Bayern Munich. With Owen Hargreaves. BT Sport, 2015.

Legends of All Blacks Rugby. Go Entertain, 1999.

Les Experts: Le Doc(French handball at the 2009 World Championships). Canal+ TV, 2009.

Les Yeux Dans Les Bleus(France in the 1998 World Cup). 2P2L Télévision, 1998.

Mud & Glory: Buck Shelford. TVNZ, 1990.

Nine for IX: The 99ers. ESPN Films, 2013.

Of Miracles and Men.(Soviet hockey at the 1980 Olympics). ESPN Films 30 for 30, 2015.

Pelé: The King of Brazil. Janson Media, 2010.

Pelé and Garrincha: Gods of Brazil. Storyville, BBC Four, 2002.

Puskás Hungary. Filmplus, 2009.

Red Army(Soviet hockey). Sony Pictures Classics, 2014.

Tim Duncan and Bill Russell Go One on One. NBA.com, 2009.

Tim Duncan: Inside Stuff. NBA Inside Stuff, ABC, November 2004.

Weight of a Nation(2011 New Zealand All Blacks World Cup campaign). Sky Network Television, 2012.

Yogi Berra: American Sports Legend. Time Life Records, 2004.

SUGGESTED READING

Abrams, Mitch. "Providing Clarity on Anger & Violence in Sports." Applied Sports Psychology. January 7, 2016.

Ambady, N., and R. Rosenthal. "Half a Minute: Predicting Teacher Evaluations from Thin Slices of Nonverbal Behavior and Physical Attractiveness." Journal of Personality and Social Psychology 64, no. 3(2003).

Balague, Guillem. Pep Guardiola: Another Way of Winning. London: Orion, 2012.

Ball, Phil. Morbo: The Story of Spanish Football. London: WSC Books, 2011.

Barra, Allen. Yogi Berra: Eternal Yankee. New York: Norton, 2009.

Berra, Yogi, and Edward E. Fitzgerald. Yogi: The Autobiography of a Professional Baseball Player. New York: Doubleday, 1961.

Berra, Yogi, and Dave Kaplan. You Can Observe a Lot by Watching: What I've Learned About Teamwork from the Yankees and Life. Hoboken, N.J.: Wiley, 2008.

Blount, Roy, Jr. About Three Bricks Shy . . . And the Load Filled Up. Pittsburgh: University of Pittsburgh Press, 2004.

Burns, James MacGregor. Leadership. New York: Harper & Row, 1978.

Buss, A. H. The Psychology of Aggression. New York: Wiley, 1961.

Cain, Susan. Quiet: The Power of Introverts in a World That Can't Stop Talking. New York: Crown, 2012.

Canetti, Elias. Crowds and Power. New York: Farrar, Straus & Giroux, 1962.

Carrier, Roch. Our Life with the Rocket: The Maurice Richard Story. Toronto: Penguin Canada, 2001.

Charlesworth, Ric. The Coach: Managing for Success. Sydney: Macmillan, 2001.

Cooper, Cynthia. She Got Game: My Personal Odyssey. New York: Warner Books, 1999.

Cruyff, Johan. My Turn: A Life of Total Football. New York: Nation, 2016.

Davidson, Richard J., and Sharon Begley. The Emotional Life of Your Brain: How Its Unique Patterns Affect the Way You Think, Feel, and Live—a nd How You Can Change Them. New York: Hudson Street Press, 2012.

Davis, Willie. Closing the Gap: Lombardi, the Packers Dynasty and the Pursuit of Excellence. Chicago: Triumph, 2012.

DeVito, Carlo. Yogi: The Life & Times of an American Original. Chicago: Triumph, 2008.

de Wit, Frank, L. Lindred Greer, and Karen Jehn. "The Paradox of Intragroup Conflict: A Meta-A nalysis." Journal of Applied Psychology 97, no. 2, March 2012.

do Nascimento, Edson Arantes. Pelé: The Autobiography. London: Simon & Schuster, 2006.

Dweck, Carol. Mindset: The New Psychology of Success. New York: Ballantine, 2007.

Ferguson, Alex. Managing My Life. London: Coronet, 2000.

Ferguson, Alex. My Autobiography. London: Hodder & Stoughton, 2013.

Ferguson, Alex, and David Meek. A Will to Win. London: Andre Deutsch, 1997.

Ferguson, Alex, and Michael Moritz. Leading: Learning from Life and My Many Years at Manchester United. London: Hodder & Stoughton, 2015.

Fetisov, Viacheslav, and Vitaly Melik-K aramov. Ов е р ta Йм (Overtime). Moscow: Vagrius, 1998.

Fox, Dave, Ken Bogle, and Mark Hoskins. A Century of the All Blacks in Britain and Ireland. Stroud, U.K.: Tempus, 2005.

Gal, Reuven. A Portrait of the Israeli Soldier. Westport, Conn.: Greenwood Press, 1986.

Gittleman, Sol. Reynolds, Raschi and Lopat: New York's Big Three and the Great Yankee Dynasty of 1949 – 1953. Jefferson, N.C.: McFarland & Co., 2007.

Goldblatt, David. Futebol Nation: The Story of Brazil Through Soccer. New York: Nation, 2014.

Goleman, Daniel. Emotional Intelligence. New York: Bantam, 1995.

Goleman, Daniel. Social Intelligence: The New Science of Human Relationships. New York: Bantam, 2006.

Goleman, Daniel, Richard Boyatzis, and Annie McKee. Primal Leadership: Unleashing the Power of Emotional Intelligence. Boston: Harvard Business Review Press, 2013.

Golenbock, Peter. Dynasty: The New York Yankees 1949–1 964. Englewood Cliffs, N.J.: Prentice Hall, 1975.

Gordon, Alex. Celtic: The Awakening. Edinburgh: Mainstream, 2013.

Goyens, Chrys, and Frank Orr. Maurice Richard: Reluctant Hero. Toronto: Team Power Publishing, 2000.

Hackman, J. Richard. Collaborative Intelligence: Using Teams to Solve Hard Problems. Oakland, Calif.: Berrett-Koehler, 2011.

Hackman, J. Richard. Leading Teams: Setting the Stage for Great Performances. Boston: Harvard Business Review Press, 2002.

Halberstam, David. Playing for Keeps: Michael Jordan & the World He Made. New York: Broadway, 1999.

Hawley, Patricia H., Todd D. Little, and Philip Craig Rodkin, eds. Aggression and Adaptation: The Bright Side to Bad Behavior. Mahwah, N.J.: Erlbaum, 2007.

Hebert, Mike. Thinking Volleyball: Inside the Game with a Coaching Legend. Champaign, Ill.: Human Kinetics, 2014.

Howitt, Bob. A Perfect Gentleman: The Sir Wilson Whineray Story. Auckland: HarperCollins, 2010.

Hughes, Simon. Red Machine: Liverpool FC in the 1980s. Edinburgh: Mainstream, 2013.

Hunter, Graham. Barça: The Making of the Greatest Team in the World. London: Backpage Press, 2012.

Iacoboni, Marco. Mirroring People: The New Science of Empathy and How We Connect with Others. New York: Farrar, Straus & Giroux, 2008.

Ibrahimović, Zlatan, and David Lagercrantz. I Am Zlatan: My Story On and Off the Field. New York: Random House, 2014.

Jehn, K. A., and E. Mannix. "The Dynamic Nature of Conflict: A Longitudinal Study of Intragroup Conflict and Group Performance." Academy of Management Journal, April 2001, vol. 44, no. 2.

Keane, Roy, and Roddy Doyle. Roy Keane: The Second Half. London: Weidenfeld & Nicolson, 2014.

Keane, Roy, and Eamon Dunphy. Keane: The Autobiography. London: Penguin, 2002.

Kelly, Stephen F. Graeme Souness: A Soccer Revolutionary. London: Headline, 1994.

Kerr, James. Legacy: What the All Blacks Can Teach Us About the Business of Life. London: Constable & Robinson, 2013.

Körner, Torsten. Franz Beckenbauer: Der Freie Mann. Frankfurt: Scherz, 2005.

Lahm, Philipp, and Christian Seiler. Der Feine Unterschied(The Subtle Difference). Munich: Kuntsmann, 2011.

Lainz, Lluís. Puyol: La Biografía. Barcelona: Córner, 2013.

Lazenby, Roland. Michael Jordan: The Life. New York: Back Bay, 2014.

Leary, Mark R., Richard Bednarski, Dudley Hammon, and Timothy T. Duncan.

"Blowhards, Snobs, and Narcissists: Interpersonal Reactions to Excessive Egotism." In Kowalski, Robin M., ed., Aversive Interpersonal Behaviors. New York: Plenum Press, 1997.

Lisi, Clemente A. The U.S. Women's Soccer Team: An American Success Story. Lanham, Md.: Scarecrow Press, 2010.

Lister, Simon. Supercat: The Authorised Biography of Clive Lloyd. Bath: Fairfield Books, 2007.

Longman, Jere. The Girls of Summer: The U.S. Women's Soccer Team and How It Changed the World. New York: Harper, 2000.

Lowe, Sid. Fear and Loathing in La Liga: Barcelona, Real Madrid, and the World's Greatest Sports Rivalry. New York: Nation, 2014.

Maraniss, David. When Pride Still Mattered: A Life of Vince Lombardi. New York: Simon & Schuster, 1999.

McCaw, Richie. The Real McCaw: Richie McCaw: The Autobiography. London: Aurum Press, 2012.

McFarlane, Glenn, and Ashley Browne. Jock: The Story of Jock McHale, Collingwood's Greatest Coach. Melbourne: Slattery Media Group, 2011.

Melançon, Benoît. The Rocket: A Cultural History of Maurice Richard. Montreal: Greystone, 2009.

O'Brien, Jim. Lambert: The Man in the Middle. Pittsburgh: James P. O'Brien, 2004.

O'Connor, Ian. The Captain: The Journey of Derek Jeter. New York: Mariner, 2011.
Pascuito, Bernard. La face cachée de Didier Deschamps(The Hidden Side of Didier Deschamps). Paris: First Editions, 2013.

Walk_9780812997194_3p_all_r1.indd 312

Pentland, Alex. "The New Science of Building Great Teams." Harvard Business Review, April 2012.

Pomerantz, Gary. Their Life's Work: The Brotherhood of the 1970s Pittsburgh Steelers, Then and Now. New York: Simon & Schuster, 2013.

Ponting, Ricky, and Geoff Armstrong. Ponting: At the Close of Play. London: HarperCollins, 2013.

Puskás, Ferenc. Puskás: Captain of Hungary. Stroud, U.K.: Tempus, 2007.

Reynolds, Bill. Rise of a Dynasty: The '57 Celtics. New York: New American Library, 2010.

Rooney, Dan, David F. Halaas, and Andrew E. Masich. Dan Rooney: My 75 Years with the Pittsburgh Steelers and the NFL. New York: Da Capo Press, 2007.

Rotunno, Ron. Jack Lambert: Tough as Steel. Masury, Ohio: Steel Valley Books, 1997.

Rouch, Dominique. Didier Deschamps: Vainqueur dans l'âme(Didier Deschamps: Conquering Soul). Paris: Editions 1, 2001.

Russell, Bill, Taylor Branch, and Alan Hillburg. Second Wind: The Memoirs of an Opinionated Man. New York: Ballantine, 1980.

Russell, Bill, and David Falkner. Russell Rules: 11 Lessons on Leadership from the Twentieth Century's Greatest Winner. New York: Dutton, 2001.

Russell, Bill, and Alan Steinberg. Red and Me: My Coach, My Lifelong Friend. New York: Harper, 2009.

Shelford, Buck, and Wynne Gray. Buck: The Wayne Shelford Story. Auckland: Moa, 1990.

Smith, Sam. The Jordan Rules. New York: Pocket Books, 1993.

Stremski, Richard. Kill for Collingwood. Sydney: Allen & Unwin, 1986.

Tarasov, Anatoly. Настоящие мужчины хоккея (The Real Men of Hockey). Moscow: Physical Culture and Sport, 1987.

Tavella, Renato. Valentino Mazzola: Un Uomo, un giocatore, un mito. Turin: Graphot Editrice, 1998.

Taylor, Rogan, and Klara Jamrich, eds. Puskas on Puskas: The Life and Times of a Footballing Legend. London: Robson Books, 1997.

Torquemada, Ricard. Fórmula Barça: Viaje Al Interior de un Equipo Que Ha Descubierto la Eternidad. Valls, Spain: Lectio, 2013.

Waugh, Steve. Out of My Comfort Zone: The Autobiography. Melbourne: Penguin, 2005.

Whalen, Paul J., et al. "Human Amygdala Responsivity to Masked Fearful Eye Whites." Science 306, no. 17(December 2004).

White, Jim. Manchester United: The Biography. London: Sphere, 2008.

Wilson, Jonathan. Inverting the Pyramid: The History of Football Tactics. London: Orion, 2008.

Writer, Larry. Never Before, Never Again: The Rugby League Miracle at St. George 1956-66. Sydney: Pan Macmillan, 1995.

Zitek, Emily M., and Alexander H. Jordan. "Technical Fouls Predict Performance Outcomes in the NBA." Athletic Insight, vol. 3, no. 1(Spring 2011).